Diesen starken Hirsch von abnormen 14 Enden ungerade, hat Hr. Rud. Grf. v. Lamberg, auf seiner Herrschaft Csákberény, Csákberénner Revier, im Szalitos selbst geschossen, Am 18ten Sept. 1827.

Gegend mit der Aussicht auf einen Theil des Heegwaldes, Bagoly-hegy, Meleg-Gödri.

PHILIPP MERAN - DAS MORGENROT KAM UNVERHOFFT

PHILIPP MERAN

DAS MORGENROT KAM UNVERHOFFT

ERINNERUNGEN EINES JÄGERS

LEOPOLD STOCKER VERLAG

GRAZ UND STUTTGART

Umschlagfoto: Philipp Meran, Graz
Umschlaggestaltung: Atelier Geyer, Gleisdorf
Lithoherstellung: Schlick KG, Graz

CIP-Titelaufnahme der Deutschen Bibliothek

Meran, Philipp:
Das Morgenrot kam unverhofft : Erinnerungen eines Jägers / Philipp Meran. — Graz ; Stuttgart : Stocker, 1989
ISBN 3-7020-0572-2

ISBN 3-7020-0572-2
Printed in Austria
Druck: M. Theiss, Wolfsberg

Widmung

Dieses Buch sei allen meinen Freunden, mit denen mich viele wunderbare Jagderlebnisse verbinden, gewidmet, aber auch dem ungarischen Volk, das in diesen Tagen eine Periode der Öffnung und des Aufbruchs erlebt.

Man kann heute noch nicht abschätzen, was die Zukunft bringen wird, sollte es jedoch eine echte Annäherung der Völker zu einem glücklicheren und freien Leben geben, möchte ich einer der ersten sein, der meinen lieben Ungarn von Herzen zum Erreichten gratuliert.

Graz, im Sommer 1989   *Philipp Meran*

Inhaltsverzeichnis

Zum Geleit

Man hat einst alles uns genommen,
Was wertvoll, schön und wunderbar,
Ruinen nur und Gräber blieben
Von dem zurück, was einmal war.

Macht, Geld, Besitz — was sind sie schon?
Heut hat man sie, dann sind sie fort.
Bleibend sind Wälder, Berge, Täler
Um meinen alten Heimatort.

Und wenn auch alles anders wurde,
Steht noch die hundertjährge Eiche.
Wir sprechen noch die gleiche Sprache
Und auch die Sonne ist die gleiche.

Über den alten Friedhof kreisen
Bussarde in der Abendglut —
Trotz allem geht das Leben weiter,
Verlieren wir niemals den Mut.

Vaters Schreibmaschine

Mein verstorbener Vater war ein vielbeschäftigter und schwer arbeitender Mann. Neben seinen eigenen Betrieben und Gütern führte er nicht nur den Besitz seiner Eltern in Ungarn, in Zámoly, Borbála und Ikrény, sondern hatte auch zeitweise die Aufsicht über die Weingärten in Pickern und St. Peter bei Marburg, eine Zeitlang auch über ein Gut bei Budapest. Er war Bezirksjägermeister von Mór, hoher Funktionär der „Actio Catholica" und politisch alles eher als untätig. Mit heutigen Augen kann man ihn als einen Schreibtisch-Arbeiter bezeichnen, der aber alle seine Untergebenen und Mitarbeiter auch an Ort und Stelle besuchte und kontrollierte.

Forst- und Rentmeister hatten zusammen eine Sekretärin, Fräulein Stiegler, die mein Vater im Bedarfsfalle zum Diktat anforderte. Das geschah mittels Telefon, das auf seinem Schreibtisch stand, denn die Sekretärin saß normalerweise in der Forstkanzlei.

Im Jahre 1936 kaufte Vater in Budapest eine kleine Taschenschreibmaschine der Type „Wanderer", die auch mit den in Ungarn notwendigen Typen, mit den korrekten „accents", versehen war. Innerhalb eines Jahres lernte er mit 4 Fingern tippen, und zwar so schnell, daß er fürderhin vieles selber mit der Maschine schrieb. Da er sich mit Genealogie und der Geschichte der Familie Habsburg (und Meran) äußerst intensiv beschäftigte und dabei war, ein umfassendes Familienarchiv anzulegen, sah man ihn auch oft im Salon an der Schreibmaschine sitzen.

Seine Hobbys verband er mit einem besonderen Talent für Systematik und Statistik, und was er da recherchierte, besonders in Hinsicht auf die eigenen Ahnen, die Familie Plochl inbegriffen, konnte sich sehen lassen und harrte einer späteren Veröffentlichung. Leider wurde aber sein gesamtes Archiv, zusammen mit allem, was in unserem Schloß vorhanden war, von der Kriegsfurie (nach Einmarsch der Russen) zerstört.

Die Taschenschreibmaschine aber nahm Vater überallhin auf Reisen mit. So war sie 1938 mit im Hotelzimmer in Budapest (Hotel Jägerhorn), als beim Eucharistischen Weltkongreß Kardinal Pacelli in Ungarn weilte. Er schrieb alles Erlebte sofort in die Maschine, dadurch entstanden Erlebnisberichte und Memoranden, die für das Familienarchiv bestimmt und auch für Familienmitglieder nachzulesen waren. Vaters Handschrift war zwar graphologisch hervorragend zu beurteilen, trotzdem sehr schwer leserlich.

Ich selber habe ihm damals, allerdings mehr auf dem Jagdsektor, geholfen und hatte Einblick in seine fabelhaft übersichtlichen Tabellen und Statistiken. Auf dieser „Wanderer"-Schreibmaschine lernte ich ohne irgendeine Anleitung „Maschinschreiben", und das kam mir später sehr zugute.

Als meine Schwestern das „Sacré-Coeur" in Budapest verließen, veranlaßte Vater sie, eine Stenotypistenschule zu besuchen. Er war davon überzeugt, daß sie es einmal brauchen würden. Und gerade so kam es auch.

Im für uns alle entbehrungsreichen Jahr 1945, als die Eltern ohne Lebensmittelkarten im (befreiten) Österreich lebten, bekamen meine zwei älteren Schwestern relativ gute Jobs bei den Besatzungsmächten, denn sie sprachen perfekt Englisch und Französisch und waren ausgebildete Stenotypistinnen.

Doch dies nur nebenbei, wir wollen bei Vaters Schreibmaschine bleiben. Im Jahre 1939 fuhren die Eltern quer durch Deutschland, das uns damals wegen unserer Einstellung nicht sehr gut gesinnt war, zum legitimen König von Ungarn ins belgische Steenogerzeel. − Vater, ein sehr aktiver Legitimist, hatte sich diese Reise schon lange sehnsüchtig gewünscht, sie jedoch wegen Arbeitsüberlastung (er hatte ja nie einen richtigen Urlaub, war unentbehrlich) immer wieder verschoben. Nach dem Einmarsch Hitlers in Österreich (1938) war der Plan nicht durchführbar, weil Vater auf der schwarzen Liste sowohl der Gestapo als auch Horthys (weit toleranterer) Sicherheitspolizei stand. Nur durch einen Zufall, in Verbindung mit dem Begräbnis eines nahen Verwandten, gelang es dann doch.

Über diese Begegnung verfaßte Vater einen langen Erlebnisbericht auf der Schreibmaschine, der dann im Kápolnaer Jagdhaus versteckt wurde, denn inzwischen war der Krieg ausgebrochen, und man rechnete wegen Horthys antideutscher Einstellung mit einem deutschen Einmarsch in Ungarn. Die Gestapo hatte natürlich von Vaters Belgienreise erfahren, und von da an verweigerte man ihm bis Kriegsende die Einreise nach Deutschland. Otto von Habsburg war für die damalige Reichsregierung einer der prominentesten „Feinde", ein Kontakt mit ihm galt als Verrat am Dritten Reich. Wie gesagt, wußten Horthy und sein Sicherheitsapparat über Vaters legitimistische Tätigkeit, aber von dieser Seite geschah ihm nicht das geringste, man verfolgte ja auch keine Menschen, die Bücher gegen den Reichsverweser veröffentlichten und in Ungarn lebten. Es gab eben solche und solche Regime, auch wenn sie heute alle als „undemokratisch" und ohne Unterschied verteufelt werden.

In den Jahren 1941 bis 1944 schrieb meine älteste Schwester Anna in Vaters Büro auf dieser Schreibmaschine, denn sie war eine Art Sekretärin unseres Vaters geworden. Am 19. März 1944 erfolgte der schon lang vorhergesehene Einmarsch der Deutschen Wehrmacht in Ungarn, und Vater erwartete stündlich seine Verhaftung. Doch nichts dergleichen geschah. Wie uns ein guter, wenn auch anders gesinnter Bekannter glaubhaft versicherte, war ein Teil des Gestapo-Archives in der Prinz Albrecht-Straße in Berlin durch einen englischen Bombenangriff vernichtet worden, und darunter war auch der Akt aller Merans. Obzwar sich die Wehrmacht in Ungarn als Besatzungsmacht tadellos und diszipliniert benahm, machte Vater als ungarischer Staatsbürger kein Hehl daraus, daß er den Einmarsch als Aggression einem unabhängigen Staat gegenüber empfand.

Und dann kam der Tag unserer ersten Flucht. Die Russen waren durchgebrochen, Fahrzeuge von den Ungarn requiriert, ein Teil der Pferde schon im Westen untergebracht. Daher mußten wir, sehr gegen unseren Willen und nach anfänglichem Sträuben des Vaters, das Angebot von Major Penckert annehmen, uns mit den zu verlegenden Ju 52-Transportern aus dem Gefahrenbereich ausfliegen zu lassen. Die Schreibmaschine wurde mitgenommen, weit wichtigere Dinge blieben zu Hause.

Die letzten Tage waren voller Hektik, stündlich kamen Ostflüchtlinge vorbei, es gab Einquartierungen, Requirierungen, Bombardierungen, man hatte absolut keine Zeit, sich planmäßig auf die (endgültige) Flucht vorzubereiten. Und am allerletzten Tag kam noch Victor Musset, ein bei uns jahrelang angestellt gewesener französischer Gefangener, den Ungarn aufgenommen hatte und der sich aus einem Offizierslager davongemacht hatte, bevor dieses nach Deutschland verlegt werden sollte, um meinen Vater am Vorabend der Flucht um Hilfe zu bitten. Wir mußten ihn ins Jagdhaus von Kápolna bringen, wo er die schon sehr nahen Russen (in einer großen Frontlücke der Deutschen) erwarten wollte. Schon deshalb war keine Zeit, an uns zu denken. So blieb das Archiv im Panzerschrank, die (ersetzbare) Schreibmaschine aber kam ins Flugzeug.

Als wir zwei Tage später in Ikrény ankamen, nahm Vater — als wäre nichts geschehen — seine Arbeit wieder auf. Am Schreibtisch stand die „Wanderer"-Maschine, und sie wurde mehr gebraucht denn je. In Ikrény räkelten sich frontfremde ungarische Offiziere mit ihrem weiblichen Anhang, uns blieben nur zwei Zimmer zur Verfügung. Doch als die Frontnachrichten schlechter wurden, verschwanden diese „Krieger", die außer Saufen, Jagen und Requirieren nichts taten, mit ihren Zivilautos.

Je westlicher, desto höher die Ränge der Offiziere. Wir hatten eine totalitäre (Pfeilkreuzler) Regierung, aber kämpfen wollte außer wenigen Ausnahmen und der Waffen-SS niemand mehr. Nur in der Judenverfolgung waren sie einsatzfreudig und konsequent, dabei hätten Gendarmen und Soldaten dies leicht verweigern und sabotieren können, wie es Horthy in Budapest getan hatte, denn die Deutschen hatten weder Züge noch Mannschaften genug.

Einige Tage lang, als ich in Ikrény zum Militärhilfsdienst einberufen wurde, benützte ich die Schreibmaschine, um für meinen Kommandanten, einen Fähnrich (höhere Offiziere sah man hier nahe der Front kaum), Berichte abzufassen. Mein Vater schrieb auf der Maschine seine „Fluchtjournale", die mit dem Tag der Flucht aus Csákberény begannen und bis zum Einmarsch der Engländer in Brandhof konsequent geführt wurden, wahrlich ein authentisches Dokument, in der Zeit niedergeschrieben.

Unsere Hauptsorge von damals waren weder die im Land befindlichen Deutschen noch Versorgungsprobleme, die es absolut nicht gab, sondern die näherkommenden Russen, denen unfaßbare Greueltaten nachgesagt wurden, und, wie man später erfuhr, durchaus mit Recht. Ich verstehe die Handlungen der Sowjetsoldaten heute eher, denn sie wurden ja überfallen. Doch man soll keine Sorge haben, sie haben sich dafür ausführlich und mit unnachahmlicher Konsequenz gerächt. Auch wenn das meiste verschwiegen und verniedlicht wird, zu viele hatten darunter zu leiden, die Geschichte verträgt Radierungen und Lügen nur auf Zeit. — Das russische Volk ist gutartig und menschlich, wie alle Völker, die viel gelitten haben: Doch trotz allem, nach einem mörderischen Weltkrieg, zermalmt zwischen ihrer und der fremden Diktatur, haben Stalins Soldaten arme Leute und unschuldige Zivilisten ausgeplündert und drangsaliert und Frauen vergewaltigt. Das ist die schlichte Wahrheit, auch wenn sie kein Hollywood-Thema ist — wie noch nach 40 Jahren die „bösen Deutschen".

Und auch uns haben die Russen eingeholt, durch Zufall zwar, aber umso nachhaltiger.

Meine Leser haben die Flucht und die Russenzeit in Brandhof in meinen Büchern schon kennengelernt, doch da war der Krieg schon aus. Alles wurde von meinem Vater auf der alten Schreibmaschine (die ja damals noch nicht so alt war) aufgeschrieben.

Bruder Feri und ich gingen nach Ungarn zurück. Mein Vater wurde Betriebsleiter bei seinem älteren Bruder in Stainz. Die Familie bekam zuerst in Thannhausen bei Verwandten Asyl, später gab ihr mein Onkel eine Wohnung in Stainz. Meine Mutter mußte als Köchin bei Engländern und anschließend in zwei verschiedenen Fabriken arbeiten. Sie, die „First Lady" einer Region, war nun Arbeiterin geworden.

Mein Vater aber schrieb seine Dienstpost und Akten auf der nun bereits zehnjährigen Schreibmaschine. Unbeirrt fing er an, anstelle des verlorenen Archives ein neues anzulegen. In der kleinen Wohnung in Stainz klapperte die Schreibmaschine oft bis spät in die Nacht. Er schrieb auch politische Artikel, doch kaum einer wurde angenommen. Er, der welterfahrene katholische Aktivist, war von der Sorge geplagt, daß in Österreich ein „neues Ungarn" entstehen könnte, aber er beeindruckte die Herren Redakteure jener katholischen Blätter nicht, die er drei Jahrzehnte hindurch abonniert hatte. Ich aber schrieb ab dem Jahr 1948 auf der alten Schreibmaschine einen Artikel nach dem anderen für ungarische Emigrantenzeitungen, denn seit Oktober 1948 waren wir — nach der nunmehr dritten Flucht — endgültig in Österreich angelangt. Dafür mußte Vater sich von einem Weihbischof sagen lassen, wie unsozial die ungarischen Grafen doch gewesen waren. Dieser hätte mit unserem Bischof Shvoy oder dem Leiter der Jesuiten-Manresa, Pater Hemm, sprechen sollen, bevor er gerade damals, und gerade meinem Vater, solches sagte. Beide Herren hätten ihn über den wahren Sachverhalt aufgeklärt. Doch vorurteilslos sind auch Kirchenmänner nur selten. Und dann starb Vater plötzlich. Sein Herz hatte die zahlreichen Erniedrigungen und Enttäuschungen einfach nicht ausgehalten. Krank wird man, wenn man seelisch leidet. Nun saß seine Familie ohne ihr geliebtes und unentbehrliches Oberhaupt verlassen da, die jüngsten Kinder waren um die Zwanzig. Noch heute behaupte ich, daß die größte Enttäuschung für meinen Vater der Umstand war, daß man ihm nach dem Tod seines Vaters, für den er so viel und so erfolgreich gearbeitet und Dauerhaftes geleistet hatte, keinen einzigen Quadratmeter Bodens überlassen hatte, obgleich jeder wußte, daß er mittellos geworden war, mittellos im wahrsten Sinne des Wortes. Und das, obgleich es allein seiner Initiative und der Arbeit seiner Söhne zu verdanken war, daß der Brandhof gerettet wurde, daß alle seine Schätze, insbesondere das Museum und die Kunstsammlung, erhalten blieben.

Nun reiste die Schreibmaschine mit meiner Mutter nach Pöcking ab, wo sie ungefähr zehn Jahre lang meiner Mutter, die als Sekretärin bei Erzherzog Otto von Habsburg arbeitete, diente. Als Mutter dann in den wohlverdienten Ruhestand ging, kam die Maschine nach Graz zurück. Seither benütze ich sie dauernd, um Artikel zu schreiben. Sie ist noch heute, 50 Jahre alt, fast wie neu, wenn auch ein wenig altmodisch. Ich habe jedenfalls alle meine Bücher auf ihr geschrieben. Ihre kleinen Mucken und Absonderlichkeiten sind mir ans Herz gewachsen, ich kenne sie in- und auswendig. Sie ist 10 Jahre jünger als ich und genauso wie ich ein Zeuge der Zeit (kein Zeitzeuge). Wir befleißigen uns gemeinsam, die Vergangenheit wahrheitsgetreu zu schildern. Wir beschönigen nichts, wir sind auch keine „Schwarzfärber" oder Ankläger. Wenn wir aber die Vergangenheit mit der Gegenwart vergleichen (abgesehen von Krieg und Frieden), dann schneiden die Menschen der Vergangenheit gar nicht so schlecht ab, selbst wenn die Jahre vieles mit einem Glorienschein versehen mögen.

Der über sechzigjährige Autor und seine 50jährige Schreibmaschine wehren sich entschieden gegen die Verteufelung der Vergangenheit durch Menschen, die diese bloß vom Hörensagen kennen.

Unser Familienchef

Mein Großvater − er wäre heuer 122 Jahre alt geworden −, Dr. Johann Meran, war einer der größten Waidmänner seiner Zeit. Durch den schon 1891 erfolgten, vorzeitigen Tod seines Vaters Franz, des alleinigen Sohnes Erzherzog Johanns von Österreich, kam er schon als nicht ganz 25jähriger in den Besitz seines Großvaters, und der war nicht unbeträchtlich. Schon zwei Jahre vorher hatte er die reiche Erbin des ungarischen Lamberg- und eines Teils des Wenckheimvermögens −, Ladislaja Lamberg, geheiratet, die ihm im Laufe der Jahre neun Kinder schenkte, von denen heute noch zwei Töchter am Leben sind. Sein ältester Sohn, Dr. Franz Meran, war als Alleinerbe vorgesehen, während die zwei nächstälteren Söhne, Philipp und Hans, mit den ungarischen Gütern Csákberény und Körösladány beschenkt wurden und ihre Familien in Ungarn gründeten. Dies für diejenigen Leser, die sich vielleicht wundern, warum ein Teil der Merans in Ungarn zur Welt kam.

Großvater war zwar gelernter Jurist, arbeitete sich aber im Laufe der Jahre zum passionierten Landwirt und versierten Forstwirt heran, wobei im zweiten Teil seines Lebens die wirtschaftlichen Umstände alles eher als gut waren. Eigentlich begannen die Schwierigkeiten schon beim Ausbruch des Ersten Weltkrieges, als Großvater zwei Millionen Goldkronen Kriegsanleihe zeichnete, die nach Verlust des Krieges abzuschreiben waren. Er mußte natürlich einrücken und diente ebenso wie zwei seiner Söhne jahrelang an verschiedenen Frontabschnitten als Rittmeister.

Im Ersten Weltkrieg war es völlig undenkbar, etwa mit dem Hinweis auf die notwendige Erhaltung von neun Kindern, die Führung eines großen Betriebes (die ihm ja allein oblag), die Verpflichtung als Abgeordneter des Oberhauses oder als Geheimer Rat des Kaisers eine Befreiung vom Kriegsdienst zu beantragen. Gerade die Vertreter der „herrschenden Klasse" hatten mit gutem Beispiel voranzugehen und konnten an Ausnahmen nicht einmal im Traum denken. Welch gravierender Unterschied zu späteren Regimen diesseits und jenseits der Leitha, dem Dritten Reich und sogar einigen Volks- oder sonstigen Demokratien, die ihre Partei und Führungsschichten in vielen Fällen „verschont" haben.

Ein Jahr nach der Niederlage von Königgrätz war Großvater geboren worden. Sein erster Lebensabschnitt fiel also in eine lange Friedensperiode, denn unser Land war zwischen 1866

16

bis 1914 von größeren bewaffneten Konflikten weitgehend verschont geblieben. Freilich, ein „Wiederaufbau" im Sinne von 1945 war das nicht. Es gab ja damals keine Zerstörung des Verlierers, seiner gewachsenen Strukturen, kein „Vae victis", hatten sich doch die Zerstörungen auf die vielen Toten, das Schlachtfeld und die Kriegskasse „beschränkt". Frauen und Kinder mußten damals in Kriegen noch nicht „mitleiden". Es waren ja nur Kriege zwischen Regimen, nicht zwischen Völkern und schon gar nicht − was viel grausamer ist − zwischen Ideologien. Da und dort ging eine Provinz verloren, die Toten des Schlachtfeldes wurden begraben, aber eine Inflation oder Hungersnot, eine Armutswelle oder Kriegsgefangenenlager gab es nicht, das alles sind Errungenschaften späterer Epochen. Großvater konnte sich daher seiner Familie und seinen Besitztümern widmen und natürlich seinem geliebten Waidwerk, das er mit viel Können, Begeisterung und nach altem, von Erzherzog Johann überlieferten Brauch ausübte.

Seit dem Jahre 1877, seinem 10. Lebensjahr, führte er über jeden Jagdtag Buch. Nicht über das erlegte Wild allein, sondern über jeden einzelnen Ausgang und das volle 70 Jahre hindurch. Immer hatte er auf seinen Reisen eines seiner Jagdtagebücher dabei. Es waren etwa 15 x 10 cm große, in Leder gebundene Büchlein, die er in Brandhof, im Erzherzog Johann-Zimmer, links von der Tür, in der Zirbenholzkredenz, aufbewahrt hat. 1945 haben die Russen diesen Kasten natürlich aufgebrochen und geplündert, doch hatte ich vorher − in kluger Voraussicht − schon alle Tagebücher geborgen und versteckt und schließlich auch heil über die schrecklichen zweieinhalb Monate der Russenbesetzung gerettet. Kleinodien waren es, unschätzbare Dokumente eines Lebens, ja einer ganzen Epoche! Für uns „Ungarn" der Familie, die alles Geschriebene verloren hatten, außerdem die einzige Dokumentation des enteigneten Besitzes. Hier stand fein säuberlich in Großpapas schöner, männlicher und gut lesbarer Schrift jedes Revier, jeder Graben, jedes Tal und jeder Trieb niedergeschrieben. Erfolgreiche und erfolglose, schöne und weniger schöne Jagdtage, Jagdbegleiter, Morgen- und Abendpirschen, Wetter, alles von der selben Hand zu Papier gebracht, 70 lange Lebensjahre.

Als ich einmal, viele Jahre später, meinen Onkel bat, wieder einmal in diesen Tagebüchern schmöckern zu dürfen, bemerkte ich zu meinem Entsetzen, daß nur noch ein Teil davon vorhanden war. Kein Mensch konnte mir Auskunft darüber geben, wo die fehlenden Exemplare hingekommen waren. Was während der Herrschaft marodierender und plündernder Soldaten möglich war, nämlich dieses vollständige Werk unersetzlicher Jagddokumentation zu retten, war anscheinend später, als Großvaters Andenken immer mehr in Vergessenheit geriet, nicht möglich. Hätte ich diese Tagebücher doch nur in das von mir betreute Jagdmuseum bringen können! Dort wären sie für alle Zeiten gesichert gewesen. Ähnlich erging es dem größten Teil der Resultatslisten, die Großpapa aus Monte Carlo mitgebracht hatte und die im Grazer Haus noch in den fünfziger Jahren vorhanden waren. In den ersten Jahren dieses

Der Jahreszyklus der Schönheit. Aus der Fotosammlung des Autors

Jahrhunderts, zwischen 1906 und 1912, nahm Großpapa nämlich regelmäßig in Monte Carlo an den großen Konkurrenzen im Taubenschießen teil und gewann auch zahlreiche Preise. Er kreuzte die Klinge mit den damaligen Großen in Europa, wie Ferdinand Trauttmansdorff, Otto Czernin, Iván Draskovich, Carl Traun, Casimir Zichy, Raoul Montesquiou, H. Haugwitz, Ridolfi, Langhendonck, A. Montpellier, Vernon Barker, M. Faure, Tavernost, Thellusson, Davies, Falkenhausen, Robinson, Benvenuti, Pongrácz, Scolaro, Pettenati, Andreeff, Kevill-Davies, Paccard, Marchesi, Journou, Roberts, Alessandrini und anderen, die alle hohe Distanz-Handicaps hatten. Bekanntlich geht der Schütze je nach Qualität bzw. erreichten Preisen von 20 bis zu 33 Meter nach hinten. − So hatte der bekannte österreichische Meisterschütze Otto Czernin am 23. Februar 1909 das Handicap von 32 m. − Großvater war zweimal nahe daran, den „Grand Prix" de Monaco zu gewinnen, es gelang ihm aber niemals. Die Taubenschießtermine fanden in der sogenannten „toten Saison" der Jagd, Mitte Februar bis Mitte März, statt. Dann aber fing ja für die meisten die Jagdsaison mit dem Schnepfenstrich schon wieder an.

Auch Großvaters Jagdjahr begann in Csákberény mit dem Schnepfenstrich. Er kam dort etwa um den 25. März an und fuhr nach zwei Wochen wieder nach Österreich zurück. Ab Mitte April begann für ihn am Rosenkogel bei Stainz die Hahnenbalz. Dann übersiedelte er nach Brandhof, wobei von ihm die Reviere Staritzen, Kräuterin und Lochbach bevorzugt wurden. Anfang Mai fuhr Großpapa alle Jahre nach Köröslány auf Rehböcke, die später in der Tiefebene auf den brettelebenen Großfeldern kaum zu kriegen waren. Von da ging es zurück nach Csákberény und Zámoly. Hier möchte ich anführen, daß Großvater zwar die Jagdsaison immer einhielt, daß aber die Arbeit an erster Stelle kam. Er saß ab 9 Uhr am Schreibtisch und unterbrach diese Tätigkeit höchstens zu Kontrollfahrten oder Besprechungen. Ein Kutschierwagen mußte immer zu Verfügung stehen. Auch die Pirschfahrten auf die Felder waren Kontrollfahrten und wurden nur abends zur Jagd umfunktioniert. Im Juni war Großvater meistens in Graz und Brandhof. Dann Mitte Juli war er zur Ernte in Ungarn und blieb etwa bis zum ersten August. Von hier aus fuhr er zur Brunft nach Brandhof, wo diese gerade begann und sicher bis Ende des Monats andauerte.

Anfang September fanden in Brandhof die traditionellen Gamsjagden statt. Dazu waren alle Söhne und Schwiegersöhne und meistens noch andere Verwandte eingeladen. Es wurden je drei Hochtriebe und drei Waldtriebe abgehalten. Sonntags jagte Großvater niemals. Die Gewohnheit heutiger Jagdbesitzer, Gäste nur einzuladen, um eine Gegeneinladung ausgesprochen zu bekommen, war zu Großvaters Zeiten nicht üblich. Er hatte solches übrigens auch nicht notwendig. Um den 15. September erschien Großvater alljährlich in Csákberény zur Hirschbrunft. Hier verblieb er ungefähr zehn Tage, wobei er acht bis zehn Brunfthirsche schoß. Reservieren konnte man für ihn besondere Hirsche kaum, weil im Vértesgebirge das Hochwild nach dem herrschenden Wind zieht und absolut nicht standorttreu ist.

Ab dem 26. September war er wieder in Brandhof, von wo er seine Reviere Seewiesen, Steinschallen, Weichselboden, Höll, Staritzen, Kräuterin, Lochbach besuchte. Die Hirschbrunft dauerte in der damaligen Zeit − je nach Höhe des Revieres − bis zum 15. Oktober.

Nun begannen in der Steiermark die ersten Fasanenjagden. Anfang bis Mitte November aber war er schon wieder in Ungarn, wo zuerst in Csákberény-Zámoly, dann in Körösladány gejagt wurde. Im Komitat Békés, wo ja Körösladány liegt, hatte Großvater noch einige Einladungen bei Freunden wie z. B. den Blanckensteins, hier hatte er zusätzlich zu Ladány noch drei bis vier Jagden, die je zwei Tage in Anspruch nahmen. Damals wurde ein Revier nur einmal im Jahr bejagt. So konnten an manchen Jagdtagen in Körösladány zwischen 1500 und 2000 Stück täglich erlegt werden, wobei natürlich viele Hasen darunter waren. Die beste Jagd aber war Blanckenstein-Megyer bei Onkel Paul Blanckenstein, einem Stammgast bei den Saujagden in Csákberény. Dort war auch mein Vater immer eingeladen, und dort erzielte er auch seine größten Niederwildstrecken.

Anfang Dezember, auf der Heimreise nach Österreich, hat dann noch die zweitägige Jagd in Ikrény stattgefunden. Das neue Jahr begann Mitte Januar in Csákberény mit den großen Saujagden, die man zwei Wochen lang abhielt. Sonntags war − wie bereits erwähnt − immer Pause! Dabei wurde das ganze Revier abgejagt, insgesamt fast 8000 Kat. Joch. Man schoß mit Schrot und Kugel, hatte zu diesem Zweck einen Lader, der einem je nach Wildart das entsprechende Gewehr in die Hand drückte. Nur bei den Füchsen entschied die Entfernung. Die Stammgäste, wie Moritz Vetter, Louis Schwarzenberg, Paul Blanckenstein und die Familienmitglieder, schossen durchwegs gut und streckten manchen flüchtenden Fuchs auf über 100 Meter mit der Kugel. Bei diesen eigentlichen Familienjagden hatte Großvater fast immer seinen Stammplatz bzw. den gleichen Stand.

Schon seit Erscheinen des Jahrhundert-Jagdgewehres, des Mannlicher-Schönauer, hatte Großvater mehrere in seinem Besitz, denn er war ein moderner, fortschrittlicher Mensch, der technisch überaus interessiert war. Seit 1905 besaß er Autos, doch verwendete er sie selten zu längeren Reisen, etwa nach Ungarn oder Frankreich. Lange Reisen unternahm er fast ausschließlich im Zug. Und das spielte sich folgendermaßen ab: Einen Tag vor Großvaters Ankunft erschien sein Leibjäger am Reiseziel. Leibjäger wurden damals die persönlichen Kammerdiener genannt. Nach der Jahrhundertwende war dies ein gewisser Hirner, ab dem Ersten Weltkrieg der Böhme Emil Holubár, der seine Familie in Csákberény hatte. Er begleitete Großvater überallhin. Nun, Emil erschien einen Tag vor Großvaters Ankunft und brachte das Notwendige mit, richtete alles her und holte seinen Herren dann − sagen wir − vom Bahnhof Bicske ab.

Nach Ungarn, in seine und seiner Söhne Besitztümer, reiste Großpapa ohne jedes Gepäck, nicht einmal eine Aktentasche hatte er dabei. Denn in seinen drei Hauptquartieren in Ungarn, das waren die Schlösser Csákberény, Ikrény und Körösladány, hatte er alles Notwendige in seinen Appartements. Alle Anzüge, vom Jagdanzug bis zum Frack, Hüte, Spazierstöcke, Wäsche, Krawatten, Schuhe, komplette Jagdausrüstungen, zahlreiche Pfeifen, Patronenvorräte, Toilettegegenstände lagerten da, gut versperrt, in seinen Kästen, und zu ihnen hatte nur Emil Holubár Zutritt.

Großvater besaß drei Purdey's, Kaliber 12, drei Springer, Kaliber 20, und insgesamt vier Mannlicher-Schönauer von Kaliber 6.5 x 54 bis 8 x 57, außerdem eine Bockbüchsflinte für

Hahnen. Für einen so reichen Mann mit so vielen Domizilen war das eigentlich nicht so viel, wenn man die heutigen Gewehrkästen mancher Förster zum Vergleich heranzieht. Aber in jener Zeit, in der Großvater seine Familie gründete, war der spartanisch-bescheidene Kaiser Franz Josef *das* Vorbild für den österreichischen Adel, der zum Großteil durchaus sparsam lebte, einfach war und das persönliche Protzertum zutiefst als angeberisch und unseriös verachtete. So fiel es dem ehemaligen Herrenhausmitglied und Geheimen Rat, Seiner Exzellenz, Dr. Johann Meran, später, in der „kaiserlichen" Zeit, auch nicht im Traume ein, etwa in der ersten Klasse zu reisen, wie es heute offiziell und auf Staatskosten manche Beamten tun können.

Wenn er dann ankam, etwa einen Tag vor Beginn der Saujagden, hatten alle seine Beamten kurz bei ihm vorzusprechen und über ihr Tätigkeitsfeld zu berichten. Die Jagdleitung oblag meinem Vater, in sie mischte sich Großvater nur sehr selten ein. Genau und pedantisch, wie er immer und überall war, führte Großvater auch über jeden Teil seiner landwirtschaftlichen Besitzungen auf einer Tafel genauestens und seit Jahrzehnten Buch. Die besten Felder schattierte er rot, die mittleren gelb und die schlechtesten grün. Es war immer eine besondere Freude, wenn der Ertrag so stieg, daß er ein „gelbes" Feld zu einem „roten" machen konnte. Schon in den zwanziger Jahren experimentierte Großvater in Csákberény mit Erfolg, indem er Rizinus, Sojabohnen und Heiden anbauen ließ, während in Körösladány schon frühzeitig Reisfelder angelegt wurden.

Er verbrachte zwar Stunden am Schreibtisch, unternahm aber auch viele Besichtigungsfahrten auf die Felder oder Kontrollfahrten zu seinen Beamten. Erst der Abend war der Rehpirsch gewidmet, doch verband er diese meistens ebenfalls mit Besichtigungen, die nicht selten auf Kosten der Jagd gingen. Oft begleitete ich meinen Großvater, der diese Fahrten immer dann zu Belehrungen nützte, als Vater von neun Kinder wohl wissend, daß man sich am meisten merkt, wenn man etwas spielerisch erlernt.

Wir liebten solche Ausfahrten mit Großvater sehr, auch wenn der große Respekt immer wie eine Käseglocke über uns „gestülpt" war, vor allem weil wir durch sie den Nachmittagsunterricht versäumen durften, und das war uns jeden potentiellen Anpfiff wert.

Großvater war ein Herr vom alten Schlag, vor dem ein jeder natürlichen Respekt hatte, weil seine Ausstrahlung einfach Ehrfurcht verlangte. Er war der Patriarch einer Familie, die gesund, vorbildlich und Spiegelbild ihrer Zeit war. Hier galten die Alten noch viel und garantierten die Kontinuität ebenso wie die Hochhaltung bewährter und althergebrachter Werte. Wenn auch die Monarchie durch Gewalt und blinden Haß zerschlagen wurde, galten in meiner Jugend noch jene Ideale. Die alte Monarchie war ein durchaus gesundes Völkergebilde, gewachsen, erfahren, tolerant und weise, einfühlsam integrierend und ehrlich. Wollen wir einen Vergleich zur heutigen Zeit riskieren? Sollen wir es minutiös aufzählen, was an Werten, Idealen, gesunden Kräften, Traditionen und besten Eigenschaften systematisch seit fast 70 Jahren zerschlagen wurde und wird, was an Verführung, Lüge, Unterdrückung, Unterstellung seit jenen Zeiten über manche Völker gekommen ist? Das Ergebnis: Unzufriedenheit, Leere und geistiges Chaos. Und in dieses Vakuum kann dann Negatives hineingestoßen werden, wie in einen weichen Pudding, ohne Widerstand, ohne Kritik. Und das alles im freien Westen im Namen der Freiheit. Und der Mensch merkt gar nicht, daß die echte, die wirkliche Freiheit langsam abstirbt.

Ich sprach von der Ausstrahlung meines Großvaters, vom Respekt, den man ihm – ob man wollte oder nicht – einfach entgegenbringen mußte. Ein Beispiel dafür ist eine Begebenheit, die er uns selbst erzählt hat und die sich im Jahre 1918 ereignete. Großvater war erst kürzlich vom Ersten Weltkrieg heimgekommen und war allein (ohne Jäger) zur Gamsbrunft auf eine Jagdhütte gezogen. Eines Tages zur Mittagszeit wurde das Jagdhaus von über zwanzig bewaffneten Wilderern umstellt, die teilweise in Uniform waren und Einlaß begehrten. Großvater hatte sie schon kommen sehen und seine Büchse genommen. Er trat, die Waffe umgehängt, vor die Türe und blitzte die Marodeure mit seinen hellblauen Augen wütend an. Kein Wort verließ seinen Mund, in dem übrigens wie immer eine lange Pfeife hing. Als die Leute sahen, daß der Jagdherr persönlich und allein zu ihnen hinaustrat, prallten sie beeindruckt zurück, lüfteten ihre Kopfbedeckungen, wünschten Gesundheit und Waidmannsheil und trollten sich. Und Großvater berichtete noch Jahrzehnte später schmunzelnd „und ich war in Pantoffeln!"

Überhaupt die Wilderer! Nach 1918 wurde auch in Csákberény wieder einmal der Rotwildbestand fast völlig ausgerottet. Hier dauerte die Misere durch das anschließende Károlyi-Regime und Béla Kuns 100–Tage–Herrschaft noch länger. Interessanterweise kümmerten sich die Funktionäre des Béla Kun um das schon Mitte 1919 fast ausgerottete Wild und schufen ein sehr vernünftiges Jagdgesetz, das freilich meist nur Papier blieb. Heimkehrende Soldaten hatten Waffen mitgebracht und schossen wahllos das Wild tot, eine uralte Reaktion der hungernden Bevölkerung seit den Bauernkriegen, und die Regel bei Revolutionen und verlorenen Kriegen. Großvater verordnete bis 1926 eine Totalschonung des Rotwildes in Csákberény. Da der Norden des Vértes und andere Gebiete Ungarns etwas weniger gelitten hatten, wanderte bald relativ viel Wild wieder zu, und in der Hirschbrunft 1926 gab es sogar schon kapitale Hirsche. In diesem Jahr erlegte Großvater seinen Lebenshirsch, dem kein besserer folgen sollte. Er hatte ca. 9 kg und 188 Nadlerpunkte, verfehlte die damalige Silbermedaille nur um zwei Punkte. Großvater schoß noch sieben Hirsche mit Bronzemedaillen, aber dieser auf der Heublöße erlegte Hirsch, von dem auch Gemälde gemacht wurden, blieb sein bester.

Nun eile ich 21 Jahre voraus. Die Zwischenkriegszeit mit ihren relativ schönen Jahren in Ungarn war vorbei, ebenso der verlorene Zweite Weltkrieg, von dem man in Ungarn am Lande nur in seiner Schlußphase einiges merkte. Ende 1944 kamen die Russen nach Csákberény und demolierten alles, was wir einst hatten, und zwar bis auf den letzten Nagel. Hirschgeweihe freilich waren so viele im Schloß, daß einige von unseren Angestellten gerettet werden konnten, indem sie diese einfach aus dem Dreck, der um das Haus in hohen Häufen lag, auflasen und heimtrugen. So geschah es auch mit dem Heublößer Achtzehnender Großpapas.

Dann kamen wir von Österreich nach Csákberény zurück, um eine neue Existenz zu schaffen. Wir, das waren mein Bruder Feri und ich. Bald brachte man uns diesen Hirsch, der im neuen Heim in der ehemaligen Gendarmerie über einem Barocksekretär an der Nordwand des

„guten Zimmers" einen Ehrenplatz bekam. Ich weiß noch, daß ich einen sehr langen Mauerhaken benötigte und die seinerzeit von Emil kunstgerecht geschaffene Beschriftung mit Tusche auffrischte. An einem Tag im April des Jahres 1947 fiel diese Hirschtrophäe mit lautem Getöse zu Boden. Es schien mir unerklärlich, denn der Haken steckte und das Plättchen am Eichenholzbrett war intakt. Nur das Brett selber hatte einen Riß, der sich nun natürlich vergrößert hatte. Einen Tag danach kam von unserem Vater ein Telegramm: „Großvater heute sanft verschieden". Der Csákberényer Hirsch fiel in jenem Augenblick von der Wand, als der große Jäger in Graz im 81. Lebensjahr für immer seine Augen schloß. Als ich diese Geschichte Großmutter berichtete, nickte sie nur weise und sagte: „Es gibt viele Dinge zwischen Himmel und Erde, die wir nicht verstehen!" —

Großvater war zwar ein überaus passionierter, aber auch ein streng waidgerechter Jäger, und ich habe mich bemüht, ihn als Jäger zu beschreiben. Seine Jagdpassion hat ihm einmal sogar den Vorwurf Seiner Majestät Kaiser Franz Josefs eingebracht: „Der Meran hat die Gams lieber als mich." Diese Rüge handelte Großvater sich ein, nachdem er, infolge eines Unwetters verspätet, zu einem Empfang in der Hofburg erst erschienen war, als der Herrscher schon seinen Rundgang beendet und den Empfang verlassen hatte. Klarerweise wurde diese Verspätung — eine große Seltenheit bei Großpapa — der Gamsjagd „in die Schuhe" geschoben; diesmal jedoch zu unrecht. Das Verhältnis Kaiser Franz Josefs zum ersten Grafen von Meran, Großvaters Vater, war vorbildlich und verwandschaftlich mehr oder minder auch herzlich. Kronprinz Rudolf zählte Franz Meran zu seinen besten Freunden. So hat Franz Meran eine Woche vor den Ereignissen in Mayerling einen Traum erzählt, den er kurz vorher gehabt hatte. Er hatte im Traum Trauergäste und einen schwarz umhüllten Sarg gesehen, den man in langsamer Feierlichkeit die Treppe des Grazer Palais hinuntertrug. Auf dem Sarg war der Doppeladler zu sehen.

Solange der Kronprinz lebte, rangierte Franz Meran als Stammgast bei den Jagden in Ischl und Mürzsteg auf den veröffentlichten Schußlisten unmittelbar hinter den Erzherzögen und Großherzögen, aber noch vor den österreichischen Fürsten und Prinzen wie Liechtenstein, Montenuovo, Windischgraetz usf. Die drei letzten Jahre seines Lebens führte ihn das Obersthofmeisteramt dann unter den „normalsterblichen" Grafen, der er als „Morganat" — trotz Habsburgerblutes männlicherseits — ja rechtens auch war.

Zwischen Franz Meran und seinem ältesten Sohn Johann existiert ein langer, inniger Briefwechsel, wie er schöner zwischen einem Vater und seinem heranwachsenden Sohn nicht sein kann. Auch diese Briefe haben Russenplünderung und Kriege überstanden, hoffentlich überstehen sie auch die diversen Übersiedlungen und Übergaben, die seit Großvaters Tod erfolgt sind. Nach dem überaus rührigen Sohn des Erzherzogs, der 1891 leider sehr früh (plötzlich im Urlaub in Abbazia) verstarb, übernahm auch Großpapa in jungen Jahren zahlreiche Ämter, die er zeit seines Lebens sehr wichtig nahm und genau erfüllte.

Er war 45 Jahre lang Präsident des Steirischen Jagdschutzvereines und, als 1937 eine öffentlich-rechtliche Vertretung der Jäger, die Landesjägerschaft, gegründet wurde, erster Landesjägermeister der Steiermark. Freilich nur kurze Zeit, denn mit dem Einmarsch Hitlers im März

1938 wurde er als einer der ersten Amtsträger abgesetzt und durch den „Gaujägermeister" Pichler ersetzt.

Unter Großvater erlebte der Steirische Jagdschutzverein seine absolute Hochblüte. Auf Betreibung seines Präsidenten erfolgte schon im Jahr 1925 der korporative Beitritt des Jagdschutzvereines in den neu gegründeten Naturschutzbund. Auch in anderen Gremien wirkte er jahrzehntelang. Wie schon gesagt, war er Herrenhausmitglied, Geheimer Rat, Ritter zum Orden des Goldenen Vlieses, Kurator des Landesmuseums, Präsident des Joanneumsvereines und Vorstandsmitglied der „Grazer Wechselseitigen". Beim sechzigjährigen Regierungsjubiläum des Kaisers Franz Josef im Jahre 1908 führte Johann Meran die Steirische Jägerdelegation und sprach die Gratulationsworte. Er war ein überaus gebildeter, belesener und beliebter Zeitgenosse, hervorragender Redner und hatte ein typisch habsburgisches „Elefantengedächtnis". Aus seinen Erzählungen, die er äußerst lebhaft vorzutragen wußte, konnten wir vieles durch den Urgroßvater Überliefertes über Erzherzog Johann erfahren und konnten uns schon als junge Menschen ein Bild über die verlorene Donaumonarchie machen, die Großvater immerhin 47 Jahre, über die Häfte seines Lebens, erlebt hatte.

Jede Zeit hat ihre Vorzüge und ihre Fehler. Was der alten Habsburgermonarchie aber seit vielen Jahrzehnten quer durch völlig gegensätzliche Systeme an Verleumdung und falscher Anschuldigung angetan wurde, steht einmalig in der Geschichte. Interessant ist, daß die unübersehbare „Renaissance" jetzt gerade dort beginnt, wo Habsburgerfeindlichkeit am frühesten begann und am radikalsten war. Auch in Österreich und Ungarn hat sich diesbezüglich 1989 sehr viel zum Guten verändert.

Unser Großvater, der Familienchef einer heute weitverzweigten Großfamilie, hat uns immer den Weg der Wahrheit und Redlichkeit gewiesen. So wie der Kaiser sein Vorbild war, so blieb er unser Vorbild noch in Zeiten, die schnell wechselnd die Menschen nach ganz neuen, anderen Idealen zu prägen versuchten und versuchen. Nicht das „Neue", sondern das Althergebrachte kann man, ohne viel nachzudenken, akzeptieren. Das Neue muß sich erst bewähren, und die von Großvater für Söhne und Enkel gelegten Latten sind hoch. Wer das Gewachsene, Althergebrachte und Bewährte zugunsten unvergorener, unbedachter und explosiver Ideen und Idealen verwirft, schadet nur sich selbst.

Bilder rechts:

Oben links:

Viererzug vor dem Csákberényer Schloß mit den Kutschern Vörös János und Bedi Antal

Oben rechts:

Tägliche Fahrt ins Schwimmbad. Neben dem Kutscher Maxi und Lori
hinten Philipp Meran und „Antatelle". Schloßhof 1933

Mitte links:

Maxi, Philipp und Lori Meran auf Vaters Reitpferd mit Kutscher Vörös János, vor der Einfahrt 1934

Mitte rechts:

Ausritt der Eltern, 1933, vor der großen Kastanie aufgenommen

Unten links:

Blumenscharade der 6 Kinder zu Vaters 40. Geburtstag
Von links Maxi, Phippi, Anna, Feri, Christl, Lori. Juli 1934

Unten rechts:

Ankunft von Fritz Mayr-Melnhof sen. in Brandhof. In der Türe Martha Ritzohr, rechts vom Auto
Marianne Mayr-Melnhof und Emil Holubár, hinten Vater Philipp Meran sen., Aug. 1935

Bilder umseitig:

Oben links:

Die Einfahrt des Schlosses Csákberény, 1944 aufgenommen

Oben rechts:

Goswin Ketteler mit unserem Hund „Pajtás",
im Hintergrund der Sohn des Dieners Antal, Végh Józsi, Frühjahr 1938

Mitte links:

Wilderich F. Kettelers Csákberényer Keiler wird gestreckt. Von links: Vater Philipp Meran,
Wilderich Ketteler, Christl, Anna, Lori, Marianne, Feri Meran, Goswin Ketteler, Philipp Meran,
im Hintergund Maxi Meran

Mitte rechts:

Vater Philipp Meran mit der Beute einer Frühpirsch
Links am Boden sitzend, Förster Josef Müller. Csákberény, 1937

Unten:

Unsere drei Kutschierwägen zur Ausfahrt vorgefahren. Die Kutscher von links: Vörös János,
Bedi Antal, Schmidt Henrik. Im Hintergrund stehen Fritz Mayr-Melnhof und Vater Philipp Meran.
Es fotografiert die Mutter Marianne Meran

Der alte Bock vom Ujrét

Auch im fünften Kriegsjahr versuchten die Menschen, sofern sie zu Hause leben durften, ein verhältnismäßig normales Leben zu führen. Ungarn hatte es wesentlich besser als Deutschland – erst vor kurzem war ein Großteil der Armee aus Rußland zurückgekehrt. Schlagartig änderte sich die Situation aber nach dem Einmarsch der Deutschen am 19. März 1944. Während der Admiral Horthy als Staatsgast in Klessheim mit Hitler verhandelte, marschierten aus drei verschiedenen Richtungen deutsche Divisionen in Ungarn ein. Die Besetzung fiel am Lande kaum auf, weil man ja schon seit Jahren deutsche Truppen am Durchmarsch erlebt hatte und bei diesem Einmarsch kein Schuß fiel. Die Bevölkerung betrachtete die Deutschen als Verbündete und nicht als Feinde, man war nur sehr erbittert, daß blanke Gewalt angewendet wurde. Das Ungarn von 1944 war bekanntlich viel größer als das heutige. Die zwei Wiener Schiedssprüche hatten einen Teil des in Trianon (1920) stark beschnittenen historischen Ungarns zurückgegeben: zuerst die Südslowakei, dann die Karpatho-Ukraine, dann Nordsiebenbürgen, zuletzt die Bácska und den Banat. Es war daher der schon damals stark angeschlagenen Wehrmacht nicht möglich, das Land völlig und lückenlos zu besetzen. In Budapest wurde die neue Regierung Sztójay eingesetzt, der Reichsverweser blieb auf seinem Posten; in den Städten und am Land wurde mit der Judendeportation begonnen. Man faßte sie in Ghettos zusammen, sie mußten gelbe Sterne tragen, viele waren zur Zwangsarbeit verurteilt worden. Bald verschwanden unsere jüdischen Freunde und Geschäftsleute aus Stuhlweißenburg. Der Schuster Pollák Rezsö, die Zuckerbäckerei-Inhaberin Eva Kohn und viele andere. Sie sind niemals mehr heimgekehrt.

Bilder umseitig:

Oben links:
Bei der Zámolyer Jagd 1930. Ober-Jäger Peter Öhlmann und Feri Meran.
Hinten Mitte: Großvaters Lader Libényi und Leibjäger Emil Holubár.

Oben rechts:
Der Autor vor Notre Dame in Paris anläßlich eines Kongresses

Mitte links:
Philipp und Feri Meran nach Krieg und Russenzeit, September 1945

Unten links:
Mein letzter Bock aus Csákberény, siehe Kapitel . . .

Unten rechts:
Der Autor heute

Bild links:
Bodenbalz im Schnee. Älterer Auerhahn

Das Landleben allerdings lief fast genau so weiter wie bisher. Einige Leute waren eingerückt, aber weitaus weniger als z. B. in Deutschland oder Italien. Von unseren Angestellten fehlten 1944 im Sommer nur drei Leute, sehr viele waren im besten Soldatenalter und mußten damals nicht einrücken. Auch dies gehört zu den Wahrheiten, die ich als Zeitzeuge berichten kann. Meine Berichte sind deswegen so genau und authentisch, weil ich alle meine täglich geschriebenen Tagebücher retten konnte, darunter auch viele Zeitungsausschnitte. Eine andere eigenartige Wahrheit schien zu sein, daß die deutschen Truppen in Ungarn massenhaft Zeit hatten, zum Beispiel unsere Flieger in Csákberény, die von März 1944 bis 11. Dezember 1944 fast ohne Einsatz mit einer Anzahl Transportflugzeugen unbeweglich und untätig einfach „da waren". — Dies schien mir schon damals nicht im Einklang mit dem Mangel an Fronttruppen zu stehen, wohin man sah und wohin man fuhr, tummelten sich Etappen- und Büro-Soldaten und ließen es sich im gastlichen Ungarn gut gehen. Von einem „Totalen Krieg" war absolut nichts zu merken; ebenso wie die US-Bomber eher unbehelligt ihre Einflüge absolvierten. —

Am 26. Juni 1944 fuhren wir frisch-fröhlich an den Plattensee auf Urlaub. Mit uns fuhr die bei uns wohnende Familie Pallavicino, auf deren Initiative es ja auch geschah. Das Ziel war Siófok, das Quartier das Hotel „Hullám." Für einen 17jährigen ein sehr großes Erlebnis. Vater gab mir erstmals in meinen Leben einen größeren Geldbetrag, er allerdings blieb zu Hause, mißgönnte uns aber diese Freude nicht. Mein erster Eindruck am Plattensee war: friedliches Strandleben, wie immer. Überall, auch hier Erholung genießende deutsche Soldaten. Man erkannte sie abends an ihren Ausgehuniformen, am Strand aber an ihren seitlich kurz geschorenen, meist blonden Haaren. Einen unvergeßlichen Strandtag mit abendlichem Ausgang in die „Paprika-Bar" durfte ich in diesem Sommer erleben. Wir waren: fünf Merans, fünf Pallavicinos und Gabys Freund Pauli Girardoni. Bei wienerischer Musik zechten wir und waren so gut gelaunt, daß einige von uns in Kleidern in den Plattensee gingen. Im Hotel erwartete mich aber die kalte Dusche. Ein Einberufungsbefehl zum Arbeitsdienst nach Kaposvár mit meiner Klasse, zum Bau des Taszárer Flugplatzes. Sofortige Meldung bei der Militärkommandantur in Pécs, Papnövelde utca 23.

Um 5 Uhr früh fahre ich mit dem Zug nach Stuhlweißenburg, wo mich Vater in Empfang nimmt. Gemeinsam gehen wir zum Amt des Obergespans, wo man mir eine Bestätigung ausstellt, daß ich für den Betrieb in Csákberény unentbehrlich bin. Dann sitze ich mit diesem Papier im Zug nach Sárbogárd. Hier muß ich vier Stunden warten, bis der Zug nach Pécs endlich kommt. Um 12.35 Uhr fahren wir in Sárbogárd ab, und ich komme erst um ½ 6 Uhr in der Früh in Pécs an. Unterwegs Militärzüge und Pausen von Stunden. In Pécs angekommen, gehe ich sofort ins Internat und spreche dort mit Pater Rektor und meinem Klassenvorstand Pater Velics. Sie sagen, meine Truppe unter Führung des Zivillehrers Magyarlaki wäre schon vor zwei Tagen weggefahren, sie selber könnten nichts machen. Zweimal hindert mich die Sirene, das Amt des Militärkommandos aufzusuchen. Bevor die Sirene das dritte Mal losgeht, bin ich endlich bei einem Major, der stirnrunzelnd meine Papiere anschaut. Da geht zum dritten Mal der Fliegeralarm an, der Offizier schaut mich kurz an, sagt, ich solle das nächste Mal pünktlich sein, stempelt einen gelben Zettel, sagt, ich solle später ausfüllen, verabschiedet sich mit einem Zwinkern und begibt sich in den Luftschutzkeller. Ich aber renne überglücklich direkt zum Bahnhof, erwische dort einen Schnellzug, der mich in vier Stunden nach Sárbogárd bringt. Da warte ich eine halbe Stunde, fahre nach Csákberény, mit dem ersten Taxi, das ich mit meinem Siófok-Geld selber bezahle. Die Fahrt kostet allerdings 55 Pengö. –

Zu Hause kann ich mich erstmals ausschlafen, baden und umziehen. Onkel Karl sitzt im Salon und ließt Schweizer Zeitungen. Auf der Wiese liegen Flugzettel in ungarischer Sprache, die amerikanische Flieger abgeworfen haben. Sie fordern das Volk auf, die Deutschen zu vertreiben. Ich habe diese Flugzettel sorgfältig aufgehoben, noch heute sind sie in meinem Besitz. Sie sind in arrogantem Ton gehalten, die Sprache ist fremdartig. Kein Mensch kümmert sich um sie. Die deutschen Offiziere spielen Tennis. Vater ist nach Ikrény gefahren. Unser einziges Auto wurde schon lange eingezogen, das angebotene deutsche Auto nimmt er nicht an, fährt mit dem Zug. Für ½ 6 Uhr habe ich Kutscher Antal mit den alten Juckern bestellt. Ich soll laut hinterlassener Nachricht meines Vaters einen Rehbock schießen. Heuer sind ohnehin nur acht Böcke gefallen; der Abschuß von 35 Böcken, wie ihn der Plan vorsieht, wird kaum erfüllt werden.

Über einen kleinen Umweg fahren wir in den Wald. Umweg deswegen, weil auf der Hutweide der Flugplatz für die Ju 52er Transportflugzeuge gebaut wird und einige dieser „Tanten Jus" am Waldrand getarnt stehen. Übrigens, die SS-Truppen haben in der Nacht auf Dienstag, als Vater noch da war, ein Tier geschossen, das auf die Felder wollte. Auf „Halt wer da" hatte es nicht reagiert, und sofort wurde die Maschinenpistole betätigt. Am nächsten Tag erschien der Kommandeur persönlich in Paradeuniform bei meinem Vater und entschuldigte sich. Was blieb diesem auch übrig, als die Entschuldigung anzunehmen. Das Tier gab er ihnen aber nicht. –

Das waren schon ungewöhnliche Besatzungstruppen. Als bei der Ernte die alte Dampflok kaputt ging, betätigten deutsche Soldaten alles händisch so lange, bis der Obermechaniker der Luftwaffe sie wieder in Ordnung brachte. Ein anderes Mal liehen sie uns einen Traktor, da unserer ja von der ungarischen Armee eingezogen worden war.

Der Wald duftete nach grünem Laub und Schwämmen. 1944 war ein fabelhaftes Jahr für Herrenpilze. Überall sah man Käfer und Schmetterlinge, Bienen und Hummeln auf den wilden Rosen und Königskerzen. In der Horogvölgy trafen wir auf fremde Menschen. Man sagte uns, es wären Fremdarbeiter, doch wir beschäftigten keine. Waren es schon die Partisanen, die seit Mai im Wald ihre Bunker hatten, oder geflüchtete Soldaten, Franzosen, Polen oder Juden? Vater beherbergte in einigen Hütten des Waldes seit langem einige verfolgte Menschen. Doch sagte er darüber auch uns nichts. Ich saß wie ein Pascha im leichten Jagdwagen mit der alten Kipplaufbüchse meines Vaters. Ich war mir der grotesken und unnatürlichen Situation wohl bewußt. Ich fuhr da auf die Pirsch, wie mitten im Frieden, die Leute grüßten mich. Oben am blauen Himmel donnerten glitzernde Bombenflugzeuge „heimwärts" nach Italien. Und die Jagderlaubnis? Die deutschen Besatzungstruppen hatten niemals Waffen requiriert oder Jagdkarten eingezogen. Es war Krieg, nicht Friede, den wir erst nach der „Befreiung" kennen lernen sollten. In jenen Tagen hörte ich die zynischen Worte zum ersten Mal: „Laßt uns den Krieg genießen, der Friede wird schrecklich sein." Niemand kann sich die Zeit aussuchen, in der er geboren wird und in der er leben muß. Ich hatte das Pech, in jener Zeit 17 Jahre alt zu werden, als der Krieg verloren ging, als wir – ich war ein Küken, das seine Augen gerade öffnete – von höchsten Höhen plötzlich durch äußere Gewalt in tiefste Tiefen gestoßen wurden. Ich habe diese Zeit daher mit jener Intensität erlebt, die ein junger Mensch knapp vor dem Erwachsensein empfindet. Ich kann nur das berichten, was ich fühlte, auch wenn es vielen heute unlogisch oder naiv erscheint.

Ich jedenfalls fuhr mit einer Herrschaftskutsche „feudal" auf die Pirsch, während meine Geschwister und Freunde am Plattensee friedlich Urlaub machten. Dies in einem besetzten Land im 5. Kriegsjahr!

Wir hatten schon einige Rehe gesehen, auch junge Böcke, doch Antal, unser zweiter Kutscher, war jagdlich so eingespielt und versiert, daß er in einem solchen Fall gar nicht stehen blieb. Das Wild war Pferdewägen gewöhnt und hielt friedlich aus. Drei junge Schwarzstörche saßen auf einer der drei alten Eichen im Fiatalos und strichen bei Annäherung des leichten Jagdwagens nicht ab. Die Horogvölgy war von Sauen förmlich aufgeackert worden. Hier unten, unweit unserer Besitzgrenze, wurde dieses lange von Norden nach Süden führende Haupttal, die Grenze zwischen dem Revier Csákberény und Kápolna, ganz flach. Hier gab es schon vereinzelt Erdziesel und sehr viele Blauracken. Die Bussarde strichen zu Dutzenden in verschiedenen Höhen über die Gránáser Hügel, denn dort gab es massenhaft Ziesel, die wesentlich besser schmeckten als Feldmäuse. Nicht weit des alten Zaunes, den noch die Lambergs vor 100 Jahren gegen die Bauernfelder als Wildschutz errichtet hatten, bogen wir in die Gánter Allee, einen öffentlichen Weg, ein. Rechts war der Ujrét- und der Gizikut-Schlag, etwas weiter der Christinenschlag, den Vater nach meiner Schwester Christl so benannt hatte. Das waren Revierteile, die wir selten besuchten. Prominente Gäste oder Großpapa gingen hier fast nie auf Pirsch, denn die zahlreichen Bauernwägen, die den durch den Wald führenden Abkürzungsweg zwischen Gánt und Csákberény benutzten, störten natürlich die Jagd. Andererseits war gerade hier das Rehwild am zutraulichsten, und außerdem boten die Schläge von 1937 gerade richtige Deckungen und optimale Einstände, auch für das Hochwild.

Mit einem Ruck blieb der Wagen stehen. Noch bevor Antal die Peitsche hob, hatte ich schon das weiße Gesicht eines Rehbockes gesehen, der im hohen Riedgras auf etwa hundert Schritt nach uns äugte. Ein enger Spießer, wahrscheinlich uralt. Doch wie sollte ich ihn schießen? Ich sah nur das Haupt, und auch er hatte uns schon wahrgenommen. Ich sprang vom Wagen, der in langsamem Tempo weiterfuhr. Vom Grabenrand aus sah ich aber überhaupt nichts, das Gras war zu hoch. Da erblickte ich auf der anderen Seite der Gánter Allee einen Holzstoß. Vielleicht ging es von dort aus. Ich schlich hinter den Stoß und turnte mich leichtfüßig hinauf. Nichts war zu sehen. Ich wartete, während ich mir den Hals fast ausrenkte. Das weiße Haupt war verschwunden. Kutscher Antal war zirka 200 Meter weiter weg gefahren und hielt dort im Schatten alter Eichen. Doch von Gánt her näherte sich ein Bauernwagen mit lautem Hallo und viel Geschrei. Mit dem mußte man hier rechnen. Als der Bauernwagen fast herangekommen war, erschien an derselben Stelle wie früher das weiße Haupt des alten Bockes.

Der Bock äugte seelenruhig dem Bauernwagen nach. Ich sah das Haupt und einen Teil des sehr dicken Trägers. Was sollte ich bloß machen? Stock hatte ich keinen, wenn ich vom Holzstoß herunterstieg, dann sah ich den Bock nicht. Wahrscheinlich würde er sich bald wieder niedertun. Ich mußte es also riskieren. Jung war ich und gewandt, Hemmungen hatte ich wenig. Ich spreizte also die Beine und nahm die alte Kipplaufbüchse hoch. Wie herrlich lag sie doch in in der Hand, wie schwer saß der Schaft an meiner Schulter. Das einfache Fadenkreuz des vierfachen Kahles-Fernrohres kroch langsam von unten hinauf. Als es eine Hand unter dem Träger des Bockes war, stach ich, und gleich darauf donnerte der Schuß über den Schlag. Im nahen Weingarten bellten die Hunde, Eichelhäher schimpften, irgendwo über mir donnerten alliierte Flugzeuge nach Süden. Das Haupt aber war verschwunden, und ich hatte das Gefühl, einen Kugelschlag gehört zu haben. Drüben wendete der Jagdwagen, und in zwei Minuten war Antal zur Stelle. Er war skeptisch. So viel wußte der alte Jagdfreund, daß ein freihändiger Schuß, von einem Holzstoß abgegeben, mehr als unsicher ist. Nichtsdestoweniger fragte er höflich: „Liegt er?" Ich konnte es nicht beantworten, hatte aber ein gutes Gefühl. Und so ging ich durch Büsche und Dornen, Gräser und Hecken zum Anschuß. Zweimal verfehlte ich die Richtung, der alte Kutscher zeigte mit der Peitsche, wohin ich mich wenden sollte. Und dann leuchtete es auf einmal gelblich-rot durch das Gras. Jeder von uns kennt dieses Gefühl der Wonne, ein Siebzehnjähriger empfindet es zehnfach. Vor mir lag mit Schuß auf dem Trägeransatz der alte, uralte abnorme Spießer, mein zehnter Bock in meinem Leben. Sein Träger war kurz, dick und voller Schrammen, das Haupt einfärbig schneeweiß. Ein Griff in den Äser sagte mir alles weitere. Es war der älteste Bock, der seit vielen Jahren im Csákberényer Wald geschossen wurde. Dort konnten sie ja wirklich alt werden . . .

Als unser Wagen den Wald verließ, ging gerade die Sonne in einem grünvioletten Wolkenmeer schlafen. Blutigrot und ohne Glanz war sie, ähnlich wie die Zeiten, die bald kommen sollten. Die Waidmanns- und Lebensfreude eines jungen unbeschwerten Menschen kannte keine Grenzen. Aus dem Radio tönte: „Achtung, die Luftlagemeldung", Maria von Schmedes sang: „Zum Abschied reich' ich Dir die Hände". Der alte Rotwein mundete mir, und ich war glücklich, wie man nicht glücklicher sein kann. Am nächsten Tag war ich wieder am Balaton. Mein Urlaub, der letzte Urlaub des Jahres 1944, hatte erst begonnen.

Ein Augusttag

Wenn der Mensch älter wird, ist die Erinnerung sein verläßlichster Freund. Das Erinnerungsvermögen wird jedoch wesentlich verstärkt, wenn man – wie ich – Tagebücher schreibt und es gelungen ist, diese Tagebücher über die Hürden des Krieges, der diversen Fluchten und der nicht gerade ungefährlichen Nachkriegszeit zu retten. Tagebücher haben aber nur dann einen Sinn, wenn man Zeit und Muße findet, sie dann und wann durchzulesen. So entsteht vor dem geistigen Auge das Leben ein zweites Mal, die Jugend wird wieder gegenwärtig, und man ist in der Lage, authentische Bücher zu schreiben. Eines aber ist sicher: Wenn man nach einigen Jahrzehnten in seinen Tagebüchern blättert, kommt einem erst richtig zu Bewußtsein, wie kurz dieses Leben ist, kürzer, als man es sich je in jugendlichem Optimismus träumen ließ: eine interessante Reise bloß – vom Ungewissen ins Unbekannte.

Der pannonische Sommer lastete wie eine riesige Glocke über der ausgetrockneten Landschaft. Seit Wochen hatte es keinen Regen mehr gegeben, die Weiden hatten ihre grüne Farbe verloren, und die flinken Erdziesel tummelten sich auf einer braunen Matte längst ausgedorrter, aber noch immer elastischer, kurzer Grashalme. Auf den Blättern der Akazien- und Ulmenbäume, die die Feldwege säumten, lag weißlicher Staub, den der heiße Ostwind wieder zur Erde wirbelte. Es war die gefürchtete alljährliche Augusthitze, wesentlich anders als jene etwa in Italien, wo täglich vom Meer kühle Abendbrisen bis tief ins Land hinein Linderung brachten. Manchmal konnte man weit im Westen abendliches Wetterleuchten beobachten, irgendwo nördlich des Plattensees ging ein Gewitter nieder, das Rot der untergehenden Sonne ließ ferne Gewittertürme wie Erdbeersahne aussehen. Nach Csákberény, südlich des Vértesgebirges, aber kam kein Gewitter.

Abends, wenn die Hausschweine grunzend und zielsicher aus der aufgelösten Herde selbständig ihren Bauernhof aufsuchten, war das für Gäste und Besucher immer ein kurios anzusehendes Schauspiel. Und am Abend roch es noch immer nach Stroh, Staub und Misthaufen. Nur dann und wann brachte vom nahen Wald her ein Luftstoß den Geruch dunkelgrünen Eichenlaubes.

Allein im Schatten unserer Laubwälder konnte über Nacht eine Art Linderung gefunden werden. Dort konnte man am Morgen sogar kühle, nach Himbeeren und Pröbstlingen duftende, unendlich herrliche Waldluft atmen. Kein Wunder, daß inmitten der Rehbrunft gerade die Frühpirschen sehr beliebt waren. Mein Vater aber blattete meistens zwischen halb zwölf und ein Uhr, wenn er bereits zwei Stunden am Schreibtisch gesessen und drei Meierhöfe besichtigt hatte.

In der ganzen Zeit meiner Jugend sind meine Eltern niemals ans Meer in Urlaub gefahren. Wir Kinder fuhren bis 1938 alljährlich mit den Gouvernanten nach „Brandhof", wo die Großeltern ihre Enkelkinder zu den Sommerferien in erholsamer Bergesluft beherbergten. Vater kam nur zu den Anfang September abgehaltenen Gamsjagden auf eine Woche nach dem alten „Brandhof", um anschließend sofort wieder abzureisen. Dann aber, nach Hitlers Einmarsch in Österreich, durften wir alle nicht mehr nach Brandhof. Wir sollten ihn als seine zufälligen Erretter erst 1945 wiedersehen. Und außerdem wartete auf uns Buben ohnehin das verhaßte Pensionat in Pécs, während die Schwestern, eine nach der anderen, im Pester Sacré-Coeur „interniert" und sorgsam erzogen wurden, fürs Leben, wie man sagte, das dann aber ganz anders aussehen sollte, als man es sich damals, 1938, vorgestellt hatte. Wir hätten besser russisch lernen sollen, doch wer konnte erahnen, daß die Sowjets einmal einmarschieren und halb Europa, bis zur Enns und östlich von Hamburg, besetzen würden? Wenn uns das jemand 1938 prophezeit hätte, das milde Lachen wäre bald ehrlichem Bedauern gewichen, man hätte ihn schlicht für verrückt gehalten.

Es war, wie ich meinem Jagdbuch entnehme, der 11. August 1938. Am späten Vormittag war ich mit meinem Vater zum Blatten gegangen. Wie immer führte unser Weg durch den Gemüsegarten, über den Obstgarten auf die Hutweide, und es war eine halbe Stunde vor Mittag, als Vater im „Fiatalos", südlich der Nyáriállás, zu blatten begann. Er blattete noch nach der alten Schule: drei-vier Töne, dann Pause, wieder einige Töne, wieder längere Pause. Wichtig für ihn war folgendes: fünf Minuten sitzen, bevor man zu blatten anfing, fünf Minuten warten, nachdem man zu blatten aufgehört hatte. Durch das zögernde, langsame Blatten kamen die Böcke meistens auch langsam und suchend, sie „überrannten" einen nicht. Und das war wichtig, denn Vater blattete immer sitzend, niemals stehend, allerdings war er ein Meister in der Wahl des Platzes, wo er sich niederließ. „Den Bock immer vom Lichten ins Dunkle locken" predigte er mir, dem damals erst Zwölfjährigen, und „niemals zu nah am Einstand blatten." „Der gute Ausblick ist das weitaus Wichtigste, denn du sollst den Bock früher sehen als er dich". Wie recht hatte er und wie oft habe ich Böcke verblattet, als ich diese alten Regeln eines wirklichen Könners glaubte nicht berücksichtigen zu müssen.

Unter einer windschiefen Zer-Eiche setzten wir uns auf unsere Regenmäntel, die auch während der Trockenperioden nie zuhause gelassen wurden. Ich saß mit Ausblick nach „hinten" und dem Rücken an die Eiche gelehnt, Vater sah nach vorne, ebenfalls mit dem Rücken an der Eiche.

Weit unten, gegen Zámoly, hörte man die Bauxitbahn schnaufen. „Cho-Cho-Cho-Cho-Cho-..." Aus dem schneller werdenden Rhythmus konnte ich erkennen, daß sie bergab fuhr, sie mußte jetzt etwa beim Wärterhaus Gránás, gegen die Forrás-Puszta zu, sein. Von dort war Gánt bzw. die Gánter Bauxitgrube mit den modernsten deutschen Baggern und Abbaumaschinen nicht mehr weit. Vater nahm den Blatter − natürlich einen guten alten Weichselholzblatter mit langem Mundstück −, und zart, fast verschämt erklang der sehnsüchtige Ton einer Schmalgais in die majestätische Stille des Eichenwaldes.

Der sommerliche Laubwald mit seinem fast undurchdringlichen Dach, dem grünen Licht und der schattigen Erhabenheit erinnert nicht zufällig an einen Dom. Hier ist die ureigenste Heimat Gottes, den der Gläubige ebenso anbetet wie die nahtlos und fehlerlos funktionierende Natur, mit allen ihren Tieren und Pflanzen der gesamten grandiosen Schöpfung − einfacher und großartiger Gottesbeweis. Sünden gegen diese herrliche Schöpfung, gegen die Gott preisende, den Menschen nur duldende Natur sind Sünden gegen Gott selbst − pflegte Vater zu sagen, der den Raubbau an der Natur bereits damals erkannte.

Ein zweites Mal tönte es, jetzt lauter, fordernder, aber nur fünfmal langsam hintereinander: „Piä, piä . . ." Irgendwo antwortete ein Bussard, oder war es ein Häher? Über die Gánter Allee klapperte ein Bauernwagen. Räder über Löcher, hüpfende Planken, Eisen auf Stein. Ein lauter, aber gewohnter Lärm, der langsam in der Ferne verklang. Dann Punkt zwölf Uhr mittags fing zuerst die Gánter, dann näher und lauter die Csákberényer Kirche mit dem Angelus-Läuten an. Es war der Laut der großen, tiefen Glocke, die jetzt über Berg und Tal, über Felder und Wiesen hallte, und so wie wir beide schlugen die arbeitenden Menschen draußen am Feld das Kreuz. Alles war so selbstverständlich und einfach, als ob es ewig dauern würde. Arbeit, Glaube und Hoffnung flossen ineinander.

Kein Mensch hier in der Gegend, wo jetzt die Glocke zu hören ist, ahnt, daß bald Krieg sein und die Welt sich nachher grundlegend verändern wird. Und wenn ich sage grundlegend, so meine ich alles. Die Weltanschauung, der Zeitgeist, die Begeisterung, der Staat, die Kirche und der Mensch. Nur Gott wird gleich bleiben und seine ewigen Wahrheiten, was immer die falschen Propheten auch verkünden werden.

Ich bin ganz Ohr und Auge. Ich muß meinem Vater beistehen, dessen Sehkraft nicht die beste ist. Doch diesmal ist er es, der den Bock zuerst erblickt. Ich merke es an einer kleinen, fast unsichtbaren Bewegung seines linken Ellenbogens, den ich aus meinem Augenwinkel „kontrolliere". Beim Blatten im Hochwald hat man nicht immer Zeit, den Trieder zur Hand zu nehmen. Auch Vater verläßt sich mehr auf seine langjährige Erfahrung und den − fast immer richtigen − ersten Eindruck. (Damals gab es in Ungarn keinen Abschußplan, und im allgemeinen schoß man beim Blatten jeden reifen Bock.) Nun sehe ich das linke Knie Vaters sich langsam dem Körper zu in Bewegung setzen. Vom Bock sehe ich noch immer nichts und wage mich nicht umzudrehen, auch wenn ich hinter dem Baum gute Deckung habe. Doch in diesem Augenblick erblicke auch ich es rot durch die Büsche leuchten. Langsam, fast schleichend nähert sich von halblinks ein Bock, das weiße Haupt am Boden, nur selten wirft er auf. Er dürfte − dank des gut gewählten Platzes − noch auf 80 Schritt sein. Nun gelingt es mir, mich völlig lautlos umzudrehen. Nur liege ich jetzt am Bauch. Vater hat seinen Kirner-Stutzen schon am Gesicht. Durch das Fernrohr begutachtet er den Bock, der jetzt unschlüssig

Bild rechts:
Grandioser Abendhimmel über dem Engelweingarten bei Stainz
Bilder umseitig:
Oben:
Wenn die Sonne versinkt . . ., Neudau 1986
Unten:
Im Balaton-Nagyberek knapp vor dem Schnepfenstrich, Jäger Walter

verhofft. Gleich wird er sich verdrücken — einer der Nachteile des „zaghaften" Blattens. Doch in diesem richtigen, allerletzten und besten Augenblick fällt der Schuß, und fällt die 6.5 x 52 R den Bock.

Es ist ein knorriger, abnormer Gabler, mindestens acht Jahre alt, völlig unbekannt. Der Schuß sitzt mitten am Blatt, der Ausschuß ist kaum größer als der Einschuß. Gemeinsam brechen wir den Bock auf, und gut verblendet wird er aufgehängt. In einer Stunde wird er bereits — von Jäger Müller abgeholt — in der Wildkammer hängen. Wir aber sind pünktlich zum Essen wieder zu Hause und werden schon beim Hintereingang des Obstgartens von den beiden Hunden freudig empfangen.

Der Nachmittag ist dem Taubenstrich gewidmet. Erstmalig darf ich mit der alten Steyr-Hahnen-Sechzehnerflinte, die ich von meinem Großvater Eltz einmal erben sollte, allein zum Öregtó gehen. Csákberény ist eine wasserarme Gegend. Weit und breit nur zwei „Krötenlakken". Im Westen zwischen den Herrschaftsfeldern unser „Schwimmbad", der Czabácai tó genannt, und südlich des Dorfes der Öregtó (alter Teich) am Rande der Bauernfelder. Kein Bach, kein Fluß und auch im Wald kein Wasser. Die bei uns sehr häufigen Turteltauben streichen von überall zum Öregtó, um bei der großen Trockenheit und Hitze am frühen Nachmittag zu „wassern". Der eigentliche „Hauptteich" dient den Bauern der Gemeinde unter anderem dazu, ihren Flachs hier einzuweichen. Dementsprechend ist der Geruch. Dann kommt ein sumpfiger und von Schilf bewachsener Teil, wo häufig Bekassinen anzutreffen sind und schließlich der seichte untere Teich, an dessen Rand die Tauben zu trinken pflegen.

Ich habe bisher noch nie mit einem richtigen „großen" Schrotgewehr auf Wild geschossen. Nach dem 12er Flobert, einer kurzen einläufigen Flinte, die nur Patronen mit Schwarzpulver „vertrug", kam das Feri und mir zusammen gehörende Kal. 28er Gewehr. Aber mit einem 16er habe ich noch nie geschossen. Nun hatte aber das 28er eine Havarie und war beim Büchsenmacher Fodor in Stuhlweißenburg, die Gewehre meines Vaters und Großvaters lagen eingefettet und wohlverstaut in ihrem „Sommerquartier", so blieb für mich nur das 16er Großpapas übrig, mit dem Vater meistens zur Uhu-Jagd auf Krähen ging. Diese Flinte war im Gewehrkasten am Gang zwischen den Büchsen untergebracht. Ferenc gab mir eine Schachtel Patronen mit 12er Schrot (2.5 mm) aus dem Patronenschrank. Die Schachtel der Firma Hubertus war blau-gelb, enthielt 25 schwarze Patronen mit grünen Verschlußblättchen. Ich verstaute sie in die beiden Rocktaschen meines Leinenjankers.

Nach dem Essen gehe ich also ins Souterrain des Schlosses, wo Fahrräder, Rodeln und Skier aufbewahrt werden, schnappe mir mein Rad und fahre über den Alszeg, vorbei an Frau

Bild umseitig:
Nach dem Regen scheint wieder die Sonne . . .

Bild links:
Balzende Birkhähne. Wer ist der Stärkere?

Zsófis Haus und, vom Zámolyer Weg rechts abbiegend, zum Öregtó. In 6 Minuten bin ich unten. Als ich ankomme, streichen schon an die zehn Tauben ab. Eine Bekassine verpaßte ich, weil ich nicht geladen habe. Dann setze ich mich in einen Schilfschopf am oberen Ende des unteren Teiches und warte. An und für sich ist für einen zwölfjährigen Buben das geduldige Warten nicht leicht. Ausgenommen bei der Jagd. Denn Jagd ist Hoffnung und Warten, Vorstellung, Phantasie, Vorfreude und noch sehr viel anderes. Der Geruch von Sumpf und faulenden Pflanzen, frisch geschnittenem Heu und toten Fischen, Flachs und Kuhmist bleibt mir unvergessen, läßt heute noch die ganze Atmosphäre aufleben. Ganz weit unten taucht ein Punkt auf. Erst nach längerem Hinschauen erkenne ich eine sich schnell und niedrig nähernde Turteltaube. Ich spanne die Hähne meiner Flinte. Die Taube wippt mal nach links, mal nach rechts, so daß man nie richtig sagen kann, wohin sie steuert. Aber da sie sich unaufhaltsam dem Teich nähert, wird sie wohl einschwenken. Und so ist es. Als sie auf etwa 30 Schritt eine letzte Kurve beschreibt, halte ich zwei Meter vor und schieße. Die Taube kommt herunter und schlägt tot am Rand der Böschung auf. Meine erste fliegende Taube! So „leicht" geht das also mit dem 16er. Ich habe den Rückstoß kaum gespürt, keinen allzu großen Unterschied zum 28er festgestellt. Aber schon kommt weiteres Wild. Es sind diesmal zwei Tauben, die sich von vorne, also vom eher fernen Wald her nähern. Ich verpatze sie stümperhaft, weil ich mich lange nicht entschließen kann, welche ich zuerst beschießen soll. Dann aber, als sie mich erblicken und die unnachahmlichen Kapriolen der Turteltauben vollführen, bin ich kleiner Junge durch das lange Zielen mit einem für mich noch zu schweren Gewehr zu schwach, um sie zu treffen. Die nächste Taube, die unmittelbar anschließend von hinten kommt, verpasse ich ebenfalls, da meine Flinte keinen Ejektor und keine Hähne hat. Die übernächste kommt von rechts. Nun aber bin ich zu hastig und unkonzentriert: beide Schüsse daneben. Dann kommt wieder eine über mich, die ich glatt übersehen habe. Weiter unten aber macht sie eine Kehre und kommt schön von rechts, näher als die erste. Im Schuß wird sie klein und fällt in den seichten Teich. Nachdem ich meine Beute geborgen und neben mich gelegt habe, muß ich doch anfliegende Tauben vergrämt haben, denn eine längere Pause folgt. Kiebitze umgaukeln mich wütend, aus der hohen Wiese wird ein Storch, den die Schüsse nicht gestört hatten, schwerfällig hoch. Außer dem Geklapper von Pferdehufen auf der Chaussee und dem Ächzen und Scheppern der Bauernwägen hört man nichts, absolut nichts, wenn die Kiebitze einmal Ruhe geben. Ländliche Stille, motorenlose Landschaft — wo bist du geblieben? Hochgepriesener Fortschritt, was hast du uns doch alles an Streß, Lärm, Unruhe und Unzufriedenheit gebracht!

Damals — im Jahre 1938 — hatte Vater das einzige Auto des Dorfes. Selten gebraucht, fungierte es in dieser entlegenen Gegend naturgemäß als Rettungswagen ebenso wie gelegentlich als Hochzeitskutsche. Es war eine glückliche und zufriedene Zeit. Welche Fülle an Kulturidealen, Ruhe und Zufriedenheit, Ehrlichkeit und Entfaltungsmöglichkeit ging mit dem verlorenen Krieg für immer dahin. Der Freiheitskampf von 1956, von der Jugend getragen, spontan entstanden, bis in seine Tiefen rein und idealistisch, dieser Kampf des Volkes, den man lange offiziell, jedoch fälschlich „konterrevolutionär" nannte und erst ab 1989 richtig interpretiert, hatte schon seine Ursachen und Gründe. Und eine der Ursachen war die Fähigkeit des Volkes, zu unterscheiden und zu vergleichen.

Damals im August 1938 ahnten nur wenige, sehr wenige die Zukunft. Und wie so oft in der ungarischen Geschichte kam das Schlechte von außen: nicht von innen. Zwischen den Mühlsteinen zweier Giganten wurde Ungarn zermahlen und mit Ungarn jene alte Zeit, die niemand mehr verteidigen kann.

An jenem Augusttag schoß ich mit 25 Patronen sieben Turteltauben am Öregtó. Ein vergilbtes Tagebuch und mein gerettetes Jagdbuch lassen längst Vergangenes wieder aufleben. Die einst beschriebenen Blätter werden auch mich überleben. Die alte Heimat ist zwar anders geworden, doch die Landschaft ist kaum verändert. Berge, Täler und Hügel, der Wind und der Fernblick sind ewig. Ihr Zeugen und Gefährten meiner Jugend, all ihr Vorbilder und verehrte Gestalten, der gute Geist jener Zeiten und die unverfälschte Wahrheit, wohin, wohin seid ihr entschwunden?

Der alte Spießer von Zámoly

Die Natur ist ewig und gleichbleibend in ihrer göttlichen Gesetzlichkeit. Änderungen – ausschließlich vom Menschen verursacht – sind fast immer schädlich, und jeder Eingriff birgt die Gefahr der Zerstörung in sich. Was hat sich doch in den letzten vierzig Jahren alles in der Natur verändert, was gibt es alles nicht mehr, das noch vor einigen Jahren vorhanden war. Wo sind die Maikäfer, in manchen Jahren eine wahre Landplage, wo die Schwärme der sogenannten Junikäfer, die zu Tausenden unsere Wiesen belebten. Wo sind die Grillen mit ihrem hundertstimmigen Konzert, die brummenden Hirschkäfer, die vielen Schmetterlinge? Ich bin nur ein einfacher Beobachter und vielgereister Waldläufer. Ich habe mich nie gescheut, meine Meinung offen auszusprechen, darunter die Hauptthese: Die Vergangenheit war schön, die Natur war gesund. – Trostlos und leer empfinde ich heute die Wiesen, nur hie und da hört man die Vögel singen. Wo gesunde, schwarze Erde einst neues Leben gebar, da gibt es heute Gift. Englischer Rasen, gestutzte Hecken, sterile Wohnungen, stinkende Autos, Eifersucht, Neid und keine Zufriedenheit. Gottes Wahrheiten sind die gleichen, aber man bastelt an ihnen herum. Äußerlichkeiten, die Parolen, die Lüge sind Trumpf. So wie man die Hauptaltäre abgeräumt, die Kirchen entbarockisiert, den festlichen Prunk abgeschafft hat, so trostlos ist der nivellierte, reiche, moderne, verwöhnte Mensch, und er findet in seinem Unbehagen keinen Trost mehr in der Natur, wie ihn unsere Vorfahren noch fanden. Gerne schaue ich zurück in die Vergangenheit, in der es auch Armut, Ungleichheit und Unfrieden gab, wo die kerngesunde Natur aber Menschen und Tieren unendliche Freude bescherte, wo es mehr glückliche Gesichter gab als heute, wo noch die gottgewollten Naturgesetze uns Halt gaben und den Weg wiesen, nicht oberflächliche Parolen, die das Herz des Menschen verkrusten.

Der Monat Mai war in Ungarn wohl das Schönste und Erhabenste, was sich ein Naturfreund nur wünschen konnte. Entlang der vielen Feldwege blühten wie riesige Kandelaber die Kastanienbäume. In den Ortschaften, Parks und Siedlungen duftete der blühende Flieder. Die Akazienwälder waren mit weißen Blüten überzuckert, die honigsüße Duftwolken über das ganze Land breiteten, denn Ungarn war und ist ein Land der Akazien. In den Remisen und Eichenwäldern blühten ganze, nicht enden wollende Teppiche von Maiglöckchen. Ihr Duft erinnert mich noch heute an meine Jugend. Lustig rief der Kuckuck durch die lichtgrünen, von keinem Sonnenstrahl durchdrungenen Laubkronen, die einen Geruch ausströmten, den zu beschreiben meine Feder zu armselig ist. Hoch über den Laubwäldern kreisten die Bussarde, und es gab so viele Schwalben im Gelände, daß der Kutscher, wenn er die Peitsche betätigte, Angst hatte, einen der vorüberfliegenden Luftakrobaten zu treffen.

Es war der 16. Mai 1939, im herrlichen, friedlichen, unvergleichlichen Csákberény. Noch gab es Frieden in der Welt, und ich verlebte mein letztes Jahr zu Hause, bevor ich in das strenge Internat einrücken mußte, das ich dann erst bei Kriegsende verlassen konnte. Der Csákberényer Park, 15 ha groß, war gepflegt und dennoch urwüchsig. Wir hatten einen erstklassigen Gärtner, den Mórer Schwaben Seppi Moder, zwei gut gehaltene Glashäuser, der Großteil des Gartens bestand aber aus einem wilden Meer von Fliedersträuchern aller Sorten, die für die regulierende Hand des Gärtners zu groß waren. Daher bestand der Park aus Blumenbeeten um das Haus, meistens Rosen, uralte Kastanien, und Lindenbäume spendeten kühlen Schatten, die Wiesen waren mehr oder minder naturbelassen, aber die Fliederdikkungen waren undurchdringlich. Sie dufteten im Mai so stark, daß ihr Duft auch die geschlossenen Doppelfenster des Schlosses durchdrang.

Nach dem Essen standen drei Stunden Unterricht mit meinem Hauslehrer am Plan. Zu meinen Füßen lag Lumpi, der Foxl, durch das offene Fenster flogen Schwalben zu ihren Nestern. Am Abend wollte Vater mit mir auf einen alten Rehbock nach Zámoly fahren. Der Kutscher János war für 17 Uhr 30 bestellt. Bruder Feri war schon in Pécs, quasi als „Quartiermacher", bei den strengen Jesuiten, ich war noch Privatschüler und zuhause in meinem Paradies. Noch niemand ahnte, daß hier einmal alle Bäume gefällt, das Schloß zuerst geplündert, dann abgetragen, daß vis-á-vis von meinem Ausblick ein riesiges Russendenkmal errichtet werden würde, mit pathetischen Parolen über Heldentum und Befreiung.

Heute war ein friedlicher Maientag, und kein Mensch ahnte die finstere Zukunft. Um 17 Uhr war Maiandacht, die Vater vorbetete, wir sangen „Maria zu lieben", dann hörte man Pferdegetrappel, Räderrollen und Hundegebell, und der leichte Jagdwagen war vorgefahren, er wartete in der „Einfahrt" vor dem Haupteingang des Schlosses. János, der Oberkutscher, in Ungarn „Paradekutscher" genannt, hatte heute nicht den festlichen, sondern den alltäglichen Hut auf. Dieser war rund mit großer Krempe, und in seinem Band steckte ein Strauß Steppengras, ungarisch „árvalányhaj" (das Haar des Waisenmädchens). Vater war pünktlich zu Stelle, während ich schon meinen Platz links eingenommen hatte, János grüßte, unser Komondor (ungarischer weißer Schäferhund) bellte, und nachdem Ferenc den Kipplaufstutzen in seine Halterung gegeben und dort festgemacht hatte, sagte Vater „Mehetünk" (wir können gehen), und János schnalzte mit der Zunge, und die eleganten Jucker zogen an. Zuerst ratterten die Räder über die Holzpflasterung der Einfahrt, dann knirschte der weiße Kies, endlich trabten die Pferde, den leichten Jagdwagen fast unhörbar nachziehend, über den Kórintus in Richtung der Bauernfelder, in Richtung von Zámoly. Rechts unterhalb unseres Feldweges lag, versteckt zwischen Schilf und Riedgras, der schon beschriebene „Öregtó". Über ihm gaukelten, laut rufend und tolle Sturzflüge vollführend, etliche Kiebitze, bis weit hinunter zur Bauxitbahn unser Gespann verfolgend. Hin und wieder sah man eine einsame Turteltaube, denn es war ja Brutzeit, Fasanen balzten entlang des Weges, völlig ohne Angst den Wagen vorbeilassend, und da und dort sah man einen fürsorglich ängstlichen Rebhahn aufpurren, um den vermeintlichen Feind abzulenken. Prustend und keuchend fuhr die Kleinbahn Richtung Bodajk, vollbeladen mit rotgelber Bauxiterde, die auf unserem Gebiet in Gánt − ähnlich dem Erz des steirischen Erzberges − geschürft und nach Deutschland transportiert wurde. Die kleinen zierlichen Dampflokomotiven hatten alle Mädchennamen wie „Margit", „Erzsébet", „Jolán" und „Mariska". Hinten, als letzter Waggon, war ein primitiver Personenwagen angehängt. Csákberény hatte damals keine Bahnverbindung, übrigens auch heute nicht, die nächste Bahnstation war

Bodajk, 10 km westlich; aber wir hatten auch nur dreimal in der Woche Autobusverbindung. Die Straßen waren natürlich nicht asphaltiert. An einem Tag zählte man nicht mehr als 15 Autos, die die Ortschaft durchfuhren. Rückständig — man bedenke, daß der elektrische Strom erst 1937 eingeführt wurde —, sicher aber für die Mutter Natur ein Labsal. Und die Menschen waren zufrieden. Gänzlich ohne Vehikel war kein Bauer. Hatte er nämlich keine Pferde, so spannte er einfach Ochsen vor. Und im Dorf gab es sogar drei Taxiunternehmen, allerdings mit Pferdekutschen ausgestattet.

Wir hatten bald die Bauernfelder des Csákberényer Hotters durchfahren und waren im Zámolyer Gebiet angelangt. Hier waren Großvaters Musterfelder, vom Nagyfai kut bis zur Laja-Puszta, und linker Hand lag die Ortschaft Zámoly, rechts der Buriáner Wald. Unser Ziel war ein Schirm im sogenannten Föhrental, zwischen der Laja-Puszta und Zámoly, wo ein uralter, enger Spießer austreten sollte, den Vater schon jahrelang kannte und nie bekommen hatte. Oberjäger Öhlmann, unser bärtiger, schwäbischer Revierleiter, empfing uns in Laja, wo er vermelden konnte, daß der alte Spießer schon tagelang nicht gesehen worden war. Das war ja auch sein „Schutzschild", diese absolute Unbeständigkeit und Launenhaftigkeit. Schon im Jahr 1934 hatte ihn der Vater meiner Mutter gefehlt, möglicherweise auch angeschossen, und seitdem war er heimlich. Wenn das Gras hoch war und die Saaten über 40 cm erreichten, war er kaum zu kriegen, denn — wie Öhlmann sagte — er pflegte sich bei Gefahr flach an den Boden zu „ducken", was übrigens meiner Erfahrung nach alte Böcke gerne tun. Daher der Versuch jetzt im Mai und nicht pürschend, nicht mit dem Jagdwagen fahrend, sondern am Ansitz.

Der Sitz war ein korbartig geflochtenes Gebilde, nach Vaters Anweisung nicht zu hoch, so daß man gut und bequem auflegen konnte, aber wiederum so hoch, daß man gut gedeckt war. Unser Wagen fuhr bis zum Schirm, wir stiegen aus, und schon setzte János seine Fahrt fort, als ob wir noch oben säßen. János hatte den Auftrag, bis zur Dunkelheit oder bis zum Erschallen eines Schusses etwa einen Kilometer südlich bei der Brücke im Revierteil Sándor zu warten. Öhlmann war mit seinem Einspänner in den Revierteil Borbála gefahren. Es war 18 Uhr 15, und wir saßen gut gedeckt und voller Spannung auf unserem Sitz. Schon nach drei Minuten war rechts eine Gais ausgetreten, dann weiter links beim Graben ein junger Bock hochgeworden. Rund um uns zirpten die Grillen, gaukelten die Schwalben, summten allerlei Käfer, darunter große, herrliche Hirschkäfer, die manchmal ungeschickt an Ästen und Baumstämmen anstießen. Der Stutzen war geladen, aber gesichert an den Schirm angelehnt. Öhlmann pflegte in alle Schirme solide, rutschfeste Gewehrhalter zu bauen. Vater hatte einen Zeiß und ich einen alten Kahles-Trieder umgehängt. Abermals trat eine Rehgais aus, diesmal auf unserer Seite, aus der Föhrendickung heraus. Die jüngeren Rehe waren schon fast ganz rot, eine alte Gais aber noch grau.

Zámoly war die Heimat des Großvaters meiner Großmutter, Feldmarschalleutnant Franz Lamberg, der hier in einem kleinen Herrenhaus (jetzt Verwalterhaus) lebte, wenn er nicht in Preßburg war oder in Ottenstein bzw. Steyr. Dieser Franz Lamberg war begeisterter Ungar und als solcher auch ein Freund des Ministerpräsidenten Ludwig Batthyány. Aus diesem

Grunde sandte ihn der Kaiser 1848, vor Ausbruch des ungarischen Freiheitskampfes, als Parlamentär zu Kossuth nach Buda. Auf der alten Schiffsbrücke, der Vorgängerin der von Stefan Széchenyi erbauten Kettenbrücke, wurde Lamberg, unser Ahne, aus dem Wagen gezerrt, von zwei (nicht ungarischen) Studenten ermordet und sein Leichnam durch die ganze Stadt geschleppt. Dieser Versöhnungsversuch mißlang, der Kampf begann und endete tragisch. Erst 1867 fand eine Versöhnung zwischen den Ungarn und dem Kaiserhaus statt.

Vater sprach kein Wort. Ich wußte, daß er am Vormittag schlechte Nachrichten aus Graz erhalten hatte. Das alte Heimathaus, das Palais Meran in der Leonhardstraße 15, mußte verkauft werden. Und Großvater war ja schon im Vorjahr als Landesjägermeister abgesetzt worden. Österreich war seit mehr als einem Jahr an Deutschland angeschlossen, und dies sowie viele Begleitumstände beunruhigten Vater mehr, als er uns gegenüber zugab. Wissen konnte ja niemand, was kommen würde, aber eine böse, immer wachsende Ahnung war unübersehbar.

Auf einmal wurde auf nicht mehr als 30 Schritt aus einem Unkrautfleck ein starkes Reh hoch, auch ohne Trieder sahen wir, daß es ein alter Bock war. Etwa 26 cm hohe, ganz enge, weiß gefegte Spieße und ein griesgrämig blickendes, altersweißes Gesicht, voller Mißtrauen und Resignation. Der Bock war so nah, daß wir nicht einmal laut zu atmen wagten. Das war er! Vaters Hand wanderte langsam in Richtung Stutzen, ohne dabei die Schultern zu bewegen. Ich war so zittrig vor Aufregung, daß ich darauf verzichtete, den Gucker auch nur zu heben. Nun hatte Vater den Stutzen an sich genommen und hob ihn zentimeterweise, während er sich gleichzeitig duckte und in Deckung gegen den Bock drehte. Nun hatte der alte aber den jungen am Grabenrand entdeckt. Wütend begann er mit tief gesenktem Haupt zu plätzen, daß die Grasbüschel nur so flogen. Schon war der Stutzen dort, wo er sein mußte, und als der alte Spießer wieder das Haupt hob und wie sinnend vor sich hinstarrte, krachte der Schuß, und der Bock fiel mit Trägerschuß im Feuer in sich zusammen. Ich überreichte Vater den Bruch, einen Akazienzweig mit duftender Blüte darauf. Von weitem kam der Wagen angefahren, und auch Öhlmann tauchte auf.

Einen ähnlichen Spießerbock habe ich nie mehr in meinem Leben gesehen. Und was das Interessante an der ganzen Geschichte ist, drei Jahre nachdem die Sowjetsoldaten unser Schloß geplündert hatten, im Jahre 1948, fand ich die Trophäe dieses abnormen Bockes im Schutt unter einem Fenster des Schlosses eingetrampelt und tief ins Erdreich getreten, als wäre sie bereits tausend Jahre dort gelegen. Ich suchte nur ein Brett, das ich für unsere neue Wohnung brauchte, und mit dem Brett kam fast unversehrt der alte Spießer hervor. Andere haben bei ihrer Flucht über die Grenze Schmuck oder Dokumente mitgenommen, nicht so wir Verrückten. Einen Rucksack voll Trophäen brachten wir im Oktober 1948 nach Österreich!

Vater konnte sich über seinen Zámolyer Bock noch herzlich freuen. Er hängt heute in der Wohnung meiner Mutter unter anderen Trophäen meines Vaters als eine kleine, bescheidene und unaufdringliche Erinnerung an schönere Zeiten, an eine herrliche, friedliche Welt und einen unvergessenen, noch immer duftenden Maientag.

Mein letzter Bock aus Csákberény

Ein langer Sommer ging seinem Ende entgegen. Es war kein gewöhnlicher Sommer, sondern der Höhepunkt des fünften Kriegsjahres gewesen, der letzte Sommer, den meine Familie in Csákberény verbrachte. Am Land schien alles friedlich. Längst hatte man sich an die hoch dahinbrummenden, metallisch glitzernden Bombenflugzeuge gewöhnt, die seltenen Luftkämpfe bestaunte man, deutsche Soldaten sah man kaum, und wenn, dann mit durchaus friedlicher Büroarbeit beschäftigt. Die Ostfront befand sich irgendwo bei den Karpaten, in Csákberény ging das Leben weiter, als stünde die Welt nicht vor einer ihrer größten Umwälzungen. Längst war die Hirschbrunft im Gange. Vom Csókaberg und vom Papirtás herunter schrieen die Hirsche wie immer zu dieser Jahreszeit, denn das Gezank der Menschen kümmerte sie nicht. Die Wintersaat war in der Erde, und der Mais reifte goldgelb seiner Ernte entgegen. Ebenso tat es am sonnigen Südhang des Csókaberges der Wein. Jahrgang 44 versprach der Wein des Jahrhunderts zu werden. Aber weder der Wein noch die Menschen, weder das Land noch das Jahrhundert ahnten, was ihnen bevorstand. Wir — deren Heimat dieses Ungarn, dieses herrliche Csákberény war —, wir wußten nicht, daß wir in einigen Monaten zu Bettlern und Flüchtlingen in einem fremden Land werden würden. Hier war noch alles wie immer. In Budapest hingegen war die Margarethenbrücke — von der deutschen Besatzungsmacht unterminiert — durch eine „Panne" am hellichten Tag mitsamt dem Verkehr, den voll besetzten Straßenbahnen in die Luft geflogen. Man war an solche Nachrichten gewöhnt, denn die Zeitungen brachten seit fünf Jahren nichts anderes. Eine Stadt nach der anderen sank in Trümmer, und vom Osten näherten sich die Sowjets, die man später „Befreier" nennen würde. Das Dorfleben, die Landschaft aber waren so wie immer. Nichts ahnend schmückte sich die Natur zur Obst- und Weinernte. Die Blätter verfärbten sich langsam, denn der Herbst kam auf leisen Sohlen näher. Das Licht der aufgehenden Sonne war immer öfter in Nebel gehüllt, und die Dämmerung kam früher, auffallend früher. Vater, der das Kommende ahnte, schoß in diesem Jahr wenig, aber seinen Söhnen hatte er es erlaubt, an dieser Hirschbrunft teilzunehmen.

Es war meine erste „aktive" Hirschbrunft, und ich war jeden Tag im Wald, und zwar in jenem Revierteil, den mir Vater zugewiesen hatte. Wir fuhren auf die Pirsch, wie immer, ohne zu wissen, daß im Wald schon den ganzen Sommer hindurch zahlreiche Partisanen hausten. Es waren sowjetische, mit nächtlichen Flugzeugen über den großen Waldungen Ungarns abgesetzte Partisanen. Da es zu dieser Zeit schon viele fremde Leute, meist Flüchtlinge, in der Umgebung unseres Dorfes gab, fiel uns ein unbekanntes Gesicht nicht mehr auf. Sie hätten uns aus dem Hinterhalt erschießen oder nach heutigem Usus als Geiseln nehmen können, denn es scheint mir eher unwahrscheinlich, daß sie uns nicht genau beobachteten. Aber nichts geschah, wir konnten ungestört im Wald jagen, und weder wir noch die Besatzung oder die Behörden merkten etwas von den Partisanen. An diesem neunzehnten September

1944 hatte mich Vater in das Gebiet der Cseresnyésbörcz geschickt, wo ein alter Sechserhirsch mit mörderischen Augenden gemeldet worden war. Den sollte ich nach Möglichkeit schießen.

Wie immer in all den vergangenen Jahren waren es vor allem die waidmännischen Grundsätze, die Vaters jagdliche Entscheidungen beeinflußten. Mit heutigem Wissen und dem emotionslos rückblickendem Auge hätten wir aber ebenso gut stärker als gewöhnlich in unseren Wildbestand eingreifen können, wie es manche Frontoffiziere vorschlugen, denn die drei Monate dauernde Front und die anschließenden „Wilderer-Jahre" sollten 95% unseres Hochwildbestandes ausrotten. Aber im Gegenteil: Im Jahr 1944 wurden weniger Hirsche erlegt als sonst, es jagten weniger Gäste und nur vereinzelt Besatzungsoffiziere, nur vom Personal durften einige mehr schießen als sonst.

Kutscher Bedi Antal hatte mich durch die lange Horogvölgy zur kleinen Schutzhütte gebracht, im Schnittpunkt der großen und der kleinen Cseresnyésvölgy (Kirschen-Tal) und der Juhdöglövölgy (Tal des Schafsterbens) gelegen. Diese kleinen Schutzhütten waren überall in unseren Wäldern verteilt und dienten dazu, in ihnen die sehr heftigen Gewitter unserer Gegend trocken zu überstehen. Es waren auch „Rendezvous-Orte" für Revierjäger und Jagdgäste, sozusagen Fixpunkte bei der Planung jagdlicher Exkursionen. Diesmal wartete allerdings niemand. Allein begann ich den Aufstieg durch die Juhdöglövölgy. Hier, unweit der Hütte, begann bei den Saujagden die Aufstellung der Schützen bis hinauf zum Plateau. Beim Juhdöglö-Trieb standen die Schützen in einem uralten Buchenwald, die Ceresnyésvölgy hingegen war (zwei mit dichten Dickungen bewachsene Gräben) rechter Hand, und die Schützen standen auf der Höhe oder unten am Hohlweg. Hier fiel auch der allerbeste Hirsch, den man jemals in Csákberény erlegt hatte, und zwar vor über 100 Jahren, am 25. September 1838, durch die Kugel des damaligen Jagdherrn, Rudolf Lamberg. Von ihm werde ich in einem eigenen Kapitel noch berichten.

Csákberénys Hirsche waren bis zur Ausrottung des Wildstandes im Revolutionsjahr 1848 absolut mit jenen der besten Ungarn-Biotope zu vergleichen, wie die Donauauen, die Somogy oder die Baranya. Nur wurde sowohl im Vértes- als auch im Bakonygebirge der Europäische Urhirsch völlig ausgerottet. Und dann hat man leider (in Österreich ist ja dank Erzherzog Johanns wenig geschehen) Hochwild aus den Alpen eingeführt und auch bei uns ausgesetzt. Seitdem war der Rotwildbestand qualitativ jahrzehntelang relativ schlecht gewesen. Das heißt, es gab spektakuläre Kronen, lange Stangen und Enden, aber durchwegs schwache Stangenumfänge. Großvater hat immerhin seit 1890 in Csákberény gejagt und es in diesen 53 intensiven jagdlichen Jahren auf keinen einzigen Csákberényer Hirsch mit 190 Nadlerpunkten (die alte Silbermedaille) gebracht. (Dieses Glück hatte 1937 ein italienischer Jagdgast aus Mailand, Giovanni Marini). Man muß aber gerechterweise hinzufügen, daß nach der Enteignung des Großgrundbesitzes und der Zusammenlegung der alten Reviere zu Superrevieren infolge zentraler Planung und biologisch-wissenschaftlich moderner Hege heute auch im Vértes Goldmedaillenhirsche vorkommen, wie ehedem bis ins Jahr 1848. Soviel zum Lamberghirsch.

Schwitzend steige ich den steilen Serpentinenweg hinauf. Viel zu schnell, würde mich ein echter Bergler rügen, nicht ausholend, sondern ungeduldig, damit ich so schnell wie möglich das langweilig-anstrengende Steigen hinter mir habe. Nun, ich bin in diesem Jahr noch keine 18 Jahre alt und voller jugendlicher Passion. Nichts kann mir schnell genug gehen, noch habe ich es durch Erfahrung nicht gelernt, daß ein Jäger warten können muß, daß nur durch Geduld und Verzicht, Ruhe und Bedächtigkeit der Erfolg erst möglich ist. Dem Jungen allerdings gibt's Diana auch unverdient.

Der eher starke Westwind ist gut, als ich den Höhensteig erreiche. Noch muß ich etwa vierhundert Schritt gehen, um in die kleine „Kirschensutte" hineinsehen zu können. Weit drüben, am Csonkabükk, schreien die Hirsche schon, ebenso im Kápolnaer Revier und oben am Cser. Aber hier rührt sich noch nichts. Nun hätte ich auf jeden Fall beim ersten Schirm ausharren müssen, bis der alte Sechser, von dem gemeldet wurde, daß er ein mörderischer Raufer mit großem Rudel sei, sich irgendwo bemerkbar macht. Ausblick hätte ich ja genug, die Höhenzüge sind durch den ständigen Wind meistens karstig und unbewachsen, zwischen den Dickungen und zahlreichen, meterhohen Brombeereinständen gibt es immer wieder kleine Lichtungen mit wilden Obstbäumen, Farnkraut und Rotklee.

Der Wind fegt über die Höhenzüge, und die uralten Buchen verabschieden sich von manch altgewordenem Blatt. In Kaskaden schrauben sich diese noch einmal in unbekannte Höhen, um weit von ihrem Ursprung endgültig niederzugehen, dem menschlichen Schicksale ähnlich, bäumen sich die alleingelassenen, einsamen Blätter noch einmal suchend und hoffnungsvoll auf, um dann umso sicherer ihr Ende zu finden. Wie Schmetterlinge reiten sie über die Windböen in unbekannte Entfernungen und einem traurigen Schicksal entgegen. Das tiefe Orgeln der Hirsche verliert sich im Wind, der diesen Ton über das weite, zerklüftete Berggelände trägt. Drüben bei der Langen Sutte kreist ein Kaiseradler. Vor einigen Wochen sind die Jungen flügge geworden und haben ihr Zuhause verlassen. Zwei Schwarzstörche treiben im Wind über der Halomvölgy, wo sie vor Jahren ihren Horst gebaut haben. Sie müßten eigentlich schon längst im Süden sein.

Aber ich stehe noch immer beim ersten Aussichtsplatz und überblicke das vor mir liegende lange Tal. Weit oben im blauen Himmel brummen die glänzenden viermotorigen Bombenflugzeuge, von der Hauptstadt kommend, „nach Hause", irgendwo in Süditalien. Ihre täglichen Einflüge werden nur selten gestört, wie zum Beispiel jener in der Rehbrunft, als ein ganzes deutsches Jagdgeschwader sich auf sie stürzte und Vater einen abgeschossenen Amerikaner, Mr. Hyatt, oben beim Jagdhaus bergen und retten konnte. Heute werden sie nicht behelligt, ihre Formationen sind geordnet, und die tief liegende Sonne spiegelt sich rötlich in ihren glänzenden Rümpfen. Mit dem Glas kann ich gut den weißen fünfzackigen Stern ausmachen, eigenartig, auch die im Osten haben einen fünfzackigen Stern, nur ist dieser nicht weiß, sondern rot.

Unter mir höre ich ein Rumpeln. Ich denke an Hochwild, sehe aber vorerst nichts Genaues, nur eine Bewegung in den Brombeeren, bergab zu, von mir weg. Und dann erscheint auf der kleinen Lichtung das lange Haupt einer Sau, die herüber zu winden scheint. Es ist kein Keiler, sondern eine Mutterbache mit acht Frischlingen. Unglaublich, wie groß diese bereits sind. Und die schlanke, fast nackte, graue Mama, im Winter sieht sie wohl ganz anders aus, verläßt, immer wieder verhoffend, das Tal in Richtung Juhdöglö. Lieb, wie die Frischlinge sich bei jedem Halt eng zusammendrängen und ihren Wurf hoch halten, genau so wie die Alte. Was wird wohl im Winter ihr Schicksal sein? Langsam schleiche ich über den alten Birschsteig hinüber zum nächsten Aussichtspunkt. Es ist ein breiter Baumstrunk, davor ein niedriger, aus Buchenästen geflochtener, halbkreisförmiger Schirm. Hier lasse ich mich nieder. Von diesem Punkt aus übersehe ich rechter Hand beide Seiten des Grabens, links zwar nur die gegenüberliegende Lehne, aber weit bis hinüber zum Hochwald, von wo ich hergekommen bin. Aus dem Cseresnyés-Komplex läßt sich kein Ton vernehmen, vom Kissbükk und vom Csonkabükk jedoch dröhnt das Brunftkonzert mehrerer Hirsche herüber, einen kann ich auf etwa 500 Meter sehen. Es ist ein silbergrauer Hirsch, ohne Mähne, mit einem langen dünnen Geweih und einer vierfachen Krone. Der Hirsch ist nicht jung und sehr stark im Wildpret, ich kann ihn nur ganz kurze Zeit sehen, dann ist er verdeckt.

Interessant ist die Tatsache, daß in fast allen ungarischen Revieren zwei Hirscharten vorkommen: der hochläufige, im Wildpret schwächere, „mähnige", dunkle Hirsch mit kürzerem Geweih und der graue, mähnenlose mit dem weitausholenden Geweih. Unter den ersteren kommen manchmal auch solche mit dicken Stangen vor. Vaters bester Hirsch aus dem Jahre 1938 vom Cser war ein mähnenloser mit langem dickem Geweih, eine selten günstige „Mischung". Der stärkste Hirsch bei unserem Nachbarn Moritz Esterházy, damals der allerbeste Hirsch des Vértesgebirges, wurde 1930 in Gesztes geschossen und hatte noch bei der Weltjagdausstellung 1971 mit kleinster Hirnschale 217.23 Internationale Punkte. Das war zu jener Zeit eine große Ausnahme und Sensation in unseren Breiten. Natürlich wirkte sich die in Herrschaftsjagden früher übliche ganz kleine Hirnschale nachteilig auf die Bewertungsresultate aus. Erlaubt ist die „kleine Hirnschale" mit Nasenbein. Darüber, wie viel man vom Schädel, von der Hirnschale, besonders hinten, draufläßt, wird nichts Genaues gesagt, auf jeden Fall wird die runde, kleine Hirnschale gleich bewertet mit der etwas größeren, und das ist ein kleiner Unterschied. Probatum est! Alle alten Hirsche, wie z. B. der „Berlinsieger" von Iván Draskovich, der Montenuovo-Hirsch, alle Hirsche der Habsburger, die Munkácser Hirsche usf. wurden mit der „Minikleinen Hirnschale" bewertet und jenen, die vorne das Nasenbein und hinten 2 bis 3 cm von der dicksten Stelle mehr hatten, gleichgesetzt, was diese Bewertung doch ein wenig ungerecht macht. Für die Ungarhirsche jedenfalls war die alte Nadlerformel die weitaus beste. Als die heutigen Internationalen Punkte des CIC 1937 in Prag ausgeklügelt wurden, wollte man, auf reichsdeutschen Druck, die Endenfreudigkeit und Endenlänge der Masse und dem Gewicht „anpassen", um Görings Superhirsche aus Rominten, deren Geweihentwicklung nach den „Neuen Wegen der Hege" von Dr. Vogt und einer gekonnten Selektion sich aufsehenerregend verbesserte, in die Weltrangliste zu „bugsieren". Im Herbst stand ja die große Internationale Berliner Jagdausstellung vor der Tür, und deren Organisatoren waren die Deutschen, die man damals auf keinen Fall verärgern wollte.

In der Cseresnyés-völgy rührt sich nichts. Kein Ton ist mehr zu hören, obgleich der Wind fast aufgehört hat und überall im gesamten Plateau die Hirsche melden. Nun kann ich auch das Rudel des eben erst gesehenen „grauen" Hirsches in Anblick bekommen. Er hat 14 Stück

Kahlwild, in jener Zeit durchaus die „Norm" eines besseren Hirsches im Vértes. Nun fällt drüben im Revier Nána im Esterházyschen ein Schuß. Das Echo verhallt in den Tälern, dann fällt ein zweiter Schuß. Ein ganz kapitaler Hirsch soll bei uns am Cser gesehen worden sein; diese große, ehemalige verwachsene Weide liegt direkt an der Grenze und ist unser bester Brunftplatz, weil er sechs Kilometer vom nächsten (einsamen) Haus entfernt liegt, und ich hoffe sehr, daß die Schüsse nicht ihm galten. Nur kurz ist die eingelegte Pause, dann dröhnt das Brunftkonzert weiter, von überall her hört man röhrende Hirsche, oft übertönen sich dabei mehrere in verschieden tiefen Stimmlagen. Der Ungarhirsch brüllt, sagte einmal Großpapa, der Berghirsch aber singt. Wieviel Hirsche ich von dort schreien höre? Es sind sicher mehr als dreißig auf diesen riesigen verwachsenen Schlägen, in den Sutten und Tälern, im Hochwald und am Cser. Brunftrudel an Brunftrudel, mit heutigen Augen gesehen, viel zu viel Wild, aber keine Angst, dem sollte bald anders werden.

Drüben in den Karpaten, wo Onkel Hansi zusammen mit anderen Freunden ein Revier hatte, waren statt Brunfthirschen T.34er Panzer über die Urwaldhöhen gekommen. Keine drei Monate würden vergehen, und auch hier würden sie anrasseln und lange, sehr lange bleiben. Nochmals überblicke ich mit meinem achtfachen Leichtmetall-Zeiss-Glas die Lehnen der Reihe nach. Nichts! Absolute Ruhe und Unbeweglichkeit. Der Mörderhirsch muß abgewandert sein, wie es im Csákberényer Revier so oft vorkommt. Heute da, morgen schon ganz woanders. Hirsche richtig bestätigen, kann man bei uns nur sehr schwer. Doch was ist das dort drüben? Im schattigsten Teil des gegenüberliegenden Hanges, weit oben, wo schon die Bäume des Hosszubörcz die letzten Sonnenstrahlen abfangen, leuchtet es rot herüber. Ein Reh. Schon habe ich es im Glas, das alsbald in meinen Händen zu zittern beginnt. Dort verhofft unter einem Dirndlbusch ein Bock, wie ich ihn in Csákberény noch nie gesehen habe (es sei denn an der Wand von Großvaters Zimmer).

Dunkle, bis hinauf grob geperlte, dicke Stangen, Dachrosen, ein „ramsnasiges" Gesicht, einen kurzen gedrungenen Träger zeigt mir das Glas. Die Sicht ist ungünstig, weil gegen das Abendlicht auch das lichtstärkste Glas zu streiken beginnt. Trotzdem erkenne ich den Kapitalbock und entschließe mich ihn anzugehen oder zumindest ihm näherzukommen, denn die Entfernung von meinem Schirm schräg hinüber, fast auf die Höhe, beträgt über 300 Meter. Und das traute ich mir damals auf keinen Fall zu, mein neuer 8 x 57 Mauser-Stutzen war auch nicht gerade rasant.

Von diesem Rehbock hat man noch nie etwas gehört, kein Mensch kennt ihn, viele Brunften hat er überstanden; kein Wunder in diesem Dschungel mit meterhohen Brombeerdickungen, zerklüfteten Seitengräben und den zwei Meter hohen, von Lianen durchwachsenen Buchendickkungen. Ich merke mir an einem eigenartig krummen Weißbuchenbaum seinen Standort, hole nach Norden aus und versuche, ungesehen und gedeckt auf meiner Grabenseite, jedoch über Äste, Steine und Brombeerranken stolpernd, parallel mit dem einsehbaren Birschsteig auf seine Höhe zu gelangen. Es wird nun doch etwas dämmerig, die Sonne ist gerade im Untergehen, drüben ist es noch dunkler. Ein Fuchs kommt mir entgegen und bemerkt mich erst, als ich hinter einem Dickungseck hervortrete. Mit hochgeworfener Standarte flüchtet er seitlich weg. Dann bin ich so weit und versuche, auf den Kamm zu kommen. Das erste, was meine Augen suchen, ist ein alter morscher Baumstamm, ein echter Urwaldstrunk, wie er nicht uriger in den Karpaten vorkommen könnte. Von hier aus schoß vor vielen Jahren einer meiner Onkel bei der Saujagd einen starken Keiler. Da ist der Strunk, und ich schleiche mich gebückt hinter ihn. Mit halbem Auge habe ich bereits festgestellt, daß der Bock immer noch am Dirndlstrauch steht und genußvoll von den roten Früchten nascht. Jetzt ist die Entfernung nicht mehr weiter als 150 Schritt. Hinter dem Baumstrunk knie ich mich nieder, lege den Stutzen auf seinen weichen, faulen und moosigen Oberteil und visiere den breit stehenden Rehbock an. Ich bin furchtbar aufgeregt. Mein Herz und meine Lunge arbeiten wie wild, an meinen Schläfen pulsiert das Blut. Die Auflage ist aber so ideal, daß ein Verwackeln kaum möglich ist. Der breite Zielstachel taucht von unten in den fahlgelben Wildkörper, bleibt hinter dem Blatt stehen. Ich steche ein, der Bock verhofft gegen mich, und im Fernrohr kann ich sogar seine Dachrosen sehen. Dann berührt mein Zeigefinger den Abzug. Im Schuß fällt der Bock in sich zusammen und rutscht in die untere Dickung hinein. Bis ich bei ihm bin, ist es schon fast dunkel geworden, und meine Hände, mein Gesicht sind voller Schrammen und Kratzer. Dann stehe ich vor diesem Bock, der lange, lange Zeit — nach meinem Székelyhider Kapitalbock — mein zweitbester bleiben soll. Ein regelmäßigeres, edler geformtes Idealgehörn kann man sich kaum vorstellen. Niemals, weder vorher noch nachher, habe ich eine solche Freude bei der Erlegung eines Bockes gefühlt. Nach dem Aufbrechen lange ich in stockdunkler Nacht mit meiner Beute erschöpft beim braven Kutscher Antal an, der die hungrigen, nach Hause drängenden Jucker kaum bändigen kann. Es ist der alte Kutscher, der mir den Bruch überreicht. Die überschäumende Waidmannsfreude nimmt mir jungen, hoffnungsvollen Jäger fast den — noch sehr kindlichen — Verstand. Es sollte der letzte Rehbock bleiben, den ich jemals in Csákberény, meiner unvergessenen, herrlichen Heimat, schießen sollte. Und das mit siebzehn Jahren, welch grausames Paradoxon!

Die Trophäe dieses Bockes hängt heute in meiner Wohnung in Graz. Auch sie fand ich nach der Ausplünderung unseres Heimes durch die „Befreier" im Chaos rund um das Csákberényer Schloß. Auch diesem Bock haben sie die Spitze eines Endes abgeschlagen.

Der Mönch

Das letzte Viertel des schicksalschweren Jahres 1945 hatte gerade angefangen. Welch aufregende, lebensgefährliche und heute schier unglaublich erscheinende Monate lagen hinter uns. Bis zum 25. März, dem Tag, als die Front bei Györ die Raab erreichte, waren wir in unserem „zweiten" Schloß in Ikrény geblieben. Nachdem ein deutscher Offizier Vater vor der Verschleppung durch die Pfeilkreuzler gerettet hatte, konnten wir an diesem Abend unsere Flucht antreten, und schon am 27. März überquerten wir bei Rechnitz die österreichische Grenze, damals noch Grenze des Deutschen Reiches, die für Flüchtlinge offen war. Zur selben Zeit waren russische Panzerspitzen bei Feldbach durchgestoßen und erreichten über „Schleichwege" Kirchberg an der Raab und sogar St. Marein am Pickelbach. Zweimal konnten wir aus der Ferne die Bombardierung von Graz beobachten, wo sich, ähnlich wie in Dresden, zahlreiche Ostflüchtlinge aufhielten. In Brandhof aber war dann für uns Endstation, wie meine Leser bereits wissen; da Bruder Max einen schweren Unfall hatte und wir ihn nicht im Stich lassen wollten, erwarteten wir in Brandhof das Kriegsende ab.

Das Familienschloß lag fast verlassen und völlig ungesichert zwischen zwei Ortschaften an einer damals stark frequentierten Straße. Es war ein großes Glück, daß es Vater und mir noch gelang, sämtliche Wertgegenstände einzupacken und zu verstecken. Es waren dies: das Erzherzog Johann-Museum, sämtliches Porzellan, alle wertvollen Bilder und Gläser, der Schmuck, die Wertsachen der Kirche, die Wäsche, die alten und ein Teil der neuen Waffen und anderes mehr.

Insgesamt 70 Kisten und Schachteln! Fast drei Monate dauerte die Besetzung der Steiermark durch Stalins Soldaten. Ich habe darüber ausführlich in meinem Buch „Das Abendlicht kennt kein Verweilen" berichtet. Die Zeitzeugen sterben einer nach dem anderen. Eine einseitige Geschichtsschreibung wird den damaligen Ereignissen nicht gerecht. Was an Vergewaltigung, Plünderung, Verschleppung und Zerstörung durch die Rote Armee in den ersten Tagen des „Friedens" begangen wurde, darüber schreiben jetzt die sowjetischen Zeitungen in Berichten über den Stalinismus, hier im Westen aber kaum jemand. Ein Beispiel: Das kleine Häuschen des Straßenwärters auf der Seebergalm wurde bis auf die Grundmauern ausgeräumt, seine Tiere getötet, er selber, da er Uniform trug, verschleppt. In welch unvergleichlich größerem Maße war daher ein einsames, mitten im Wald liegendes Riesengebäude, ein Schloß, gefährdet. Großmama hatte ihr Heim vor ihrer Fahrt nach Salzburg der Muttergottes von Mariazell empfohlen. Und dank der Fürbitte Marias, unter Einsatz unserer dort „steckengebliebenen" Familie konnte der Brandhof, ein unersetzliches Juwel der Steiermark, vor der sicheren Zerstörung gerettet werden. Am 28. Juli 1945 kamen dann unerwartet die Engländer. Unerwartet für uns, da wir keinerlei Kontakt zur Außenwelt hatten. Der Brandhof war wohl gerettet, doch seine Retter wären fast verhungert. Wochenlang war unsere einzige Kost der auf manchen Wiesen wachsende Sauerampfer.

Später wilderten wir unter Lebensgefahr zwei Rehböcke, doch auch deren Wildpret wurde uns zum Teil von marodierenden Soldaten geraubt. Eine Pistole an der Brust oder an der Stirne war damals in Brandhof nicht gerade alltäglich, jedoch immer zwingend. Wir trafen aber auch Russen, die uns dann und wann etwas zukommen ließen. Ganz arg trieben es aber mit uns die Behörden. Die von den Sowjets eingesetzten kommunistischen Bezirksbeamten verweigerten uns als Flüchtlinge die Lebensmittelkarten vom ersten bis zum letzten Tag. Noch heute besitze ich die Aufforderung der Gußwerker Behörde, wir mögen so schnell wie möglich nach Ungarn zurückkehren. Erst die Engländer machten diesem Spuk ein Ende. Sie verschafften uns sofort Lebensmittelkarten und gerade rechtzeitig zu Beginn der Rehbrunft ohne jede Bürokratie sogar Jagdscheine!

„Care-Pakete" und „X-Rations" päppelten uns wieder auf, und mit ausgegrabenen Gewehren gingen wir blatten. Anfang September kamen die Großeltern aus ihrem „Exil" in Salzburg zurück, und Vater konnte ihnen das Schloß mit allen Wertsachen übergeben. Sogar Großvaters Gewehre waren — trotz Androhung der Todesstrafe — von Max und mir nicht abgeliefert und somit gerettet worden. Was dies bedeutete, kann man heute kaum ermessen. Auch die Engländer hatten die Todesstrafe für „illegalen" Waffenbesitz plakatiert. (Solche Originalplakate sind heute im Jagdmuseum Eggenberg zu sehen.)

Wir aber waren nun im Besitz von englischen Jagdscheinen und durften Gewehre besitzen. Uns kontrollierte jetzt überhaupt niemand mehr. Es folgte eine freundliche Einladung Großvaters an Vater und mich, je einen Brunfthirsch zu schießen. Bis zum Beginn der Brunft dauerte es aber noch einige Zeit. Langsam trudelten auch die eingerückten und von den Alliierten entlassenen Revierjäger wieder ein, unter ihnen auch Jäger Holzer. Sie gönnten sich keine Erholung und traten sofort ihren Dienst wieder an. Endlich war Friede, endlich war Freiheit — mit Feuereifer ging es ans Verlosen, denn das Revier war lange Zeit ohne Betreuung gewesen, und in der Russenzeit wurde auch gewildert. Die Sowjets selber wilderten niemals allein, dazu waren sie zu „vorsichtig", immer in großen Trupps, machten aber so viel Lärm, daß sich das schlaue Rot-, Reh- und Gamswild in den meisten Fällen retten konnte. Da waren die noch bewaffneten ehemaligen Soldaten eher zu fürchten. Doch trotz allem konnte das Wildererunwesen des Jahres 1945 absolut nicht mit jenem nach dem Ersten Weltkrieg verglichen werden. Unter englischer Besatzung verebbte es fast ganz.

Die Menschen hatten andere Sorgen. Vor allem mußten die spärliche Ernte eingebracht und die von Russen geplünderten Wohnungen in Ordnung gebracht werden. In jenen Tagen begann der Wiederaufbau. Den Dankgottesdienst in der Gollrader Kirche nach Abzug des letzten Russen werde ich mein ganzes Leben nicht vergessen. Welcher Optimismus, welche Aufbruchstimmung, welches Ziel! Enttäuschte Seelen, ausgeplünderte Menschen, durch Krieg gelichtete Familien, sie alle sahen nur einen Lebenszweck, den Wiederaufbau, die Errichtung unseres neuen österreichischen demokratischen Rechtsstaates.

Überall herrschte Toleranz, Menschenliebe, und das große Verzeihen ging um. Wer hätte es damals für möglich gehalten, daß man 50 Jahre danach — durch eine spätere Generation — die Menschen von 1945 pauschal anklagen, erniedrigen und verleumden würde. In einer der Zeitungen von 1945 erschien ein wunderbarer Beitrag von Viktor Frankl, der damals wie auch später Verständigung und Toleranz predigte. Ein wahrhaft Großer, meinte mein Vater damals.

Bald meldete Holzer etwas sehr Interessantes. Im jenseitigen Teil des Hahnenkammes, am Hochschlag, hatte er einen alten Hirsch gesehen, der anstelle von Geweihen nur Rosen mit kleinen Stumpen darüber hatte. Da Holzer aus dem Krieg einen ausgezeichneten Zeiss-Trieder mitgebracht hatte, konnte er ihn auch genau ansprechen. Der Hirsch hatte beiderseitig über den Rosen eine blank polierte, höchstens zweieinhalb Zentimeter hohe Geweihsubstanz. Ein „Mönch" also, von dem Holzer annahm, daß er eine Art Zwitter oder Kastrat war, dessen Brunftkugeln verletzt sein mußten oder aus irgendeinem Grund fehlten. Nach mehrmaliger Beobachtung konnte er aber feststellen, daß dem nicht so war. Der Hirsch meldete normal und hatte Tiere bei sich. Infolge seiner „Wehrunfähigkeit" hielt er sich aber die ganze Zeit in einer sehr dichten Fichtenjugend auf, die er niemals verließ. Es waren aber in diesem Einstand mehrere kleinere Lichtungen, wo er mit seinem Rudel auszutreten pflegte. Der Statur und dem Gehaben nach schätzte Holzer den Hirsch auf mindestens 12 Jahre. Noch am 30. September röhrte der Hirsch nur bei Nacht und in der Morgendämmerung. Holzer empfahl, daß man noch einige Tage zuwartete, bis man diesen Hirsch anging.

Obgleich, wie schon gesagt, Großvater uns auch die allerstärksten Hirsche freigab, bat ich ihn, diesen abnormen Hirsch schießen zu dürfen. Hätte ich vorausgeahnt, wie spärlich die Einladungen auf Brunfthirsche mich in den nächsten drei Jahrzehnten „erreichen" würden, wer weiß, ob ich dann nicht anders gehandelt hätte. Aber der Jagdmuseologe lebte schon damals in mir. Wir in Csákberény waren es gewohnt, mit Hirscheinladungen eher großzügig umzugehen. Es gab Stammgäste, die bei uns auch zehn Hirsche im Jahr schossen. Uns Buben gab Vater im letzten Jahr vor der „Front" sogar „freie Büchse", natürlich im Rahmen der Waidgerechtigkeit. Er wußte wohl besser als wir Halbwüchsigen, daß seine Söhne so bald keine Hirschbrunft mehr in Ungarn (und anderswo) erleben würden.

Das war 1944 für mich 18jährigen die erste Brunft meines Lebens. Welch kleinliches Getue hierzulande noch Jahrzehnte später mit der Erlegung eines starken Hirsches verbunden sein würde, das wußte er vielleicht, ich auf jeden Fall nicht. Der Brunfthirsch als Dank für die Errettung des Brandhofes, mitten im Jahr 1945, schien mir eher selbstverständlich. Was es für eine große Huld meines Großvaters war, das verstand ich erst Jahre später.

Wie war die Stimmung im Herbst 1945 in der Steiermark?

Oben:
Birkhahnbalz. Der Platzhahn mit einer Henne
Unten:
Drei Fasanhennen warten auf einen Verehrer

Wenn die Besatzungszeit auch Verbote und Zensur bedeuteten, so brachten die Briten uns einigermaßen wieder das Gefühl, im freien Westen zu leben. Über den Seeberg brummten englische Lastautos, Jeeps und Motorräder. Dann und wann sah man Luxuslimousinen amerikanischer Bauart, etwas ganz Neues hierzulande. Die Zivilbevölkerung hatte keine Autos, ein altes Fahrrad war „Goldes wert". Der öffentliche Verkehr lag im argen. Hier, wo es keine Bahn gab, fuhr jetzt zweimal in der Woche ein mit Holzgas betriebenes Lastauto der Firma Kothgasser von Gußwerk über den Seeberg nach Graz. Auf den Bahnhöfen sah man nichts außer beschädigte Viehwaggons. Wenn Züge verkehrten, und das war selten, fuhren die Menschen auf Trittbrettern und Dächern der Waggons mit, gab es irgendwo Personenwaggons, so waren sie ohne Türen und ohne Fenster.

Eine Völkerwanderung gigantischen Ausmaßes fand statt. Die Züge schlichen fast im Schritttempo und mit tagelangen Pausen dahin. Das „Überschreiten" der Zonengrenzen war im Jahre 1945 legal kaum möglich, doch angesichts der Völkerwanderung, der gigantischen Zahl an Heimkehrern, Flüchtlingen und anderen Reisenden resignierten die Besatzungsmächte bald. Die Russen natürlich ausgenommen. Sie verteidigten ihre Zone mit Nachdruck, denn damals regierte Väterchen Dschugaschwili und nicht Gorbatschow. Die Menschen kehrten zu ihren Anfängen zurück, so zum Tauschhandel und zur Goldwährung. Für zwei Kilo Mehl konnte man z. B. von einer Försterswitwe eine Ferlacher Bockbüchsflinte erwerben, und viele erlagen auch dieser Versuchung. Post und Zeitungen wurden von den Besatzungsmächten zensuriert, längere Passagen mit Tusche durchgestrichen. Überall prangte der Stempel: „Military zensorship". Telefon funktionierte dort, wo die Russen gehaust hatten, längere Zeit kaum, außer in großen Städten. Mechaniker und Bastler hatten Hochsaison. Sie bastelten sich z. B. aus den Resten von steckengebliebenen Wehrmachtsfahrzeugen brauchbare Vehikel zusammen, und ein Auto in Zivilhand war im Jahr 1945 auf jeden Fall eine Goldgrube, man denke nur an all die notwendigen Transporte.

Ich verbrachte den September damit, das Brandhofer Museum wieder einzurichten. Beim Auspacken der von uns versteckten Kostbarkeiten halfen allerdings mehr Menschen als beim Einpacken. Endlich kam der lang ersehnte Tag, an dem Holzer mich zur Pirsch auf den „Mönch" abholte. Es ging auf den Hochschlag. Es war der 8. Oktober 1945. Ein vor Tagen gefallener erster Schnee war fast weggeschmolzen.

Ich fand Holzer von Anfang an sympathisch. Er war eher klein und trug wie alle Menschen des Berglandes eine kurze Lederne. Am Kopf hatte er einen alten bläulich-grün vergilbten Jagdhut mit zerzaustem Gamsbart und trug einen vom Militärrock umgearbeiteten Janker.

Oben:
Schwalbenmutter beim Füttern ihrer fast flüggen Jungen

Unten:
„Schnabelspiele" älterer Saatkrähen

Sein Haus unterhalb von Gollrad war so gründlich geplündert worden, daß ihm kein Mobiliar übrigblieb. Kein Wunder, denn dort kampierten lange Zeit etwa 2000 Russen in einer Art Zeltlager. Ihre mitgeführten Pferde hatten das Gras ringsum wie eine gigantische Schafherde abgefressen. Doch auch da gab es „Ausgleich", die Hälfte des Viehbestandes hatten sie ohnehin weggetrieben. Nur eines hatte Holzer bewahren können: Das war eine alte 9 mm Büchsflinte, die vom längeren Aufenthalt in der Erde voller Rostgruben war. Dazu gab es ein kurzes, ebenfalls betagtes Zielfernrohr mit Zielstachelabsehen. Zwischen dem Stachel und dem dünnen Querfaden befand sich aus mir unbekannten Gründen irgendein Fremdkörper, der das Absehen wie eine Spinnwebe aussehen ließ. Mit dieser Waffe sollte ich den Mönch erlegen.

Großvater fragte mich noch, bevor er Holzer und mir nach alter Sitte des Brandhofes seine „Instruktionen" gab, ob ich nicht doch einen besseren, einen besonders starken Hirsch schießen wolle, doch ich hatte mich schon − aus heutiger Sicht vielleicht leider − für den Abnormen entschieden. Als wir über die den Brandhof säumenden Wiesen schritten, erntete man dort einige Erdäpfel. Kein Wunder, denn der Brandhof liegt über 1000 Meter hoch, und die Erdäpfel waren noch vom Vorjahr, sie hatten sich mitten in den Wiesen von selbst „entwickelt". Holzer sprach damals eine Mischung von Wehrmachtsdeutsch und Obersteirisch. Er war autoritär und schien mir eher streng. Kein Wunder, denn sein Jagdgast zählte ganze 19 Jahre. Auch als ich ihm erzählte, daß ich im Sommer mit einem von Russen organisierten Militärkarabiner zwei Rehböcke erlegt hatte, interessierte ihn nur deren Alter, wenig die dabei riskierte akute Lebensgefahr.

Auf der hinteren Seite des Hahnenkammes hatten wir den Mittelsteig erreicht und bewegten uns sehr leise und vorsichtig in nördlicher Richtung. Dieser Revierteil gehört − so viel ich weiß − heute zu den Bundesforsten. Es war ein schöner, eher kalter, fast wolkenloser Herbsttag. Holzer übergab mir nun seine Büchsflinte, die er bis dahin selbst getragen hatte, gab mir vier Kugelpatronen, die nicht wenig grünspanig waren, und sagte mir, daß die Waffe auf 200 Schritt eingeschossen sei. Auf einer kleinen grasigen Lichtung, etwa 100 Schritt weiter, hatte Holzer ein Sitzerl gebaut, das, ohne Barriere, aber mit einem Baumstamm im Rücken, nicht ungeschickt angelegt war. Hier nahmen wir Platz, während Holzer flüsternd erklärte, daß der Einstand des Abnormen auf der gegenüberliegenden Seite des Tales, nahe der Schneid, sei. Als ob er es gehört hätte, fing nun der Hirsch zu orgeln an. Noch war nichts zu sehen, in der Ferne aber antworteten insgesamt fünf Hirsche.

Immer lebhafter schrie der Hirsch, dann und wann hörten wir das Mahnen eines Tieres. Nach endlosem Warten trat endlich das Leittier auf eine Lichtung, äste ein wenig, warf immer wieder auf, verhoffte. Dann kamen noch zwei Tiere, wobei immer das eine oder andere durch Riedgras oder kleine Fichten verdeckt war. Vom weiter unten meldenden Hirsch war noch immer nichts zu sehen. Einmal schien es mir, als hätte ich eine schnelle Bewegung gesehen, offensichtlich trieb in der Kultur der Hirsch ein brunftiges Tier, was auch der Art des Röhrens zu entnehmen war.

Früher oder später, so rechnete ich, mußte auch der Hirsch irgendwo sichtbar werden. Es verging jedoch sicher eine gute Stunde, ehe ich ihn das erste Mal erblickte. Der mächtige, rötliche Hirsch erschien plötzlich auf der größten Lichtung hinter einem dunklen Schmaltier und warf sein Haupt zurück, als trüge er ein Zehnkilogeweih. Zwischen den Lauschern war aber mit freiem Auge schier gar nichts zu bemerken. Längst hatte ich, den Rücken bequem angelehnt, angeschlagen, wobei ich beide Ellbogen auf meine Knie stützte. Doch der Hirsch hielt nicht einen Augenblick inne. Die Entfernung betrug meiner Schätzung nach etwa 250 Schritt. Endlich wurde es Holzer zu blöd, und laut imitierte er das Mahnen eines Tieres. Wie vom Donner gerührt, verhoffte nun der Hirsch, und auch die Häupter der Tiere erhoben sich auf Kommando. Ich wollte nun einstechen und drückte aus diesem Grund den Züngel des Kugellaufes nach vorne, wie das bei Büchsflinten notwendig ist. Doch statt des erwarteten Knackens dröhnte, völlig unerwartet und mich furchtbar erschreckend, der Schuß! Ich hatte nach guter alter Gewohnheit erst eingestochen, als ich schon fest angeschlagen hatte, so wurde mir die Waffe nicht aus der Hand geschlagen. Der Stecher war also kaputt, und ich Esel hatte ihn nicht vorher ausprobiert. Der Mönch stand unbeweglich, während ich fieberhaft die Patronenhülse entfernte und eine neue Kugel in den Lauf schob. Ich wollte nun ohne Stecher schießen, da Büchsflinten ja weiche „Flintenabzüge" haben und auch für einen weiten Schuß leidlich geeignet sind.

Ich ziele sehr genau, Schuß! Daneben. Ich habe den weiten Schuß doch mit zu wenig Ruhe und Präzision abgegeben. Holzer flucht jetzt auf norddeutsch irgend etwas Unverständliches, mir bricht der kalte Schweiß aus. Während ich lade, setzt sich nun der Hirsch erstmals in Bewegung. Er selbst hat wenig Verdacht geschöpft, aber das Leittier und die anderen, nicht brunftigen Tiere trippeln nervös herum und verhoffen, so scheint es mir, gerade in unsere Richtung. Trotz meiner Aufregung, die ich nun erfolgreich niederkämpfe, habe ich schnell nachgeladen. Ich spanne den Hahn, der Hirsch ist nun verdeckt, ich sehe es rot leuchten, da muß er kommen, ich fahre mit, ziehe im langsamen Trollen ab, und im Feuer fällt der Hirsch und rührt keinen Lauf mehr. Ich lade meine letzte Patrone nach, ziele dorthin, wo der Hirsch liegt, aber es rührt sich nichts mehr. Holzer raucht, ich rauche, wir sprechen kein Wort. Nach zehn Minuten nimmt mir Holzer die Waffe aus der Hand, entlädt sie und probiert nun seinerseits den Stecher. Dreimal funktioniert er, das vierte Mal überspringt er. Ein leises „Aha" ist alles, was Holzer sagt. Aber er gibt mir nun so nebenbei die Hand, lüftet den Hut und spricht ein klares Waidmannsheil aus. Und dann eilen wir, so gut es geht, auf die andere Grabenseite, über alte Windwürfe, durch Himbeerdornen, stolpernd und keuchend.

Als ich als erster zum Hirsch trete, rinnt mir der Schweiß am ganzen Körper herunter. Es ist auch ein bißchen meine Kondition, die mir mitspielt, denn Hungern in diesem Alter hat natürlich negative Auswirkungen. Da liegt er nun, mein erster österreichischer Hirsch, der abnorme Mönch mit Hochblattschuß, erlegt im Schicksalsjahr 1945. Holzer steht still — und ohne einen Schweißtropfen —, nachdem er mir mit aufrichtigem Waidmannsheil fest die Hand gedrückt und ein Lob für meine Geistesgegenwart ausgesprochen hat. Dabei schauen mich seine Augen so klar und tief an, als wären sie Bergseen.

Sechs Wochen später fahre ich mit meinem Bruder zurück nach Ungarn und versuche, dort drei Jahre vergeblich dagegen anzukämpfen, daß wir vom Großgrundbesitzer zum Taglöhner geworden sind, während sich hier in Österreich die Freiheit etabliert hat und alles aufwärts geht, im Osten aber sehr böse Jahre beginnen. Meine Standesgenossen leben bald so, als hätte es nie einen Zweiten Weltkrieg, nie eine Gewaltherrschaft, nie die Rote Armee gegeben. Eine Holzkonjunktur nie geahnten Ausmaßes macht sie zu reichen Leuten. Als wir drei Jahre später unverrichteter Dinge und reumütig nach Österreich zurückkehren, gilt es, das Schicksal zu meistern, die Zukunft in die Hände zu nehmen. Und aus den „Bettlern" von 1945 sind im Laufe der Jahre, auch ohne Grundbesitz und ohne Reichtum, ohne Erbe und ohne Hilfe, erfolgreiche Menschen geworden.

Die Schemmerljagd

Wenige Leute wissen, wie schön der Herbst in der Steiermark sein kann. Dieses vielseitige und an Naturschönheiten kaum zu überbietende Land, das vom Hohen Dachstein bis zum südsteirischen Weingebiet, von den Neudauer Wäldern bis zur Soboth, vom Semmering bis nach Schladming, von Aussee bis Radkersburg reicht, erlebt den jahreszeitlichen Höhepunkt zweifellos im Herbst. Haben noch im Sommer Gewitter und Wetterstürze, Hagelschläge und Vermurungen die wenigen schönen Tage immer wieder abgelöst, so reicht die Erwärmung im Herbst infolge der kurzen Tage nur selten zu spontanen Wetteränderungen. Um die Mittagszeit ist es warm wie im Sommer, des Morgens liegen aber schon ausgedehnte Nebelteiche in den Senken und Niederungen. Nur langsam lösen sie sich auf, wie alles übrigens langsamer und bedächtiger ist. Das Jahr ist wie der Mensch. In seiner Jugend aufbrausend, spontan und launenhaft, erst wenn die Mitte des Lebens überschritten ist, werden beide beständiger, geduldiger und ausdauernder. Der Winter ist nicht mehr weit und mit ihm der scheinbare Tod von Mensch und Jahr. Aber es werden neue Frühlinge und neue Sommer kommen, neue Generationen die alten ablösen, und in der gottgewollten Ewigkeit ändert sich wenig.

Wir schreiben das Jahr 1949. Vor einem Jahr war ich als Flüchtling nach Österreich gekommen. Über die „grüne Grenze" aus Stalins Machtbereich ins freie Österreich. Doch Österreich war nach dem Krieg arm und konnte seinen Flüchtlingen außer dem garantierten Asyl nur wenig bieten. Meine Mutter arbeitete in einer Fabrik, Vater war kleiner Angestellter bei seinem Bruder. Die Schwestern arbeiteten in Büros, und meine jüngeren Geschwister gingen noch in die Schule. Ich selbst kam im Landesdienst unter. Als „Hilfskraft am Landesmuseum Joanneum", wie es in meinem ersten provisorischen Dekret hieß, mit einem monatlichen Anfangsgehalt von 446 öS, 14 Urlaubstagen im Jahr und ganztägiger Arbeit an Samstagen. Die Jagd ruhte, doch schon nach einem halben Jahr hatte ich eine Jagdkarte. Ich war unbekannt, arm und heimatlos, doch mit 22 Jahren voller Ideale und Hoffnungen, die auch unser bisher von Katastrophen und Rückschlägen gezeichnetes Leben nicht zerstören konnte. Eine einzige Waffe hatten wir in der Familie. Es war eine 1896 gebaute 20er Springerflinte, die wir aus Ungarn über die Grenze gebracht hatten, nachdem wir sie 1947 in einem Geschäft in Budapest gefunden und um 500 Forint gekauft hatten.

Und dann kam unerwartet und freudespendend meine erste Einladung auf eine Niederwildjagd. Der Bäcker Josef Purkarthofer, den ich zufällig kennengelernt hatte, lud mich auf seine Jagd unweit der Laßnitzhöhe, am Schemmerl, ein. Abfahrt Sonntag früh um 6 Uhr mit dem Autobus der Firma Watzke von der Haltestelle am Dietrichsteinplatz. Als ich dort zu Fuß ankam, saßen schon einige Gäste im altehrwürdigen, kriegsbeschädigten Bus, der noch die Tarnfarbe der Wehrmacht trug. Professor Löhner, ein alter Herr mit einer Lefaucheux-Flinte und Schwarzpulverpatronen, der gemütliche Magister Puckmeyer, der Schauspieler und Sänger Walter Gaster und der früher in Wannsee tätig gewesene pensionierte Oberstleutnant Dullnigg mit einer herrlichen Belgischen Flinte, Herr Gartner und nicht zuletzt der „Jägerpfarrer" Kraus sowie Rolf Schmidtburg, damals kleiner Polizeibeamter und Kriegsverwundeter. Während über der Grazer Innenstadt noch ein leichter Dunst lag, durchbrach unser schwankendes und ächzendes, dunkle Auspuffgase hinterlassendes Gefährt schon auf der Riesstraße seine „Grenze", und ein herrlicher Herbsttag lachte bei den teilweise schadhaften Fenstern des Busses herein. Laßnitzhöhe, der bekannte Kurort, wurde durchfahren, und am Schemmerl, beim „Höchschmidt", war dann Zusammenkunft. Vom Dietrichsteinplatz bis auf das Schemmerl hinauf zählte ich drei Wägen, und das waren englische Lastautos mit rotgesichtigen, mißmutig blickenden Tommys darauf. Der Jagdherr, Aufsichtsjäger Karner sowie zwölf Treiberjungen empfingen uns. Fünf einheimische Jäger waren auch dabei. Ein herrlicher Sonnenaufgang spiegelte sich in den Fenstern des Wirtshauses, in dem wir nun unsere Futterale, Mäntel und zum Teil auch die Rucksäcke verstauten. Dann kam das obligate Frühstück, das aus Gulasch, Jagertee und Most bestand.

In einer unweit gelegenen kleinen Waldkapelle wurde von Pfarrer Kraus anschließend die Sonntagsmesse gelesen. Rolfi Schmidtburg ministrierte. Die Waffen waren an die umliegenden Bäume und auch an die Kapelle gelehnt. Die Schlußworte der Predigt lauteten: „Das ist des Jägers Ehrenschild, daß er beschützt und hegt sein Wild, waidmännisch jagt, wie sich's gehört, den Schöpfer im Geschöpfe ehrt." Und dann ging es endlich los. Ja, in jenen Zeiten — unmittelbar nach dem Weltkrieg — hatten auch die Jäger noch Zeit für ihren Herrgott. Es war mehr als eine Selbstverständlichkeit, daß man trotz ausgiebigem Jagdprogramm, das durchwegs zu Fuß absolviert werden mußte, die Sonntagsmesse nicht versäumte. Jägerpfarrer Kraus war mit dem Umkleiden schnell fertig, und fast hastig und gierig griff auch er nun nach der Flinte. Nach etwa einer Viertelstunde waren wir am Platz, wo die Schützen eingeteilt wurden. Ein Teil nach rechts, ein Teil nach links. Das Gelände war mehr als steil. Es gab Bergschützen und Talschützen. Ich als Junger wurde natürlich zu den Bergschützen eingeteilt, die besseren Stände, wo auch die meisten Fasanen zu erwarten waren, gebührten selbstredend den „Alten". Den besten Platz, so schien mir, erhielt Oberstleutnant Dullnigg, der ganz am Spitz, vor einer dichten Eichendickung, seinen Stand hatte. Aber schon der erste Anschußschütze neben ihm war ich, zwar weit über ihm postiert, aber immer noch auf der sogenannten „Brust" des Triebes.

Und wie war das Gelände beschaffen? Wer die Hügel von Graz bis zum Raabtal kennt, wer einmal darüber hinweggeflogen ist, wird es bestätigen. Langezogene, eher schmale Bauernwälder, Hügel und Tal lösen einander ab, dazwischen kleine Bauernfelder, sehr wenige händisch bearbeitete Kukuruzfelder, heute bereits fast durchwegs abgeerntet, steile Wiesen, Bauernhöfe, wie zufällig eingestreut, unabhängig vom Gelände, Feldwege, Zäune, gackernde Hühner, bellende Hunde, Schläge, weidendes Vieh und überall üppig tragende Obstbäume. Kanada-Reinetten, Goldparmenen, Kronprinz Rudolf, herrliche Kaiserbirnen, verschiedene Zwetschken und überall Edelkastanien, als wäre man in Görz oder Friaul. Im Gegensatz zu heute wurden die Früchte damals bis auf das letzte Stück eingesammelt und minutiös geerntet.

Die Bauern winkten uns Jägern freundlich zu. Der Jäger war damals geachtet und geschätzt, Jagdherr Purkarthofer im besonderen, weil er nicht nur mit Backwaren, sondern auch mit Fasanen und Hasen aushalf, wo er konnte.

In der Ferne erklang der heisere Ruf von Karners Jagdhorn. Der Trieb begann. Sehr bald darauf fielen die ersten Schüsse. Dann hörte ich die Treiber. Ihr Ruf war mir neu: „Hu-rassa-sa-Aufgschaut ein Hos, na na des is nur a Wurzn, Hu-rassa-sa-sa, Hu rassasa-sa". Ohne Schwingenschlag segelte ein Hahn durch die Baumwipfel direkt auf mich zu, so wie ich es immer gern gehabt habe. Als er in Schußnähe war, ein schneller Ruck mit der Flinte, der Hahn kam mit der Brust voraus im Schuß vor meine Füße, das Köpfchen seitlich gelegt. Er war nicht hoch, aber schnell.

Nun kommen mehrere Fasanen, meistens Hennen, Dullnigg schießt, Professor Löhner ist eingenebelt, da erscheint ein Hase vor mir, doch ich lasse ihn außer acht, denn mit heißer Freude sehe ich eine Schnepfe von weitem und unbemerkt herankommen. Als sie vor mir nach rechts abbiegen will, ist es schon zu spät, und weich fällt sie in die Brennesseln. Dann schieße ich noch einen Hasen, der erste wird von Dullnigg hinter mir erlegt. Meine Schnepfe bleibt vorerst unbemerkt, erst als sie von mir aufgeklaubt wird und ich ihre Malerfedern herausnehme, freuen sich auch die Jagdkameraden mit mir, Jagdneid ist unbekannt. Auf der Strecke des ersten Triebes liegen vier Fasanen, eine Schnepfe und sechs Hasen. Meine erste Schnepfe in Österreich!

Zwei weitere Triebe, in denen abermals eine Schnepfe und acht Hasen fallen, folgen. Nur ein Fasan kommt hoch über die Wipfel, sehr schnell und ohne Schwingenschlag. Alle fehlen ihn, ich schieße ihn jedoch mit Glückschuß herunter. Von da an darf ich Talschütze sein. Das Mittagsmahl wird im Freien, auf der Veranda eines Bauernhauses, eingenommen. Herrliche blaue Trauben glänzen im Gegenlicht. Der Bauer spendiert kühlen Most, Nüsse und Kastanien. Fliegen summen überall, sogar Wespen sieht man noch. Es hat sicher 20 Grad. Man verköstigt sich aus dem Rucksack oder dem damals noch üblichen „Jägerranzen". Da gibt es Kaiserfleisch, Paprikaspeck, Käse und kaltes Faschiertes. Einige Herren haben Thermosflaschen mit, mit Rumtee oder Kaffee, je nach Geschmack. Pfarrer Kraus zeigt einen gesegneten Appetit, da er ja vor der heiligen Messe nicht gefrühstückt hat. Die Jagdkameraden necken ihn mit Witzen und Jägerlatein, er aber läßt sich nicht aus der Ruhe bringen. Professor Löhner meint, daß er die drei Fasanen sicher deswegen gefehlt habe, weil er das Wild schützen und hegen wolle.

Der pfiffige Kraus kontert, daß Löhner sich aus Angst einnebelt, wenn ihn die Hasen umrennen wollen. Dröhnendes Gelächter quittiert diese Wortspiele. Mit vollem Mund wird erzählt, einzelne Schüsse werden kommentiert. Ein Idyll wie aus „Herrn Petermans Jagdbuch" oder den satirischen „Fliegenden Blättern", akkustisch untermalt von Jagdhunden und Bauernkötern, die nicht selten bedrohlich klingende Raufereien inszenieren. Josef Purkarthofer aber bespricht bereits mit Karner die nächste Sonntagsjagd. Wird es das Wiesental, Kollmegg oder Präbach sein?

Keiner von uns ahnte damals, daß unser netter Jagdherr nur noch wenige Wochen zu leben hatte, daß er durch einen schrecklichen Autounfall auf der Fahrt zur Jagd sterben werde.

Rundum in der Sonne gelbrote Blätter, rotglänzende Äpfel, honigsüße Birnen und Kürbisse. Das damalige Bauerngerät dient noch der Arbeit, nicht zur Dekoration ländlicher Diskotheken. Die Bauern sind noch selbständige, gottesfürchtige Menschen, ihre eigenen Herren, nicht Fabriksarbeiter, die am Wochenende so nebenbei den Bauernhof und die Felder betreuen. Das alles liegt 40 Jahre zurück, doch was hat sich nicht alles seit dieser Zeit geändert? In technischen und sozialen Belangen vieles zum Besseren, in moralischen und weltanschaulichen aber ging manches in die andere Richtung. Und die lieben, alten Jagdkameraden, die so unbeschwert in der herbstlichen Sonne vor mir sitzen: Wo seid ihr alle? Nacheinander sind sie in die ewigen Jagdgründe gewechselt und haben ihre Persönlichkeit, ihr Ich, ihre Eigenarten und Einmaligkeiten auf alle Zeiten mitgenommen. Von der damaligen Jagdgesellschaft leben heute nur noch zwei, einer davon bin ich. Karner wurde 1989 75 Jahre alt.

Am Nachmittag werden noch zwei größere Triebe genommen. Man vergesse nicht, alles wird zu Fuß absolviert! In einem Trieb werden fünf Schnepfen hochgemacht. Drei kommen fast gleichzeitig einem der Talschützen in Brusthöhe, so daß er erst schießen kann, als sie schon recht weit sind. Eine schieße ich, und es steht dafür, ihre Erlegung zu beschreiben. Etwa gegen Mitte des Triebes, als auch die drei anderen Schnepfen hochgemacht werden und es elektrisierend „Schnepf, Schnepf" echowerfend über die Täler klingt, höre ich plötzlich den typischen Schwingenschlag der Schnepfe, und auf 20 Meter vor mir fällt sie schon ein. Ich bewege mich nicht, die Flinte im Halbanschlag. Fünf, ja 10 Minuten stehe ich so, ich könnte sie leicht am Boden schießen, doch daran denke ich nicht. Endlich, als der eine Flankenschütze auf einen Hasen schießt, wird sie hoch, streicht direkt auf mich zu, ich sehe ihren erschrockenen Blick, sie schwenkt nach rechts ab, passiert die Schützenlinie und auf 30 Schritt, als ich völlig freies Schußfeld habe, hole ich sie herunter. Mein oberer Nachbar fehlt eine kurz nachher, als die Treiber schon nahe sind. Als wir abends vor dem Gasthaus „Trummer" Strecke legen, kann Jäger Karner dem Jagdherrn folgende Strecke melden: Es liegen 23 Hasen, 19 Fasanen, 3 Schnepfen, 6 Häher, eine Elster, zusammen 52 Stück Wild.

Ein herrlicher, unvergeßlicher Jagdtag in der herbstlichen Oststeiermark neigt sich dem Ende zu. Über Graz geht die Sonne schlafen, violett pinselt sie einige Zeit noch die Wolkenränder an, die sich wie zum Schutze auf die Gipfel der Grenzberge gegen Kärnten gelegt haben. Dann versinkt alles in Grau, Dunkelblau und schließlich in Schwarz. Aber wir sind bereits

Bild rechts:
Die brütende Fasanhenne ist vor Mensch, Raubzeug und Wetter nie sicher

Bilder umseitig:

Oben:
Wolkengebilde über Graz

Unten:
Noch gibt es ruhige Waldwiesen, wie lange noch?

zum obligaten letzten Trieb, ins Wirtshaus, gegangen. Es gibt Fasanenbraten (von heute früh) mit Kastanien, Nudeln und Salat und zum Abschluß Birnenkompott. Ich sitze neben Oberstleutnant Dullnigg, der mir erzählt, was ich eigentlich wissen sollte und mein Vater als Ahnenforscher sicher wußte, daß wir Verwandte sind. Er stammt nämlich von jener Schwester der Anna Plochl ab, die einen Herrn Dullnigg geheiratet hat. Zuletzt werden alte Jägerlieder gesungen, Wein getrunken und schließlich aus englischen Militärrationen Kaffee gebraut. Die Lieder klingen wunderbar. Kein Wunder, denn Walter Gaster ist ja Operettensänger und zwei der anwesenden Herren Mitglieder eines Jägerchores. Wir bleiben, bis der letzte Autobus nach Graz vorfährt. Noch im Bus sind wir in Hochstimmung, und unser Jäger-Tenor singt mit dröhnender Stimme aus der „Gold'nen Meisterin", daß die Fenster des alten Autobus-Veteranen scheppern.

Sicher, es waren damals kleine Jagden, mit bescheidenen Strecken. Aber uns alle, die wir die Schrecknisse des Krieges und der unmittelbaren Nachkriegszeit noch „in den Knochen" hatten, konnte eine solche Jagd in euphorische Freude versetzen: Endlich ging es wieder aufwärts, endlich war Frieden! Die Jagdkameraden waren neidlos, der Ablauf der Jagden ohne Hektik und Hast. Es herrschte vom Anfang bis zum Ende gute Laune, und damals freute man sich über die Erfolge der anderen ebenso wie über die eigenen. Wir waren eben alles andere als verwöhnt, und die bescheidenste Jagdfreude in unserem freien Österreich bedeutete uns wahres und unüberbietbares Glück.

Jenem Bäckermeister Purkarthofer aber, der mich armen Flüchtling als erster auf eine Jagd in der Steiermark eingeladen hat, lege ich nach 40 Jahren auf diese Weise einen Bruch der Dankbarkeit auf das Grab, das ich auch regelmäßig besuche.

Bilder umseitig:

Oben:

Wildgänse-Scharen bei Sonnenaufgang im Neusiedlersee-Gebiet

Unten:

Sonnenaufgang in Visznek. Der Storch sitzt auf dem alten Ziehbrunnen und lauert auf Beute, seine Partnerin sitzt am Nest

Bilder links:

Oben:

Waldgams. Vorsicht und Neugier halten sich die Waage

Unten:

Der junge Rehbock ist auf den Ruf gesprungen. Die hohe Deckung verläßt er ungern

Jägertage in Budapest

Nach meiner Flucht im Jahre 1948 war ich im Mai 1970 wieder das erste Mal in Ungarn. Der Internationale Jagdrat veranstaltete seine Generalversammlung, und ich meldete meine Teilnahme an. Ich rechnete mir aus, daß nach dem Amnestiegesetz für Emigranten eine Einreise möglich sein würde und hatte damit recht. Ich nahm vorsichtshalber bei dieser ersten Einreise das Flugzeug und wurde am Flugplatz Ferihegy von Laci Studinka empfangen. Mit dem Taxi fuhr ich ins Hotel „Duna-Intercontinental", wo ich vier Tage wohnte. Es war eine Generalversammlung, bei der ich nicht nur sehr viele Freunde des CIC wiedertraf, denn ich war ja schon eine geraume Zeit ordentliches Mitglied der österreichischen Delegation, auch viele ungarische Freunde konnte ich wiedersehen. Mein Freund René La-Roche, der Präsident unserer Museumskommission und Kollege Lazar Raic waren wie immer mit von der Partie. Ob nun die CIC-Kongresse in Warschau, Madrid, Paris, Brüssel, Mamaia, Arles, Texel, Wien, Rom, München, Chambord oder Teheran stattfanden, zum Großteil trafen sich dieselben Kollegen, und die Tage waren mit Programmen gut ausgefüllt.

Budapest war für mich natürlich ein ganz anderes Erlebnis: Ich konnte als perfekt ungarisch Sprechender sämtliche prominente Funktionäre der Jägerschaft persönlich kennenlernen, fungierte oft als Dolmetscher, knüpfte neue Freundschaften. Die ungarischen Jäger haben es mir nie vergessen, daß ich einer der allerersten war, der sie nach den schwierigen Jahren, die dem ungarischen Freiheitskampf folgten, in Graz empfing und beherbergte. Beim Bankett, das allen CIC-Kongressen folgt, saß ich daher neben dem Minister Diményi und meinem Freund Ákos Szederjei, der damals Oberdirektor des Budapester Tiergartens war. Szederjei war Mitglied der ersten ungarischen Jägerdelegation, die in Graz in meiner Wohnung einige Tage verbrachte, um das Museum zu studieren. Damals hatten die offiziellen Organe der Jägerschaft noch keine Kontakte mit den Ungarn. Doch es folgten weitere Delegationen auf meine Einladung hin, sogar der Präsident der MAVOSZ (Ungarischer Zentraljagdverband), der ehemalige Oberbürgermeister von Budapest, Dr. Pongrácz, logierte als mein Gast in meiner bescheidenen Wohnung und wurde von mir unter anderem ins Zigeunerlokal Szemes ausgeführt. Für mich war es immer selbstverständlich, gute Kontakte zu den Jägern meiner alten Heimat zu pflegen. Heute natürlich sind auch die offiziellen Kontakte perfekt. Die Ungarn allerdings haben unsere Erstkontakte nicht vergessen und überschütteten mich mit Freundlichkeiten bei meinem ersten Gegenbesuch im Jahre 1970.

Nun, ich erwähne diesen ersten Besuch nach 22 Jahren in Budapest wegen der Eindrücke, die Ungarns herrliche Hauptstadt auf mich machte. 1948 war ich am 20. August in der Kathedrale von Pest, als Kardinal Fürstprimas Josef Mindszenty das Hochamt zelebrierte. Vor dem Dom waren viele Tausende Menschen versammelt. Ich erinnere mich, daß der Lautsprecher den US-Botschafter ansagte und die Menge in tosendem Beifall ausbrach. Der große Kardinal passierte mich nicht weiter als auf zwei Meter, nie werde ich sein durchgeistigtes Gesicht vergessen.

Das letzte Mal war ich am 28. August 1948 in Pest, um den dort arbeitenden Feri zu besuchen, der eine große Reise vorhatte. Ich spazierte damals gern zum Parlament, das malerisch am linken Donauufer der Hauptstadt liegt. Das alte Budapest schien damals noch lebendig zu sein, obgleich viele Wunden des Zweiten Weltkrieges zu sehen waren. Aber die Menschen waren elegant wie eh und je, die Frauen schlank und atemberaubend westlich gekleidet, die Auslagen voll, der Verkehr ähnlich wie in Salzburg, aber stärker durch Militärautos, Jeeps, Lastwägen und Beiwagen-Motorräder geprägt. Noch vor zwei Jahren beherrschte die Frontuniform der ungarischen Soldaten das Bild, 1948 war jedoch schon die russisch geschnittene Militäruniform im Zunehmen. Und es gab Polizei in Hülle und Fülle, in blauer, khaki- und grauer Uniform und Ledermänteln. Es war damals der weiche großkrempige Hut in Mode und die flatternde breite Flanellhose.

Die Váci utca war fast so wie in Friedenszeiten, es gab herrlichen Schmuck in den Auslagen der Privatgeschäfte, und dennoch, wie schon erwähnt, hatte man nicht das Gefühl, wie bei uns in Österreich, von einem langsamen, stetigen Besserwerden, sondern eher eine Ahnung vom Gegenteil. Es waren die letzten Zuckungen – wie wir heute wissen – einer endgültig zum Tode verurteilten Epoche und die Nivellierung zu der gewollten Verarmung zu erkennen.

Meine Eindrücke im Jahre 1970 zum Vergleich: Die Menschen schienen mir allein optisch verändert, waren scheinbar andere geworden. Massenhaft Pullmanmützen, die in Ungarn früher unbekannt waren, gleich aussehende, breitschultrige Wettermäntel, abgetragene, aus der Mode gekommene Kleider, schlechte Schuhe, was früher in Budapest sehr selten war. In den Straßen tummelten sich dickwadige, bäuerlich wirkende Frauen mit breiten Becken, elegante, westlich gekleidete Frauen waren aus dem Straßenbild verschwunden. Dafür waren die Männer, allein dem Schnitt ihrer Gesichter nach, sehr gut aussehend. Die Jugendlichen hatten damals (1970!) noch keine langen Haare und trugen auch noch keine blue-jeans.

Erfrischend wohltuend wirkten die Kinder auf mich. Lustig, artig, höflich begrüßten sie die Erwachsenen mit „Diener" oder „Knicksen" und sagten „Csókolom" (ich küsse), was soviel heißt wie „ich küß' die Hand". Anstelle erwachsenenfeindlichen Teenagern gingen wissensdurstige Gymnasiasten in Zweier-Reihen, während bei uns die hochgejubelten sechziger Jahre gerade zu Ende gingen und Cohn-Bendit und Dutschke den Aufstand gegen den Wohlstand übten.

Hier von alldem nichts. Alles Westliche faszinierte damals die Jugend, auch das Gute und Wertvolle; nicht nur Coca-Cola, Jeans, Popcorn und Struwwelpeter-Widerstand und ähnliches, worauf auch der Westen verzichten könnte. Bei Gesprächen, die ungarisch sprechende Ausländer mit Ungarn vor einem Auditorium führten, konnte man jedoch 1970 eine gewisse Vorsicht sehr gut lokalisieren. Anderthalb Jahrzehnte später ist dies anders geworden, damals fiel es mir aber auf.

1970 war der Verkehr in Budapest im Vergleich zum Westen noch sehr „erträglich". Im Gegensatz zu 1948 sah man selten Polizei und überhaupt keine sowjetischen Fahrzeuge in der Hauptstadt. Wartburg, Trabant, Skoda, Schiguli, Polski-Fiat waren die wenigen Autotypen. Dafür gab es im Gegensatz zu 1948 anstelle von Buick, Chevrolet und Cadillac-Regierungsautos eine große Flotte von Mercedes für die hohen Funktionäre, meistens 280er, und Wolgas für kleinere Funktionäre, die aber auch alle von einem Chauffeur gelenkt wurden. Die Epoche der sowjetischen Zis-Luxuslimousinen hatte man wahrscheinlich aus Betriebsstoff-Spargründen zu Ende gehen lassen.

Vor dem Duna-Intercontinental, einem Luxushotel, parkten bei Empfängen, und beim CIC gibt es deren immer viele, wenigstens 40 Regierungsmercedes. Der Kongreß in Budapest ging nach sehr interessanten Kommissionssitzungen viel zu schnell zu Ende. Eine stolze Trophäen-schau war unvermeidlich, waren ja damals (1970) der in Gamás erlegte sogenannte Schaußber-ger-Hirsch mit 249.37 Pt. und der in Martonvásár erlegte Cseterki-Rehbock mit 228.68 Pten zusammen mit dem in Gyulaj von Fehér Lajos geschossene Schaufler mit 214.99 Pt. Weltrekor-de, auf die die Ungarn mit Recht stolz sein durften. Ein Großteil der Besprechungen drehte sich um die erste Weltjagdausstellung, die Ungarn 1971 in Budapest zu organisieren hatte und die unter der Patronanz des CIC stand.

Mit Freund Louis Sonnenfeld aus der Schweiz trete ich die Heimreise im Auto an. Er führt ein von Marion Schuster gekauftes Gemälde von Csergezán mit, das natürlich verpackt ist. Auf die Zöllnerfrage, was darinnen wäre, antwortet Louis stur: ich weiß es nicht . . . – und man läßt ihn anstandslos passieren. So wichtig war Ungarn damals das Wohlwollen der westlichen Jagd-Touristen vor der großen Weltjagdausstellung im kommenden Jahr.

Dieses bevorstehende große Ereignis rief mich nicht nur als einen der zehntausenden euro-päischen Jäger, sondern auch beruflich, als Mitarbeiter, nach Budapest. Ich war ein kleines Mitglied des österreichischen Ausstellungskomitees, und das Steirische Jagdmuseum stellte namhafte Exponate im Österreichischen Pavillon aus. Leider hatte ich auf die Gestaltung keinerlei Einfluß, ich hätte aus museumstechnischen und anderen Gründen einiges anders gemacht. Jedenfalls hielt ich mich zwei Wochen in Budapest auf und konnte in dieser Zeit Ungarns Hauptstadt eingehend studieren und besichtigen. Ich wohnte in einem alten Hotel auf dem Lenin-körut, das „Hotel Royal" hieß. Vis-a-vis befand sich die Liszt-Musikakademie. Das Hotel, eingebettet zwischen dem Lening-Ring und der langen breiten Majakowski-Straße, atmete die Atmosphäre der Jahrhundertwende aus.

Ich war mit meinem VW gekommen und hatte mich vollkommen verfahren. Ursprünglich wollte ich über die Kettenbrücke, den Roosevelt-Platz und die Andrássy-Straße auf den Ring fahren, verfehlte jedoch die Auffahrt zur Brücke und geriet auf Umleitungen und in Einbahn-straßen, die mich weg von der Donau führten. Endlich erreichte ich über den Döbrentei-Platz die Elisabeth-Brücke und war somit gerettet. Ich fuhr die Kossuth- und Rákóczy-Straße entlang, sah rechts die Magyar-utca, wo Feri bis 1948 gewohnt hatte, fuhr am „Astoria" und der Rochuskapelle vorbei, um hinter dem „Emke-Café" nach links auf den Ring zu biegen.

Der heutige Lenin-Ring liegt zwischen den Abschnitten des St. Stefan- und des Josef-Ringes, zwischen einem Heiligen und einem Habsburger, der Josef-Ring wiederum mündet in den Franzensring, der nach dem „guten Kaiser Franz" benannt ist. Ich kreuze die Dohány-utca, das ehemalige Judenviertel, fahre am Madách-Theater vorbei und bin schon beim „Royal". Mein Zimmer ist ein mittelmäßig und altmodisch eingerichtetes Einbettzimmer. Im

Restaurant bedienen alte Kellner, und ein guter Zigeuner, mit Namen Lakatos, spielt penetrant Klassisches und Operettenmelodien. Ich lasse meinen Wagen stehen und fahre nur mit dem Taxi. Schon am ersten Tag besuche ich die Jagdausstellung, die noch nicht eröffnet ist. Wir fahren am „Metropol" vorbei zum Ostbahnhof, der trotz größter Bombardierungen, Kriegs- und Revolutionskämpfe unversehrt dasteht wie ein Schweizer Bahnhof. Eine Seltenheit. Die breite Ausfahrtsstraße heißt Kerepesi út, und auf ihr werden mit alten primitiven Asphalt-Lokomotiven fieberhaft Ausbesserungsarbeiten durchgeführt. Rechts liegt der große Trab-rennplatz, hinter ihm Budapests größter Friedhof, der Kerepesi Temetö. Linker Hand taucht die große Arena des „Nép-Stadion" auf. Hier hat Ungarn die Engländer in den fünfziger Jahren einmal 7:1 geschlagen.

Bald geht es im rechten Winkel nach rechts, wobei die legendäre Galopprennbahn linker Hand einen schönen, gepflegten Eindruck vermittelt. Die Straße, auf der wir nun fahren und die ebenfalls mit großem Personalaufwand renoviert wird, ist nach dem ehemaligen Landwirt-schaftsminister und weinseligen Staatspräsidenten Dobi benannt. Am großen Parkplatz vor dem Ausstellungsgelände befinden sich Autos aus der ganzen Welt. Bevor ich zu unserem Pavillon gehe, riskiere ich einen Blick in die fertig eingerichtete Ehrenhalle. Österreich ist hier mit dem Weltrekord-Steinbock vom Röthelstein vertreten, den mein Vetter Fritz Mayr-Melnhof gestreckt hat. Im Büro der Ausstellung herrscht emsige Bienenschwarm-Stimmung. Kein Wunder, nehmen doch 52 Länder an dieser Ausstellung teil. Ich kann dennoch mit meinem Freund, Dr. Sándor Tóth, einem der Hauptverantwortlichen, sprechen, weiters mit László Studinka, Tamás Fodor, Ákos Szederjei, Lajos Vida und anderen. In den einzelnen Pavillons wird noch fieberhaft gearbeitet, so hat niemand zu längeren Gesprächen Zeit.

Im ersten Stock unseres Pavillons ist eine Art Jäger-Weinstube eingerichtet. Die Vorräte an Alkoholika sind dementsprechend groß. Aber laufend finden bereits jetzt wichtige Fachge-spräche statt, ich muß ständig übersetzen, denn vor allem die Politiker können nicht deutsch, die alten Jäger-Fachleute, das Rückgrat der Ausstellung, natürlich ausnahmslos. Die herrlichen Tier- und Naturfilme von Franz Mayr-Melnhof interessieren das Publikum im Österreichischen Pavillon nach der Eröffnung weitaus am meisten.

Dreizehn Jahre sind seit dem Tod dieser Persönlichkeit vergangen, aber bis heute ist nichts so qualitativ Gutes entstanden. Wieder einmal wurde der Beweis geliefert, was ein einzelner Mensch schaffen kann, wenn er sich mit seiner ganzen Persönlichkeit und Opferbereitschaft dafür einsetzt.

Der zweitbeste jemals erlegte Rothirsch, den Lazar Raic und ich bei Freund René La-Roche entdeckt und vermessen haben, hängt unbewertet und bescheiden im Schweizer Pavil-lon. Man hat ihn zur offiziellen Bewertung abgelehnt, mit dem Hinweis, es wäre ein „Amur-Hirsch" und unbekannter Herkunft. Doch auch im Sowjetpavillon, wo ja „Amurhirsche" ausgestellt sind, findet sich kein annähernd so starker (286 Int. Pkte, 18 kg. Geweihgewicht mit der minikleinen Hirnschale). Auch den von uns ausgestellten besten österreichischen Keiler aus der Steiermark hat man nicht bewertet, weil das ganze Haupt präpariert wurde. Man hat sich nicht die Mühe gemacht festzustellen, daß die Waffen händisch leicht herauszunehmen wären. So gibt es laufend kleine Pannen, nur dem Insider bekannt. Bei uns z. B. sind die Trophäen (aus Raumgründen) viel zu hoch angebracht. Jeder Kenner weiß, daß Augenhöhe ideal wäre, die Dioramen sind mir und auch dem Publikum zu modern. Ich hätte mich vor dem Vorwurf des Kitsches nicht gefürchtet, denn schließlich ist das eine Jagdausstellung. Jagd ist Natur, keine avantgardistische Experimentierkunst, aber darüber läßt sich heute ebenso streiten wie vor 15 Jahren.

Die Ausstellung ist mit ungeheurer Sorgfalt und einem einmaligen Pioniergeist vorbereitet worden. Neben den verantwortlichen Politikern, die sich ebenfalls voll eingesetzt haben, wurden ausnahmslos alle ungarischen Jagdfachleute in einer Hauptkommission und 26 Fachkommissionen zusammengefaßt. Ich entdecke Namen aus dem alten „Nimrod" Kálmán Kittenbergers ebenso wie die von bereits pensionierten Ministern und deren Gattinnen, Grafen und Politbüromitgliedern, Hunderte Namen verdienter und bekannter ungarischer Jagdfachleute; dazu die Elite der Jägerschaft der ausstellenden Länder. Man erkennt darin zweifellos das Muster der zwei bisher großartigsten Jagdausstellungen, Wien 1910 und Berlin 1937. Die Eröffnungszeremonie bietet dem gelernten Museologen nichts Neues: Staatspräsident, Fachminister, Ehrengäste, Adabeis, Reden, Reden und bescheiden im Hintergrund stehende Fachleute. Deutsche Jagduniformen und alpenländische Jägertrachten prägen das Bild.

Im großartigen ungarischen Pavillon gibt es ein Wiedersehen mit manch weltberühmter Trophäe. Der Weltrekordhirsch ist jetzt jener von Marion Schuster, den sie im September 1970 in Lenti geschossen hat und der 251.83 Internationale Punkte aufweist. Diese Trophäe ist alles eher denn edel geformt, hat abnormale Endenbildung, ist nicht geperlt, aber doch überwältigend, und 1971 die einzige Trophäe der Welt mit über 250 Punkten. Der berühmte Montenuovo-Hirsch aus Szálka, 1891, jahrelang mit seinen 243.90 Int. Punkten Weltrekordhirsch (aller ausgestellten Hirsche), ist jetzt nach dem von Hans Aulock viertbester ungarischer Hirsch. Sein Geweih zierte die Kataloge der zwischenkriegszeitlichen Trophäenschauen. Damals waren die ungarischen Hirsche aber wesentlich weniger stark als heute! Dafür ist der wunderbar ebenmäßige „Aulockhirsch" aus Lábod mit 246.13 Punkten Symbol dieser Weltausstellung geworden. Er ist auf allen Plakaten und Abzeichen zu sehen.

Mit Freuden sehe ich Goldmedaillenhirsche aus dem Vértes-Gebirge. Der berühmte Draskovichhirsch, der in Berlin noch erster dieses Jahrhunderts war, ist ebenso nicht ausgestellt wie Hermann Görings „Matador" aus Rominten, den man 1954 in Düsseldorf ohne Namensnennung ausstellte. Der Grund hiefür ist, daß Gyertyánliget in den Karpaten nicht mehr zu Ungarn gehört und die Rominter Hirsche nicht mehr zu Deutschland. Ein Fehler, denn Jagd und Trophäe sollten mit Politik nichts zu tun haben – leider passiert hier Ähnliches wie im Sport, wie unter anderen die Aussperrung souveräner Staaten beweist. Da diese beiden Hirschgeweihe erwiesenermaßen den Krieg überstanden haben und beide 1954 sogar in Düsseldorf ausgestellt wurden, hätte man sie aus historischen Gründen zeigen und auch bewerten müssen, ein kleiner Schönheitsfehler inmitten dieser an sich wunderbaren Ausstellung.

Auch die Nichtaufnahme des La Roche-Hirsches mit seinen eindrucksvollen 286.60 Punkten (fast ohne Hirnschale), für mich nach wie vor der zweitstärkste bekannte Rothirsch, der jemals geschossen wurde, ist mir unerklärlich. Es folgen Empfänge, Tagungen, Veranstaltungen. Fast täglich besuchen mich Freunde aus einer längst vergangenen Zeit. So Förster Ernö Zechner mit seinen Söhnen. Bei ihm habe ich 1947 und 1948, ohne offizielle Erlaubnis, auf Schnepfen gejagt und auch das letzte Mal im Leben an einem Frühjahrsschnepfentrieb teilgenommen. Daß der Verantwortliche für die Herausgabe der Jagdscheine an dieser Jagd teilnahm und mir zu einem schönen Schuß sogar noch gratulierte, gab diesem Ausflug die pikante Note, über die wir 1971 in Budapest bei einer Flasche Oggauer Wein mit Ernö bácsi herzlich lachen können.

Täglich fahre ich also mit dem Taxi zur Ausstellung. Die beiden Hostessen des Öst. Pavillons, Elisabeth Konradsheim und Judith Szepessy, stammen aus ungarischen Familien und verkörpern österreichisch-ungarischen Charme, was gibt es Schöneres? Natürlich besuche ich die Budapester Museen und den Tiergarten. Einige Male nehme ich die Budapester U-Bahn. Mit Freude stelle ich fest, daß unweit des Stadtwäldchens eine große, lange Straße in Richtung Nord-Osten anfängt, die den Namen „Königin Elisabeth-Straße" trägt. Sie beginnt beim Gebäude des Landwirtschaftsmuseums, dem Vajdahunyad-vár, das, der echten Burg nachgebaut, anläßlich des Milleniums von Kaiser Franz Josef und Kaiserin Elisabeth eröffnet wurde.

Sobald ich abends müde ins Hotel komme und bei Zigeuner-Musik gegessen habe, begebe ich mich in die Bar des Royal. Hier spielt eine herrliche Jazz-Kapelle. Wenn ich erscheine, spielen die nicht mehr jungen Musiker mein Lieblingslied. Ich führe lange Gespräche mit den Mixern, Serviererinnen und Kellnern, erfahre einiges, was Fremde im allgemeinen nicht wissen, aber bin ich wirklich ein Fremder? Folgt man mir eigentlich, beobachtet man mich? Einmal riskiere ich es und gehe zu Fuß den langen Weg zur Ausstellung. Die Kerepesi út ist so übersichtlich, daß ich feststellen kann: kein Teufel folgt mir. Vertrauen gegen Vertrauen. Ungarn beginnt in dieser Zeit, einen dicken Strich hinter der Vergangenheit zu ziehen und fährt gut damit. Alles, was ich in diesen zwei unvergeßlichen Wochen 1971 in Budapest erlebe, ist schön und erfreulich. Nur die Jaguar- und Mercedesfahrer schimpfen gelegentlich über den Verlust ihrer Auto-Embleme. Macht nichts, diese haben einem Lausbub eine Freude gemacht, und jene können sich zu Hause neue kaufen.

Immer wieder unternehme ich größere Spaziergänge, um Erinnerungen wachzurufen. Es ist interessant, daß sich alte Namen mit völlig neuen abwechseln. So befindet sich zwischen dem König-Ludwig-Kai und der Fürst-Árpád-Brücke die Korwin Otto Straße. Ich gehe die Andrássy-Straße entlang, die jetzt Straße der Volksrepublik heißt. Hier befindet sich die ungarische Staatsoper und das Operettentheater. Links von der Andrássy-Straße — an deren berüchtigter Nummer 60 ich ein wenig schaudernd vorbeischleiche — sind alte adelige Straßennamen von den Schildern abzulesen, und zwar Dessewffy, Zichy Jenö, Szinnyey-Merse, Csengery und Erzherzogin Izabella-Straße. Die nach Norden führende große Váci Straße, die nach Vác führende Ausfahrtsstraße, in die (mein) Lenin-Ring mündet und wo der Westbahnhof steht, ist umgeben von den Straßen des von Rákosi hingerichteten László Rajk und Pálffy-Österreicher György, der ebenso hängen mußte. Über den Stefans-Ring gehe ich zur Margarethenbrücke, die mit der Margarethen-Insel durch eine Abzweigung verbunden ist. Mit dem Mikrobus fahre ich die Insel entlang nach Norden. Rechts das Zentenariumsdenkmal und der alte Wasserturm, dann die beiden Hotels, „Grandhotel" und „Thermal". Das Palatinus-Strandbad liegt linker Hand. Ich besichtige den Wurftauben-Schießplatz, einen der schwierig-sten Europas. Hier war vor langer Zeit ein Lebend-Tauben-Schießplatz, ja sogar noch während der Russenzeit (bis Ende 1947) hat man da diesen „Feudal-Sport" betrieben. Später dann wurde hier nur der Tontaubenplatz belassen, wobei die Tauben in die Donau hinaus zu katapultieren waren. Das fließende Wasser aber verursacht optische Täuschungen, denen der den Platz nicht gewohnte Schütze sehr oft erliegt. Auf dieser malerisch schönen Insel befindet sich auch ein herrlicher Rosengarten, die Ruinen eines Klosters und eine schöne Kirche der Prämonstratenser.

Selten kann ich mir so ausgiebige Spaziergänge leisten. Einmal noch besichtige ich die Burg, auf die ich mich über die prachtvolle Kettenbrücke und durch den Tunnel fahren lasse. Das königliche Burg-Palais ist (1971) noch nicht fertig restauriert. In der Mathiaskirche, auf der Fischerbastei und in der Nationalgalerie sehe ich viele ausländische Jägerfreunde wieder. Das ganze Gelände der Burg wird — ähnlich wie die Innenstadt von Warschau — farbenprächtig restauriert. Das Befreiungsdenkmal bewundere ich durch das immer mitgeführte Fernglas. Es ist wirklich künstlerisch schön, hatte ursprünglich einen anderen Zweck und soll zur Russenbesetzung fertiggeworden sein. Der ursprüngliche Zweck hatte natürlich auch mit Freiheit zu tun. Haben wir überhaupt bei uns Freiheitsdenkmäler? Nehmen wir unsere Freiheit eigentlich nicht zu selbstverständlich? Karl Gruber hat in seinen Memoiren zwischen Befreiung und Freiheit einen Unterschied gemacht.

Als ich am Nachmittag, wie immer, in die Ausstellung gehen will, ist alles hermetisch abgesperrt. Man perlustriert die in das Areal Hineingehenden genau. Was ist passiert, was hat man vor? Nichts weiter, nur der damalige Generalsekretär der KPdSU, Leonid Breschnew, hat sich für den Abend angesagt. Damals habe ich über diese Vorsichtsmaßnahmen, über diese perfekte Absperrung gemurrt und vielleicht auch gelächelt. Heute, im Zeitalter des Terrorismus — der noch exklusiv im Westen stattfindet —, lächle ich bei Absperrungen nicht mehr, bei Absperrungen im Westen, die Prominente vor den Mördern schützen sollen. Es sind verschiedene Welten, der Osten und der Westen. Die Abkapselung voneinander wird im Zeitalter der Spionagesatelliten und des Satellitenfernsehens, der immer perfekteren Tech-nik, von Tag zu Tag schwerer. Man sollte aufeinander zugehen, sich die Hand reichen, wie es die Jäger aus aller Welt auf dieser Weltausstellung taten und immer wieder tun. Wenn die Völker sich, ungeachtet der Schranken, von jeglicher Propaganda unberührt, achten und verstehen lernen, dann ist mir wenig bange um die Zukunft, denn diese Grenzen werden fallen müssen. Wer dachte damals vor 15 Jahren an Tschernobyl? Eines war mir nach diesen

Ein Sprung Rehe im April. Sie „springen" wirklich . . .

Diesen starken Hirsch, von ung. 12 Enden, habe ich auf der H. B. Lambergischen Herrschaft Csákbereny (csákb. Revir, auf der Förstei Völgyer Schneide) zur Brunft-Zeit geschossen. Am 26t Sept 1863.

Gegend auf der Förstei Völgyer Schneide, wo der Hirsch gestanden.—

Diesen starken Hirsch mit abgebrochener linker Stange, hat Herr Rudolf Graf von Lamberg, auf seiner Herrschaft Löskbereny in Ungarn, in der Kapolnaer Revier, im Schafter Graben zur Brunft-Zeit selbst geschossen, am 16ten September 1835. Hat gezogen aufgebrochen 350 Wiener ℔.

zwei Wochen, die ich im schönen Budapest verbringen durfte, klar. Ungarn war dieser „Invasion" aus dem Westen gewachsen und würdig. In jenen Tagen wurde aber auch eine neue Freundschaft zum benachbarten Österreich aus der Taufe gehoben, eine Freundschaft in einer veränderten Welt, deren Geburt aber schon 1956 erfolgte. – Heute, fast zwanzig Jahre nach den Jägertagen, hat sich zwar das äußere Bild von Budapest kaum verändert, in den Zeitungskiosken gibt es jedoch Oppositionsblätter, das alte ungarische Wappen ist wieder „in", und die Menschen erzählen mit freudigen Gesichtern von ihren Ausflügen in den Westen; es hat sich wesentlich mehr verändert als in den kurzen Tagen des Freiheitskampfes 1956!

Gemälde von Franz Lamberg, die im Csákberényer Schloß
hingen, und zwar unmittelbar unter dem Geweih des erlegten Hirsches.
Die genaue Beschreibung stammt vom Maler selbst.

Hubertus von Rothermann

Am 6. November 1986 starb auf seinem Landsitz in Kirchberg an der Raab mein Freund Hubertus Ritter von Rothermann. Er war einer der bekanntesten Karpatenjäger und ein passionierter Heger und Waidmann. Seine angeborene Bescheidenheit und Aversion gegen jede Art von Publicity ist sicher mit Schuld daran, daß er nicht so bekannt wurde, wie es seiner eigentlich gebührt hätte. Er hat keine Bücher geschrieben und keine Vorträge gehalten, war niemals Vereinsmeier oder Stammtisch-Jäger, war aber jagdlich erfahren wie wohl nur sehr wenige seiner Waidkameraden. Er hatte klare Vorstellungen und unumstößliche Ansichten, die man, was das waidgerechte Jagen betraf, nicht stürzen oder ändern konnte. Nur dafür lebte dieser große Waidmann und widmete Jahrzehnte seines Lebens dem Waidwerk. Er war ein Meister der Jagdhundezucht, hatte unzählbare ausgezeichnete Cocker-Spaniel-Hunde und war ein Heger und Schoner, wie ich wenige kannte. Noch nie wurde in seinen Jagden eine Fasanhenne geschossen. Seine gut angelegten Fütterungen zogen das Rehwild aus der ganzen Umgebung an, seine Entenjagden waren berühmt, weil er nur zweimal im Jahr jagte und das ganze Jahr hindurch fütterte.

Hubertus Rothermann wurde am 17. Mai 1901 am Familienbesitz Harrathof in Niederösterreich geboren, verlebte aber einen Großteil seines Lebens in Westungarn, wo er Grundbesitzer und überall gern gesehener Jagdgast war. 1945 wurde er von den ungarischen Pfeilkreuzler-Faschisten eingesperrt, ein Jahr später verließ er als mittelloser Flüchtling Ungarn, um sich in Kirchberg an der Raab niederzulassen. Noch im Schicksalsjahr 1944 war Hubertus Rothermann in seinem geliebten Kelemen(Căliman-)Gebirge auf der Hirschbrunft. Fernab von jeder Verbindung mit der Zivilisation, verpaßte er sowohl die Kapitulation Rumäniens als auch den Einbruch der Roten Armee über die Karpatenpässe ins Karpatenbecken. Er wurde eines Morgens auf der Pirsch von herannahenden Rotarmisten überrascht, es gelang ihm aber, durch eine waghalsige Flucht quer durch den Urwald die längst zurückverlegten ungarischen Linien zu erreichen. Seit diesem Jahr hat der große Karpatenjäger seine geliebten Berge nicht mehr wiedergesehen.

Im Jahre 1937 erlegte Rothermann auf der Pojana Petri seinen Lebenshirsch, der auf der im selben Jahr eröffneten großen Internationalen Berliner Jagdausstellung nach dem berühmten Draskovichhirsch und dem Kapitalhirsch des Herrn Kosch den dritten Preis erzielte. Von diesem Hirsch blieb nichts übrig als die Berliner Goldmedaille, das Geweih verbrannte zusammen mit seinem Heim. Fotos, die Waffen von drei kapitalen Keilern und einige Rehkrickel sind Andenken an die Karpatenjahre dieses großen Jägers, der bis zu seinem 85. Jahr ausgezeichnet schoß und ab 1981 wieder Gelegenheit hatte, in Ungarn Kapitalhirsche zu strecken, deren Stärke aber jene des berühmten Karpatenhirschen nicht erreichten.

Ich selber hatte etwa 25 Jahre lang Gelegenheit, im Niederwildrevier von Hubertus, wann es mir danach gelüstete, zu waidwerken. Solches ist zwar in früheren Zeiten durchaus üblich gewesen, in der heutigen Zeit aber sehr selten. In den fünfziger und sechziger Jahren hat Rothermann als ausgezeichneter Flugwildschütze Einladungen in die ganze Umgebung bekommen, und zwar so viele, daß er nicht einmal die Hälfte davon annehmen konnte. Mir ging es in jener Zeit ähnlich. Diese Zeiten sind endgültig vorbei. Wenn ich meine eigenen Freunde auf seine Jagden mitnehmen wollte, d. h. sie sozusagen als Dank für ihre Einladungen mitnahm, oder auch nur aus Freundschaft, hat er nie nein gesagt. So habe ich sehr viele Freunde bei ihm eingeführt, es waren auch Menschen darunter, die er noch nie gesehen hat, und das will schon etwas heißen, denn er war weder Salonlöwe noch Snob, nur ein gefälliger, gastfreundlicher und gütiger Mensch.

Mit diesen Einladungen blieb Hubertus den Gebräuchen der Vorkriegszeit treu. Damals dachte kein Mensch an Gegeneinladungen. Man hatte seine Jagd und wollte anderen Freude bereiten, war darüber hinaus geehrt, wenn gute Schützen und berühmte Waidmänner die Einladungen annahmen. Eine Jagdfreundschaft galt mehr als lockende Gegeneinladungen, die es im übrigen kaum gab, da ja viele der begehrtesten Meisterschützen selbst gar keine Jagden besaßen.

Hubertus von Rothermann war ein gewachsener und erfahrener Jäger, von dem man sehr viel lernen konnte. Es gab kaum einen Tierruf, den er nicht beherrschte. Zuhause lebte er mit seinen zahmen Tieren, die ihn liebten und ihm zuliefen, seien das Wildenten, zahme Drosseln oder die herzigen und gut ausgebildeten Spaniels. Das Nachsuchen von Wild war Hubis große Spezialität. Er war niemals ungeduldig, seine Ausdauer dankten die Hunde durch besonderen Einsatz. Selbstlos wie er war, verzichtete er im Leben auf vieles, was ihm gebührt hätte. Es gab natürlich auch Menschen, die seine angeborene Großzügigkeit ausgenützt haben. Er war aber neben all seinen guten Charaktereigenschaften auch ein Mann, der keine Rache, kein Nachtragen kannte. Lieber hätte er auf sein Recht verzichtet, als Unfrieden zu schaffen, so war er nun einmal, und darum hatte er so viele wahre, treue Freunde. Einem anderen Menschen Freude zu bereiten, ohne dafür etwas zu erhoffen oder verlangen, war neben dem Waidwerk und dem Landleben seine große Passion. Ich danke ihm mit diesen Zeilen dafür, daß ich bei ihm 25 Jahre freie Büchse hatte. Die Geschichte seines Lebenshirsches aber soll er uns selber erzählen:

Mein stärkster Karpatenhirsch

Zwischen den Jahren 1936 und 1944 war es mir vergönnt, in den paradiesischen Urwäldern der Ostkarpaten zu waidwerken. Ich hatte nach meinem Großonkel eine kleine Erbschaft gemacht, was zu diesem ein Leben lang gehegten Wunsch nicht unwesentlich beitrug. Außerdem lockte mich der Umstand, daß mein Onkel Rudolf Rothermann, mit dem ich jahrelang gemeinsam jagen durfte, ein neues Revier gepachtet hatte, in dessen Nähe mir zwei Reviere angeboten wurden. Das eine Revier war Drăgoiasa mit der Poiana Petri, das andere Dumitrita, beide im Căliman-Gebirge, das auf ungarisch Kelemen-havas hieß. Drăgoiasa war ein etwa

7000 ha großes Hochplateau mit den beiden höchsten Gipfeln des Călimans, dem über 2000 Meter hohen Isvor und dem Cserbukk. Dieses Revier war so entlegen und so weit von jeder menschlichen Siedlung, daß seine Erreichung mit den allergrößten Schwierigkeiten verbunden war. Ausgedehnter dunkler Fichten-Urwald, undurchdringliche Einstände, Almen und Poianen und überall viele Gebirgsbäche. Das andere Revier, namens Dumitrita, war kleiner und vielleicht schwerer zu bejagen, aber leichter zu erreichen.

Nach langem Nachdenken und viel Korrespondenz entschloß ich mich für Drăgoiasa, das unmittelbar neben dem Revier meines Onkels lag, etwa 26.000 ha groß war und die Revierteile Gura Haita und Dornişcara umfaßte. Ich hatte am Ende der Hirschbrunft 1936 bereits dort gewaidwerkt, kannte es daher auch ein wenig. Ich war in diesem Jahr nach erfolgreicher Beendigung der Hirschbrunft in den ungarischen Donauauen, etwa um den 15. September herum, mit meinem Onkel nach Dornişcara gefahren. Ich hatte einen Bärenabschuß im Rodnaer Gebirge genommen, hatte aber noch genügend Zeit, meinen Onkel auf Hirsche zu begleiten. Natürlich hatte ich Auftrag gegeben, mich zu verständigen, wenn ein Bär das ausgelegte Luder angenommen hätte. Bei sternfunkelnder, kalter Mondnacht trafen wir in Dornişcara ein und wanderten anschließend dem Jagdhaus entgegen.

Da ertönte plötzlich von den fernen Höhen das tiefe Orgeln der Karpatenhirsche, im Rauschen des nahen Flusses verklingend. Es war unbeschreiblich zauberhaft! Mich packte das Hirschfieber derart, daß ich schon bedauerte, mich heuer auf einen Bären verlegt zu haben. Doch für mich war in Dornişcara kein Hirsch vorgesehen. Nach vielen, unvergeßlichen Pirschen gelang es mir endlich, meinen Onkel auf einen alten starken Vierzehnender zu Schuß zu bringen, der aber erst nach langer Nachsuche zur Strecke kam. Er hatte 190 Nadlerpunkte und war der beste Hirsch meines Onkels. Als Dank schenkte er mir den Abschuß eines Karpatenhirsches, falls ein solcher noch freizubekommen wäre.

Sofort telefonierte ich vom nahegelegenen Sägewerk mit dem Revierinhaber und fragte ihn, ob er noch ein Revier in diesem Jahr frei hätte. Seine Antwort lautete.:»Ja, wenn Sie wollen, steht Ihnen Drăgoiasa für einen Brunfthirsch zur Verfügung.« Hocherfreut fuhr ich dorthin, konnte aber im Jahre 1936 in den verbliebenen zehn Tagen bei 20 Pirschen keinen Hirsch erlegen. Aber das ist in den Karpaten keine Seltenheit. Ich pachtete also Drăgoiasa zu günstigen Bedingungen und sollte es nicht bereuen.

Am 2. September 1937 fuhr ich mit meinem Kärntner Jäger G. und dessen Schweißhund „Tasso" mit großen Erwartungen los. Am 4. September erreichten wir nach ermüdender Bahnfahrt in den späten Nachmittagsstunden unser vorläufiges Endziel, die alte ostsiebenbürgische Stadt Bistritz.

Mit Wonne verlassen wir unser Abteil, um uns so rasch wie möglich ins Hotel zu begeben. In der Ferne grüßen im Dämmerlicht die dunklen Höhenzüge der Karpaten. Die nächsten Tage vergehen mit den Erledigungen der notwendigen Formalitäten, reichlichen Einkäufen für drei Wochen Hüttenleben und einigen vorgesehenen Besuchen. Endlich kann ich die Abfahrt in das Revier für den 8. September zeitig in der Früh bestimmen. Eine kleine Abschiedsfeier, die sich nach Landessitte aber sehr in die Länge zieht, ist absolut nicht zu vermeiden. Ich kann mich nur für eine knappe Stunde aufs Ohr legen. Aber ich war 36 Jahre alt und auch solchen Strapazen gewachsen.

Um fünf Uhr früh krieche ich mit unendlichem Widerwillen und brummendem Schädel, gefolgt von Jäger und Hund, in den Autobus, während unser Gepäck in kaum endenwollender Stückzahl auf dessen Dach festgemacht wird. Glücklicherweise ist Feiertag, daher gibt es nur wenige nach Knoblauch duftende Passagiere im Bus und reichlich Platz. Im ersten Morgengrauen brummt der große rote Kasten über holprige Pflastersteine der menschenleeren Straßen, vorbei an den malerischen Häusern von Bistritz auf die offene Landstraße. Wir passieren einige sächsische Dörfer und nähern uns langsam den waldigen Bergen. Verschlafene Fuhrleute fahren auf klappernden Bauernwägen, von Huzulenpferden gezogen, gegen die Stadt. Hirten treiben, schreiend und schimpfend, unterstützt von kläffenden Kötern, ihre Schaf- und Ziegenherden auf die falsche Straßenseite. Männer und Frauen, hoch zu Roß, mit gewaltigen Säcken bepackt, traben, auf Holzsätteln sitzend, an uns vorbei. Die Landstraße ist in Staubwolken gehüllt. Bunte Trachten, ständig wechselnde Bilder. Die Landschaft – ein breites Tal mit sanften Hügelketten, Feldern, Wiesen und Obstgärten – wird im milchigen Dunst des Morgens von den ersten Strahlen der aufgehenden Sonne beleuchtet. Dann folgen dichte Laubbestände und dunkle Fichtenwälder. In Serpentinen steigt die Straße steil bergan, entlang wild rauschender Gebirgsbäche, Almen und verstreut liegender Bauernhäuser, bis wir den 1200 Meter hohen Magura-Paß erreichen.

Herrlich breitet sich vor unseren Blicken, im hellen Zauber der Sonne, die ganze Bergwelt der Karpaten aus, während Täler und Niederungen im weißen, wogenden Nebelmeer verschwinden. Weit in blauer Ferne grüßen die hohen Gipfel des Ineul und Pietros, näher und dunkler die Massive des Căliman-Gebirges. Nach fast fünfstündiger Fahrt, deren Genuß zweifelhaft ist, erreichen wir Dorna Vatra, froh, das nach Benzin stinkende Vehikel verlassen zu können. Auch hier geht nicht alles glatt, und es dauert eine ganze Weile, bis wir einen Fuhrmann auftreiben können. Endlich ist auch das geschafft. Ein alter und schlauer sächsischer Bauer ist geneigt, uns nach Drăgoiasa zu fahren. Noch ein schneller Imbiß, und um ein Uhr fährt unser Fuhrwerk vor. Ein gewöhnlicher Bauernwagen, dem ein magerer, kleiner Fuchs vorgespannt ist. Mit viel Geschicklichkeit bringen wir alle unsere Sachen unter, bloß uns bleibt zum Sitzen wenig Platz, und Tasso muß laufen. Mit Hü und Hott setzt sich unser Gefährt in Bewegung, vorläufig noch ganz flott, aber mit ohrenbetäubendem Lärm durch die Straßen von Dorna. Kaum sind wir aus der Stadt, bemerkt unser biederer Sachse, daß „Bubi", unser Rössel, ein Eisen verloren hat, ein Schaden, der natürlich sofort behoben werden muß. Bei der nächsten Schmiede wird haltgemacht, mit viel Palaver und Zeitverlust doch noch das richtige Eisen gefunden und „Bubi" beschlagen. Holpernd und polternd setzen wir unsere Reise fort.

„Bubi" scheint nach den Erzählungen des alten Bauern das beste Pferd der Bukovina zu sein, wenn auch sein Äußeres nichts von diesen Qualitäten verrät. Sehr langsam, doch mit Geduld überwinden wir Kilometer um Kilometer, obwohl es noch deren vierzig sind, die wir zurückzulegen haben. Ein prachtvoller Spätsommertag mit wolkenlos blauem Himmel läßt mich aber diese lange Strecke als angenehmsten Teil meiner Reise empfinden. Kein Kohlenrauch der Eisenbahn, kein Benzingestank, nur reine, würzige Gebirgsluft umgibt uns. Wenn auch der Sitz ein wenig eng und hart ist und man gehörig durchgerüttelt wird, so ist dies doch zu ertragen.

Schon geht der Tag bedenklich zur Neige, die letzten Sonnenstrahlen verschwinden hinter den Graten, unser Ziel ist aber noch lange nicht erreicht. Oben an der Wasserscheide, in Paltinis, machen wir eine kurze Rast für das arme, geplagte Rössel. Auch der alte Sachse hat keine Eile, er läßt sich im Gasthaus den stinkenden Schafkäse und etliche Schnäpse vorzüglich munden.

Ungeduldig treibe ich zum Aufbruch. Ab hier wird jedoch die Straße unvorstellbar schlecht. Geröll, tiefe Rinnen, ausgewaschene Geleise und andere Hindernisse werden selbst dem guten „Bubi" zu viel. Plötzlich, bei der nächsten Steigung, bleibt er unvermittelt stehen und streikt. Vergeblich ist all unsere Kunst, all unser „Zureden" im Guten und im Bösen, er steht, bockt und will nicht mehr weiter. Vergeblich versuchen wir mit vereinten Kräften den Wagen samt „Bubi" vorwärts zu schieben, der Erfolg ist ein gegenteiliger. Der starrköpfige Gaul fetzt aus, schiebt zurück und bringt unser vollbeladenes Gefährt zum Umkippen. Fast eine Stunde mühen wir uns ab, bis wir wieder flott werden. Es ist auch schon völlig finster, nur die Sterne blinken und funkeln klar vom Firmament.

Endlich gelangen wir gegen neun Uhr abends zu dem auf einer kleinen Anhöhe gelegenen Forsthaus und kriechen gerädert und geschunden von unseren Martersitzen. Doch auch da erwartet uns eine wenig erfreuliche Überraschung: Das Forsthaus ist versperrt und anscheinend unbewohnt. Während wir beratschlagen, was wir machen sollen, erscheint der aus dem Schlaf gescheuchte Waldhüter von seinem entfernteren Haus und gibt uns Einlaß. Er erzählt, daß der mir zur Verfügung stehende rumänische Jäger Dumitru schon einige Tage nicht im Tal war, da er mit der Fertigstellung einer Blockhütte beschäftigt sei. So bestimme ich also für den nächsten Morgen den Aufbruch ins Gebirge und begebe mich todmüde zur Ruhe.

Die Ankunft in meinem Karpatenrevier setzte ich deswesen so zeitig an, um dieses noch vor der Brunft besser kennenzulernen und nicht immer der Führung der rumänischen Jäger zu bedürfen. Außerdem wollte ich an geeigneten Plätzen einige Hochsitze errichten lassen. Selbstredend heißt es vorsichtig sein, um das Revier vor der Brunft nicht zu beunruhigen, denn der alte Karpatenhirsch ist sehr empfindlich, besonders, da er Menschen nicht gewöhnt ist.

Mein Mißerfolg im Jahr zuvor war vielleicht in erster Linie meinen und meines rumänischen Führers mangelnden Revierkenntnissen zuzuschreiben. Als ich Ende September eintraf und um die Mittagszeit auf halbem Weg zu meiner Coliba war, röhrten vor mir in unübersichtlichem Gelände, unweit des Steiges, drei Hirsche mit guten Stimmen. Ich versuchte zwar mein möglichstes, die Hirsche anzugehen, doch ich bekam keinen zu Gesicht. Mein rumänischer Begleiter wußte auch keinen Rat, da er dieses Revier zu wenig kannte, und dann verstummten die Hirsche. Auch unsere späteren Pirschen blieben erfolglos, da wir uns in diesem großen Gebiet kaum zurechtfanden. Bloß am ersten Abend stand mir ein Hirsch auf mein Reizen zu, möglicherweise sogar ein starker, doch konnte ich ihn infolge der vorgeschrittenen Dunkelheit nicht mehr sicher ansprechen und ließ ihn ziehen.

Die folgenden Tage verliefen ergebnislos, die Hirsche verschwiegen oder wechselten zu anderen Brunftplätzen, die ich nicht kannte, und ich war der Führung eines ziemlich revierunkundigen Mannes ausgeliefert. Zu guter Letzt fährtete ich überall Wölfe, die das Wild beunruhigten, und ich fuhr ergebnislos wieder ab. Der einzige Vorteil war, daß ich dieses Gebiet einigermaßen kennenlernte. Die drei Hirsche wären leicht anzugehen gewesen, doch darauf kam ich erst später. Gute Revierkenntnis ist eben ein Hauptfaktor für einen Erfolg in den Karpaten.

Als ich morgens erwache und zum Fenster hinausblicke, erglühen Berge und Höhen im Schein der eben aufgehenden Sonne, aber unten im Tal glitzern die Reifkristalle an Gräsern und Sträuchern. Es ist bitter kalt. Erst um elf Uhr vormittags brechen wir mit einem Tragpferd und zwei Leuten ins Gebirge auf. Unbarmherzig brennt die Mittagsglut der Sonne auf uns.

Im schattigen Walde geht es uns besser. Nach vierstündiger Wanderung kommen wir endlich, entsprechend aufgelöst, zur Poiana Petri, dem Endziel meiner langen Reise. Inmitten harzduftender Fichtenwälder liegt malerisch die kleine Almwiese vor uns, und unter den Randbäumen leuchtet die neue, fast fertiggestellte Blockhütte hervor.

Wundervoll ist der Ausblick auf die sanft wirkenden Höhenzüge des Căliman mit seinen Gipfeln Izvor und Cserbukk. Als einziges Lebewesen finde ich einen brackenähnlichen Hund vor, der, mit viel rostigem Draht um den Hals, an der Hütte angekettet ist und sehr traurig aussieht.

Sofort befreie ich die arme kleine Hündin von ihren grausamen Fesseln, was sie mir mit ausgelassenem Freudentanz und Gewinsel dankt. Natürlich schließen wir gleich Freundschaft. Später frißt dieser Hund allerdings einen Teil meiner Wurst- und Fettvorräte.

Schon während des Aufstieges bemerke ich mit Unwillen viele frische Schaf- und Ziegenspuren kreuz und quer über Steige sowie auf Schlägen und Lichtungen. Wie ich aber auf der ersten großen Poiana, die wir überqueren, riesige blökende und meckernde, von zahlreichen Hirten und kläffenden Kötern umgebene Ziegen- und Schafherden, erblicke und auch weiterhin überall das Gebimmel der Schafglocken vernehme, wächst meine Empörung zu finsterem Groll, und ich wünsche Herden, Hirten und Hunde zu allen Teufeln. Laut rumänischem Jagdgesetz müssen sämtliche Herden am 1. September bereits vom Gebirge abgetrieben sein, zumindest auf dem Papier.

Beim Abladen des Gepäcks taucht der mir zugeteilte rumänische Jäger Dumitru auf und ist von unserer Anwesenheit sehr überrascht.

Meine schon vor langer Zeit abgeschickte Nachricht war bis zu diesem versteckten Erdenwinkel noch nicht vorgedrungen. Er ist verzweifelt, weil das Blockhaus noch nicht fertig ist. Allerdings fehlen nur noch die Fenster und einige Einrichtungsgegenstände. Ich zerbreche mir darüber nicht meinen Kopf. Im vergangenen Jahr hauste ich in einer löcherigen Coliba, in der es entweder rauchte oder der eisige Wind hindurchpfiff, und morgens lag ich nicht selten eingeschneit in meinem Schlafsack wie ein Hase im Lager.

Entschieden wichtiger ist mir das baldige Verschwinden der vielen Herden, und ich setze alles in Bewegung, um dies zu beschleunigen. Auf meine Frage über den Wildstand meinte Dumitru – unsere Unterhaltung führen wir halb ungarisch, halb rumänisch –, daß er wohl etliche Stücke Hochwild gefährtet habe, darunter auch einige starke Hirsche, doch habe er bisher noch nichts zu Gesicht bekommen.

Diese Auskunft scheint mir nicht vielversprechend, weil man ja in Betracht ziehen muß, daß die Leute hierzulande eher übertreiben. Die Aussichten scheinen mir also alles in allem gering zu sein.

Etwas niedergeschlagen und vieler meiner schönen Hirschträume beraubt, richte ich mich in der Hütte ein. Nägel um Nägel schlage ich in die Wände, an denen alsbald in bunter Reihenfolge Kleider, Würste und andere Habseligkeiten baumeln. Soweit ist es nun schon ganz gemütlich, wenn nur auch alles andere stimmen würde.

Der zweite rumänische Jäger, der mich schon in Dorna Vatra hätte erwarten sollen, ist auch nicht da. So müssen wir uns halt in diesem großen Urwaldrevier allein zurechtfinden, denn Dumitru ist noch mit der Hütte beschäftigt. Außerdem muß er als Wache zurückbleiben.

Gegen Abend gehe ich zu einem Aussichtsfelsen, von dem ich im Vorjahr einen Hirsch sah. Es zeigt sich kein Wild. Dafür höre ich bis tief in die Nacht von nah und fern blökende Schafe, schreiende Hirten und jaulende Köter. Es ist wenig Ruhe in Wald und Berg. Die Frühpirsch schenke ich mir. Abends sitze ich mit meinem Kärntner Jäger wieder am selben Platz und beobachte die weiten Schläge und Blößen. Im schwindenden Büchsenlicht erscheint auf einmal eine starke Wildkatze – kaum 50 Meter unter uns –, die ich aber nicht entdecken kann. Vergeblich bemüht sich mein Jäger, mir die nach uns äugende Katze im Gewirr von Baumstrünken, Wurzeln und Felsen zu zeigen. Erst als sie flüchtig im hohen Gras verschwindet, bekomme ich sie zu Gesicht, aber es ist zu spät, um noch einen Schuß anbringen zu können.

Morgens machen wir einen großen Erkundungspirschgang bis hinauf in die Almregion, weg- und steglos, durch finsteren, geheimnisvollen Urwald. Zuerst geht es im dichten Bestand dahin, dann im grünen Dom der gewaltigen Baumriesen, über moorige Stellen, wo im alles überwuchernden Moosteppich die kleinen Wasseradern glitzern. Oft versinken unsere Füße gurgelnd im Morast. Ab und zu streicht polternd und purrend Auer- und Haselwild ab, von dem es eine Unmenge gibt. Dann finden wir die ersten Rotwildfährten und Plätzstellen und erst kürzlich aufgesuchte Suhlen.

Es scheint sich den Fährten nach ein sehr starker Hirsch herumzutreiben. Windwurf, Astwerk und dichter Unterwuchs lassen uns in diesem unbekannten Gebiet nur langsam vorwärtsdringen. Endlich gelangen wir zur Baumgrenze. Ungeheure Halden von Bergwacholdergestrüpp, Latschenfelder, untermischt mit spärlichen Krüppelfichten, die unter dem ständigen Verbiß der Schafe wie kleine dunkle Pyramiden wirken, breiten sich vor unseren Augen aus. Hier halten wir kurze Rast und wärmen uns ein wenig an den Strahlen der schon hoch stehenden Sonne. Dann geht es wieder heimwärts zu.

Als wir am großen Căliman-Schlag aus dem Hochwald heraustreten, wechseln gerade zwei Stück Kahlwild, ab und zu verhoffend, ohne uns aber zu gewahren, langsam ins Altholz. Es ist zehn Uhr vormittags. Wir finden sehr viele Rotwildfährten und frisch verbissene Stellen. Sofort steigt der Hoffungsbarometer für die kommenden Brunfttage. Ein Baum für einen Hochsitz am unteren Rand des Hochwaldes ist bald gefunden. Von dort werde ich den größeren Teil des riesigen Kalimanschlages wahrscheinlich übersehen können. Spät kehren wir, nicht wenig ermüdet, zur Poiana Petri zurück. Kurz darauf sind mein Jäger und Dumitru wieder auf den Beinen, um den Hochstand anzufertigen, während ich in meiner „Karpatensuhle", einer Gummiwanne, im eisigen Quellwasser plätschere.

Das Blockhaus ist nun vollendet. Das Zimmer bekam Fenster, Türe und Tisch, einige Stellagen und Sitzgelegenheiten und für mich zur besonderen Bequemlichkeit sogar ein Bett, alles von Dumitru in großer Eile und Geschicklichkeit, nur mit Hilfe von Hacke und Reifmesser fabriziert. Den Fußboden bedecken kleine, dicht übereinander geschichtete Fichtenreiser, unser „Karpatenperser", der ausgezeichnet gegen Feuchtigkeit und Ungeziefer schützt.

Auf der Poiana Petri, unweit der Hütte, befindet sich ein frisch aufgeworfener Erdhügel, versehen mit Kreuz und Inschrift, ein Hirtengrab. Meinem Jäger will es nicht eingehen, daß die Menschen hierzulande gleich so einfach in der ungeweihten Erde, im Walde, begraben werden. Als ich abends schon in meinem Schlafsack liege, vernehme ich im anderen Raum die angeregte Unterhaltung des Kärntners mit Dumitru, obgleich der eine nicht rumänisch und der andere nicht deutsch spricht.

Bei unserer Morgenpirsch kommen wir wieder an dem Grabhügel vorbei. Da bleibt Jäger G. stehen und sagt: „I woas scho, was da g'schegn ist, umbracht is aner wordn, derschlagn habn's an." Auf meine erstaunte Frage, woher er das wisse, erklärte er mir: „Ja der Dumitru hat mas gestern derzählt, a Mord is da gschegn." Ich bin noch immer nicht so sicher und frage nochmals. „Na ja, er hat gsagt: Mord." Nun ist mir alles klar, und ich kann das Lachen kaum verbeißen. Natürlich war das Wort „mort" das einzige, das mein Jäger von Dumitrus Erzählungen zu verstehen vermeinte, und so hat er sich etwas von Mord zusammengereimt, während „mort" aus dem Lateinischen kommt und tot, gestorben, bedeutet.

Es wäre verlorene Liebesmüh, ihm dies zu erklären. Er bleibt bei seinem „Mord", und ich lasse ihn in seinem Glauben. Die wenigen rumänischen Brocken, die er nun lernt, verwendet er stolz für die unmöglichsten Dinge, natürlich im kärtnerischen Dialekt.

Nichts Neues bringen uns die folgenden Pirschen. Wir finden genügend Rot- und Schwarzwildfährten und an feuchter Stelle auch die Ballenabdrücke zweier starker Wölfe, was uns nicht sehr erfreut. Auf einer kleinen, weit unterhalb des Călimanschlages gelegenen Blöße lasse ich noch einen Hochstand bauen, denn auch dort fährtet man viel Wild. Wir sehen immer sehr viel Auer- und Haselwild.

Acht- bis zehnstündige Erkundungsgänge sind an der Tagesordnung. Hungrig und müde kehren wir dann zu unserem Blockhaus zurück, meistens bepackt mit einem Rucksack voller Steinpilze, die unsere Hauptnahrung bilden. So bekomme ich von dem großen Revier halbwegs einen Überblick, und die Führung des rumänischen Jägers kann ich leicht entbehren. Das Wetter meint es gut, ich genieße die ganze märchenhafte Pracht des Karpatenherbstes, vergesse auf all den Plunder der Welt und fühle mich glücklich und zufrieden in dieser unendlichen Einsamkeit, wo jeder Baum und jeder Strauch, ja selbst das kleinste Lebewesen mir mehr zu sagen haben als mancher Mensch mit seinem lästigen Geschwätz.

Still ist es geworden in den Bergen, ohne Hundegebell, ohne Schafglockengebimmel, ohne schreiende Ciobane. Jetzt sind Hirten, Herden und Hunde endlich aus dem Revier verschwunden, nur der Schafgeruch erinnert daran, daß es vor kurzem noch anders war.

Am 12. September abends bin ich wieder einmal erfolglos aus dem Revier heimgekehrt. Ich wälze mich in meinem Schlafsack von einer Seite auf die andere, ohne den ersehnten Schlaf zu finden. Mein Pech vom Jahr zuvor, das mich trotz zähester Ausdauer und größter Strapazen verfolgte, geht mir nicht aus dem Kopf. Wird es mir auch heuer so ergehen?

Gegen Mitternacht schlägt plötzlich die kleine Hündin von Dumitru wild an, verstummt für kurze Zeit, um dann umso wütender von neuem zu beginnen. Knurrend kehrt sie zum Blockhaus zurück, doch gleich darauf stürmt sie mit zornigem Gekläff auf die Poiana hinaus. Was mag wohl los sein? Raubwild oder irgendwelche finstere Gesellen, die sich nächtlicherweise herumtreiben? Ich bin zu faul, um meinen warmen Schlafsack zu verlassen und nachzusehen. Schließlich wird es mir aber doch zu dumm, ich springe aus dem Bett und öffne das Fenster.

Bläulich fahles Mondlicht schimmert über der weiß bereiften Poiana Petri, über tiefdunkle Fichtenwälder, Almen und Latschenfelder. Doch durch all die Stille und Ruhe der Nacht dröhnt vom Cǎlimanschlag her das tiefe Orgeln zweier Hirsche. Zornig folgt Schrei auf Schrei, und dumpf rollend verhallt das Echo in Berg und Urwald. Lange stehe ich am offenen Fenster und lausche diesem einzigartigen Konzert. Auch der Kärntner, den ich aus seinem Geschnarche wachrüttle, horcht andächtig hinaus. Die kleine Hündin hole ich rasch ins Haus, damit sie weder die Hirsche noch mich mit ihrem ständigen Gekeife stört. Mit dem Schlaf ist es aber trotzdem restlos vorbei.

Ungeduldig warte ich auf das Schnarren des Weckers. Schon zeitig schlürfe ich den heißen Tee, um ja nicht zu spät zu kommen. Das Thermometer zeigt −2 Grad, ein Brunftmorgen, wie geschaffen. Langsam stapfen mein Jäger und ich bei funkelndem Sternenhimmel dem Cǎliman-Schlag entgegen. Knirschend bricht das steifgewordene Gras unter unseren Tritten, sonst ist kein Laut zu hören, außer dem eintönigen Murmeln und Plätschern der Wildwässer. Nach dem nächtlichen Orgeln war ich sicher, die Hirsche noch am zeitigen Morgen melden zu hören, doch nichts ist zu vernehmen. Für einen richtigen Brunftbeginn ist es in den Karpaten wohl noch zu früh. Aber der alte starke Hirsch tritt auch hier als erster in die Brunft, und so bleibt meine Hoffnung weiterhin groß.

Nicht mehr ferne vom Cǎliman-Schlag fällt plötzlich ein dunkler Schatten vor uns auf den Steig, offensichtlich ein Stück Hochwild. Lange stehen wir und lauschen, aber nichts ist zu hören. Weiche Moospolster dämpfen jedes Geräusch. Vergeblich sitzen wir dann auf dem Hochstand, alles bleibt ruhig wie zuvor. Der Wind hat gedreht und ist nicht besonders günstig. Der große, himbeerdurchrankte Schlag bleibt leer. Vor uns ist ein urig schönes Durcheinander halb zersplitterter, grau gebleichter Fichten und riesiger, modernder Baumstrünke. Kein Wild läßt sich blicken. Das sind eben die Karpaten. Die Sonne steht schon hoch, als wir wieder heimziehen und für den Abend neue Pläne schmieden. Schon zeitig nachmittags sind wir wieder auf den Beinen. Der Wind bläst derart, daß ich es vorziehe, anstatt auf meinen Hochstand zu gehen, mich lieber am Verful Tomnatic anzusetzen, wo es vielleicht windstiller ist.

Der Verful Tomnatic ist ein Höhenrücken mit Jungfichtenhorsten, größeren, kahlen Flächen und Halden und sturmzerzausten Altholzbeständen. Unten im Graben rauscht der Tomnaticbach wild schäumend dem größeren Tal entgegen. Von dort übersehen wir, wenn auch aus großer Ferne, einen Teil des Căliman-Schlages, bis hinauf in die Latschen- und Wacholderbestände, und um uns herum haben wir Einblick auf Blößen und Lichtungen. Aber kein Stück Wild ist zu entdecken, obwohl wir unsere Gläser ständig an den Augen haben. Nur ein paar Häher rätschen in den Kronen der Bäume, die windgepeitscht ächzen und stöhnen. Gerade, als wir aufbrechen wollen, dröhnt jedoch vom gegenüberliegenden Hochholz der Schrei eines Hirsches herüber. Dann antwortet ein zweiter. Immer heftiger röhren sich beide Hirsche an, bis wir nur mehr das Aneinanderkrachen der Geweihe vernehmen. Ein heftiger Kampf tobt dort drüben, aber leider ist es schon zu dunkel, um die Hirsche noch angehen zu können. Sie stehen wahrscheinlich auf einem kleinen Schlag, dem Fundul Petri, keine zehn Minuten von der Hütte entfernt.

So stolpern wir wieder über Wurzeln und Geröll der heimatlichen Hütte zu. Die Hirsche röhren jetzt wieder getrennt, der eine zieht gegen den Căliman-Schlag, der andere gegen das Albutal hinüber. Täglich suche ich früh und abends meinen Hochsitz am Schlage auf, meistens auf großen Umwegen, um ja kein Wild zu vergrämen. Nur einmal erscheint auf mein Röhren ein junger Zehnerhirsch. Neugierig und ängstlich äugt er aus der Fichtendickung, verschwindet aber dann und tritt nach einiger Zeit an anderer Stelle aus. Friedlich äsend, zieht er in nächster Nähe umher. So kann ich erst bei völliger Finsternis meinen Sitz verlassen, Nur in später Dämmerung und nachts hören wir ab und zu das Melden der Hirsche, meistens nur ein faules Knören, das nur selten durch einen lauten Schrei unterbrochen wird. Eines Vormittags wechseln vor mir im Altholzbestand drei Stück Kahlwild über den Weg. Sofort gehe ich hinter einem Baum in Deckung und warte auf einen nachziehenden Hirsch. Umsonst, die Tiere sind allein. Einmal noch bekomme ich einen schwachen Zehnerhirsch zu Gesicht, dann einmal einen Fuchs und höre Schwarzwild im Mondschein auf einer Poiana.

Spät abends, am 15. September, röhrt wieder oben am Căliman-Schlag ein Hirsch anhaltend und gut. Bei schwelendem Lampenlicht bespreche ich mit dem Jäger den Plan für die morgige Frühpirsch. Ich halte es für das beste, wieder auf meinen Hochsitz zu gehen.

Als wir aber morgens vor die Hütte treten, hebt ein Heulen und Tosen an, als wären alle Elemente losgelassen. Im fürchterlichen Orkan biegen sich ächzend die alten Wetterfichten, und dunkle Wolkenfetzen jagen um die Berge. Peitschend schlagen uns Regenschauer und Eisgraupeln ins Gesicht, so daß ich schon daran denke, umzukehren und wieder in den warmen Schlafsack zu kriechen. Doch in der Hirschbrunft versäume ich nur äußerst selten eine Früh- oder Abendpirsch, egal wie das Wetter sein mag. Wir gehen aber nicht zum Căliman-Schlag, sondern steigen auf den zweiten, geschützter liegenden Hochsitz.

Auch dort ist es nicht gerade erquicklich. Frierend und tropfnaß hocke ich auf meinem Baum. Nur einmal höre ich, halb verschluckt vom Brausen des Sturmes, den schwachen Trenzer eines Hirsches. Bis neun Uhr halte ich durch, dann kehren wir heim und wärmen unsere erstarrten Glieder am offenen Hüttenfeuer, das auch unsere nassen Kleider trocknet. Gegen Mittag hat sich das Unwetter ausgetobt. Vom wolkenlos klaren Himmel scheint freundlich die wärmende Herbstsonne, als wäre es nie anders gewesen.

Nachmittags brechen wir schon sehr zeitig auf. Wieder zieht es mich zu meinem Hochsitz am Căliman-Schlag, obwohl mein Jäger sich darüber ärgert und lieber mit mir pirschen ginge. Nach einstündigem Marsch sind wir an Ort und Stelle und erklimmen unseren Auslug. Unendliche Ruhe liegt über Berg und Wald. Kein Lufthauch bewegt die langen eisgrauen Bartflechten, die in feinen Geweben von den Urwaldriesen heraushängen. Nur das Trommeln der Schwarzspechte, das emsige Gezirpe des ewig munteren Meisenvolkes bringt etwas Leben in dieses Schweigen. Wie ein Heer von Telegrafenstangen verschiedener Höhe heben sich die grau gebleichten, dürren Baumleichen mit ihren Aststrünken vom Himmel ab, und unter harten Schnabelhieben der Spechte spritzen die Späne von diesen längst gestorbenen Veteranen des Waldes. Wohlig wärme ich mich an den Strahlen der schon zur Neige gehenden Sonne und blicke aufmerksam und immer voll Erwartung über die vor uns liegenden riesigen Schlagflächen und Almen. Ein schwaches Rascheln und Kratzen hinter uns läßt mich herumfahren, doch es ist nur ein Eichkätzchen, das mit einem großen Fichtenzapfen am nächsten Stamm, knapp einige Meter neben uns, herunterturnt. Kaum hat es uns gesehen, läßt es den Zapfen fallen und saust fürchterlich keifend wieder in Serpentinen den Stamm hinauf. Eine Weile werden wir noch betrachtet, dann scheinen wir nicht mehr interessant zu sein, und das Eichkätzchen empfiehlt sich schleunigst. Langsam verschwindet der rote Sonnenball hinter dem Căliman, und sogleich wird es empfindlich kalt. Plötzlich dringt der dumpfe Schrei eines Hirsches an unser Ohr, von irgendwoher, scheinbar überriegelt, anscheinend aus einem der Gräben, wo wir die Suhlen gefunden haben. Aufgeregt suchen wir mit unseren Gläsern den letzten Winkel des Schlages ab, sehen aber nichts. Nach längerer Pause folgt wieder ein schwacher Trenzer, schon näher im Altholzbestand. Abermals zieht die ganze Wirrnis des Schlages in siebenfacher Vergrößerung an meinen Augen vorbei, umsonst. Da packt mich der Jäger heftig am Arm und flüstert aufgeregt: „I siach'n scho . . . " — „Wo?" frage ich mit ebenfalls schon kürzerem Atem. „Dort, grad hab i die Läuf gsegn, drüben hinter der Fichtn muß er glei kommen." — Welche ist aber die Fichte, hinter der er gleich kommen muß, wo unzählige Fichten im Schlag stehen. Ich schau mir schon die Augen aus und sehe nichts. Plötzlich reißt es mich zusammen, denn da tritt knörend der Hirsch aus einer Jungfichtengruppe hervor, um gleich hinter einer anderen zu verschwinden, ohne daß ich vom Geweih viel sehen kann. Doch jetzt — welch herrliches Bild — erscheint der Hirsch vollkommen frei und verhofft einen Augenblick. Blitzende Enden, schauflige, vielendige Kronen, dunkle, starke Stangen zeigt mir mein Glas. Herrgott, das ist ein Hirsch, da muß ich nicht lange überlegen, ob er schußbar ist! Mein 7 x 64 Brenneke-Repetierer ist rasch zur Hand, aber der erste Blick durch das Zielfernrohr genügt, um zu sehen, daß die Distanz noch zu groß ist.

Also ruhig warten, denn der Hirsch zieht schräg gegen uns, immer wieder von Fichtenhorsten gedeckt.

Den Jäger hat derart das Hirschfieber ergriffen, daß sogar der Hochsitz zittert. Anstatt wie zuvor, ruhig ziehend, verläßt der Hirsch nun im Troll seine Deckung gegen den unterhalb liegenden großen Einstand zu. Die Entfernung beträgt annähernd 250 Meter. Ich kann nicht mehr länger warten. Der Kärntner bemüht sich, den Hirsch anzuhalten, während ich schon im Anschlag bin, als er eben eine freie Fläche überfällt. Doch vor lauter Aufregung dringt kein Ton aus seiner Kehle. Als es ihm aber doch gelingt, nimmt der Hirsch keine Notiz davon. Jetzt überschlägt sich des Jägers Stimme derart, daß die Laute keine Ähnlichkeit mit einem Röhren haben, sondern eher an einen Kärntner Jodler erinnern. Das ist aber auch dem Hirsch zuviel. Mit einem Ruck bleibt er stehen und verhofft gegen uns. Leicht zittert das Fadenkreuz im mächtigen Blatt. Ein schwacher Druck, dann bricht peitschend der Schuß. Harter Kugelschlag. Im Knall bricht der Hirsch vorne etwas zusammen, wird aber anschließend augenblicklich flüchtig und entschwindet überriegelt unseren Blicken. Rasch eine Beruhigungszigarette für die aufgeregten Nerven. Dann ist es aber höchste Zeit, den Anschuß zu verbrechen, denn es wird bedenklich dunkel.

Ich bleibe auf dem Hochsitz und weise den Jäger, der schon „abgebaumt" ist, am Anschuß ein, den ich inzwischen nicht aus den Augen verloren habe. Mit Tasso am Riemen turnt er über Windwurf und Stämme und ist in kürzester Zeit an der Stelle, wo der Kapitale stand. Ich verfolge jeden seiner Schritte durch das Glas. Plötzlich reißt er seinen Filz vom Kopf und beginnt mir eifrigst zu winken, so daß ich glaube, der Hirsch wäre vor ihm hochgeworden. Im Nu bin auch ich unten und stolpere nun über diesen hindernisreichen Schlag, so rasch mich meine Beine tragen. Da höre ich aber schon den Standlaut Tassos, und erleichtert atme ich auf. Keine hundert Schritt vom Anschuß erblicke ich den Hund, der seine tiefe Stimme erschallen läßt, die sich im vielfachen Wiederhall an Hängen und Bergwänden des Căliman bricht. Noch eine kurze Strecke über Astwerk und Wurzeln, dann stehe ich hocherfreut vor diesem Kapitalen, dem ersten des Jahres! Die eine mächtige Stange ragt im scharfen Kontrast zum dürren, gelblichen Gras weit empor.

Das ist mehr, als ich erwartet hatte. Vor mir liegt ein ganz starker Hirsch, der auch den Karpaten alle Ehre macht. Es ist ein gerader Sechzehnender mit prachtvollen, geschaufelten Kronen, starken dunklen Stangen und weißen Enden. Meine Freude hat keine Grenzen. Es ist bisher mein stärkster Hirsch, mein bisher größter Erfolg in den Karpaten. Immer wieder greifen meine Hände in dieses kapitale Geweih und umspannen Stangen und Kronen. Ganz in mich versunken, stehe ich vor diesem Koloß eines Hirsches, mir jede Einzelheit dieser Stunde für mein Leben einprägend und auf alles um mich vergessend. Ich schätze das Wildbretgewicht auf nahezu 300 kg — aufgebrochen. Im Wildbret ist er und bleibt er der stärkste Hirsch, der mir je unterkam, obwohl ich in Südungarn einiges gewohnt war. Erst als mir der Jäger den grünen Bruch überreicht, werde ich von meinen Träumereien in die Wirklichkeit zurückgeholt. Schnell bricht der Jäger den Hirsch auf, wobei ich ihm, so gut ich kann, helfe. Gemeinsam freuen wir uns über mein Waidmannsheil. In der Hütte ist es wohlig warm, und leise surrt das Wasser im Mamaliga-Kessel über dem Feuer. Bald haben sich die beiden Jäger ihr Mahl bereitet und brechen mit Genuß Stück für Stück vom dampfenden Maisfladen. Auch ich habe meinen Hunger bald gestillt, aber nicht mit Mamaliga, sondern einem Pilzgericht. Ich schabe mit Andacht an den schön gezeichneten, kleinen Grandln.

Zur Feier habe ich eine Flasche alten Siebenbürger Weines entkorkt, und wir trinken auf das Wohl des alten Călimans, der mir diesen starken Sechzehnender schenkte. Nochmals erlebe ich in Gedanken all die aufregenden Augenblicke, freue mich doppelt an dieser starken Trophäe, die ich vor allem meiner Ausdauer zu verdanken habe. Der Schuß saß gut, etwas vor dem Blatt der Einschuß, schräg nach hinten zeigt der Schußkanal, hinter dem Blatt der Ausschuß. Sollte nun auch mein weiterer Aufenthalt erfolglos sein und ich keinen Hirsch mehr zu Schuß bekommen, bin ich doch unendlich dankbar und zufrieden, denn eine bessere Trophäe dürfte mir die launische Diana kaum mehr gönnen.

Der Zeiger rückt schon gegen Mitternacht, als auch ich mich zur Ruhe begebe, um schon nach kurzer Zeit von Hirsch und Bär zu träumen. Zeitig in der Früh rasselt mich der Wecker mit seinem lästigen Gelärme wieder aus meinem wohligen Lager. Rasch bin ich fertig und zum Abmarsch gerüstet. Ein klarer, kalter Morgen beißt mit seiner Frische die letzten Reste des Schlafes aus unseren Gesichtern. Wieder ist die Temperatur etliche Grade unter dem Nullpunkt. Die kleinen Lacken bei der Quelle sind mit einer festen Eisschicht überzogen, und das Gras der Poiana singt gläsern unter unseren Schritten. Auf halbem Weg, bevor wir auf die kleine Blöße bei der Hahnen-Koliba heraustreten, läßt mich ein halbverwehter Laut zusammenfahren und stehenbleiben. Es klingt wie das Knören eines Hirsches. Aufmerksam lausche ich mit angehaltenem Atem in den grauenden Morgen. Da, − wieder! Jetzt gibt es keinen Zweifel, unter uns im Graben des Izvorbaches brummt mit ganz tiefem Baß ein Hirsch.

Der Stimme nach zu urteilen könnte es ein ganz alter Herr sein, wenn ich auch im allgemeinen nicht zu viel vom Ansprechen nach der Stimme halte. Rasch ist der Entschluß gefaßt, den Hirsch anzugehen, denn es ist schon halbwegs Schußlicht. Vorsichtig pirschen wir auf einem schmalen Steig längs des Izvor-Baches den Graben hinunter, bis wir auf eine kleine mit Jungfichten bestandene Blöße gelangen. Hier vereinigt sich der Izvor-Bach mit einem anderen, der aus einer Seitenmulde herrvorschießt. Die erweiterte, mit Felsblöcken und Geröll übersäte Talsohle bietet einen ganz guten Einblick. Dort machen wir halt, suchen mit unseren Gläsern alles ab, ohne jedoch etwas zu sehen.

Leider hat der Hirsch inzwischen vollkommen verschwiegen, auch mein Reizen mit Muschel und Tierruf ist ein vergebliches Bemühen, denn es folgt keine Antwort. Nur die sich wild überstürzenden und sprudelnden Wässer rauschen und tosen um uns mit solcher Gewalt, daß man nur schwer einen anderen Laut vernehmen kann. Auch schlägt der Wind ständig um, weshalb ich den Rückzug antrete, um den Hirsch nicht zu vergrämen. Eine einzelne, ausnehmend starke Hirschfährte kreuzt unseren Weg und deutet an, daß der Brummer schon vor uns durchgewechselt ist.

So steigen wir also wie geplant zum Călimanschlag und stehen bald vor meinem gestrigen Sechzehnender, den ich jetzt bei gutem Licht photographieren kann. Während sich nun mein

Jäger mit Geweihabschlagen beschäftigt, kehre ich allein zur Blockhütte zurück und schicke Dumitru zum Helfen hinauf, denn die besten Stücke müssen für unsere Küche herangebracht werden, der Rest bleibt für Bär und Wolf liegen, da ein Abtransport nicht durchführbar ist. Nach meinem obligaten Pilzmahl feiere ich meinen Erfolg nochmals mit Siebenbürger Wein, und als die Jäger schwerbeladen heimkehren, bin ich fast schon so fröhlich wie Hans Hukkebein, als er über die Schnapsflasche kam.

Abends sitze ich allein am Wildkatzenfelsen, ohne etwas zu sehen oder zu hören. Der Hirsch von heute früh rührt sich nicht, obwohl ich sehr lange aushalte. Es ist ein prachtvoller Abend.

Am 18. September sind wir frühzeitig wieder auf den Beinen. Diesmal gehe ich noch im Dunkeln zu einem anderen Aussichtsfelsen, der inmitten des vom Jagdhaus eine halbe Stunde entfernten, großen Boilor-Schlages wie ein mächtiger Turm hervorragt und weiten Ausblick bietet. Ganz am Rande des steil abfallenden Felsens kauere ich in einem stacheligen Wacholderbusch und warte auf den anbrechenden Morgen. Mein Jäger hat einen anderen Platz bezogen, um den von mir nicht zu übersehenden Teil zu beobachten. Langsam beginnt es zu dämmern. Immer deutlicher und schärfer erscheinen die Umrisse. Bald entpuppen sich die in reger Phantasie vorgetäuschten Wildkörper zu Sträuchern, kleinen Fichten oder Felsen. Der teilweise mit Jungfichten bestandene und mit hohem dürren Gras überwucherte Schlag fällt schroff bis zum Izvorbach ab. Linkerhand endet ein mit Geröll übersäter Graben im Hochwald. Die gegenüberliegenden Bergrücken bedecken urige Fichtenbestände, ab und zu von grellrot leuchtenden Ebereschen unterbrochen.

Ich überschaue die weiten Gebirgsketten der Bukovina im Dunst des Morgens, ebenso alle Lichtungen und Blößen bis hinauf zum Căliman. Der leicht bewölkte Morgenhimmel pinselt alle Nuancen der roten und violetten Farben auf das östliche Firmament. Leise pfeift der Wind um meinen Felsenturm. Heute ist das Wetter wieder schön und wesentlich wärmer als an den vorhergegangenen Tagen. Die Stille wirkt fast drückend. Wie ausgestorben liegt diese ganze Zauberwelt vor mir. Kein Brunftschrei unterbricht das Schweigen, kein Stück Wild zeigt sich auf den großen Schlagflächen. Aber so sind eben die Karpaten, geheimnisvoll und unberechenbar. Wie oft vergehen Tage um Tage, ohne daß man ein Stück Wild in Anblick bekommt, und alle Mühe und Plage scheinen umsonst zu sein. Ein anderes Mal klappt wieder alles besser als erwartet. Immer höher steigt die Sonne. Es mag schon gegen sieben Uhr gehen, als ich meinen stacheligen Sitz verlasse, um mit dem mir bereits entgegenkommenden Jäger einen anderen Revierteil aufzusuchen.

Wir gehen zum sogenannten Capo Dealului, wo ich vor einigen Tagen einen sehr starken Hirsch fährtete. Wir sind noch keine 100 Meter gegangen, als mich der Kärntner aufhält, mit dem Bergstock in die Ferne deutet und sagt: „Dort drüben, bei der kleinen Blöße muß gestern der Hirsch geröhrt haben.“ Gewohnheitsmäßig nehme ich das Glas an die Augen, um mir diese Gegend genauer zu betrachten. Wie groß ist aber meine Überraschung, als im Augenblick, als die Lichtung in mein Blickfeld kommt, ein einzelner Hirsch aus der Dickung tritt und langsam bergan zieht. „Na, dort haben Sie Ihren Hirsch!“ sage ich und setze mich neben einen Baumstrunk, um mit aufgelegtem Glas besser sehen zu können. Die Entfernung beträgt immerhin mehr als einen Kilometer. Von der Sonne hell beleuchtet, zieht der Hirsch träge den Hang hinauf, manchmal von Bäumen gedeckt. Auf einer kleinen Lichtung verhofft er, plätzt, bearbeitet mit den Geweihen den Boden, daß Erdreich und ganze Rasenstücke nur so fliegen, und tut sich schließlich nieder. Vergeblich bemühe ich mich, den Hirsch auf diese große Entfernung anzusprechen. Ich halte ihn nicht für sehr stark, während der Kärntner das Gegenteil behauptet. Da ich meiner Sache nicht sicher bin, entschließe ich mich, rasch den Wildkatzenfelsen aufzusuchen. Von dort dürfte ein besseres Ansprechen möglich sein. Wie vom Feind gehetzt, eilen wir über den riesigen Schlag, dessen hoher Graswuchs alle Hindernisse heimtückisch verdeckt, die ein boshafter Karpatenteufel ausgerechnet für mich ausgelegt zu haben scheint. Zuerst stolpere ich über einen unsichtbaren Wurzelstock, verknaxe mir dabei den Fuß, der sofort höllisch schmerzt und mich zwingt, eine Strecke hüpfend zurückzulegen. Kaum ist dieser Schmerz etwas abgeklungen, steige ich mit viel Geschwindigkeit auf das Ende eines dürren Astes, dessen anderes mir voll Rache kräftig auf die Nase schlägt, wodurch ich abermals aufgehalten werde. Kehrseiten des Karpatenzaubers. Zornig eile ich weiter, denn der Jäger hat schon einen gewaltigen Vorsprung und keinerlei Interesse für meinen Kampf mit der Natur.

Endlich erreiche auch ich prustend und schwitzend den Wildkatzenfelsen, muß aber erst verschnaufen, bis ich mich auf den Felsen begebe, um Ausschau zu halten. Sofort sehe ich den Hirsch, der noch immer im gegenüberliegenden Hang auf etwa 600 Meter im Bett döst und nur ab und zu müde sein Haupt bewegt. Zu meiner Schande muß ich gestehen, daß ich auch von hier aus das Geweih nicht gut ansprechen kann. Daß der Hirsch schußbar ist, sehe ich aber doch. Seine Stangen sind sehr stark, die Krone dürfte vierendig sein. Leider haben wir diesen Revierteil weniger ausgekundschaftet, es ist mir daher nicht klar, wie wir an den Hirsch herankommen können. Eines ist aber sicher, wir müssen uns beeilen, sonst haben wir das Nachsehen.

Noch einige Worte zwischen dem Jäger und mir, dann rutschen wir von unserem Felsen und gehen über den steilen, geröllübersäten Hang hinunter bis zum Izvorbach, nicht ganz ohne Lärm, der jedoch im tosenden Schall des Wassers verklingt. Die Blöße ist ringsum von Dickungen umschlossen, in denen an dürrem Astwerk kein Mangel herrscht. Ein unbemerktes Näherkommen an den ruhenden Hirsch scheint daher sehr schwierig zu sein. Einige hundert Meter gehen wir bachaufwärts und wollen nun bei gutem Wind in der gegenüberliegenden Lehne schräg bergan steigen, doch das ist im Wirrwarr des Urwaldbestandes leicht gesagt und schwer getan.

Bilder rechts:
Gemälde von Franz Lamberg, die im Csákberényer Schloß
hingen, und zwar unmittelbar unter dem Geweih des erlegten Hirsches.
Die genaue Beschreibung stammt vom Maler selbst.

Bild umseitig:
Zwei ganz verschiedene Silhouetten im frühsommerlichen Feld

Diesen starken Hirsch von ungeraden 16 Enden, hat Se. K. Hoh. Lamberg, auf seiner Herrschaft Lackerberg, (nächst. Revier, beim Büchsekird selbst geschossen am 30ten Sept. 1842.

Gegend bei der Büchsekirter Jagd.

Diesen starken Hirsch von 8 geraden Enden mit sonderbarer Formation der
Geweihe hat Se. K. Hoh. Lamberg, auf seiner Herrschaft Lackerberg, Günther Revier, auf
der sogenannten Fleischhacker Hutweide, selbst geschossen am 20ten Sept. 1842.

Gegend vom Wirths Braten.

Gerade als ich an dem Gelingen dieses Unternehmens zu zweifeln beginne, bemerke ich auf der anderen Bachseite einen Schafsteig, wie gewünscht schräg bergan führend. Über einen glitschigen Baum balancieren wir glücklich an das andere Ufer. Dann geht es, dem gut ausgetretenen Pfad folgend, im dichten Unterholz vorsichtig bergauf, ich voran, dahinter mein Jäger und Tasso. Vor uns auf morschem Strunk „zwitschert" ein Haselhahn sein Morgenlied. Doch bald hat er uns weg, der Gesang verstummt, der Hals wird lang, dann streicht er purrend ab. Für mich besteht kein Zweifel, daß dieser Steig zur Blöße führt, da man so gute Weideplätze den Schafen nicht vorenthält. Nur eines fürchte ich, daß wir dem Hirsch zu nahe kommen könnten.

Das ständige Wechseln des Windes ist dabei besonders gefährlich, außerdem wird es vor uns etwas lichter. Wir überqueren die erste kleine Blöße. Ich ziehe auf alle Fälle die Schuhe aus, denn größte Vorsicht ist nun geboten.

Langsam setzen wir Schritt vor Schritt. Noch ein kleiner Graben, ein schmaler Fichtenstreifen, dann sind wir am Rande der im hellen Sonnenschein liegenden Lichtung angelangt. Die Sicht ist sehr beschränkt, denn eingesprengte Fichtengruppen, tiefe Senken und Astgewirr lassen uns höchstens auf hundert Schritt die freien Stellen übersehen. Vergeblich schaue ich mir die Augen aus, es ist alles wie ausgestorben. Trotzdem bin ich sicher, daß der Hirsch in der Nähe ist. Meine Gedanken beschäftigen sich schon mit seinem polternden Abspringen, das ich des Windes wegen jeden Augenblick erwarte. Zögernd setze ich einen Fuß vor den anderen. Linkerhand, wo das Gelände überriegelt war, ist nichts zu sehen.

Trotz größter Vorsicht stößt jetzt mein Bergstock gegen einen Strunk, so daß es mir gleich heiß zu Kopfe fährt. Im gleichen Augenblick höre ich das „Pst, Pst" des Jägers. Schon im Umwenden erblicke ich links über mir, kaum achtzig Schritt entfernt, die sich vom dunklen Hintergrund scharf abhebenden weißen Kronenenden des Hirsches, der noch immer — von uns überriegelt — im Bett sitzt. Er wird durch den von mir verursachten Lärm aufgeworfen haben. Den Bergstock in den Boden bohrend und an ihm anstreichend, gehe ich vorsichtig

Bilder umseitig:

Oben:
Der alte Bock fühlt sich noch sicher. Wie lange?

Unten:
Über den Feldweg anspringender Jungbock in Zaingrub nach einem Regen

Bilder links:

Oben:
Fasanhahn, bunter Ritter des Frühlingsfeldes

Unten:
Der treu sorgende Rebhahn bangt um seine brütende Henne

in Anschlag, um mehr zu sehen, werde aber nicht klüger. Was aber jetzt —, ist die große Frage. Ein näheres Ankommen ist in dem Chaos von Astwerk und Wurzeln unmöglich. Ginge ich auf dem Steig weiter, würde ich überhaupt nichts mehr vom Hirsch sehen. Bliebe ich aber wartend, wo ich bin, bekäme der Hirsch früher oder später doch Wind von uns. Da kommt mir der Einfall, mit einem leisen Trenzer oder Mahnen den Geweihten zum Hochwerden zu bewegen. Ich entschließe mich für das letztere und lasse zweimal den sehnsüchtigen Mahnruf eines Schmaltieres ertönen. „Rupp" ist der Hirsch auch schon hoch. Deutlich und klar zeigt mir das Glas große, neugierig auf uns gerichtete Lichter, etwas vom Windfang, Haupt und Geweih — sonst nichts. Das habe ich nicht erwartet, denn ich hatte angenommen, wenigstens die Hälfte des Wildkörpers frei zu bekommen.

Das Geweih scheint mir sehr gut. Der Jäger flüstert zwar, es sei ein Zwölfer, doch sehe ich deutlich fünf Enden in einer Krone. Himmel, ist das dumm! Wie aus Erz gegossen, verhofft der Hirsch und sichert unverwandt zu uns herab, die wir ohne jede Deckung frei dastehen. Als ob ich tausend Herzen hätte, tobt und pocht es in meiner Brust. Nur nicht rühren! Wenn nur der Hund still hält! Wird der Wind, der ohnehin halbschräg nach oben zieht, ganz umschlagen? Während ich dies denke, packt mich immer wieder das Jagdfieber, und meine treue Büchse wird bei diesem langen Anschlagen zur großen Last. Da — endlich zieht der Hirsch ein paar Schritte vorsichtig gegen uns. Im selben Augenblick steche ich ein, doch zu früh, denn nur ein Stück des Trägers wird sichtbar, spitz von vorn und von Ästen verdeckt. Schon will ich den Schuß riskieren. Der Finger liegt bereits ganz schwach am Züngel, doch dann beschließe ich noch zu warten, bevor ich alles verderbe und den Hirsch womöglich krankschieße. Unbeweglich und für mich zum Verzweifeln lange, sichert der Hirsch und sucht windend das vermeintliche Kahlwild. Jetzt — eine träge Wendung des Hauptes nach rechts. Da erscheint im Zielfernrohr ein Geweih, das mich fast umwirft und mir den letzten Rest der Ruhe raubt. Mächtige, weit zurückreichende Stangen von unwahrscheinlicher Stärke, kapitale Kronen mit weiß blitzenden Enden — ein unvergeßlicher Anblick!

Im hellen Licht der Sonne zeigt die starke Vergrößerung klar jede Perle, jede Rinne dieses unfaßbar starken Geweihes. Oder ist alles nur Trugbild der erregten Sinne? Ich bin zu aufgeregt, um es beurteilen zu können. Langsam zieht der Hirsch nach rechts fort, immer nur Haupt und Geweih präsentierend, und verschwindet dann hinter dichtstehenden Jungfichten. Nur hin und wieder erscheinen blitzende Enden aus dem Nadelmeer.

Plötzlich wendet der Hirsch. In einer Schleife zieht er im Hang gegen uns. Deutlich höre ich das Anstreichen der Stangen an den Ästen — da erblicke ich auch schon das Geweih. Gleich muß er auf die Lichtung vor uns heraustreten. Meine Finger umkrampfen den Stutzen. Jetzt muß es gelingen! Doch nochmals bleibt der Hirsch hinter einer Randfichte auf etwa sechzig Gänge stehen, nur Äser und Augsprossen sind zu sehen. All dies dauert für mich eine Ewigkeit. Dann — endlich, endlich — schiebt sich der mächtige Wildkörper auf die Blöße. Im gleichen Augenblick tanzt der Zielpunkt im halb freigewordenen Blatt. Nun bricht der Schuß, und dumpf rollt grollend das Echo um den Izvor. Im Knall bricht der Hirsch vorn zusammen, zersplittert krachend einen morschen Strunk, prasselt in riesigen Fluchten steil bergan und verschwindet mit zurückgelegtem, sichtbar wankendem Geweih im dichten Einstand. Angestrengt lauschen wir, doch kein Laut läßt sich vernehmen, der ein Zusammenbrechen andeuten würde. Nur ein erschreckter Häher krätscht unwillig über diese Störung. Ich bin ganz erschöpft von der Anstrengung und Aufregung. Eine Zigarette lang bleiben wir noch auf unserem Platz, dann gehe ich vorsichtig zum Anschuß. Ausriß, tiefe Eingriffe und der morsche, zersplitterte Strunk sind bald gefunden. Auf allen Vieren folge ich der Fluchtfährte bis zum Dickungsrand – aber keinen, auch nicht den allerkleinsten Tropfen Schweiß kann ich entdecken.

Vergeblich spähe ich auch unter dem Geäst der Fichten hindurch. Absolut nichts! Nachdenklich kehre ich zum Jäger zurück. Sollen wir nachgehen oder warten? Beide sind wir für letzteres und beschließen, erst nach zwei Stunden die Nachsuche aufzunehmen. So setzen wir uns halt in die Sonne und müssen wieder unsere Geduld hart auf die Probe stellen. Eingehend besprechen wir dieses aufregende Erlebnis. Ich bin sicher, gut abgekommen zu sein, trotzdem will ich mich noch nicht zu früh freuen, nicht zuletzt, weil der Hirsch steil nach oben geflüchtet ist. War das Geweih wirklich so stark, wie es mir schien? Oder hat mir das Hirschfieber alles vorgegaukelt. Wie oft täuscht man sich beim Ansprechen eines nassen, von der Sonne beschienenen Geweihes, wie stark wirken da die Stangen! Aber dennoch, so wesentlich kann ich alter Hirschjäger mich nicht getäuscht haben. Der Jäger läßt den Hirsch jetzt schon zum Achtzehnender „avancieren", ist aber der Meinung, daß die Stangen unten schwächer wären als die des Sechzehnenders. Ich bin gegenteiliger Meinung.

Langsam und träge verrinnt die Wartezeit, und es sind bange Stunden, die wir auf unserem Baumstamm verbringen. Auch das oftmalige Schauen auf die Uhr läßt die Minuten nicht rascher verstreichen. Endlich sind eine und eine dreiviertel Stunde vorbei, da halten wir die letzte Viertelstunde nicht mehr aus und beginnen mit der Nachsuche. Kräftig legt sich Tasso in den Riemen, nimmt die Fährte auf und zieht ungestüm in den dichten Bestand, so daß ich kaum folgen kann. Angestrengt versuche auch ich, die Fährte zu halten, und spähe vergeblich nach einem kleinen roten Tropfen. Es ist alles umsonst. Schon eine ganze Weile folgen wir, halb kriechend, in diesem Dickicht dem Schweißhund, ohne einen einzigen Spritzer Schweiß zu finden. Als ich schon langsam der Verzweiflung nahe bin, höre ich wieder das „Pst, Pst" meines Jägers. Rasch bin ich bei ihm. Da hallt auch schon aus vollem Halse der Standlaut Tassos an unser Ohr. Gleichzeitig sehe ich keine dreißig Meter vor uns den verendeten Hirsch, aber noch nichts vom Haupt. Eilig breche ich vor, da reißt es mich fast um, denn vor mir ragt eine Stange empor, deren Stärke und Länge ich kaum begreifen kann. Noch ein paar Schritte, dann stehe ich vor dem gefällten Urwaldrecken, der im weichen Moosbett, umgeben von grünem Blattgewirr und den rotleuchtenden Preiselbeeren, mit gebrochenen Lichtern liegt.

Mein Gott, ist das ein Hirsch! Nicht einmal meine kühnsten, phantasievollsten Wunschträume haben mir je eine so kapitale Trophäe vorgespiegelt. Ich kann es nicht fassen, nicht glauben, daß es Wahrheit ist. Im Banne dieses Bildes stehe ich lange und schweigend vor dem Hirsch meines Lebens und halte ihm die Totenwacht. Meine Hände greifen in die armdicken Stangen, doch weder unten noch oben ist es mir möglich, sie zu umspannen. Da überreicht mir der Kärntner mit einem „Waidmannsheil zum Achtzehnender" den schweißigen Bruch. Darauf habe ich noch gar nicht geachtet. Ich zähle die Enden, und es sind tatsächlich so viele. Der Schuß sitzt genau dort, wo ich ihn antrug, etwas vor dem Blatt, und geht schräg nach rückwärts, aber nur ein Tropfen Schweiß findet sich am Einschuß. Trotz dieser guten Kugel war der Hirsch noch sicher 200 Schritt vom Anschuß weg − bergauf − geflüchtet.

Nach etlichen Aufnahmen wird er aufgebrochen, sein Haupt mit dem schweren Geweih abgeschärft und der Heimweg angetreten. „Waidmannsheil domnule!" ertönt die freudige Stimme Dumitrus, als wir vor das Blockhaus treten, und begeistert wird das Geweih bewundert. Während die beiden Jäger wieder zum Hirsch wandern, um Wildpret und die Decke zu holen, sitze ich, von Glück und Freude erfüllt, vor meinen beiden Geweihen und bin doch voller Wehmut über die Vergänglichkeit dieser schönen Stunden. Nie hätte ich es mir träumen lassen, binnen zweier Tage zwei so starke Karpatenhirsche zu erlegen, von denen der zweite bei der in demselben Herbst eröffneten Internationalen Jagdausstellung in Berlin als „Rothermann-Hirsch" mit 229.1 Internationalen Punkten den dritten Preis erzielen würde. Am 16. September den Sechzehnender und am 18. September 1937 den Achtzehnender!

Tags darauf schnüren wir unser Bündel. Noch einmal blicke ich zurück über die fernen Wäldermeere, die Almen und Berge, zurück zum Gipfel des Izvor. Und meine Augen füllen sich unbemerkt mit Tränen.

Soweit die packende Erzählung dieses einmaligen Waidmannsheils. Hubertus Rothermann hat Zeit seines Lebens ein Jagdtagebuch geführt. Keine einzige Phase der Erlegung seines Lebenshirsches hat er jemals vergessen. Der denkwürdige Tag war vor 52 Jahren! Und trotzdem lebte er in seiner Erinnerung weiter, als wäre es gestern gewesen. Heute hängen drei kapitale Goldmedaillenhirsche im Kirchberger Speisezimmer, kapitalste Ungarhirsche, die er alle mit über 80 Jahren in Vasvár geschossen hat. Mit der gleichen Büchse und der gleichen unfehlbaren Hand, mit je einem Schuß. Er hat über diese Hirsche eine ganz große Freude gehabt. Doch mit der Freude, die er bei der Erlegung seines Lebenshirsches empfand, war sie nicht − ist überhaupt nichts zu vergleichen. Nur im Erinnerungsbuch der Jagdausstellung Berlin 1937 kann man den berühmten Rothermannhirsch noch heute bewundern. Er bekam dafür ein Schild, den dritten Preis und den Becher des Reichsjägermeisters. Allein die Goldmedaille ist übriggeblieben.

Wieder in Csákberény

Langsam fährt mein kleiner Polo am Fuße des Csókaberges in Richtung Osten. Von Mór kommend, bin ich über Csóka entlang den Weingärten gefahren, Pfützen und Steinen ausweichend, denn diese Straße hat sich seit 40 Jahren nicht geändert. Die alten Weingartenhäuser stehen inmitten blühender Obstbäume. Hoch über den Felsen segeln im Nordwind die Dohlen der alten Burgruine zu, die Dohlenstein (Csókakö) heißt. Dort waren und sind sie zu Hause. Rechterhand, in Richtung des Schwimmbades, werden die gigantischen Kolchosenfelder von jenen Pappelalleen abgegrenzt, die meine Ahnen gepflanzt haben, einige darunter mein Vater. Dadurch sieht das ganze Gelände noch immer „herrschaftlich" aus. Die Felder ringsum gehören der Genossenschaft. Dort, wo einst die Weingartenbesitzer ihr Preßhaus oder ihr Winzerstöckl hatten, parken Stuhlweißenburger und Budapester Autos. Viele der Häuschen sind Zweitwohnungen für die Städter geworden. Da es keine Bauern mehr, nur noch Kolchosenangestellte gibt, sind viele ehemalige Weingartenbesitzer bereits vor Jahren in die Stadt gezogen. Doch der Duft der Blüten, das Summen der Bienen, die Farbe der Erde und das Gezwitscher der Vögel, die sind die gleichen geblieben. Linkerhand, hinter dem Weingarten unseres Jägers Müller und des Kammerdieners Ferenc, endet der Weinberg. Die Sandgrube aber steht noch verwahrlost und überwuchert, und hoch oben sieht man noch immer die Höhlen der buntschillernden Bienenfresser, die 1938 aufgetaucht sind und sich hier niedergelassen haben.

Dann taucht mein Wagen in das Blütenmeer und den tiefen Schatten der alten Kastanienallee. Ihr sieht man die vergangenen 40 Jahre wahrlich nicht an, obgleich viele ihrer Bäume im Krieg beschädigt wurden. Die tiefgrünen Blätter und die zahllosen Luster ihrer Blüten rauschen im Nordwind wie eh und je. Vor 150 Jahren, zur Zeit als das Csákberényer Schloß gebaut wurde, hatte Rudolf Lamberg diese Allee angelegt. Sie führt vom Dorf bis zum Rand des Csókaberges. Zu dieser Zeit war Kaiser Franz Joseph ein kleines Kind. Volk und Land erholten sich noch im friedlichen Biedermeier von den Schrecken der Napoleonischen Kriege. Franz Lamberg, der Bruder von Rudolf, den Jahre später, zu Beginn des ungarischen Freiheitskampfes, ausländische Studenten auf der Schiffsbrücke von Ofen ermordeten, lebte mit seiner jungen Frau manchmal in Zámoly.

Schon damals sägten verschwörerische Kräfte am Bestand der katholischen Habsburgermonarchie, während niemand etwas davon ahnte. Warum dies so war, schon viele Jahre vor den europaweiten 48er Unruhen, kann man heute nicht sagen. Die alte Donaumonarchie war zweifellos ein Bindeglied und Ordnungsfaktor im Vielvölkerkontinent Europa. Darüber hinaus ein lebender Beweis dafür, daß völlig verschiedene Nationen friedlich zusammenleben können, eine gelungene Hauptprobe für ein vereintes Europa. Unter dem weisen Zepter des Hauses Habsburg funktionierte das Zusammenleben und die aus 12 Völkern bestehende Armee bis zum — durch Gewalt von außen inszenierten — Zusammenbruch.

In den Völkern diesseits und jenseits des eisernen Vorhanges, südlich und nördlich des

Brenners und auch weit im Norden lebt jedoch noch die Erinnerung an ein kleines Paradies weiter, das zwar immer wieder in Kriege verwickelt wurde, trotzdem bestand, weil es vor allem tolerant und friedfertig war.

Ich bin bei offenen Fenstern in meinem Wagen sitzen geblieben. Genau dort, wo die alte, noch weiße Tafel mit der Ortsaufschrift Csákberény steht. Wie geläufig war es uns allen, die Adresse von Csákberény auf Briefcouverts zu schreiben. Hier sind alle meine fünf Geschwister und ich zur Welt gekommen. Alle im Schlafzimmer meiner Mutter unter Beihilfe der herrschaftlichen Ärzte, Dr. Szöke und Dr. Rotstädter. Letzterer hat sein 50jähriges Promotions-Jubiläum mit uns in Graz gefeiert und ist voriges Jahr gestorben. Doch das Zimmer, in dem wir geboren worden sind, gibt es nicht mehr, das Haus wurde abgetragen. Nur die wenigen übriggebliebenen Parkbäume, die sich rauschend im Nordwind wiegen und biegen, erzählen noch vom Schloß, vom Kindergeschrei und Hundegebell. Nur der Duft der riesigen uralten Fliederbüsche, die in voller Blüte stehen, könnte erzählen, daß unter ihnen einstens Karl Mays Indianerspiele stattgefunden haben. Die noch nicht verbauten Wiesen, die groteskerweise ihre Erhaltung dem Umstand verdanken, daß man ausgerechnet hier ein sowjetisches Ehrenmal errichtete, diese Wiesen könnten erzählen von den vielen täglichen Fußballschlachten der Kinder und der Gärtnerburschen. Es gab fast keinen gleichaltrigen Dorfbuben, der hier nicht mit uns Fußball gespielt hätte. Der alte Tennisplatz, wo die letzten Schlachten und Turniere 1944 stattfanden, wurde von Panzern niedergewalzt, man könnte ihn kaum ausfindig machen. Zerstörung, Vernichtung, Vertilgung, fremde Barbarei. In wenigen Stunden wurde ausgelöscht, was Generationen aufgebaut hatten, der Stolz des Dorfes, das Schloß, der Park, die Glashäuser.

Als der letzte deutsche Soldat Csákberény verließ, fehlten wohl einige Pferde aus dem Stall, doch kein Stuhl, kein Bild, kein Wertgegenstand. Das sind einfache, trockene Tatsachen, das ist die Wahrheit. Was dann geschah, das können viele Generationen nicht vergessen. Und es geschah an Unschuldigen, wie immer. Seit der Türkenzeit (und vielleicht nicht einmal damals) brauste über unser Dorf kein ähnlicher, apokalyptischer Vernichtungssturm. Wir haben längst verziehen, daß man uns zu Bettlern machte, bei uns gilt die Verjährung..Ob das Volk vergessen kann, ist eine andere Frage. Das Volk kann unterscheiden zwischen Gut und Böse, zwischen Lüge und Wahrheit, zwischen Worten und Taten, zwischen „Befreiung" und Freiheit. Und die mündliche Überlieferung war schon immer verläßlicher als die geschriebene Geschichte. Was uns, die ehemaligen Gutsbesitzer, anbelangt, wir haben unseren Weg mit Gottes Hilfe auch ohne Besitz und Starthilfe gehen können. Wir können aus vollem Herzen danken für das Glück auf unserem Weg, und wir wünschen nur eines, daß unser Opfer neuen Generationen zugute kommt. Das ungarische Volk, die Csákberényer Bevölkerung ist gut, sie hat das Beste verdient.

Uns hat außer Gott niemand geholfen, unsere Verluste in und nach Hitlers Krieg hat man niemals registriert, sie interessierten niemand. Jeder glaubt, von seinem Standpunkt aus recht zu haben. Man muß die Überzeugung der anderen immer respektieren. Die ungarischen Kommunisten haben denjenigen, die sie für Feinde hielten, verziehen. Emigranten wie ich kommen nach Ungarn, und das ist eines der Wunder des zwanzigsten Jahrhunderts. Die ungarischen Kommunisten haben verziehen, sie haben Verständnis für den Klassenfeind aufgebracht, lassen die Panzerknacker von 1956 ebenso herein wie die früheren Grafen! Es gibt noch Wunder in der Welt, man muß sie nur mit offenen Augen entdecken können. Und was sich seit 1988 in Ungarn tut, sprengt jede Vorstellungskraft.

Heute will ich nicht in das Dorf hinein, heute will ich einen Spaziergang um das Dorf machen, es sozusagen im Norden umgehen. Noch kein einziges Mal habe ich jenen Teil des Dorfes angeschaut, wo früher unser Haus stand. Ich will alles so in Erinnerung behalten, wie es war.

Ich parke meinen Wagen am Rande des Csókaberges, hinter blühenden Büschen versteckt, wo die Smaragdeidechsen und Äskulapnattern wohnen, wo es nach Humus und Hasenlosung riecht, dort wo der Dorndreher lauert und die Turteltaube seit Jahren ihr Nest hat. Von hier sehe ich auf das sogenannte Neudorf, die „Ujházak", alles geschenkte ehemalige herrschaftliche Gründe, wo die treuen Angestellten sich schöne Häuser bauten, wie zum Beispiel unser Paradekutscher Vörös János. Hier spazierten wir mit Vater noch im Sommer 1944 am Waldrand entlang, um beim Marienbild im Papirtás Rosen zu hinterlegen. Vater war ein Neuerer, ein Pionier, ein genialer Wirtschafter mit zahllosen Ideen. Er mokierte sich über mich, wenn ich als Halbwüchsiger immer wollte, daß alles beim alten blieb. Er sagte dann „Per omnia saecula saeculorum" und lachte mich aus. Doch das ist Veranlagungssache. Jede Zeit, jede Epoche, jede Kultur braucht Neuerer und Konservierer, so wie der schnellste Wagen eine besonders gute Bremse benötigt. Die Kultur ist am Höhepunkt, wenn beide Strömungen sich die Waage halten. Sie wird reaktionär, wenn nur Konservative, sie wird entartet, wenn nur die „Experimentierer" das Sagen haben. Beide braucht man. Sie sollen sich ergänzen, nicht bekriegen. Das heute so moderne Schwarzweißmalen ist schlecht, die Wahrheit ist fast immer in der Mitte. Und keiner soll sich abkapseln. Man sollte sich immer nach dem Volk richten, dann fährt man gut.

Mein Weg führt auch jetzt zum Papirtás, am Fuße des Csókaberges. Nach einigem Suchen finde ich das Marienbild unversehrt, mit Blumen versehen und restauriert. Das war sicher das Werk unseres alten Freundes Bruno. Er, der steinreiche Tischlermeister der Zwischenkriegszeit, brachte es fertig, über 40 Jahre im Kommunismus als Selbständiger zu arbeiten. Er hatte Anfang der fünfziger Jahre schwere Zeiten zu überstehen, da man von ihm mehr Steuern verlangte, als er brutto verdiente. Da er aber ein Meister seines Faches und der einzige Tischler des Ortes war, hatte er immer genügend Arbeit.

Vor dem Papirtás war seinerzeit der große Gemüsegarten und die Erdbeer- und Paprikaplantage meines Vaters. Von Trampler Laci geführt, eine wahre Goldgrube. Ich war bei jenem Spaziergang dabei, als Vaters Stock ins Erdreich versank und er verkündete: „Auf dieser Weide mache ich einen großen Gemüsegarten." Das war etwa 1936. Oberhalb des Papirtás, zur rechten Hand, befindet sich die Varga-tisztás (Schuster-Lichtung), eine mit Dornenbüschen und steinigem Geröll bestellte Schafweide. Hierher führte uns unser Lehrer Mészáros János zum Botanisieren. Ich besteige sie und blicke auf das Dorf hinunter. Friedlich liegt es vor mir, weit unten die beiden Kirchtürme und der globusartige Wasserbehälter. Unterhalb der Meszes Völgy (Kalk-Grube), die in der Kökapuvölgy mündet (Steinernes Tor), liegen die groß gewordenen Friedhöfe. Der protestantische ist dadurch zu erkennen, daß an Stelle von Kreuzen oben abgerundete Steine den Namen des Toten tragen.

Ich steige hinab und statte dem Friedhof einen Besuch ab. Eine einzige Frau ist da, die mich aber nicht erkennt. Ich sehe die Gräber von den beiden Müllers, Frau Rideg, Ferenc, Emil, unseres guten alten Pfarrers, Kanonikus Papp Kálmán. Wie viele Menschen hat er hier begraben! Gärtner Moder, der Winzer meines Vaters, Bitter, dem ein besoffener Russe die Oberlippe samt Schnurrbart abgebissen hat, Trampler, viele, viele, viele Bekannte, jüngere Menschen als ich, Kinder und längst vergessene Namen. Begleiter meiner Jugend, die ich als lebensfrohe und in die Zukunft vertrauende Menschen kannte. Im protestantischen Friedhof besuche ich László János, den Schmied und Freund, einen Menschen, wie er gütiger nicht hätte sein können. Er hatte ein klassisches Profil und war Junggeselle. Sein Fachgebiet war Genealogie, das er ebenso wie Geschichte und Literatur hobbymäßig betrieb.

Der „alte Friedhof", völlig überwuchert von Akazienbäumen und Büschen, beherbergte die Selbstmörder und einen Teil uralter Gräber, die nicht „entleert" und anderwärtig verwendet wurden. Hier sah man von Moos bedeckte und fast zerbröselte Steine mit Inschriften aus dem 18. Jahrhundert.

Unweit des Friedhofs standen seinerzeit die Keuschen jener nicht akzeptierten Mitbürger, wie des „kleinen Wilderers", einiger Zigeuner und Vorbestrafter. Hier befindet sich heute keine Behausung mehr. Ich gehe weiter zu den früheren „Vitéz-Feldern", südlich des Kirchenberges (Szentegyházi hegy). Dieses insgesamt 50 Joch große Land bekamen die Inhaber der Goldenen Tapferkeitsmedaille im 1. Weltkrieg von der Regierung geschenkt. Es war einst Herrschaftsbesitz. Unterhalb dieser Felder war die einzige natürliche Quelle des Dorfes, der Kis kút (Kleiner Brunnen). Südlich von dieser Quelle befanden sich seinerzeit der „Rigó", Obstgarten des Pfarrers, und der „Csicsali", einer der Obstgärten meines Vaters. Hier werden heute Häuser gebaut. Schöne, viereckige, moderne, villenartige Wohnhäuser. Ganz junge

Bilder rechts:
Oben:
Feisthirsche. Der Meister und sein Geselle.

Unten:
Mein Bock aus Visznek / derzeit mein Drittstärkster

Bilder umseitig:
Oben:
Kapitaler Ungarkeiler in freier Wildbahn
Unten:
In der Suhle . . .

Menschen bauen sich solche Häuser, mit staatlicher Unterstützung, in Gemeinschaftspfusch und auf Raten, die durchaus erträglich sind. Nein, wahrlich nicht alles in diesem Gulasch-Kommunismus ist schlecht, man muß schon unterscheiden können.

Ich durchquere den oberen Teil der Hutweide, die zum Großteil ein Föhrenwald geworden ist, ähnlich wie die Kuppe des Csókaberges. Das Kruzifix mit dem bemalten blechernen Christus ist noch da. Ebenso der Fußballplatz. Hier bekam ich beim Sportfest 1946 meine Preise im Springen und Laufen aus den Händen des Ministers, der in seiner Rede betonte, dies sei ein Beweis proletarischer Tüchtigkeit im Sportwesen.

Ich gehe weiter zur Kövesvölgy, am Fuße des Strázsa-hegys (Köves völgy heißt Steinernes Tal, weil hier verstreut riesige Felsblöcke inmitten einer Weide liegen, wer weiß wie lange schon). Der Strázsahegy heißt Wachtberg, von hier wurden Feuer entzündet, wenn marodierende Türken sich dem Dorf näherten. An seinem westlichen Fuße war unser Schießplatz.

Am 20. August, am Tage des heiligen Stefan, veranstaltete Vater für die gesamte Jägerei ein großaufgezogenes Scheibenschießen, an dem auch wir teilnahmen. Der größte Champion war immer Förster Müller, damals noch keine 40 Jahre alt. Die Preise waren splendid und sehr begehrt. Hier verlief wochenlang die Hauptkampflinie im Zweiten Weltkrieg. Zwischen Ende Dezember 1944 bis Anfang Feber 1945. Vom Strázsahegy aus beschossen die Russen das Dorf, die Deutschen schossen vom Csókaberg zurück, dann wurde die Front „elastischer", die Kämpfe wogten hin und her. Csákberény wurde dreimal von den Deutschen zurückerobert. Man kann sich vorstellen, was vom Dorf übrigblieb.

Und dann erklimm ich als letztes den Strázsa-hegy. Hier blüht wie eh und je die wilde Nelke, hier erstrecken sich riesige, von Steinrosen bewachsene Flächen. Hier flitzt die Smaragdeidechse über die Felsen, und hier gibt es die uneinnehmbarsten Felsenbaue, die Füchse und Dachse abwechselnd benützen.

Von hier aus gesehen, sind das Dorf und seine Gärten ein riesiges Blütenmeer. Kastanien-, Obstbäume, Schlehdorn, Mohn- und Rapsfelder, frisches Grün, eine herrliche Farbenpalette. Hoch oben von der Sonne in silbrigem Glanz getauchte Schafswolken, die unbeweglich scheinen, während unten wie immer und ewig der Sturm die Bäume rauschen läßt. Man nennt ihn den Mórer Wind, denn zwischen Bakony und Vértes-Gebirge liegt die Mórer Senke, hier entsteht ein natürlicher „Zug", eben der Mórer Wind.

Bilder umseitig:
Oben:
Alttier und Schmaltier. Die immer aufmerksame Mutter hat etwas bemerkt
Unten:
Ein Kalb lernt äsen . . .
Bild links:
Er möcht' so gern und traut sich nicht. Junger Rehbock in der Brunft

Zwischen Csicsali und Köves-völgy gab es einmal einen alten Tennisplatz. Hier ist der Boden mit kurzem, hartem Gras bewachsen, auf dem man leicht ausrutschen kann. Hier leben noch immer einige Erdziesel. Nicht so viele wie im Gránás oder bei den Csákvárer Hügeln, aber immerhin erfreuen mich einige und machen ihr Männchen, ähnlich ihren Verwandten, den Murmeltieren. Wie lange haben wir hinter den großen Steinen gelegen, um auf das Auftauchen der Erdziesel zu warten? Diese Jagdpassion übertrug sich später auch auf unsere Erzieher, im Jahre 1943 war sogar der Großvater dazu zu bewegen, mit dem Walterrepetierer auf sie zu lauern. Zwei Schwarzstörche umkreisen die Hutweide. Ihr Auftauchen in Csákberény dürfte im Jahre 1940 erfolgt sein. Auch die Kaiseradler sollen noch immer im Csákberényer Wald horsten. Sie horsteten zuerst in der Cseresnyés völgy, übersiedelten nach dem Krieg in die Lange Sutte, einem Seitental der Horogvölgy. Hier waren sie von einer Schutzhütte aus gut zu fotografieren und zu filmen. 1947−48, als wir zum Leben kaum einen Forint besaßen, „entnahmen" wir eines der beiden Jungen aus dem Horst und zogen es in der Küche auf. Es hieß Weibi. Als es groß genug war, verkauften wir es dem bekanntesten Falknermeister Ungarns um viel Geld. Er hat dieses Kaiseradlerweibchen in seinen Werken oft erwähnt. Interessanterweise befreundete sich der junge Adler mit allen unseren Haustieren, dem Hund, den drei Katzen und dem Geflügel. „Weibi" war aber die Herrscherin unseres kleinen Tierreiches. Es gab Tränen seitens der guten Frau Rideg, als wir uns von ihr trennen mußten. Und auch die Tiere vermißten sie lange Zeit. Ich sehe sie noch, wie sie mit ausholenden Schritten über den Küchentisch stolzierte und mich von unten her schlau ansah. Um einen guten Happen Fleisch kam sie auch ins Bett, und niemals blieb der kleinste Kratzer zurück, wenn sie sich auf meinen bloßen Arm setzte.

Heute kreisen zwei verliebte Bussarde über den Wachtberg. Ihr Horst ist auf den großen Buchen, irgendwo im Köves-völgy. Doch auch die Kaiseradler tauchen gerne hier auf, denn eine ihrer Lieblingsatzungen sind die Erdziesel. Am Rande der Nyáriállás gurren verliebte Turteltauben wie eh und je. Im ungewohnten Föhrenwald aber nisten die Elstern, wenn die Bussarde nahe kommen, greifen sie sie an.

Nach frischem Grün duftender, unverwechselbarer ungarischer Frühling! Alle Menschen arbeiten in ihrem Anwesen, im übriggebliebenen Eigentum, ums Haus herum und in den Weingärten. Der alte Mann in der Ferne, wer weiß, vielleicht ein früherer Spielgefährte, scheint die kleinen Wiesenpilze (májusi gomba) zu sammeln. Irgendwo im undurchdringlichen Laub der Eichen ruft der Kuckuck, laut und aufdringlich, als würde er die Welt verlachen, ich kann's ihm nachfühlen.

Nun war es wirklich warm geworden. Doch Mai bleibt Mai, so stark auch die Sonne scheint, im Schatten ist es immer noch kühl. Jetzt erst fallen von den jungen Eichen die im Herbst dem Wind getrotzten Blätter ab. Die Raupen sind da und einige Maikäfer, auf der Hutweide höre ich nach langen Jahren wieder Grillen zirpen. Was hat es doch in früheren Jahren Maikäferschwärme und Tausende von Grillen gegeben. Auf den Feldern sind die Insekten fast schon ausgerottet, hier setzte die Kettenreaktion schon nach Erfindung der tödlichen Insektizide ein. Keine Kerbtiere, keine Käfer, keine Würger, keine Rebhühner. Vergiftetes

Getreide, keine Mäuse, daher vogelfressende Greifvögel; vergiftete Rübenblätter, großes Hasensterben und jetzt zu alldem das in seinen negativen Auswirkungen weit unterschätzte Tschernobyl. Dabei warnten die Experten schon lange. Aber der Wohlstandsmensch kann sich ein Ende seines (parasitären) Lebens auf Kosten der Natur nicht vorstellen. Es wird schon gut gehen, es wird keinen Krieg geben. Aber daß man auch ohne Krieg elend krepieren kann, durch einen selbstverschuldeten Massenselbstmord, das glaubt er einfach nicht.

Der wilde Rosenbusch, noch weit von der Blüte entfernt, hatte die selbe Form wie vor einem halben Jahrhundert. Oder war es ein anderer, ich glaube kaum. Wie von unsichtbarem Schauer erfaßt, zitterte er in alten Erinnerungen, und ich, grau und gebeugt geworden, erinnerte mich ebenfalls an einen längst vergangenen Nachmittag zurück. Es war der 19. September 1943. Ein Tag wie jeder andere, ein Tag im Zweiten Weltkrieg, ein Wochentag. Doch in meinem Leben war es ein ganz besonderer, ein unvergeßlicher Tag. An diesem Tag verliebte ich mich das erste Mal, und hier, auf dieser von Felsen und Büschen garnierten Hutweide, fuhr ich , mein Mädchen vor mir auf der Fahrradstange, eine Ehrenrunde unbeschreiblicher Seligkeit. Ich war noch keine 17 Jahre alt. Alles stand mir noch offen. Freude, Glück, Hoffnung und Liebe umgaben mich, und die Zukunft, die heißersehnte, schien goldumrandet wie die Sonne über dem Strázsahegy.

In diesem Jahr mußten wir erst einen Monat später ins Internat einrücken. Dorthin, wo Unfreiheit, aufgezwungene Scheinfrömmigkeit herrschte, eine Barriere zum Leben künstlich errichtet wurde, dorthin, wo man die unbeschwerte Herrlichkeit unserer längst vergangenen Jugend mit weltfremden Ideen zerstörte, während die Sanduhr des alten Csákberénys sich allmählich leerte. Allmählich und unwiederbringlich. Und die T 34er standen damals noch weit in Rußland, während wir in unserem Paradies absolut nichts ahnten. An Stelle des alten Ungarn kam ein neues. Aber auf welch schreckliche und blutige Weise! Mein Heimatort ist nicht mehr der gleiche, nur die Berge, der Wald und dieser Rosenbusch sind die gleichen geblieben. So wie ich trotz Alter und Erfahrung der gleiche Junge von damals geblieben bin − zeitlos wie das Universum, das Gott geschaffen hat, mit einer unsterblichen Seele, die nichts vergessen kann.

Verstorbene Jagdherren

Als ich, keine 22 Jahre alt, endgültig in die Steiermark kam, war ich nicht nur unbekannt und uninteressant, auch ich kannte sehr wenige Leute. Der erste Mensch, der mich im Herbst 1949 in der Steiermark auf eine Niederwildjagd einlud, war — wie bereits erwähnt — Bäckermeister Josef Purkarthofer aus dem Geidorf-Viertel in Graz. Seine Jagd lag am Schemmerl, etwa zwischen dem Höchschmied und dem Gruberwirt, in einer romantischen, oststeirischen Hügellandschaft.

War man zum Wochenende auf eine Fasanenjagd eingeladen, war das kein so bequemes Unternehmen wie heutzutage. Ich wohnte in Stainz. Von hier mußte ich mit dem Frühzug nach Graz fahren, von wo dann um 6 Uhr am Dietrichsteinplatz das Autobusunternehmen Watzke eines seiner altehrwürdigen Vehikel startete. Mit von der Partie, also Stammgäste bei den Jagden, waren der Apotheker Magister Puckmeyer, der Schauspieler Gaster, der Professor Löhner (der eine hübsche Tochter hatte), der Polizeijurist Schmidburg und viele andere, unvergessene Waidmänner. Star und anerkannter Doyen der Jagdgesellschaft war aber Oberstleutnant Johann Dullnigg. Er hatte im Krieg in Berlin-Wannsee gedient und war ein Waffenfachmann. Abwechselnd führte er eine seiner herrlichen belgischen Flinten. Er hatte auch einen Doppelkugeldrilling, den ich einmal auf einem Rehriegler führen durfte und mit dem ich mit einem einzigen abgegebenen Schuß einen Rehbock schoß. In späteren Jahren war auch Dr. Georg Antonoff mit von der Partie, einer der Gründer und Säulen der Jagdzeitschrift „Anblick".

Wie ich an anderer Stelle schon berichtete, verunglückte Josef Purkarthofer bei einer der Niederwildjagden mit seinem Jeep tödlich. Von da an wurde der Jagdtag am Schemmerl „Gedenkjagd" genannt. Der Jägerpfarrer Prof. Kraus las die Messe im Freien bei einer Kapelle, hielt alle Jahre die gleiche Predigt, und alles wartete schon ungeduldig auf den ersten Trieb, der bekanntlich der beste war. Sobald die rauhen Jägerkehlen zu singen anfingen, stimmten die zahlreichen Hunde mit in das Konzert ein.

Und dann knallte es lustig. Die Fasanen waren schwer zu treffen, weil das Gelände kupiert, voller Täler und Hügeln war. Es war für mich nicht schwer, in kürzester Zeit dort einen guten Ruf zu erlangen. Ich schoß damals die 20er Flinte meines Vaters. Später, als Frau Purkarthofer als Jagdherrin fungierte, bekam ich immer die besten Fasanenstände. Interessanterweise war damals für die meisten Teilnehmer „der Hase" das weitaus begehrtere Wild. Und sie trafen ihn auch besser als die heutigen Jäger. Als dann Frau Purkarthofer starb, war es auf einmal aus mit den Einladungen. Heute deckt die Erde schon den späteren Pächter dieser schönen Jagd, wo es auch viele Herbstschnepfen gab. Von den alten Stammgästen lebe heute nur ich. Im Jahr 1988 wurde ich — nach 33 Jahren — wieder auf die Schemmerljagd eingeladen.

Bald darauf wurde ich Gast des ebenso originellen wie verdienten Gastwirtes Bruno Frießnigg, dem Inhaber der „Peter-Weinstube", am Grazer Franziskanerplatz. Hier traf sich die Grazer offizielle und inoffizielle Jägerschaft allabendlich zu einem Umtrunk, bei der der Wirt als Animator, Witzeerzähler und Konsument eifrig mithielt. Er war Pächter einer ausgezeichneten Jagd im südlichen Murtal, nämlich Werndorf, wo es viele Fasanen, Rebhühner und Enten gab. Bei seinen Jagden waren zwar − naturgemäß − viele Schützen anwesend, doch auf den besten Ständen kam immer noch genug. Frießnigg hatte eine massige Gestalt, die auf dünnen Beinen ruhte, sein sympathisches Gesicht erinnerte an jenes des Genießerkönigs Ludwig XIV. Ursprünglich war Bruno Oberkellner im Hotel Wiesler. Dann, etwa 40 Jahre alt, machte er sich selbständig und erwarb die „Peter-Weinstube". Mit 51 Jahren starb er an Herzversagen. Die Jagd ging verloren, ich sah das Revier nie wieder.

Einer der Hauptlieferanten von Frießnigg war der steirische Weinproduzent und Grundbesitzer Heinrich Woracziczky auf Schloß Finkeneck, Studienkollege von meinem Onkel Franz Meran, Doktor Juris und der ungarischen Sprache mächtig. Heini Woracziczky hatte in den fünfziger Jahren die zweitbeste Niederwildjagd der Steiermark, auf jeden Fall aber den berühmtesten Trieb, den Parktrieb. Ich lernte ihn nicht in irgendeinem vornehmen Salon, sondern in der „Peter-Weinstube" kennen. Von da an lud er mich (bis zu seinem Tod) regelmäßig auf seine Jagd ein. Die Einladung begann immer mit einem − reichlich knappen − Anruf. Hast du am soundsovielten Zeit, bei unserer Jagd „mitzuhelfen"? Er faßte − wie damals die meisten Jagdherren − das gute Schießen als „Hilfe" für den Jagdinhaber auf. Seine Gäste waren mein Onkel Franz und Sohn Hansi, Zsiga Batthyány und dessen Sohn Laci (Heini hatte eine Tochter), Walter Muhry, Tolly Stürgkh, Michel Trauttmansdorff, Erni Stubenberg, Heinrich Saurma, Ernst Sachsen-Coburg, Heinrich D'Avernas, Alfi Liechtenstein und Georg Lippitt.

Sein Oberjäger hieß Macherl, und er hatte nur vor seinem Herrn Respekt. Die Stände wurden von ihm bestimmt, streng nach dem Alter. Wenn mehrere aus derselben Familie da waren, so etwa bei den Merans, nannte er nur deren Vornamen. Er hatte eine riesige Trompete umgehängt, mit der er die Triebe anblies. Es kam in Finkenegg vor, daß man in den zwei ersten Trieben, das war der große Maistrieb und der Parktrieb, über 200 Fasanhähne erlegte. Heini jagte immer nur Ende Oktober, weil seine Maisfelder dann noch sicher standen.

300 Fasanhahnen an einem Tag waren keine Seltenheit. Eine Seltenheit aber war das, was nachher geschah. Die Jagd ist etwa um ½ 5 Uhr nachmittags aus. Dann werden die erlesensten Weine aus der Kellerei Langeck serviert. Es sind dies der Ruländer, der Sauvignon, der Blauburgunder und der Traminer. Etwa um 20 Uhr beginnt ein opulentes Abendmahl, und niemals fährt ein Jagdgast vor 23 Uhr weg. Zu lustig geht es zu, denn es wird Klavier gespielt, gesungen, und die alten Herren erzählen von ihren vergangenen Jagden, so Zsiga Batthyány von Pusztaszer, der zweitbesten ungarischen Niederwildjagd, wo er Stammgast war.

An einem Sonntag, während der ungarischen Revolution im Jahre 1956, saßen wir alle gemütlich im Salon von Finkenegg, als ein Anruf des damaligen Landeshauptmanns Krainer mich sofort in die Grazer Burg befahl. Dort sollte ich meine Meinung über die Aussichten des Freiheitskampfes vor der gesamten Landesregierung aussprechen. Leider hatte ich mit meiner damaligen Prognose recht. Hoffentlich haben die würdigen Herren der Landesregierung nicht gemerkt, daß ich vorher nicht wenig vom Ruländer Heini Woraczickys genossen hatte.

Einige Jahre später erkrankte der Jagdherr. Er wußte, daß er Krebs hatte. Mir teilte er schmunzelnd mit, „ich habe das Tier, das rückwärts geht". Es war für uns alle fürchterlich, den relativ schnellen Verfall unseres Freundes mitzuerleben. Er war tapfer und ließ sich nie etwas anmerken, ja er nahm sogar noch kurz vor seinem Tod an seiner Parkjagd teil. Nach seinem Ableben wurde die Jagd verpachtet und der Park soweit abgeholzt, daß keine Dikkungen mehr vorhanden waren. Die berühmte Parkjagd von Finkenegg gehörte von da an der Geschichte an.

Bei Heini Woraczizky lernte ich den Rechtsanwalt Walter Muhry kennen und schätzen. Er war ein passionierter Jäger vor dem Herrn und Pächter der Gemeindejagd von Zwaring-Dietersdorf. Bei ihm war ich lange Jahre hindurch öfters im Jahr eingeladen. Dr. Muhry hatte zwei Töchter, deren Schönheit allseits gerühmt wurde. Die jüngere besuchte in Schloß Hetzendorf in Wien die Modeschule und lud zur Hauptjagd nicht wenige ihrer Kolleginnen „zum Zuschauen" ein. Das wiederum lockte auch zahlreiche jüngere Herren an, die, wenn auch nicht eingeladen, einfach als „Zuschauer" an diesen Jagden teilnahmen. Bald bürgerte sich für die Hauptjagd der Ausdruck „Muhry-Zirkus" ein, den der Jagdherr selber prägte. Ich erinnere mich an den Weidentrieb an der Grenze zu Premstätten, wo hinter mir auf dem besten Stand gezählte 18 „Zuseher", meist weiblichen Geschlechtes, standen. Ein Schießen war nur steil hinauf und nach vorne möglich. Jeder Treffer wurde mit Freudengeheul quittiert, manchmal gab es auch Bussis dafür.

Die Fasanen in diesem Revierteil allerdings freuten sich, denn viele konnten unversehrt, oft auch unbeschossen, die Schützenlinie passieren. Nach der Jagd gab es ein Bankett, bei dem allerdings Reden verpönt und unerwünscht waren. Als es Heinrich Saurma endlich gelang, zur Hauptjagd eingeladen zu werden, wurde ihm boshafterweise eingeflüstert, daß es erwünscht sei, wenn neu hinzugekommene Gäste eine Rede hielten. Diese wurde mit deutscher Gründlichkeit gehalten, und der Jagdherr verfiel sichtlich immer mehr. Schließlich löste sich alles in Wohlgefallen auf, als die boshafte Einflüsterung bekannt wurde. Saurma war dann lange Zeit ein gern gesehener Gast bei Dr. Muhry, ebenso wie viele andere Gäste des gemeinsamen Freundes Heinrich Woraczizky.

Im Winter, als die Enten noch lange Zeit frei waren und es sonst kaum etwas zu bejagen gab, wurde jede Woche an der Kainach auf Enten gejagt. Dabei nahmen vier bis fünf Jäger teil, und es lagen am Abend zwischen 15 und 30 Enten. Dr. Muhry ist Ende der siebziger Jahre gestorben.

Der einzige Jagdherr, der mich, ohne mich je gesehen zu haben, auf seine Jagd einlud, war mein Freund, der unvergessene Ludovico Lucchesy-Palli, genannt Vici. Bis zu seinem vor einigen Jahren erfolgten Tod war ich ständiger Jagdgast bei ihm. Seine Jagd hatte für alle österreichischen Jäger den magischen Namen Brunnsee und war, solange in der Sowjetzone keine geregelten jagdlichen Verhältnisse herrschten, zeitweise auch die beste Fasanenjagd Österreichs. Solange die Herrschaft Brunnsee die um den Park gelegenen Feldjagden dazupachtete, war die Jagd die weitaus beste der Steiermark. Es wurde grundsätzlich nur im Dezember gejagt, wenn die Fasanen aus den Feldern, die in jener Gegend und zu dieser Jahreszeit kaum Deckung haben, in den großen Park kamen, der dann von Fasanen nur so wimmelte.

Es wurden in zwei Stunden drei Triebe abgehalten, bei denen dann, allerdings von ausgesuchten guten Schützen, 400 bis 600 Fasanen fielen. Die erfolgreichste Jagd war am 15. Dezember 1961, als 612 Fasanen fielen. Als ich das erste Mal in Brunnsee war, bekam ich den ersten Flankenstand des Paradetriebes wegen meiner Jugend, was damals selbstverständlich war. Vorne standen der Landesjägermeister Paul Czernin, Zsiga Batthyány und der weithin bekannte Erni Stubenberg. Ich schoß mit Lila Czernin am Stand 18 durchwegs hohe Hahnen. Von da an rückte ich von Jahr zu Jahr immer weiter vor. Die Jagd begann nie vor 11 Uhr 30, doch begrüßten es die Hausleute, wenn man schon um 10 Uhr da war. Alles wurde zu Fuß erledigt, um 14 Uhr 30 war bereits Streckenlegung.

Hin und wieder wurden zu Zeiten, als in Niederösterreich zum Großteil die Russen jagten, von mir auch einige Wiener Meisterschützen, so der legendäre Wladimir Mittrowsky, „eingebettelt". Später wurde die um das Schloß gezogene Schutzzone durch Felder immer kleiner und die Jagd dementsprechend schlechter. In den siebziger Jahren hatte ich die Möglichkeit, den Jagdtag zu pachten, und konnte dazu viele meiner Freunde einladen. Meine Gäste waren René La Roche, Hubi Rothermann, Erni Stubenberg, Franz Hasenöhrl, Richard Drasche, Gustl und Heini Mautner, R. Reithauser und meine Brüder.

Es war schön, wenn auch nur für kurze Stunden, wieder Jagdherr sein zu können. Ich verdanke es einzig und allein dem lieben Vici, dessen Angedenken ich immer hochhalten werde. Nach seinem Tod habe ich Brunnsee jagdlich nie mehr wiedergesehen.

Ein ganz besonders lieber Jagdherr war der Herr auf Schloß Weißeneck, Michel Trauttmansdorff. Er gehörte zur „Riege", die in Finkeneck und Brunnsee dabei waren. Schloß Weißeneck lag oberhalb der Mur, auf einem das Murtal eingrenzenden Hügel. Der Vater von Michel war ein besonders guter Schütze, von dem Michel prachtvolle Springer-Flinten mit Hähnen geerbt hatte. Diesem Grafen Trauttmansdorff war es einmal gelungen, am Hauptstand von Brunnsee 101 Fasanhahnen (in einem Trieb) mit 115 Schüssen zu erlegen. Als ich das erste Mal nach Weißeneck gebeten wurde, mußte ich auf der Werndorfer Fähre die Mur überqueren.

Das Weißenecker Revier bestand aus drei Teilen: zunächst einmal die Murau, mit herrlichen Dickungen, dann die Schloßlehne und zuletzt die nach hinten gelegenen Triebe.

Die Weißenecker Au war wohl die am besten gepflegte und gehaltene Murau überhaupt. Sie wurde von jeher nach jagdlichen Grundsätzen bewirtschaftet, und die Alleen waren ideal für den Schützen angelegt. Wenn aber dann der Schloßkogel getrieben wurde, vom Meierhof aus gegen die auf 600 Meter weiter hinten gelegene Au zu, da konnten die Spezialisten auf hohe Fasanen zeigen, was in ihnen steckte. Da kamen die Fasanen oft zu hoch für die erste Schützenkette und zu schnell für die zweite. Ich habe mir da immer mit Schrotgröße 4 mm geholfen, die meine alte Springer ausgezeichnet schoß. Wenn die Schrote den Vogel nicht ausließen, dann fiel er so spektakulär, daß die Treiber noch Jahre später davon sprachen.

Das war zusammen mit der in Mellach gelegenen Murlahn (beide Jagden pachtete später Rudolf Kratochwill) der Trieb mit den am höchsten fliegenden Fasanen, die ich jemals sah.

Schloß Weißeneck bot uns nach der Jagd einen herrlichen Aufenthalt: prachtvolle Aussicht über das Murtal bis weit unter Wildon, schöne alte Möbel, viel jagdlich Interessantes für den Sammler. So z. B. eine Sammlung von 500 Schnepfenfedern und herrliche alte Gewehre. Leider mußte Michel schon vor seinem Tod seine geliebte Jagd verpachten. Ich sah sie einige Male wieder, als mich Rudi Kratochwill auf sie einlud. Auch dieser Jagdherr wurde von einer schweren tückischen Krankheit allzufrüh abberufen; Ehre seinem Angedenken.

Auch an den Jagdherrn Fritz Ramsauer möchte ich mich sehr gerne erinnern. Er war Schützenkamerad im Steirischen Wurftaubenklub, bereits ein Jahr, nachdem ich den Klub mit Erni Stubenberg und Herbert Herberstein gegründet hatte. Seine Niederwildjagd befand sich unweit von St. Georgen an der Stiefing und Schloß Finkeneck: in Feiting. Hier gab es damals sehr viele Fasanen und Hasen, es war ein typisches südoststeirisches Niederwildrevier.

An eine Jagd kann ich mich noch heute sehr gut erinnern. Wir wurden zur sogenannten „Flußjagd" geladen, und zwar am 24. Oktober. Wie das schon so ist, waren völlig unerwartet massenhaft Schnepfen im Revier. Die Schützenzahl betrug etwa sechs, Treiber gab es wenig; es sollte ein bewaffneter Spaziergang sein, die Bejagung des Bachrandes und einiger kleiner Remisen mit zwei Revierjägern und Hunden, nichts weiter. Wir hatten, obzwar die Jagd erst zu Mittag begann, 30 Schnepfen aufgetrieben, davon erlegten wir 13 Stück. Ich hatte, wie fast immer, wenn es auf Schnepfen ging, wenig Anflug, schoß nur auf vier Schnepfen und erlegte drei. Ein Jäger hat zwei geschossen und sieben gefehlt, einer elf Schuß erfolglos abgegeben, Rudi Kratochwill schoß drei.

Es war ein sonniger Tag, und noch heute sehe ich die bunten, großäugigen Vögel zwischen den Ästen herumflattern. Noch lange vor der Dämmerung wurde die Jagd beendet und ins Wirtshaus in St. Georgen gezogen, wohin auch etliche Damen gekommen waren. Fritz Ramsauers Jagden endeten mit großzügigen und lustigen Essen, wobei der Becher fröhlich kreiste. Ich aber machte mich damit unbeliebt, daß ich darauf bestand, noch auf den Schnepfenstrich zu gehen, obgleich ein opulentes Essen für 17 Uhr angesetzt war. Manche stänkerten, manche lachten mich aus, niemand wollte mich begleiten. Aufs Geratewohl stellte ich mich am Ausgang

Bilder rechts:

Oben:
Entenstrich in der Antheringer Au bei Salzburg

Unten:
Wildgänse über einer Lacke im burgenländischen Seewinkel

Bilder umseitig:
Hier fühlen sich die Enten sicher

eines Grabens am Feldrand an, wohlweislich dort, wo nicht gejagt wurde, denn bekanntlich streichen die bejagten und besonders die beschossenen Schnepfen am selben Tag schlecht oder gar nicht. Um Punkt 17.16 Uhr erschien, eher langsam für Herbstschnepfen, ein Paar über den Erlen. Ich schoß, der erste Schnepf fiel, den zweiten fehlte ich, weil ich auf den „heruntertauchenden" noch ins Dunkel nachschoß.

Es gab dann natürlich ein großes Hallo und anerkennende Worte, als ich mit meiner Beute in den verrauchten Festsaal des Gasthauses trat, wo man gerade beim Braten war. Hierbei fällt mir ein, daß ich einmal am 16. November an einer Fasanenjagd in Grasschuh teilnahm, die der damalige Jagdherr Grünewald abhielt, bei der 16 Schnepfen fielen, die Zahl deckte sich genau mit dem Datum! Auch hier hatte ich relatives Pech. Nur in zwei Trieben kamen mir Schnepfen, außerdem fiel eine vor mir ein. Ein Teilnehmer schoß vier und beschoß neun Schnepfen. Auch hier schoß ich am Strich eine, insgesamt also drei. Die meisten Herbst-schnepfen an einem Tag schoß ich 1952 in Neurath bei Stainz. Drei beim Treiben und zwei am Abendstrich.

Als der fabelhafte Jagdherr Grünewald die Grasschuher Jagd verlor, durfte ich dort nie mehr auf einen Strich gehen, obgleich die neuen Pächter mir bekannt waren und wußten, daß ich mich seit Jahrzehnten mit Schnepfenforschung und Statistiken beschäftigte. Bleiben wir bei der Schnepfenjagd. Da fällt mir der bereits verstorbene Jagdherr von Siegendorf, Hans Springschitz, ein, der mich jahrzehntelang auf seine Jagd einlud. Ich lernte ihn durch meinen Freund Feri Hasenöhrl Anfang der sechziger Jahre kennen.

Siegendorf liegt an der ungarischen Grenze, unweit von Feris Heimat Ödenburg. Hans Springschitz war Baumeister in Siegendorf, Bezirksjägermeister von Eisenstadt und bekleidete zahlreiche öffentliche Funktionen im Burgenland. Wir verstanden uns gut, er mochte mich und ich mochte ihn. Im Frühjahr ging ich in der Früh und am Abend, natürlich ohne Begleitung, in seinem Waldrevier auf den Schnepfenstrich, im Herbst durfte ich allein Rebhühner jagen, manchmal sogar Gäste mitbringen. Siegendorf wurde sozusagen meine jagdliche Heimat, ich kannte das Revier genau und in jedem Detail. Freund Béla Mattes, Betreuer des Reviers, war ebenfalls ein Ödenburger. Da die Siegendorfer Dickungen in einem ausgesprochenen Trockengebiet lagen, ansonsten aber den Schnepfen sehr zusagten, kamen die Langschnäbel bereits um den 10. März, sehr oft sogar früher als im südlichen Teil des Landes, wo sie allerdings länger verblieben. Wir bauten kleine Hochstände, Strich-Plattformen, um mit dem Wachstum der Dickungen „mithalten" zu können.

Bild umseitig:
Stärke und Wohlbefinden . . .

Bild links:
Wenn Spinnen „Weihnachtsbäume" schmücken . . .

Alle drei bis fünf Jahre änderten sich die Strichgewohnheiten, immer im Zusammenhang mit der Änderung des Biotops. Ich schoß hier jährlich um die zehn Schnepfen, im Rekordjahr 1981 sogar 16 Schnepfen. Die Rebhühnerjagd in Siegendorf, ganz allein mit einem Hund, werde ich auch nie vergessen. Es gab Tage, an denen ich nachmittags mit 40 erlegten Rebhühnern bei Hans eintraf, der sie dann an seine Freunde weitergab.

Siegendorf war ein ganz hervorragendes Revier, solange Wald und Feld in einer Hand waren. Im Wald gab es Muffel, gute Hirsche, Rehe und Sauen, am Feld Kaninchen, Hasen, Rebhühner, viele Fasanen, bei Gelegenheit Enten und Gänse, weil ja der Neusiedlersee ganz nah war und weil die sogenannte Sulz nach jedem stärkeren Regen zum Überschwemmungsgebiet wurde. Hans Springschitz starb im Jahre 1984 allzufrüh, und mit ihm verlor ich einen meiner großzügigsten Jagdfreunde. Ich wurde nach seinem Tod in das ihm zuletzt verbliebene Feldrevier nie mehr eingeladen. Einer unserer liebsten Freunde in den letzten Jahren vor seinem allzufrühen Tod war Béla Cziráky, der sich als Pächter von Laci Batthyány in Strem niedergelassen hatte und im dortigen Forsthaus residierte.

Béla war ein feinfühlender, gütiger Menschenfreund, ein lebensbejahender, aber vom Glück nicht immer bevorzugter Mensch. Obgleich schwer krank, lebte er in der letzten Zeit seines Lebens so, als gäbe es seine Krankheit nicht. Im Frühjahr lud er allabendlich in sein gutes Schnepfenrevier zum Strich ein. Zu diesem Zweck fuhr ich — sofern ich noch nicht in Siegendorf war, von Graz aus jeden Nachmittag zu Béla. Man mußte frühzeitig ankommen, denn in seinem Zuhause fand sich eine illustre Schar von Schnepfenjägern ein, die alle Freunde von Béla waren. Da gab es immer eine lustige Jagdkonversation. So waren die Salachys, Laci Onczay, Tormay Gábor, Rasso von Bayern und andere meistens da. Jeder hatte seinen „Stammplatz", ich z. B. den 22er Schlag, wo ich einmal an einem Abend drei, mehrere Male zwei Schnepfen schoß.

Nach dem Strich kam man im urgemütlich eingerichteten Jagdzimmer Bélas zusammen, wo man seine Beute abgab, da der Jagdherr — ein ausgezeichneter Koch — alle Jahre ein oder mehrere Schnepfenessen veranstaltete. Béla lud viele Leute ein, aber ausschließlich Freunde und gute Jäger. Er hätte es leicht gehabt, so wie andere auch, den Schnepfenstrich zu Geld zu machen, denn er war wirklich nicht reich. Doch Freundschaft galt ihm viel mehr als Gewinn, mehr als Besitz. Im Jahre 1985 ist Béla gerade zur Schnepfenzeit gestorben. Er war etwa in meinem Alter. Auch diese Jagdgelegenheit war für immer dahin, doch was viel mehr bedeutete, einer der Unseren, ein Flüchtling wie wir, ein ehemaliger ungarischer Besitzer wie wir und ein unvergleichlich nobler Freund und Mensch war plötzlich nicht mehr.

Er hatte sich sein schweres Leiden in sowjetischen Arbeitslagern geholt und hatte jahrelang gelitten. Stillschweigend hat er seine Behinderung hingenommen, auch über seine schrecklichen Erlebnisse im Gulag-Lager sprach er nie ein Wort. Der Zeitgeist wiederum pflegt dieses Kapitel der Geschichte zu verschweigen: Es interessiert wenig, was mit ehemaligen Grundbesitzern geschah oder mit Sudetendeutschen, Schlesiern, Banater-Deutschen.

Ein verstorbener lieber Freund schließlich lebt ebenfalls in meiner Erinnerung weiter. Es ist der 1986 verstorbene Dr. Friedrich Nitsche. Solange er etwas zu sagen hatte, lud er mich alljährlich auf seine gepflegte Fasanenjagd rund um Schloß Herbersdorf bei Allerheiligen (Wildon) ein. Hier gab es herrlich streichende Fasanen, die Täler überquerten, immer wieder zurückstrichen, und hier bekam ich oft auf dem Rückwechsel Spezialstände. Nirgends, außer in Lieboch, ist es mir gelungen, am Rückwechsel auf einen Stand über ein Dutzend herrlich fliegender Winterfasanen zu schießen, nur in Allerheiligen, wo sie sehr schwer zu treiben waren.

Bevor ich dieses Kapitel schließe, möchte ich noch betonen, wie gerne ich selbst meine Freunde auf Jagden eingeladen hätte und wie voller Freude ich ihnen gute Jagden, gut organisierte Triebe und „Spezialstände" vergönnt hätte, wenn, ja wenn ich selbst jemals eine Jagd mein eigen genannt hätte. Es gibt unpassionierte Jäger und schlechte Schützen, die alljährlich auf phantastische Jagden eingeladen werden, nur weil sie selber den Einladenden jagdliche Leckerbissen bieten können. So ist es nun mal, und keiner von uns kann es ändern. Selbstlose Freundschaften sind sehr selten geworden. Einigen Jagdherren habe ich in meinen Büchern längere Passagen gewidmet: Ferdinand Arco-Valley, Hubi Rothermann, Helmut Ecker, Hans Kottulinsky, Chappie Seilern, Franz und Fritz Mayr-Melnhof sen., Franz und Hans Meran und manch anderen, wenn auch nicht allen. Sie alle haben durch viele Jahre hindurch einem zu keinerlei Revanche fähigen Zeitgenossen herrlichste jagdliche Erlebnisse geboten. Ihnen und allen anderen verstorbenen Jagdherren entbiete ich hiermit meinen aufrichtigsten Waidmannsdank. Ich werde sie, so lange ich lebe, nie vergessen.

Reise nach Polen

Es geschah vor dreizehn Jahren. Ich stand kurz vor meinem Fünfziger, und aus diesem Anlaß lud mich mein Vetter U. G., gleichaltrig mit mir, auf eine kombinierte Jagd in Polen ein. Hier hatten einige Freunde ein Revier gepachtet, in dem es Sauen, Füchse und Wasserwild geben sollte. U. lud mich also freundlicherweise dazu ein, das erreichte halbe Jahrhundert dort jagdlich zu feiern. 50 Jahre! Jetzt, nachdem ich in Windeseile bereits den Sechziger überschritten habe und viele meiner Neffen und jüngeren Jagdkumpanen ebenfalls schon vor dem Fünfziger stehen, kommt mir das verflossene Jahrzehnt als das erfolgreichste, jagdlich unabhängigste und schöpferischste meines Lebens vor. Ja, ich kann sagen, es waren in meinem an schlechten Jahren eher reichen Leben bisher die schönsten Jahre gewesen.

Doch davon wollte ich hier nicht berichten. Man sagt, bis 25 hat man schon dreiviertel seines Lebens hinter sich, so intensiv wird jede Phase aufgesogen und registriert. Später frißt die Routine das Leben auf. Während man über das immer schnellere Rasen der Zeit entsetzt ist, sehnt man aus diversen unwichtigen Gründen doch seinen schnellen Ablauf herbei. Man „wartet" immer auf irgend etwas. Auf das Gehalt, auf die Kinder, auf die Beförderung, die Rente, den Titel, den Urlaub, die Heimkehr, die Pension, auf irgendein „großes Glück" und verliert dabei eine Illusion nach der anderen. Hat man alle Illusionen verloren, den Routine-Alltag gern gewonnen, Pläne aufgegeben, hilft einem der gütige Kalk der Natur zu resignieren, dann, ja, dann ist man alt geworden. Der eine wird früher, der andere später alt. Doch dieses bewußte Altwerden hat nicht unbedingt mit einem körperlichen Verfall zu tun.

Ich war über den Termin, den U. mir vorschlug, anfangs nicht sehr glücklich. Das Jahr 1976 war ein hervorragendes Schnepfenjahr, und der Herbststrich hatte gerade mit seiner ganzen „Wucht" angefangen. Ich hatte am 20. Oktober in Grambach, auf meinem alten Stand in der „Grieb", an einem Abend mit drei Schuß drei Schnepfen geschossen. Und mitten aus dieser Fülle „mußte" ich wegfahren. Ich wußte als alter Schnepfenkenner natürlich, daß nach meiner Rückkehr in einer Woche dieser Schub nicht mehr da sein würde. Am 21ten nachmittags kam ich bei U. im niederösterreichischen B. an. Hier holte uns am nächsten Tag in der Früh ein gemeinsamer lieber Freund mit seinem Wagen ab. Es war A. B., ebenfalls aus Niederösterreich. Noch nie war ich – bis zu dieser Zeit – zur Jagd in einen Ostblockstaat gefahren, außer 1955, als sie uns anläßlich des Länderkampfes in Selowitz auf die Rebhendl- und Entenjagd einluden.

Diesmal hatte ich meine Mauser 7 x 64 und eine meiner Webleys mitgenommen. Ich sah diesem Séjour mit großer Erwartung, doch auch mit einiger Bange entgegen, wie das schon so bei Ostflüchtlingen der Fall ist. Freund A. fuhr ausgezeichnet, und um 10 Uhr waren wir schon in Nikolsburg an der tschechischen Grenze angekommen. Ich kannte diese Grenze von den zahlreichen „Grand Prix"-Schießen und der Europameisterschaft in Brünn nur zu gut. Zuletzt hatte ich sie 1966 überschritten, als ich beim „Grand Prix Brno" vor Lewartowsky,

Florescu und Smelcinski mit 191 Tauben vierter wurde. Gewonnen hatte der Russe Seničev mit 192 Tauben vor meinem US-Freund Roussos. Meine zweiten 100 Tauben waren wie folgt geschossen: 24, 25, 25, 23. Leider fehlte ich die letzte Taube, sonst hätte ich um den Sieg stechen können. Auch so gewann ich ein Hornet-Gewehr. Was aber noch erfreulicher war, unsere Mannschaft Österreich II. mit Meran, Sarnitz und Kern gewann das Mannschaftsschießen des „Grand Prix" mit großem Vorsprung vor der BRD, und die besser eingeschätzte Mannschaft Österreich I. wurde nur vierte, dieselbe Placierung wie 1963 meine Mannschaft bei der EM erzielte. Und dabei waren ganz starke Schützen aus der USSR, USA, Polen, CSSR, DDR, BRD,Bulgarien, Frankreich, Großbritannien, Belgien und Rumänien am Start. Das alles ging mir durch den Kopf, als uns die Tschechen unerwartet schnell durchfahren ließen. Wir passierten die malerischen Orte von Mähren, um Richtung auf Königgrätz zu nehmen, und erreichten nach einigen Fragen und kleinen unbeabsichtigten Umwegen die polnische Grenze. Hier waren Tschechen und Polen nebeneinander postiert, als ob das eine Bezirksgrenze von Großslawien wäre. Wir erhofften uns eine zügige Abfertigung, da wir ja schon von den Tschechen in Nikolsburg durchleuchtet worden waren. Dem war aber nicht so, ganz und gar nicht. Man sagte uns nach einer halben Stunde des sinnlosen Wartens auf polnischer Seite, wir sollten uns mit unserem Volvo auf die Seite stellen. Dann wurde der Wagen eine Stunde lang minutiös gefilzt, wobei wir und ein Teil des Zollpersonals untätig zusahen. Die Zeit verrann, aber was sollten wir tun? „Das habt ihr davon", hörte ich im Geiste jene Kritiker sprechen, die genug zu jagen haben, um Ost-Ausflüge ihrer jagdlich frustrierten Mitbürger mit erhobenem Zeigefinger kommentieren zu können. Und im stillen mußten wir ihnen jetzt recht geben. Denn, nachdem das Auto fast in seine Bestandteile zerlegt worden war, wobei die technische Ignoranz der Zöllner noch mehr Zeit in Anspruch nahm, kümmerte sich keiner der wirklich zahlreichen Zollbeamten, maschinenpistolenbewehrten Soldaten und Offiziere um unsere Person. Kein einziger Wagen überquerte dabei die Grenze der beiden „Bruderstaaten", die Grenzer hatten Zeit, sie langweilten sich offensichtlich, wir waren ausersehen – Gott allein weiß warum –, ein Exempel zu statuieren. Gerade wir Österreicher, mit denen Polen gute Beziehungen und den Visumzwang aufgehoben hatte.

Zweieinhalb Stunden waren schließlich vergangen, als man sich bequemte, uns vorzunehmen. Inzwischen hatte sich unter uns herumgesprochen, daß die Mitnahme polnischen Geldes verboten war, was ich natürlich nicht gewußt hatte. In meiner Gesäßtasche „ruhte" ein Tausend-Zloty-Schein, und ich fühlte mich unbehaglich. Denn nun begann mit sadistisch-langsamer Gründlichkeit ein Abtasten, Fragen, Brieftasche anschauen, Fragen, Zeitungdurchblättern, wieder Fragen. Dann erst wurden wir in ein düsteres, stinkendes Nebengebäude befohlen, wo uns wahrscheinlich eine Leibesvisitation bevorstand. Das Gesicht unseres Haupt-Peinigers, eines Polizeioffiziers, werde ich mein Leben lang nicht vergessen. Er war blond, mittelgroß, hatte ein rotes, pockennarbiges Gesicht und wasserblaue, kalte Augen. Größer als seine Gefühllosigkeit und Sturheit war nur seine Hartnäckigkeit im Wiederholen von Fragen. Immer und immer wieder machte er dergleichen, als hätte er die Amtshandlung beendet, weidete er sich an unserem Aufatmen und kam dann mit neuen Fragen, bis eben die Leibesvisitation angekündigt wurde. Als ruhigsten von uns konnte ich Vetter U. bewundern, A. fluchte und versprach, niemals mehr in dieses Land zu kommen, ich selber war eher kleinlaut. Als ersten zitierten die Schergen den armen A. in das „Zimmer der Nackten". Was mit ihm, der als einziger kein polnisches Geld bei sich hatte, an erniedrigender Durchfilzungsarbeit vorgenommen wurde, erzählte er mir später. Dann wurde U. hineingebeten, ich war allein im düsteren Gang. Neben mir war das Zimmer der Zöllner, wo eifrig getrunken und Karten gespielt wurde. Wenn sich die Türe öffnete, und das geschah sehr oft, drang eine Wolke von Tabakqualm und Fuselgeruch zu mir heraus. Ich sah mich um, nach einem Klo, und siehe da, neben dem Büro war eines. Fragen sie bitte nicht, wie es aussah. Einsperren konnte ich mich — wie in fast allen Klos der Ostblockländer — nicht. Ich zog mein „schwarzes" Geld heraus und warf es in die Muschel. Dann zog ich am morschen Strang, während ich mit der anderen Hand die Türe zuhielt. Doch statt eines Wasserstrahles, hörte ich nur ein Knacken und hielt den Abzugsstrick in der Hand. Der Tausender lag malerisch inmitten von Erbrochenem und dessen Gegenteil am Rande der Muschel festgepickt. Ich hörte Türen gehen, wie der Lärm einer Schulklasse drang für kurze Zeit der Laut der vielen schreienden Zöllner zu mir. Dann war Stille, ich durfte keine Sekunde verlieren. Irgendwie — fragen sie nicht wie — stopfte ich den zerknüllten Geldschein in den übervollen Orcus, dieser Karikatur eines Wasserclosetts, und stand wieder erwartungsvoll-bescheiden auf dem Gang. Nicht eine Minute zu früh, denn schon hörte ich die knarrende Stimme unseres Natschalniks rufen: „Her Meeraan, komen bite . . ." Mit gewisser Erleichterung trat ich zu meinen Freunden, die gerade in den verschiedenen Phasen des Ankleidens zu bewundern waren. A. war fast fertig, U. noch in der Unterhose. Bei mir hatte der Peiniger weniger Geduld. Er ließ mir die Strümpfe und die Hose, betastete meine Füße, ob nichts in den Socken steckte, griff mir unter die Achsel und wandte sich dann angewidert ab. Die eine Illustrierte, die wir als Nachtlektüre mitgenommen hatten und die nach guter Deutscher-Illustrierten-Art voller Nacktfotos war, wurde beschlagnahmt. U. mußte eine Bagatelle an Strafe für das irrtümlich mitgenommene Geld beim Schalter einzahlen, und nach fast vier Stunden Zwangsaufenthalt durften wir endlich weiterfahren, in stockfinsterer Nacht eine menschenleere Grenze hinter uns lassend.

Offenbar hatten sich ausgewählte Menschenbeglücker mit uns Klassenfeinden ein wenig ihr ödes Dasein versüßen wollen. Nach dem Motto: Geld gut, Kapitalist nix gut! Nun, wir versprachen in unserer Wut, diese Belästigung nicht auf sich beruhen zu lassen. Getan haben wir dann natürlich nichts. Heute ist es uns noch unklar, warum gerade wir für diese Aktion vorgesehen wurden. Das andere Auto mit Freund S. und seinen Gästen hat anstandslos diese Grenze passiert. Recht geschah es uns. Jeder, der sich in Volksdemokratien begibt, noch dazu des Vergnügens wegen, muß auf Überraschungen gefaßt sein. Nicht daß solches zentral gelenkt wäre, im Gegenteil, aber für Einzelaktionen der allmächtigen Polizei hat es immer und in jedem dieser Länder sogenannte Freiräume gegeben, jedenfalls vor dreizehn Jahren in Polen unter der Administration Gierek.

Je nördlicher wir kamen, desto kühler wurde es. Ende Oktober ist es in Polen so wie bei uns im Dezember. Doch auch sonst schien in dieses vielgeprüfte Land die Kälte eingezogen zu sein. Die zu durchfahrenden Städte und Ortschaften waren kaum beleuchtet. An Stelle von Zweihunderter-Birnen wie bei uns, erleuchteten nur Fünfundzwanziger die Nacht. Erinnerungen an den Krieg wurden wach. Armes Polen. Während seiner ganzen Geschichte mußte dieses Land um seine Freiheit kämpfen. Ob mit Waffen oder mit Widerstand gegen die Tyrannei. Oft stand es mehreren Unterdrückerländern gleichzeitig gegenüber. 1945 waren mehr als ein Drittel seines Staatsgebietes von den Russen „inhaliert" worden. Dafür bekam es einen großen Teil Deutschlands.

Spät in der Nacht kommen wir an unserem Bestimmungsort M. an, wo man schon besorgt auf uns wartet. Da sind einmal: drei österreichische Jäger, der Jagdleiter, ein vornehm altmodischer Dolmetscher und die Familie des Revierjägers. Wir sind gut untergebracht. Jeder hat sein Zimmer. Essen ist in der Jägerwohnung. Müde und überreizt, wie wir sind, schlafen wir schlecht. Ich habe wieder Zeit nachzudenken. Es ist das zweite Mal, daß ich in Polen bin. Das erstemal war ich beim CIC-Kongreß 1973 in Warschau. Wunderbar hatten die Polen ihre 1944 von den deutschen Flugzeugen vernichtete Innenstadt nach historischen Aquarellen von Canaletto – ohne Reklame, ohne Verkehr – wieder aufgebaut. Was mir noch gefiel, war die tägliche Parade der Garde vis à vis vom Hotel beim Regierungsgebäude. Da wurde die wunderschöne polnische Hymne von einer Militärkapelle gespielt, und alles hielt inne und stand mit entblößtem Haupt stramm. Die Speisesäle wurden erst Punkt 13 Uhr geöffnet, man mußte Schlange stehen, wollte man einen Platz bekommen, denn es tagten hier damals einige Kongresse. Das Essen war ausgezeichnet, die Ober – so schien es mir - hatten bereits glasige Wodka-Augen.

Die Kirchen waren übervoll, man sah Klosterfrauen, Priester in altartigen Gewändern zu Dutzenden die Straßen bevölkern, mit hoch erhobenem Kopf, selbstbewußt, ihrer Kraft vertrauend. Schulklassen mit uniformierten Kindern, die Mädchen mit Zöpfen und Maschen, artig grüßend, wie einst auch bei uns, begegneten uns. Damals hatten die Pop-Art und die Jeans-Mode den Osten noch kaum erreicht. Sobald man nur deutsch sprechen hörte, spuckten die Leute (vor allem die jüngere Generation) aus. Sobald man ungarisch sprach, umarmten sie einen. Wenn man sich als Österreicher deklarierte, wurde man liebevoll begrüßt. Einige Leute lobten die alte Monarchie als die humanste „Besatzung", die Polen in seiner Geschichte je gehabt hat, die Österreicher mischten sich überhaupt nicht in das Leben der Polen ein, sogar ein k.k. Ministerpräsident war Pole. Überall sah man gutaussehende, vornehm wirkende Leute. Im Reisebüro Orbis arbeiteten ehemalige Adelige, die ein Sorbonne-Französisch sprachen. Also ganz ausgerottet war die Oberklasse doch nicht. Dabei hatte das Ungarn Horthys große Verdienste. Zehntausende Polen wurden 1939 in Ungarn aufgenommen, und auch 1944/ 45 geschah ihnen seitens der Deutschen, die Ungarn besetzten, nichts mehr. Unser Betriebsleiter Jan Trela ist ein Beispiel dafür.

Beim Frühstück biegen sich die Tische vor lauter Herrlichkeiten. Als ich gewohnheitsmäßig dem bettelnden Hund etwas Fleisch gebe, werde ich vom Dolmetscher energisch gemahnt. „Es gibt viele Polen, die schon monatelang kein Fleisch gesehen haben. Also, bitte, nicht den Tieren!" Als wir um halb neun Uhr aufbrechen, ohne Hast und ohne Aufregung, begleiten uns drei Leute. Der Jagdleiter, ein Jäger und ein Treiber mit zwei Hunden. Sie sind für uns sechs Jäger die einzige Unterstützung.

Eine herrliche herbstliche Landschaft empfängt uns: verfärbter Laubwald, Reif auf den Wiesen, durch Laubkaskaden irrendes Sonnenlicht, uralte Bäume, Alleen und Remisen, viele Seen, Bäche und Felder. Der erste Trieb ist klein, ich bin der rechte Flankenschütze. Eine gut betreute Fütterung steht neben meinem Stand. Sehr bald beginnt der Trieb. Schon höre ich den Treiber. Dann fallen vorne auf der Allee, die vor einer recht kleinen Dickung steht, drei, vier Schüsse. Dann ist der Trieb vorbei. Es liegen zwei Überläufer. Nun werden einmal in aller Ruhe die Sauen aufgebrochen, jedoch anders als bei uns. Es werden sogar in den Achselhöhlen Schnitte gemacht, und man läßt sich sehr viel Zeit.

Endlich kommt der nächste Trieb in einem schönen, alten Hochwald mit viel Unterwuchs. Man sieht nicht weit. Links, recht weit entfernt, steht U., rechts S. Auf einmal höre ich lautes Hundegebell. Ein zweijähriger Keiler kommt, halb verdeckt, auf 80 Schritt, dicht dahinter die zwei Hunde. Ich schieße ohne Zielfernrohr, und der Keiler fällt im Feuer. Nach dem Trieb: Wildversorgen, Mittagspause und Weitergehen zum nächsten Trieb. Als wir so leise plaudernd hintereinander einen Waldweg entlanggehen, überquert plötzlich ganz langsam ein riesenhafter Keiler den Weg. Bis wir uns gefaßt haben, ist er schon verschwunden. Der bärtige Jagdleiter meint, er wüßte, wohin er gezogen sei. Ganz in der Nähe ist eine kleine Dickung, die wir leicht umstellen können. Und das machen wir auch, so schnell es geht. Nach einiger Zeit höre ich die Hunde anschlagen. Dann fällt, wie eine Erlösung, ein Schuß. Vielleicht fünf Minuten später ein schneller Doppelschuß. Was war geschehen?

Die Hunde brachten einen jungen Keiler vor U., der ihn im Feuer streckte. Zur selben Zeit schulterte A. erleichtert seine Doppelbüchse, denn er nahm an, der eingewechselte Keiler wäre erlegt worden. Man hörte die Hunde nämlich am erlegten Wild „ihr Mütchen kühlen". — In diesem Augenblick, als er schon nicht darauf gefaßt war, überfiel bei A. der kapitale Keiler lautlos den kleinen Weg, die nachgeworfenen Schüsse gingen fehl. Der Urian hatte einen „Domestiken" an seiner statt sterben lassen und sich ganz woanders — ohne Hunde — salviert. Der arme A. war nicht zu trösten.

Mit diesem eingeschobenen Trieb war die Zeit so schnell vergangen, daß nur mehr ein Trieb genommen werden konnte. Wir wollten anschließend ja noch auf Enten gehen. Ich stand als vorletzter Schütze in einem uralten Mischwald, rechts neben mir U., weiter rechts A. Wie immer hatte ich mein Schrotgewehr vor mir an einen Baum gelehnt.

Bald rätschen die Nußhäher, und es fällt ein Doppelschuß. Das muß bei A. gewesen sein. Eine lange Pause erfolgt. Mig-Düsenjäger rasen über uns hinweg. Ihr ohrenbetäubendes Donnern ruft uns in Erinnerung, wer hierzulande das Sagen hat. Schon im Korea-Krieg waren Mig-Flugzeuge im Einsatz.

Ein einzelner Überläufer erscheint rechts und rolliert auf U.s Schuß elegant wie ein Hase. Schon höre ich die Treiber rufen. Da sehe ich einen Fuchs im hohen Gras auf mich zuschnüren. Rasch habe ich die Webley ergriffen, und als er mich passiert, erlege ich ihn auf 30 Schritt. In diesem Augenblick flattert ein Flug Ringeltauben von den hohen Eichen auf.

Mit dem zweiten Lauf schieße ich eine Taube herunter. Eine seltene Doublette.

Als wir uns wieder treffen, kann ich A. mit zwei Füchsen fotografieren. Er hat seinen früheren Fehlschuß mit einer Kugelfuchsdoublette wettgemacht. Wir fahren zufrieden nach Hause. Es liegen: 7 Sauen, 4 Füchse, 1 Taube.

In Kürze haben wir uns umgezogen, und unser Jagdleiter führt uns zu einem der vielen malerischen Teiche, wo wir uns zum Entenstrich aufstellen. Ich werde auf einen eher neuen Damm gestellt, wo eine Schubmaschine mir als Deckung dient, die anderen Kameraden sind weit weg, auf Dämme, Teichränder oder Molen verteilt. Dieser Teich erinnert mich an die österreichischen Fischteiche, umrandet von wunderbaren, uralten Bäumen, Waldzungen und Wiesen. Angelegt von Leuten, die etwas verstanden und Geschmack hatten, das merkt man sofort. Auf dem Teich liegen keine Enten. Ich erwarte mir wenig, weil weder Lockenten noch Futter ausgelegt wurden, außerdem gibt es zu viele Teiche hierzulande. Doch es sollte ganz anders kommen.

Noch bei gutem Tageslicht, lange vor der Schnepfenstrichzeit, setzte ein heftiger, vielleicht eine halbe Stunde andauernder Entenstrich ein, der seinen Namen „Strich" auch verdiente. Es war nämlich ein typischer Abend-Bewegungsstrich mit massenhaft Stockenten, wie er bei uns niemals, jedoch in Ungarn auf den Naturteichen früher immer vorkam. Diese Enten waren weit schneller und wendiger als unsere, reagierten mit Flugkapriolen, wenn sie uns erblickten, scheue, wilde Enten eben. Hätte man es hier mit Futter versucht und diese vielen, überall streichenden Enten irgendwo konzentriert, ein einzelner Schütze hätte sicher an die hundert Enten schießen können. Alle kamen gut zu Schuß. Ich selber war zunächst verblüfft, wie schwer diese Enten zu treffen waren, denn sie tauchten schon weg, wenn ich die Flinte hob. Ich machte schließlich in dieser halben Stunde an die 50 Schuß und erlegte 18 Enten, die rund um mich herunterfielen. Schlagartig hörte der Entenstrich auf, und noch bei Schußlicht erschien unser bärtiger Jagdleiter persönlich, um mich abzuholen. Bis dahin hatte ich im Morast und auf dem Damm 12 Enten aufgeklaubt, was er mit Staunen registrierte. Er selber zeigte wenig Lust nachzusuchen, so genau und munitiös ich auch anzeigte, wo die Enten lagen. Wahrscheinlich war die echte Nachsuche am nächsten Morgen eine Fleischbeschaffung für die ohnehin „fastende" Belegschaft. Ich konnte es gut verstehen, hatte ich nach der Befreiung den Hunger nur zu gut kennengelernt.

Nach Ansage der Freunde dürften wir zu sechst bei unterschiedlicher Schießkunst an die 60 Enten erlegt haben. A. hatte am meisten geschossen. In guter Stimmung gingen wir nach Hause, wo uns ein viel zu üppiges Fleischgericht erwartete, absichtlich ließen wir viel vom Fleisch stehen und delektierten uns an Nockerl und anderen Beilagen, die wir diesmal mit den bettelnden Hunden teilen durften. Der Dolmetscher war ein vorsichtig formulierender, gebildeter Mann der entmachteten Mittelklasse. Mit großen Augen hörte er unseren eher ungenierten Gesprächen zu, kein Wunder, er lebte ja in einem unfreien Land. Die eine oder andere Bemerkung der Jäger aber, die er natürlich pflichtbewußt übersetzen mußte, spiegelte eine damals vorhandene tiefe Unzufriedenheit des Volkes wider, noch einige Jahre und die wunderbaren Monate der polnischen „Solidarnosc", Papstbesuche, Regimewechsel vermittelten diesem tapferen Land, das gelernt hat, sich selber zu helfen und nicht auf äußere Hilfe zu warten, eine Illusion der Freiheit.

Am nächsten Tag, der ebenso schön und kühl wie der vorige zu werden versprach, waren drei Triebe vorgesehen. Wieder ein langes Frühstück, langsames, ungehetztes Aufbrechen, ausgezeichnete Stimmung.

Der erste Trieb findet in einem prachtvollen Mischwald mit viel Unterwuchs statt. Die Stände sind kleine viereckige Kanzeln entlang eines Weges, weit genug voneinander entfernt, so daß man mit dem Schießen wenig Schwierigkeiten hat. Mir kommt leider nichts, nur einen Schnepfen sehe ich einen Moment lang sich aus dem Dickicht über die Baumkronen schwingen. Die Schnepfen sind noch immer hier im Norden, obgleich dicker Morgenreif die Wiesen fast schneeweiß färbt. In diesem Trieb fällt eine Sau und ein Fuchs. Ich mache herrliche Farbfotos von dieser paradiesischen Landschaft. Übrigens sollen hierzulande auch Rebhühner in größeren Mengen vorkommen. Polen ist überhaupt eines der letzten Refugien der Rebhühner, weil es außer Jugoslawien das einzige kommunistische Land ist, wo keine Kolchosen, sondern Bauernfelder den Großteil der Landwirtschaft ausmachen, was die Rebhühner lieben. Das habe ich sehr gut vom Flugzeug aus beobachten können. Die Schlaumeier der heutigen Macht schieben die Schuld für die Versorgungsschwierigkeiten und den Mangel an Fleisch- und Feldprodukten in Polen dieser alten Bauernstruktur in die Schuhe. Dabei würde die Lage im gegenteiligen Fall wahrscheinlich schlimmer aussehen.

Der zweite Trieb ist eine bürstendicke Remise am Rande des großen Feldes, aber von diesem durch eine Allee getrennt. Hier riecht es nach Schnepfen und Sauen. Ich komme leider nicht auf die Allee, sondern auf den Feldrand, wo ich mir wenig erwarte. Aus welchen Gründen sollten die Sauen über das Feld flüchten? Doch bei Sauen gibt es keine sichere Prognose, und das sollte auch ich erleben. Kaum stehe ich fünf Minuten auf meinem Stand, höre ich großes Gerumpel, und eine Rotte von Überläufern kommt in wildem Galopp aufs Feld und passiert mich. Ich kann insgesamt vier Schüsse machen, und zwei Sauen liegen. Ich hatte nicht einmal Zeit, das Glas von der Büchse zu nehmen.

Ein Schuß war übrigens ein Fangschuß, die zweite Sau hatte einen Kreuzschuß bekommen. Kaum habe ich nachgeladen, als abermals drei Sauen, diesmal schräg vor mir auftauchen. Scheinbar bekommen sie aber Wind von den erlegten, denn sie wenden, und ich kann nur noch einen Schuß auf ein zweijähriges Stück anbringen. Jetzt knallt es auch auf den anderen Ständen. Am Ende des Triebes liegen acht Sauen, darunter drei von mir, denn meine zweijährige Bache ist auch gefunden worden.

Die Mittagspause wird in die Länge gezogen, denn die sorgfältige Versorgung des Wildes braucht seine Zeit. Es ist 14 Uhr vorbei, als wir endlich aufbrechen können. Dieser Trieb wird in einer halbrunden Föhrendickung abgehalten. Ich stehe in der Mitte der Schützenlinie, vor mir ist eine schmale Allee, die wie ein langer Finger in die Dickung hineinragt. Hinter mir ein Weg, dahinter ein Hochwald. Wo die anderen Schützen stehen, sehe ich nicht, sie sind verdeckt oder überriegelt. Ein leichter Wind fegt über die Äste, die Wälder rauschen majestätisch. Ich warte hoffnungsvoll.

Im Oktober haben wir in Csákberény niemals auf Sauen gejagt. Da gab es einige Hirschriegler, ausschließlich auf Abschußhirsche, aber damals war die Schußzeit auf alle Hirsche mit dem 15. Oktober vorbei. Die zweite Hälfte im Oktober war bei uns Jagdpause, die erste Niederwildjagd, meistens für die Jugend, wurde in den Allerheiligen-Ferien abgehalten. Die Saujagden aber waren bekanntlich ab Mitte Januar und dauerten zwei Wochen, später wurden sie auf eine Woche verkürzt.

Auf der anderen Seite der Dickung peitschen zwei Schüsse, ich höre verschwommen das Rufen der Treiber. Da erscheint völlig unerwartet auf der Allee das Haupt einer starken Sau. Ich gehe unbemerkt in Anschlag und warte. Auf führende Bachen schieße ich nicht, und das scheint eine zu sein. Ängstlich-starr blicken die kleinen Lichter, sie windet. Dann setzt sie sich langsam in Bewegung, aber nicht quer über die Allee, sondern eigentümlicherweise schräg, und hinter ihr kommen mindestens zehn gut ausgewachsene Frischlinge. Ich kann vier Schüsse anbringen, bevor diese Rotte meinen Augen entschwindet. Komischerweise werden die Frischlinge nicht schneller. Ich bin gut abgekommen, aber nur ein Stück liegt auf der Allee. Alles hat sich auf 70 bis 80 Schritt abgespielt.

Als die Treiber kommen, gehe ich zu den Anschüssen. Außer dem einen Frischling liegen noch drei weitere in der Dickung verendet. Ich hatte das Waidmannsheil, auf vier Schuß vier flüchtige Frischlinge zu schießen, was mir später nie mehr gelingen sollte. Auf der Strecke liegen heute 14 Sauen und 2 Füchse.

Im Eiltempo geht es nun auf den Entenstrich. Dieses Mal komme ich in den breiten Schilfgürtel eines kleineren Teiches, als es der gestrige war. Auch die anderen Kameraden sind in Sichtweite. Ich stehe im knöcheltiefen Schlick, was immer ein arges Hindernis bedeutet. Und außerdem erwische ich nur den Rand der „Einflugschneise". Ich schieße auch schlecht, mit meinen Springern wäre es vielleicht besser gegangen, da die Enten am Rande der Schrotschußentfernung kommen. Aber es wird ein herrlicher Abend. Sogar Gänse kommen, doch ich kann keine treffen. Freund A. hat einen guten Stand, er schießt aber auch hervorragend. Ich schieße zwei Bekassinen und drei Bläßhühner, dazu 13 Enten. Ich hätte 20 schießen können.

Es liegen 71 Enten, 1 Gans, 5 Bläßhühner und 3 Bekassinen. Sehr lange wird nachgesucht, dabei hilft uns diesmal ein zweiter Apporteur unbestimmter Rasse.

Beim Abschied verbrüdern wir uns, was nicht ohne stachelige, slawische Brüderküsse auf den Mund abgeht. Dieses Mal geht auch der Dolmetscher aus sich heraus. So erzählt er uns auch einiges aus seinem Leben. Er − der ehemalige Besitzer einer Apotheke − verdient heute 1000 Schilling, und er ist immerhin Magister in einer staatlichen Apotheke. Zum Schluß singen wir abwechselnd französische Kinderlieder und melancholische polnische Heimatweisen. Dem bärtigen Jagdleiter, der seine Tellermütze aus weichem, schmierigem Leder niemals absetzt, geht ein gefühlvoll hohes Tremolo so von den Lippen, daß sogar die Hunde zu jaulen beginnen.

Am nächsten Tag heißt es Abschied zu nehmen. Als wir eine größere, ehemals deutsche Stadt durchqueren, verknipse ich aus dem fahrenden Auto einen Farbfilm. Die Bilder sind gut gelungen. Fabriken mit Fahnen und roten Sternen, leere Auslagen, volle Kaffeehäuser, Russendenkmäler, T 34-Panzer als Denkmäler, Transparente und Parolen (die Oktoberrevolution wird in diesen Tagen gefeiert), Kriegsschäden noch überall. „Grau in Grau" alles, und dennoch sind die Kaffeehäuser und die Straßen bei hellichtem Tag voller arbeitsfähiger Menschen. Arbeitsam scheinen bloß die vielen Soldaten und Polizisten zu sein, die breitschultrig, gewichtig, Aktentaschen hin und her schleppen.

An der Grenze werden wir im Schnellzugtempo durchgelassen. Unser pockennarbiger Freund sieht freundlich und unbeteiligt zu. Hoffentlich wird es ihm nicht zu langweilig. Am Abend kommen wir zu Hause an und freuen uns, daß alles so erfolgreich abgelaufen ist.

Die Siegendorfer Waldkapelle

Oberhalb von Siegendorf, unweit der Klingenbacher Reviergrenze, liegt mitten in einem lockeren Eichenwald eine geschmackvolle Hubertuskapelle. Immer, wenn ich in der Schnepfenzeit zur großen Dickung im bischöflichen Wald, die Marienschlag heißt, gehe, führt mein einsamer Weg — ob morgens oder abends — an dieser Kapelle vorbei. Gebaut hat dieses kleine Gotteshaus mein Freund Hans Springschitz. Er war viele Jahre hindurch Pächter der Siegendorfer Jagd. Neben seinem Beruf als Baumeister bekleidete er zahlreiche öffentliche Ämter im Burgenland, so war er auch lange Jahre hindurch Bezirksjägermeister von Eisenstadt.

Ich verdanke Hans Springschitz zahllose herrliche Jagdtage zur Zeit des Schnepfenstriches, aber auch Rebhühnertage im Herbst und Fasanenjagden im Winter. Ich genoß in Siegendorf über Jahrzehnte das Privileg der freien Flinte. Nun ist Hans Springschitz in den ewigen Jagdgründen, wie so viele meiner alten Jagdfreunde, mein Weg aber führt noch immer an seinem Werk, der Waldkapelle, vorbei, wenn ich auf den Schnepfenstrich gehe. Besonders nach dem Frühstrich, der in Siegendorf von jeher hervorragend ist, nehme ich mir immer Zeit, dort einzukehren und lange nachzudenken. Ist das beten? Das Horchen oder Zurückdenken, das Lauschen der Stimme längst Verstorbener oder nur ein Lager aufschlagen in der trotz allem unveränderten Natur, Gerüche und Vogelstimmen genießen und drüben, über Ungarn, den Aufstieg der Sonne beobachten?

Selten nur noch umschwirren Hirschkäfer die alten Eichen, doch sonst ist das Erwachen der Natur und des Tages gleichgeblieben, Fasanhähne balzen, Tauben gurren, und die Amseln und Ringdrosseln jubilieren wie seit Anfang der Zeiten, ohne Änderung und Mode, denn diese Schönheit ist etwas Absolutes. Soll sich der Mensch — im Gegensatz zu den Tieren — ändern, anpassen, mit dem Zeitgeist gehen?

Nun aber bin ich angekommen. Wie immer lehne ich meine Flinte an die dicke Eiche und setze mich auf die Holzbank. Es war heute morgen etwas früher als sonst, als ich die Kapelle passierte. Die am Abend angezündete Kerze brannte noch immer. Drüben im Hohlweg stieß ich auf eine Rotte Sauen, die blasend und ästebrechend das Weite suchte. Dann aber erklomm ich meinen alten Stand, lud meine Flinte und wartete. Es war ein recht klarer, aber kühler Tag. Unter den Föhren lag da und dort noch ein Patzen schmutziger Schnee. 4.52 zeigte meine Uhr. Im Nordosten war der Himmel schon ein wenig grünlich, dort würde in einer Stunde die Sonne erscheinen. Mein kleiner Stand, noch vom verstorbenen Freund und Revierbetreuer Béla Mattes nach meinen Angaben aufgestellt, war eine Art niedriger Tisch, der mit einer kleinen Leiter zu erklimmen war. Das Schußlicht war noch fern, trotzdem strich schon ein Entenpaar über mich.

Das Erwachen der Stadt Ödenburg war gut zu hören. Die Chaussee vor der Grenze füllte sich bereits jetzt mit Wiener Autos, deren Insassen in Ödenburg Würste und Käse einkaufen wollen. Sie scheinen den obligaten Stau vermeiden zu wollen, werden aber draufzahlen, denn um sechs Uhr früh ist Schichtwechsel bei den ungarischen Zöllnern, und die Nachtschicht ist bekanntlich in ihrer letzten Stunde nicht gewillt, überaus emsig zu arbeiten. Nun fängt die Glocke im Klingenbacher Kirchturm zu läuten an, sofort darauf folgt die von Siegendorf und weit entfernt auch die von St. Margarethen. „Morgen-Angelus" − fünf Uhr nach „alter" Zeit. Nun heißt es aufpassen.

Der Morgenstrich auf Schnepfen ist langanhaltender und oft interessanter und erfolgreicher als der Abendstrich. Im Jahre 1981, einem der schnepfenreichsten Jahre der letzten 50 Jahre, erzielte ich auf diesem Stand zwei Drittel meiner Frühjahrsstrecke am Morgenstrich. Vor zehn Jahren hat Hubertus Rothermann in Lackenbach erlebt, wie noch im Dunkeln beim Morgenstrich an die 20 Zugschnepfen um ihn herum eingefallen sind. Ich selbst habe eine größere Anzahl ziehender oder „reisender" Schnepfen nie gesehen, doch des öfteren einzelne, sehr verspätete Schnepfen, die wahrscheinlich vom Morgenlicht überrascht wurden und die offensichtlich dort einfielen, wo sie gerade waren. Und dabei habe ich seit den fünfziger Jahren alljährlich etwa 40 bis 50 Frühjahrsstriche besucht und war auch sicher jährlich 30mal am Herbststrich.

In der Steiermark gibt es im „Flachland" kaum einen Frühjahrsstrich, aber einen sehr guten und langanhaltenden Herbststrich. Alle meine Beobachtungen zu diesem Thema werden von mir wissenschaftlich präzise aufgezeichnet, daher glaube ich sagen zu können, ob es viele oder wenige Schnepfen gibt, ob ihr Besatz zu- oder abnimmt. Ausschließlich Jäger befassen sich mit der Erforschung der Waldschnepfe. Gäbe es ein allgemeines Jagdverbot auf Schnepfen, wäre das wohl das Ende der Forschung (festgestellt auch beim ersten internationalen Forschungssymposion 1979 in Dänemark von einem britischen Teilnehmer). Wie Heribert Kalchreuter, der bedeutendste Schnepfenforscher unserer Zeit, zusammenfassend festhält, sind sich alle Schnepfenforscher darin einig, daß die Schnepfen in den letzten Jahrzehnten erfreulich zugenommen haben. Nicht nur die westeuropäischen Populationen (in Frankreich fallen jährlich über 1 Million Schnepfen), sondern auch die finnische Population, wie die Universität Helsinki (L. Saari) anmerkt. Ein Teil dieser Schnepfen überquert auch unser Land. In einem Referat Kalchreuters, das sich auf wissenschaftliche Forschungen und Beringungen der letzten Jahre stützt, wird resümiert, daß der Abschuß in allen europäischen Populationen beträchtlich unter der Gesamtsterberate liegt. Daher verwundert die Besatzzunahme der Schnepfen in Europa trotz Bejagung nicht. Ich selbst gehe seit 1936 auf den Schnepfenstrich, habe aber so hervorragende Jahre wie 1981, 1982 und 1988 vorher niemals erlebt.

Jetzt habe ich aber zu wenig aufgepaßt. Von hinten überqueren laut, fast bösartig puizend, drei Schnepfen in schnellem Zickzackflug meine kleine Lichtung, und schon sind sie hinter einem Eichenbusch verschwunden. Einen einzigen Schuß habe ich nachgeworfen, aber zu spät. Ein Blick auf die Uhr zeigt fünf Minuten nach fünf. Ärger kann nicht hochkommen, denn von rechts kommt niedrig und langsam eine Schnepfe direkt auf mich zu. Ich warte diszipliniert, bis sie mich passiert hat, und etwa auf 30 Schritt schieße ich. So lange braucht sie, nachdem sie mich entdeckt hat, um ihre Kapriolen und Ausweichmanöver zu beenden und normal weiterzustreichen. Dabei ist das Umdrehen und „Standkorrigieren" auf diesem geländerlosen Tisch im Finstern gar nicht so leicht. Auf meinen Schuß fällt die Schnepfe weich, als würde sie einfallen, mitten auf den verwachsenen Weg. Meine Erfahrung sagt mir, daß sie liegt, denn Schnepfen tun manchmal auch voll getroffen so, als würden sie einfallen.

Es ist acht Minuten nach fünf. Nun höre ich es links quorren und eher schnell, halbhoch, aber für einen Schuß fast zu weit, streicht ein Paar nach Norden. Ich hoffe, daß sie wiederkommen werden und unterlasse den weiten Schuß. Im selben Augenblick kommt aber von rechts, ideal und gerade streichend, eine Schnepfe, die ich voll treffe. Fünf Uhr dreizehn − noch höre ich es dreimal quorren, wahrscheinlich ist es der nicht beschossene „Zwick" − dann wird es licht.

Überall purren laut gockernd Fasanhähne hoch, Eichelhäher singen ihr morgendliches, eigenartiges Hochzeitslied, drüben auf der schiefen Eiche ruckt der Tauber dem glanzlosen Morgenrot entgegen. Amseln fliegen, Drosseln steigen hoch, und irgendwo im Klingenbachgraben ruft die Ente ihren Erpel. Mit steifen Beinen steige ich von meinem Stand mit Laub und gehe dorthin, wo die erste Schnepfe gefallen ist. Mitten auf dem Weg, mit ausgebreiteten Schwingen, liegt sie. Wie ich später feststelle, ist es ein alter Hahn, der 358 Gramm wiegt. Daher das gekonnte Ausweichmanöver! Das Bergen der zweiten Schnepfe mitten im Dornendickicht bringt mir einige blutige Kratzer ein. Diese Schnepfe ist etwas rötlich gefärbt, wahrscheinlich zweijährig und ebenfalls ein Hahn. Die Küchenwaage vom Sommerhof zeigt bei diesem Vogel 325 Gramm.

Ich sitze schon eine ganze Weile bei der Waldkapelle und meditiere vor mich hin. Über dem Schlag versucht die stumpfrote Riesensonne das grauviolette Wolkenband zu durchstoßen. Das Jubelkonzert der Vögel begrüßt diese ersten Sonnenstrahlen, über dem Laub und auf den Riedgräsern glitzert ganz feiner Reif. Ein Buntspecht klopft, Tauben gurren − unendliche Freude erfaßt mich, unüberbietbarer Friede zieht in mein Herz. Heut' früh sind die Schnepfen angekommen . . .

Beim Schnepfenstrich weiß man nie, ob man Erfolg haben wird. Er ist eine der ganz wenigen übriggebliebenen, echten und unbeeinflußbaren Jagdarten. Hier gibt es kein Füttern, keine Zucht, kein Ankirren, keine Erfolgsgarantie, ja nicht einmal ein Bestätigen des Wildes. Auch wenn am Morgen der Wald voll streichender Schnepfen war, kann es sein, daß man am Abend keine einzige zu Gesicht bekommt. Ob sie streichen oder nicht, ist einzig ihre Sache. Doch jede Dämmerung zur Schnepfenzeit mit oder ohne Anblick ist glückvolles Erwarten, Hoffen und Vorfreude. Erhalten wir inmitten der kommerzialisierten Trophäenjagd, der Chemie und Kraftfütterung diese kleine Oase naturbelassenen Waidwerks, umso mehr, als die Schnepfen in den letzten Jahrzehnten zunahmen. Es gibt freilich Leute, die vom grünen bzw. vom Wirtshaustisch aus verkünden, es gäbe weniger Schnepfen. Es gibt auch Jäger, die etwa folgendes sagen: „Ich gehe seit 30 Jahren immer auf denselben Platz, und es werden von Jahr zu Jahr immer weniger Schnepfen." Ja, natürlich ist das so. Die Dickungen werden ausgeputzt, später zu Stangenwäldern, Autobahnen durchschneiden mancherorts die Biotope. Aber es entstehen auch neue, und dort muß man die Schnepfen suchen, nicht auf Großvaters sicherstem Platz.

Im Jahre 1988 gab es in der Antheringer Salzachau den Jahrhundertstrich. Täglich sahen die Jäger durch zwei Wochen 30 bis 40 Schnepfen streichen. Kein noch so alter Waidmann kann sich an ähnliches erinnern. Doch auch von anderen Orten erreichen uns ähnliche Meldungen, verifiziert durch die Gremien und Symposien, die dafür zuständig sind. Vom grünen Tisch aus oder gefühlsmäßig kann man höchstens Mode und Ideologie, aber niemals glaubhafte Zahlen verkünden. Insbesonders gilt dies für die Waldschnepfe. Obzwar kein „Anpasser", ist sie auch bei anormalem Wetter ein wahrer Überlebenskünstler. Im Gegensatz zu anderen Zugvögeln (z. B. Kiebitz) überlistet sie das Wetter nur in Ausnahmefällen.

Die Siegendorfer Waldkapelle wird stehen, wenn dieser Eichenwald einem Schlag und der Schlag einer Dickung weichen wird. Die Natur ändert sich, aber nur im Rahmen des von Gott gewollten und vorgezeichneten ewigen, unabänderlichen Plans. Gütige Vorsehung, grandiose Natur, freudespendendes Waidwerk, hier in Siegendorf bei der Waldkapelle habe ich das alles nicht nur kennen, sondern auch in Ehrfucht lieben gelernt.

Oben:
Mutterliebe

Unten:
Getarnter Wachtposten . . .

Sommernachtsansitz

Der Ansitz in lauer Sommernacht ist wesentlich angenehmer als jener in der nicht endenwollenden Winternacht. Diesmal gilt er einem Keiler, der am Rande des großen Waldes erheblichen Schaden in den Haferfeldern anrichtet. Schon einige Male hat man versucht, ihn zu überlisten, aber ohne Erfolg. Entweder war Vollmond, und der Keiler kam nicht, oder es war bewölkt, und man konnte ihn nicht sehen. Wenn alles paßte, dann war es sicher der Wind, der ihn warnte, und er verschwand, bevor man ihn überhaupt wahrnehmen konnte.

Heute war es leicht bewölkt, und ein hoffentlich unverdeckt bleibender Mond versprach genügend Schußlicht. Es war 21 Uhr nach der mir nicht zusagenden Sommerzeit, als ich meinen selbst gebauten Stand auf einer Eiche bezog. Diesmal führte ich meine .30-06 mit 1,5 – 6fachem Diavari, mein altes Swarowsky-Glas, eine Regenhaut und einen Pullover mit. Der Stand war etwa drei Meter hoch und bot guten Ausblick auf das schon arg geplünderte Haferfeld direkt am Rande der Dickung. Der milchig-grüne Hafer lag in einer kleinen Einbuchtung, sodaß zwei Seiten von Bäumen umgeben waren und meistens im Schatten lagen. Doch der Schatten wanderte, sobald der Mond erschien, das spärliche Licht vor sich hinschiebend wie eine Lokomotive den Waggon beim Rangieren.

Es roch nach reifem Getreide, Heu und reifendem Mais. Neben dem Hafer, schon vom Wald „unberührt", zog sich ein schmales, langes Maisfeld schräg gegen Norden, und unter meinem Stand, der in einer kleinen Baumgruppe am Feldrain gebaut wurde, lag licht und gelb ein Kornfeld von erheblicher Breite. Der Rain war frisch gemäht worden, auf ihm befindliche Felsen und Baumstämme waren gut zu sehen. Der Mond war noch stumpf, rötlich und groß, er bequemte sich gerade zwischen den großen Fichten des Berges hochzukommen, alles beherrschend und doch kümmerlich fahl, wie ein Adjutant, wenn der General – die Sonne – abwesend ist. Überhaupt ist der Mond nur ein müder und kalter Abglanz der Leben und Wärme spendenden Sonne, ein Spiegelbild, eine „Ablichtung", ein Durchschlag, kein Herrscher, höchstens ein treuer Verwalter.

Ich lehne meine Büchse in die Ecke des primitiven Geländers meines Standes und versichere mich, daß der Schaft in einer dreifachen Astgabel gut und fest verankert ist. Das Glas liegt direkt vor meinem Kopf auf einem 20 cm breiten Brett, das – nicht zu hoch montiert – mir Auflage bieten wird. Über dem hügeligen Gelände schwebt die Ruhe der angebrochenen Nacht. Eben war der letzte Rest des von der Sonne gespeisten Schußlichtes noch da, aber es ist bereits 21.30 Uhr geworden, eine Zeit also, wo man am Land schlafen zu gehen pflegt.

Am Berg ist Sonne, delikate Äsung und unendliche Stille . . .

Dort drüben, über den waldigen Hügeln, hinter dem kleinen burgenländischen Grenzort liegt Ungarn, meine alte Heimat.

Ein westliches, kultiviertes, mitteleuropäisches Land mit christlicher Tradition, das jetzt, 42 Jahre nach dem Krieg, trotz Jahren der Unfreiheit und Besatzung, aus eigener Kraft und Willensstärke heute den Weg zum demokratischen Europa endlich zu finden scheint. Ja, dieser Krieg lastet noch immer auf uns allen, die ihn miterlebt haben, aber auch auf jenen, die ihn nur vom − einseitigen − „Hörensagen" kennen. Die ältere Generation leidet darunter, daß die Jungen alles glauben, was die Sieger und ihre Vasallen ihnen einreden, sofern es sie überhaupt interessiert, was bei der großen Mehrheit ja nicht der Fall ist. Mangels an gewachsenen Idealen, an Ehrlichkeit, an Sachlichkeit, an Toleranz wendet sich die Masse der Jugend von der heutigen Politik ab. Und eine geschulte, fanatisierte Minderheit kämpft verbal und mit vollem Einsatz für längst abgewirtschaftete Ideen und Systeme, die die Sieger den Völkern durch den Zwang der „Restauration" wieder aufgestülpt haben, jenseits der Grenze durch den Zwang der Panzer, diesseits der Grenze durch die Macht der Medien. Von Vergessen und Verzeihen merkt man noch wenig.

Zwei Rehe sind ausgetreten. Ich kann sie nicht ansprechen, weil sie im Schatten stehen und jetzt auch der letzte Rest des Tageslichtes verschwunden ist. Es dürften aber Gais und Schmalgais sein.

Noch nie in diesem Sommer war es so warm gewesen wie in den letzten Tagen. Nach einem Jahrhundertwinter (1987) mit viel Schnee und einem nicht stattgefundenen Frühling kam plötzlich der Sommer mit Gewittern, Hitze, Schwüle und Überschwemmungen. Dann aber, nach einer Periode mit Landregen, setzte ein östliches Hoch ein, und nun ist es seit Tagen wunderschön sommerlich, als wäre es anders gar nicht möglich.

Am Rain hoppelt jetzt ein Hase gegen den Hochstand. Seine Löffel glänzen im Mondlicht, als wären sie durchsichtig und naß. Der Mond schwimmt jetzt in vollem Licht, grünlich-silbrig hoch über dem Waldberg. Kleine Wolken, durch seinen Glanz umrandet, versprühen sein Licht auf einem unbeweglichen nächtlichen Himmel. Es herrscht Windstille: Die Lautlosigkeit pocht in den Ohren, und bei dieser Ruhe kann man gut in sich hinein lauschen, nachdenken, vergleichen, abwägen. Hier hat man Zeit dazu. Im hektischen Trott des Alltages ist dies unmöglich. Jäger und Naturmenschen haben dem gehetzten Stadtmenschen vieles voraus. Sie treibt kein Ehrgeiz, kein Prestige, keine Gesellschaft, keine Mode, kein Trend. Sie, als ein Teil der ewigen Natur, denken auch in ewig gültigen Kategorien: einfacher, ehrlicher und praktischer. Sie beobachten, um zu sehen, sie sehen, um zu vergleichen, sie vergleichen, um zu urteilen, sie urteilen, um zu verstehen. In dem Moment, in dem man sich endlich zum Verständnis für andere Menschen, andere Ideen, andere Traditionen und Bräuche durchringt, beginnt der Friede. Wenn ein System auf Haß, Klassenkampf, Vergeltung an Unschuldigen, Lüge und die verbriefte Intoleranz aufgebaut ist, dann ist es im Kern unfriedlich und bedroht den Frieden allein durch seine Existenz.

Jäger und Naturmenschen sind friedliche Menschen. Wenn sie jedoch Umwelt- und Naturprobleme als Sprungbrett benützen, um sich politisch zu profilieren und mit dem Deckmantel der echten Sorge, vorgetäuschtem Idealismus und falscher Selbstlosigkeit der Jugend abermals uralte, abgewirtschaftete Ideen bringen, dann ist diese Absicht zu entlarven und die Jugend vor solchen falschen Propheten zu warnen.

Eine große Eule schwebt von vorne zu meinem Baum. Im letzten Moment muß sie mich eräugt haben, elegant dreht sie ab und verschwindet irgendwo im Schatten der Bäume. Jetzt ist das halbe Haferfeld im Licht des Mondes. Die zwei Rehe sind abgesprungen, und ein einzelner Rehbock zieht gravitätisch durch den Hafer in den Kukuruz hinein. Dort knistert und kracht es, der Rehbock scheint zu schlagen. Eigentlich hätte er dies besser im Wald tun können, doch wer kennt sich aus mit alten schrulligen Böcken? Die Brunft ist ja schon im Gange, wenn auch der Kalender erst den 17. Juli zeigt.

Und tatsächlich − als ich wieder zum Maisfeld blicke, sind zwei Rehe da. Der alte Bock treibt die Schmalgais weit hinaus in die Felder, lange höre ich noch den Sprengfiep, dann ist es wieder ganz still. Meistens zeigen die schreckenden Rehe das Nahen von Schwarzwild an, aber bei Sauen darf man nie irgend etwas als sicher annehmen.

Hoch droben am Sternenhimmel sieht man viel Bewegung. Satelliten ziehen ihre künstliche Bahn und sehen aus wie eilende, von Hast getriebene Sterne. Der Mensch hat dem weiten und majestätischen Himmel mit seiner Zeitlosigkeit heute seine unstillbare Hektik aufgezwungen. Eingriff von Ameisen im Reiche der Riesen. Ob das gut gehen wird? Der Mensch greift nach den Sternen, noch lange, bevor er bei sich auf der von Gott geschaffenen herrlichen Erde Ordnung gemacht hätte. Die weiße Rasse stirbt langsam aus. Schwarze, Inder, Chinesen nehmen zu, gründen Großfamilien, ohne sie ernähren zu können. Wir aber ziehen das Auto und den Fernseher einem zusätzlichen Kind unbedingt vor. Wir wollen uns nicht einschränken. Arbeitslos? Das schon, aber mit gutem Einkommen. Arbeitslos, aber das macht gar nichts, man denkt nicht im Traum daran, eine niedrigere Arbeit anzunehmen, etwa die eines manuellen Arbeiters, wenn man Angestellter ist. Auch verzichtet man nicht auf das Luxusauto oder den teuren Winter- und Sommerurlaub, man wird ja am guten Leben „erhalten". Interessant die Pläne mancher − natürlich junger Nivellierer: jedem Staatsbürger das gleiche Gehalt geben, ob er arbeitet oder nicht. Man bekommt keinen Gartenarbeiter, keine Köchin, kein Stubenmädchen? Unter den Arbeitslosen schon gar nicht, warum wohl, was ist das für eine Mentalität einer verwöhnten, neuen Generation? Man will nicht anderen dienen, am liebsten möchte jeder sein eigener Chef mit viereckiger Aktentasche sein, aber arbeiten, händisch wie die Türken, das will man kaum. Die vielgeschmähten Herren von früher konnten Führungspositionen ausfüllen, weil sie dienen konnten. Die gewachsene Hierarchie vom Kaiser an, der dem Volke dient und dasselbe Amtskapperl trägt wie sein kleinster Bahnwärter, das war schon etwas Großartiges, Gewachsenes, und das gute Beispiel verhinderte die Korruption, es bedurfte dazu keiner Strafen. Die Gegner wußten schon, was sie und warum sie es zerstörten! Wenn heute, nach Leid, Krieg und Katastrophen, trotz allem etwas aus Österreich geworden ist, so ist das den einfachen Menschen zu verdanken, die sich wieder auf die ewig gültigen Ideale besannen, die da heißen: Fleiß, Toleranz, Patriotismus, selbstloses Dienen − am Volke! − und Glauben an die Zukunft.

Irgendwo hat es wieder geknackt. Der Mond ist jetzt ganz hochgestiegen, die Mondschatten werden kürzer, das reife Getreidefeld scheint silbrig zu glänzen. Sternschnuppen rasen knisternd über den tiefblauen Himmel, weit oben im Wald schallt schaurig der Ruf des Kauzes. Die Silhouetten der Randbäume sind scharf zu erkennen, als hätte sie Gottes Hand eben mit der Schere ausgeschnitten, Schwarz gegen Dunkelblau, darüber Milliarden gelbe, glitzernde Pünktchen — das unendliche Meer des Universums. Wie klein ist doch der Mensch, wie verloren und armselig in dieser unfaßbaren Riesenhaftigkeit. Und dann kommt Gott und will ihn emporheben, gibt ihm ewiges Leben und Gottesähnlichkeit! Denn als einziges seiner Geschöpfe weiß der Mensch über seinen Tod, seine Aufgabe, sein Dasein Bescheid. Er besitzt eigenen Willen und Fähigkeiten, der Erde seinen Willen aufzuzwingen. Er weiß, was gut und was böse ist, er hat die Möglichkeit, aus der Vergangenheit zu lernen. Und trotzdem geht er daran, das alles zu zerstören. Mit Neid und Haß fängt es an, mit Krieg und Rache geht es weiter, und dann wird noch im Frieden um des Wohlstandes willen die Umwelt, das Paradies aus Gottes Hand, die Erde mit all ihren Gewässern, ihrer Flora und Fauna zerstört, mutwillig, eigensinnig, nicht zuletzt durch das, was wir alle Fortschritt nennen. Erfindergeist ist gut, aber wenn man darangeht, Vernichtungswaffen zu erfinden, mit denen man auf Knopfdruck sämtliches Leben auf der Welt zu zerstören vermag, dann ist auch der Fortschritt nur mit Vorsicht zu genießen.

Das, was die Jäger, Natur- und Tierfreunde, schon lange wissen, wird nun von vielen Jungen aufgegriffen. Bewahren wir unsere Erde, unsere Natur, unsere Lebewesen! Zurück zur Natur, genug von der Fortschrittseuphorie. Einhalt denjenigen, die von heute auf morgen denken. Keine leeren Phrasen, keine Schlagworte, sondern echte, umsetzbare Werte, keine Lüge, sondern Wahrheit, nicht nur das Schlechte, sondern auch das Gute sehen und opferbereit sein!

Ein leichter Wind kommt auf. Gott sei Dank vom Wald her, direkt in mein Gesicht, wieder höre ich es knacken, diesmal näher und länger. Ich kann aber nicht ausmachen wo. Die Stengel des Maisfeldes rauschen leise, dazwischen höre ich den tiefen Ruf der Waldohreule. Irgendwo fern im Osten startet ein Flugzeug. Ist es in Steinamanger oder weiter südlich? Weit im Süden greifen die Scheinwerfer eines Autos über die Hügelkette, den Laut des Motors hört man aber nicht. Ich schau unverwandt auf das nun im tiefen Schatten liegende Haferfeld, leuchte mit meinem Glas die Ränder des Waldes ab, die schwarz im blauen Mondlicht keine Bewegung, keinen Fremdkörper, keine Veränderung zeigen. Über die Senke, jenseits der Bahn, schleichen sich weißgraue Nebelschwaden, werden länger und größer, bewegen sich aber kaum im Wind, der hoch über sie hinwegstreicht. Die Wolken am Himmel sind fast verschwunden, und der Mond hat den Zenit seiner Bahn schon lange hinter sich gelassen. Über den Rain schlängelt sich etwas Dunkles, Längliches. Wahrscheinlich ein Iltis, schon ist er im Korn verschwunden. Irgendwo in der unendlichen Stille höre ich Enten quaken. Sie dürften wohl im erlenumrandeten Bach der Senke oder auf dem Gerstenfeld jenseits der Remise sein. Vorgestern stand es noch, überreif, schmutzigbraun, leicht ins Graue spielend, ungeerntet, große Teile von den Unwettern Anfang Juni niedergewalzt. Die Lagerfrucht zieht Enten und Tauben an, Stoppelfelder aber bleiben hierzulande höchstens eine Woche lang stehen, dann wird unbarmherzig eingeackert. Bauernarbeit hier im Pendlerland ist Wochenendarbeit, Maschinen sind schneller als händische Erdarbeit, Gift wirksamer. Die Landwirtschaft wird zum Nebenberuf, der Hauptberuf ist die Fabrik mit fixem Monatsertrag, Betriebsräten und politischer Umwandlung. Aus den Bauern werden Arbeiter, aus Landmenschen Pendler, aus zufriedenen Eigentümern gehetzte Angestellte mit mehr Geld.

Rechts eine Bewegung. Da treibt der alte Rehbock seine Gais wieder zurück. Schwer trägt er an seiner Krone, stark ist sein Träger, neben ihm sieht die Gais wie ein Kitz aus. Weit im Süd-Westen, dort, wo am Abend lila Wolkenbänke die Sonne auffangen, wo die Unendlichkeit Himmel und Erde eins werden läßt, blitzt es: Wetterleuchten. Die altgewordenen Blätter meines Baumes wispern leise mit der Luft und der Dunkelheit, wer weiß, was sie sich zu erzählen haben. Wird es wieder Regen geben, oder werden sich die Gewitter aufsaugen lassen von der trockenen Luft?

Ewige Erneuerung, unendliches Universum, unerforschlicher Zeitablauf, Milliarden Sonnensysteme, wer ist der allmächtige Schöpfer, und was ist der Mensch? Aber auch: Gibt es etwas Vollkommeneres als eine einzige Blume, die wunderbaren Regeln eines Ameisenstaates, ein neugeborenes Rehkitz oder eine wunderbare Sommernacht? Klein und groß, kurzlebig und ewig, Körper und Seele, Vergangenheit und Zukunft, all ihr Geschöpfe, wissend oder unwissend, preiset den, der diese Natur geschaffen hat!

Ein Rumpler weckt mich aus meinen Träumereien. Woher kam das? Gespannt sind alle Sinne, die Augen versuchen, die Dunkelheit zu durchdringen, die Ohren öffnen sich, um die Stille abzuhören, doch kein Ton, nur das leise Rauschen des Nachtwindes erreicht den lauschenden Jäger. Ich greife langsam nach meiner Büchse, meine Erfahrung, mein langerprobter Instinkt, mein siebenter Sinn, gespeist durch Wunsch und Phantasie, sagen mir, das langersehnte Wild ist nahe. Doch weder am Haferfeld noch am Rain oder am schattigen Waldrand ist etwas auszunehmen. Da knistert es mitten in einer Windboe unten im Mais. Irgendein Reh wird es sein oder ein Hase? Ich stelle vorsichtig und langsam meine Waffe wieder auf ihren Platz und nehme lautlos das Glas in die Hand. Ich beginne rechts und schwenke langsam zur Mitte. Zwei Hasen, ein junger Rehbock, weiter nichts, auch dort im zerzausten Haferfeld. Ich kann im Mondlicht gut ansprechen. Dann zur Mitte, dort bewegt sich etwas Kleines. Es muß ein Igel sein, dann nach links zu den großen Bäumen, zur „Wand" und zurück zum Mais. Ein wenig ruhiger schon, ein wenig enttäuscht, lege ich langsam das Glas auf das Brett. Und in diesem Augenblick betritt, aus dem Mais, nicht aus dem Wald kommend, ein riesengroßes schwarzes Etwas den Hafer. Nicht weiter als 40 Meter von mir entfernt, steht brettelbreit der erwartete Keiler und windet mit hocherhobenem Wurf, unbeweglich. Ich habe die Waffe gegriffen, hebe sie langsam zur Brüstung, lasse die mächtige Sau nicht aus den Augen. Zentimeterweise hebe ich den Lauf und schiebe ihn dann langsam nach links in Richtung Keiler. Muß mich ein wenig hinten erheben, denn der Keiler ist näher als erwartet. Endlich scheint es soweit zu sein, noch 10 cm, da stoße ich an mein Glas, der Keiler hat noch Zeit zu blasen, wirft sich aber nicht herum, sondern startet geradewegs gegen den Wald. Pumpernd auf den Ästen aufschlagend, fällt mein Trieder zu Boden, aber ich habe schon das riesenhaft lange und schwarze Wild im Zielfernrohr, und nach zwei Metern Flucht wirft es den Keiler im Feuer zu Boden. Sofort repetiere ich. Aber so sehr ich schaue und horche, dort drunten rührt sich nichts mehr.

Tief atme ich die würzige Nachtluft in meine Lungen. Ich schaue auf die Uhr: drei Minuten nach Mitternacht. Alles andere ist Routine. Warten, Abbaumen, Nahetreten, mit der kleinen Taschenlampe beleuchten, Aufbrechen, den herben und herrlichen Duft des urigen Wildes einsaugen, Totenwacht, Heimfahren.

Des Jägers Ziel ist die Beute. Je mehr Zeit und Geduld er aufbringt, desto näher ist er seinem Ziel. Aber die Stunden der stillen Andacht, des Denkens, des Sinnens und des Dankbarseins, das sind für mich die wahren Erlebnisse der Jagd, für die es sich zu leben lohnt. Und je länger diese heiligen Stunden dauern, desto wertvoller ist mir die Beute.

Unvergessenes Lieboch

Am 8. Dezember 1952, vier Tage vor meinem 26. Geburtstag, erhielt ich unerwartet eine Einladung des damaligen Landesjägermeisters Franz Mayr-Melnhof, auf seiner neuen Pachtjagd im weststeirischen Lieboch an einer Fasanenjagd teilzunehmen. Ich war damals ein wenig bekannter junger Mann, den man im Mai desselben Jahres zum Leiter des Jagdmuseums ernannt hatte und der dadurch mit dem in der Steiermark so segensreich wirkenden „Baron" auch dienstlich viel zu tun hatte. Gern und mit Freuden nahm ich diese Einladung an, die erste Einladung auf eine wirklich große Niederwildjagd, seitdem ich Ungarn verlassen hatte, und erlegte 19 Fasanen und eine Ente. Die Gesamtstrecke an diesem Jagdtag ergab laut Jagdbuch 88 Fasanen und 4 Enten. Von diesem Tag an wurde ich auf sämtliche Liebocher Jagden, ohne Unterbrechung, eingeladen.

Ein halbes Menschenalter war ich dort Stammgast, außer der Familie der wohl am längsten dort jagende. Die Teilnahme an dieser Jagd, die im Laufe der Jahre zur weitaus besten der Steiermark heranreifte, wurde zum Teil Fixpunkt meines jagdlichen Lebens. Allein die Nennung des Ortsnamens Lieboch löste Jahrzehnte hindurch unbeschreibliche jagdliche Vorfreude in mir aus. Was das bedeutet, wird nur ein passionierter Jäger verstehen können.

Damals waren die Jagdgäste, neben den unmittelbaren Familienmitgliedern, Fritz Mayr-Melnhof sen. und jun., Ernst Stubenberg, Alexander Kálnoky, Carl-Hugo Seilern, Franz Meran und Friedrich Sylva-Tarouca, der dem damaligen Jagdleiter, Wildmeister Hanns Andreß, mit vielen guten Ideen aus seiner ungarischen Praxis zur Seite stand. Die Liebocher Niederwildjagd erstreckte sich auf zwei Jagdtage: 1. Tag „Ober der Bahn" und 2. Tag „Unter der Bahn". Die einzelnen Triebe, wie die große und kleine Insel und andere an beiden Seiten der Kainach angesiedelten Triebe, wurden durch außerordentlich gute Hasenstreifen und Wildacker-Triebe unterbrochen. Nach 1957, als der große und verdienstvolle Landesjägermeister Franz Mayr-Melnhof allzufrüh verstarb, wurden Carl-Anton und Marie Goëss-Saurau die Jagdherren von Lieboch. Damals übernahm Wildmeister Max Tasch die Leitung dieser Niederwildjagd, die dann in den sechziger Jahren mit der Hinzupachtung der Gemeindejagden Dobl und Mutendorf (ausgezeichnete Fasanengebiete), bis in die achtziger Jahre ihren Höhepunkt erreichte.

Es wurde jährlich eine zweitägige Jagd abgehalten, manchmal im Dezember noch einmal eine Nachjagd auf Hähne unternommen. Hennen waren ganz streng limitiert, meistens durfte man pro Stand nur eine oder überhaupt keine erlegen.

Als gute Büchsenspanner fungierten Mayr-Melnhofsche Berufsjäger. Wer wie ich jahrelang dabei war, der konnte sich an den immer gleichen Lader gut gewöhnen, was ja Voraussetzung für ein gutes Schießen und optimale Strecken ist. Alles lief wie „am Schnürchen" ab, was auch die jagdliche Freude wesentlich erhöhte. Von Trieb zu Trieb wurden Schützen und Lader, sowie die manchmal nicht seltenen Begleiter, mittels geräumiger Kleinbusse geführt.

Als dann die Hasenstreifen wegen der Abnahme von Hasen und Rebhühnern eingestellt wurden, blieb es trotzdem bei zwei Jagdtagen im Jahr. Was man bei der Hauptjagd nicht getrieben hatte, „nahm" man somit bei der Nachjagd. Oft kam es vor, daß große Revierteile überhaupt nicht bejagt wurden. Lieboch hatte folgende Triebe: Die große und kleine Insel, die Kainachdickung, der Vier-Bäche-Trieb, die Schottergrube, ein Trieb über der Kainach sowie zwei Wildäckertriebe unweit der Inseln.

Dobl wurde von Jahr zu Jahr besser. Hier wurde meistens mit dem sogenannten „Zöhrer-Wildacker" begonnen, dann waren die Haupttriebe die „Gotschn", die Dobler Insel, die Lannacher Insel, die Marschall-Wildäcker sowie ein weiterer Wildacker im Westen des Revieres. Kleinere Bachränder, allfällige übriggebliebene Deckungen wurden in die Haupttriebe „eingetrieben", was immer vorzüglich gelang.

Die Jagden waren immer so programmiert, daß man nie zu früh beginnen mußte und immer noch bei Büchsenlicht die Strecke verblies. Ich habe fast alle Strecken fotografiert und von den Liebocher Jagden sogar einige Alben angelegt. Meine größte Tagesstrecke waren 140 Stück (Fasanen, Hasen und Rebhühner sowie Enten). In der kleinen Insel schoß ich einmal 32 Hahnen, in der Lannacher Insel am Rückwechsel 45 und in der Dobler Insel, ebenfalls am Rückwechsel, mehrmals über 30 Hähne, was mir in der Gotschen, der großen Insel und in einigen Wildäckern auch manchmal gelang.

In Lieboch wurde das ganze Jahr lang streng geschont, Enten und Tauben wurden fast überhaupt nicht bejagt, obgleich es davon sehr viele gab. Die Pächter selbst schossen keine Rehe, und die einmalige Ernte an Niederwild — im Gegensatz zu anderen üblichen Wochenendjagden — bewahrte die existierenden „paradiesischen" Zustände.

Nach dem Revierjäger Pichler und Zöhrer (Dobl) folgte der junge, aus Oberösterreich stammende Revierjäger Hinterdorfer, ein absoluter Könner und fleißiger Arbeiter. Wildmeister Tasch wiederum, lange Jahre hindurch Leiter des Landesjagdamtes und quasi Stabsjägermeister des Landesjägermeisters, brachte eine große Portion diplomatisches Talent, persönlichen Charme und großes Fachwissen zum Wohle der von ihm geleiteten Jagd ein.

Und nun will ich meinen Lesern einen jener herrlichen Jagdtage schildern, um zu verhindern, daß diese Liebocher Jagden in Vergessenheit geraten.

Eine Jagd, vor deren Beginn man gut ausschlafen kann, ist selten. Wie oft muß man von kilometerlanger Fahrt, schlechtem Quartier, ungewohntem Bett „gerädert" antreten, und gerade der Schrotschütze sollte wirklich fit sein, je älter, desto wichtiger. Bei der Liebocher Jagd kann ich gemütlich um 7.45 Uhr aufstehen, um 8.15 Uhr frühstücken und bin noch immer einer der ersten am Rendezvousplatz. Heute ist der Spitzwirt bei der Autobahnausfahrt

Bild rechts:
Turnier in schwindelnder Höhe. Spielende junge Steinböcke

Bild umseitig:
„Hat mich jemand gerufen?" Unschlüssiger junger Rehbock in der Brunft

Lieboch Treffpunkt. Die Mayr-Melnhofschen Kleinbusse stehen schon bereit, ebenso die ersten Büchenspanner, die ich als alte Freunde begrüßen kann. Wildmeister Tasch hat alles so perfekt organisiert, daß er sich sogar in Ruhe einen „Jagertee" gönnen kann. Das Wetter ist kalt, aber schön, nur in den Kainachauen liegt noch etwas Bodennebel, der sich aber bald auflösen wird. Die Treiber sind eingetrudelt, alles Bekannte aus vielen gemeinsamen Jahren, voller guter Laune und Lebensfreude. Wieder ist also ein Jahr vergangen, fast unbemerkt von Datum zu Datum spult sich das Leben ab, und nur an der nachrückenden jungen Generation merkt man, daß die Zeit nicht stehengeblieben ist. 5 Minuten vor 9 Uhr rollt der Wagenkonvoi aus Frohnleiten an. Allgemeine Begrüßung: Jagdherr und Jagdherrin, Familienmitglieder, Carl-Hugo Seilern mit Lader Müllner, Alphonso Hohenlohe, Ernst Stubenberg, Franz Meran, Johann-Ernst Thun, Louis Kálnoky, Herbert Lorenzoni – wir sind vollzählig.

Heute sollen alle gut zu Schuß kommen, niemand dem anderen im Wege stehen. Die Schützen brauchen keine Patronentaschen schleppen oder ihre Rocktaschen voller Patronen stopfen, es soll gejagt werden, wie es früher auf guten Jagden üblich war, heute aber schon sehr selten – im Osten natürlich noch – vorkommt. Wir fahren die Straße gegen Dobl und halten noch vor der Ortschaft. Ungefähr 60 Meter rechts von der Straße steht eine Reihe hoher Bäume. Es sind Erlen, Ulmen und Eichen. Dahinter Wiese und erst auf weiteren 100 Meter ein langgezogener, parallel zur Straße verlaufender Wildacker, ein Topinambur-Feld, der Zöhrer-Acker. Es wird gegen Norden getrieben, von links nach rechts. Die guten Schützen stehen auf der Flanke. Hinter uns die Straße, hinter der Straße steigt das Gelände, und dort ist alles bewaldet, dahin werden die Fasanen wahrscheinlich streben. Um aber dorthin zu gelangen, müssen sie über die Baumreihe steigen und den Schützen schön hoch kommen.

Gleich nach dem Anblasen stehen schon einige alte Hähne auf und schrauben sich nach rechts, um über die Flanke zu entkommen. Auch mir, der ich der dritte in der Flanke bin, kommen zwei turmhohe Gockeln. Herrlich hebt sich rotschwarz die Sillhouette der schlanken, wilden Fasanen gegen den Himmel ab. Der erste fällt vorschriftsmäßig vor meinen Füßen, der zweite hinter der Straße. Ich habe die anderen Schützen nicht beobachten können, aber sechs Hahnen liegen. Dann geht es Schlag auf Schlag.

Fünfmal schieße ich noch, davon gehen zwei Schüsse daneben, weil ich zu lange auf den Schuß meines Nachbarn gewartet habe. Die meisten Hahnen kommen am Eck, wo Carl-Hugo Seilern steht. Schuß auf Schuß holt er die hohen Kopffasanen herunter, ebenso der Weltschütze Alphonso Hohenlohe, dem es manchmal gelingt — trotz Rücksichtnahme auf den neben ihm stehenden Onkel Franz —, aus einem kleinen Hahnenbouquet vier herunterzuholen.

Während die bereits erlegten 40 Fasanen auf schnellstem Weg versorgt werden, sitzen die Schützen schon in ihren Wägen, und weiter geht es zur „Gotschen", dem Haupttrieb des Tages. Wir durchqueren die Ortschaft Dobl und fahren etwa sechs Minuten südlich.

Der Jagdherr stellt die Front- und Flankenschützen an und begibt sich mit zwei Schützen auf eine Allee am Anfang des Triebes. Ich bekomme wie alljährlich den Eckstand, das heißt eigentlich den ersten Flankenstand über der Ecke. Links von mir Carl-Hugo Seilern. Hinter ihm sehe ich, von der Sonne beleuchtet, das Dobler Schloß und die Riesenantenne des Sender Graz-Dobl.

Ich weiß, daß dieser Trieb lange dauert, daß unsere Geduld hier vorne auf die Probe gestellt wird. Daher kann ich in aller Ruhe einige Fotos machen. Langsam beginnt die Sonne, den Reif auf Ästen und Wiesen zu schmelzen. Dadurch glänzt das ganze Gelände herrlich im Gegenlicht.

Bald fallen die ersten Schüsse, dann werden es immer mehr, ohne daß wir etwas zu sehen bekommen. Ich kenne das ja schon seit Jahren. Es ist der Eintrieb, eine Fichtendickung, und die drei Schützen machen gute Strecke. Nun sehe ich die ersten Hähne heransegeln. Zuerst fallen alle vor uns ein, dann versuchen doch einige, vorne „durchzustreichen". Auch C. H. Seilern, der am Rande eines sich zwischen uns nach Norden ziehenden Erlengrabens steht, kommt zu Schuß. Dann hört man Treiberlärm, und der rechts von mir flankierende Louis Kálnoky nähert sich. Die vorher beim Eintrieb vorgestandene Schützengruppe wird jetzt hinter den Treibern, mitten im Trieb, postiert.

Die Gotschen ist ein sumpfiges Gelände mit sehr dichtem Buschwerk an den Rändern. Hasen versuchen auszubrechen, zwei kann ich schießen, ebenso einige — wie alle Jahre — ausbrechen wollende Häher. Doch nun muß ich mich konzentrieren. Einzeln zuerst, dann immer öfters kommen Fasanen bei der Ecke. Wir haben pro Stand zwei Hennen frei, diese will ich zuerst schießen, damit ich später nur auf Hähne achten muß. Das Krachen der Schüsse vermengt sich im Treiberlärm mit dem „Tiro"-Geschrei. Oft hört man dadurch das Schwingenschlagen der Fasanen gar nicht. Über den Baumwipfeln kommen die von der Sonne beschienenen rostroten Hahnen, wie so oft mehrere hintereinander, oft drei, vier auf einmal. Ich kann gut ernten, keinen einzigen Schuß brauche ich in Richtung meines Nachbarn machen. Doch da — was ist denn das? Zwischen den alten Eichenwipfeln schraubt sich etwas hoch, klatschender Schwingenschlag, und schon sehe ich es: „Schnepf, Schnepf", rufen die Treiber.

Der erste Schuß geht darunter, der zweite, etwas weiter und zwischen die Äste nachgeworfene aber trifft voll. Und wieder kommen Fasanen, diesmal ein ganzes Bouquet, langgezogen und nicht mehr so hoch. Um mich herum liegen die Vögel mit den langen Stößen. Aber es ist noch nicht aus. Louis Kálnoky hat zu mir aufgeschlossen, er steht unterhalb der alten Eiche. Und gerade da, einmal rechts, einmal links des Baumes, versuchen die alten „Routiniers" — nicht immer erfolglos — auszubrechen. Wenn ein größeres Bouquet aufsteht, bläst Wildmeister Tasch in sein Horn, und die Treiber verharren lautlos. Viele Hähne versuchen nun, nach hinten auszubrechen, werden aber dort vom Jagdherren und Alphonso gebührend empfangen. Noch einige Nachzügler, und dann wird endlich abgeblasen. Der Gotschentrieb ergibt weit über hundert Stück, darunter einen Fuchs, zwei Schnepfen und 23 Hasen. Ich habe 27 Fasanen, einen Schnepf und drei Hasen erlegt.

Mit geröteten Gesichtern stehen die Schützen beieinander, während die Lader bereits Gewehre und Patronentaschen verstauen. Und schon geht es wieder weiter. Diesmal zum „Marschall-Wildacker", der unweit einer verlassenen Siedlung, die an eine „Tanya" der ungarischen Tiefebene erinnert, angelegt wurde.

Er besteht aus einem Topinambur-Teil und einem Maisacker. Die Ränder der Kainach werden ebenfalls eingetrieben. Hier befinden sich auch Rebhühner. Die Schützen stehen so weit wie irgend möglich vom Wildacker entfernt, der mehr oder weniger ganz umstellt wird.

Inzwischen ist die Sonne hochgestiegen, der Reif weggeschmolzen, die Oberfläche der Ackerschollen ist weich geworden wie Schokoladecrème. Doch darunter ist die Erde schon gefroren, und es fällt uns schwer, stabil zu stehen.

Auf den Bäumen der Siedlung blinken rotglänzende Äpfel, die niemand abgepflückt hat. Krammetsvögel laben sich in großer Zahl, außerdem sind massenhaft Türkentauben um uns herum. Die ersten Schüsse fallen. Das Echo verfängt sich in den leerstehenden Häusern eigenartig. Von hinten kommen auch Fasanen, denn dort wird eingetrieben. Man muß höllisch aufpassen, wohin man schießt. Dieser Wildacker ergibt 48 Fasanen, fünf Hasen und drei Rebhühner. Ich habe 14 Hähne und ein Rebhuhn geschossen.

Langsam ist Mittag geworden. Die Autoschlange bewegt sich zu einer Obstbaumallee unweit der Dobler Insel. Hier in der noch wärmenden Dezembersonne nehmen wir unser Mittagessen ein. Warmes Hühnerragout, Wurstsemmeln, Apfelstrudel und Kaffee. Während wir uns stärken, wird die Kainach auf langer Strecke eingetrieben. Bald bläst Wildmeister Tasch zum Aufbruch. Die Dobler Insel muß abgestellt sein, wenn sich die Treiberwehr nähert. Ich „brauche" nur einen Wink des Jagdherren. Mein Stand ist seit vielen Jahren der gleiche. Ich stehe am „Rückwechsel", in einem spitzen Einschnitt einer kleinen dreieckigen Wiese. Von links und rechts wird eingetrieben, und es kommen mir schnelle, ausgestrichene Hähne in nicht kleiner Zahl, noch bevor der eigentliche Trieb beginnt. 16 Stück schieße ich beim Eintrieb, sie kommen bequem und nicht zu viele auf einmal.

Dann passieren mich die Treiber, mein Lader und ich sagen ihnen die erlegten Fasanen an. Nun entfernt sich die Treiberwehr. Hasen kommen zurück und werden nacheinander von mir in Empfang genommen. Vorne knallt es immer wieder, dann und wann höre ich den Ruf: „Tiro, nach hinten!" Und gespannt lausche ich, höre aber wenig, denn die Fasanen kommen ohne Schwingenschlag, drei, vier Hähne auf einmal. Herrliche Schüsse gelingen mir, mein

Lader zeichnet sich aus. Ich habe die Sonne im Rücken. Die glänzenden Hähne kommen direkt auf mich zu, schön kann ich ihnen entgegenschießen. Sie werden klein, sterben im Schuß und donnern – wie ihre Vorgänger alle Jahre hindurch – in die Böschung. Nun sind zwei Hundeführer aufgerückt. Vorne steht das letzte Bouquet auf, und ich weiß, daß da die meisten nach hinten drehen werden. Aber von den umdrehenden letzten Fasanen werden doch einige heruntergeschossen, so daß mir nur noch vier kommen, aber diese schön nacheinander. Als abgeblasen wird und wir alle zusammengetragen haben, zähle ich 37 Stück, darunter fünf Hasen.

Überglücklich, rechts und links ein Bündel Fasanen in den Händen, eile ich zum Sammelpunkt, denn die Vorderschützen sind schon zu den Autos gegangen. Und es ist kaum Zeit zu erzählen, schon setzt sich die lange Reihe der Autos in Bewegung. Schillernd im Sonnenlicht und farbenfroh glänzend, überstreichen viele Entenschofe die herbstliche Landschaft. Da die Kainachufer gerade eingetrieben werden, sind sie mehr oder minder unbehelligt hochgeworden und beleben den herbstlichen Himmel als Beweis dafür, daß in dieser Jagd mehr geschont als geschossen wird.

Doch auch auf den Feldern, die ja unbejagt bleiben, ist lebhafter Betrieb. Besonders in der Nähe der Autobahn, dessen Böschungen von dichten, niemals getriebenen Dickungen bedeckt sind. Und das sogenannte „Autobahnkreuz" Lieboch – eine Fasanenremise, wie sie in England nicht schöner sein könnte – bleibt natürlich ebenfalls immer unbejagt. In der schrägen Herbstsonne sehe ich acht, nein zehn Hähne auf einem relativ kleinen Fleck. Auch Hasen sieht man erfreulich viele. Sie haben bald herausgefunden, daß hier keine Gefahr droht, keine Gefahr auch am einzigen Jagdtag im Jahr, am Tag der Ernte; welch gravierender Unterschied zu anderen Jagden (wo während der Schußzeit jede Woche gejagt wird).

Das Wild zieht nicht (nur) in das sogenannte ausgeschossene Vakuum – wie man sagt –, sondern viel eher dorthin, wo es in Ruhe gelassen wird. Daher ist Lieboch all die Jahrzehnte, die ich dort jagen durfte, immer voller Wild gewesen. Im nächsten Trieb, der Lannacher Insel, ist bereits die Kainach die Reviergrenze. Wie technische Ungetüme erheben sich hier die Riesen-Öltanks der Mineralölverwaltung. Unmittelbar neben dem Trieb, dort, wo man früher gelegentlich Strecke legte, ein modernes E-Werk.

Ein Teil der Schützen wird nach links, ein Teil nach rechts dirigiert. Ich bin auf der rechten Seite. Auf meinen Stand, wo ich seinerzeit den Rekord erzielte, auf die am Rückwechsel hineinragende Lichtung, kommt der Ehrengast. Mein Stand ist auf der rechten Flanke der fünfte. Hier profitiere ich auch vom Eintrieb, der eigentlich hinter der Remise ist, ein Wildakker, einer der vielen, vom Wildmeister Tasch angelegten „Doraden" der Fasane. Und wir stehen noch nicht richtig, kommen auch schon die ersten Hähne. Sie waren auf der Böschung und haben die (Ein-)Treiber gesehen; schön streichen sie, stetig steigend, wem werden sie kommen?

Ein Hahn kommt stichgerade auf mich zu. Ich habe die Flinte in der Armbeuge und beachte den anstreichenden Hahn aus den Augenwinkeln. Meine Nachbarn bemerken nichts, denn ihr „Tiro-Geschrei" überschlägt sich. Doch ich habe den Vogel fest im Auge. Und als er die

Schußentfernung erreicht, schlage ich in aller Ruhe an, kurzes Zielen und maustot fällt er vor meine Füße, sodaß wir beiseite springen müssen. Und schon ist der zweite da, ihn trifft mein linker Lauf, er fällt etwas hinter mich.

Dann formieren sich die Treiber, und langsam, klopfend, weniger schreiend durchtreibt die Wehr die dichte Lannacher Insel, an deren Rändern Topinamburstreifen den freien „Einblick" verwehren. Uns kommen erst rückstreichende Fasanen, weit, hoch und schnell − das richtige für die Springer-Flinten. Auf etliche mich passierende Hasen traue ich mich nicht zu schießen, es könnten Treiber ungesehen zurückgeblieben sein. Nun knallt es vorne im Eck, wo das Gros der Fasanen aufsteht. Verschwommen höre ich den Ruf: „Schnepf, Schnepf." Ja, hier in dieser Insel sind sie immer gerne, die Langschnäbel.

Es wird abgeblasen. In diesem Trieb habe ich 11 Fasanen geschossen. Und wieder muß ich die bewundernswerte, disziplinierte Schnelligkeit loben. Treiber, Lader und Schützen sitzen schon in „ihren" Wägen, und auf geht's zum letzten Trieb, der „Schottergrube". − Auch hier kenne ich seit vielen Jahren meinen Stand. Die schnellen und guten Schützen stehen an der Kainach, obgleich von ihr weggetrieben wird. Mitten in hohen, eher dichten Erlen, die schon ihre Blätter verloren haben, stehe ich. Es ist ein schweres Schießen. Denn die Kainach rauscht hinter mir, und wenn die anderen Schützen schießen, höre ich das Schwingenschlagen der wirklich schnellen und gut ausgestrichenen Fasanen nicht. Nur in einem gewissen Winkel kann man hier schießen, vorher und nachher ist es fast unmöglich. Rechts neben mir der Jagdherr, links, ebenfalls unter Bäumen, der am besten schießende unter den Söhnen. Die Fasane sind eher locker. Schon beim Anstellen der vorderen „Front" kommt mir eine ganze Reihe alter Hähne, gleichzeitig aber auch welche vom linken Eintrieb am Rande der Kainach.

Ich schieße hier 14 Fasanen, bevor die Treiber sich formieren, und aus einem Entenschof einen sehr hohen Erpel, der auf das jenseitige Ufer fällt. Und dann beginnt der Trieb. Spärlich knallt es, immer öfters hört man die Treiber „Tiro" rufen. Ich schieße nacheinander drei nach hinten ausbrechende Hasen, die in Richtung Kainach flüchten. Und dann, als vorne die letzten Bouquets aufstehen, gibt es wieder Arbeit für uns. Das sind auf jeden Fall die höchsten Fasanen des Tages. Da man sie nicht immer rechtzeitig kommen sieht, gibt es den einen oder anderen Fehlschuß, aber auch schöne Paradeschüsse. Drei Hundeführer und zwei Männer mit kescherartigen Bergestangen kümmern sich um die Vögel, die in die Kainach fallen, die hier verhältnismäßig schnell fließt.

Langanhaltendes dreifaches Abblasen verkündet uns das Ende der Jagd. In den beiden letzten Trieben sind an die 120 Fasanen und einiges anderes Wild gefallen. Ich habe in diesem Trieb 21 Stück erlegt, davon drei Hasen und einen Eichelhäher.

Als wir die Nachsuche beendet haben und uns zu den anderen Schützen begeben, ist schon ein Großteil der Strecke gelegt. Erzählend, fotografierend, alle in euphorischer Stimmung, sehen wir zu, bis der letzte Fasan angeschleppt und sachkundig gelegt wird. Dann wird die Treiberwehr formiert und aufgestellt, die Hundeführer postieren sich vor ihnen, die Schützen auf der anderen Seite. Wildmeister Tasch nimmt Haltung an, mit entblößtem Kopf wendet er sich dem Jagdherrn zu und meldet: „Hoher Jagdherr! Ich melde die Strecke des heutigen

Jagdtages. Geschossen wurden: 1 Fuchs, 422 Fasanen, 52 Hasen, 7 Enten, 3 Rebhühner, 2 Schnepfen, 9 Diverses, zusammen 496 Stück, Waidmannsheil!" Der Jagdherr antwortet wie immer mit lieben Worten, die Strecke wird vorschriftsmäßig verblasen. Dann treffen wir uns im Gasthof „Höller" in Lieboch zum Jagdessen.

Es ist noch nicht 16 Uhr, als wir dort eintreffen. Streckenkarten mit Zeichnungen werden vom Wildmeister verteilt. Eingeführt hat diese früher in allen besseren Hauptjagden übliche, nette Sitte der passionierte Zeichner, Fritz Sylva-Tarouca. Als er starb, übernahm ich diese traditionelle Pflicht und führte sie Jahrzehnte weiter, ohne Pause, bei jedem Jagdtag. So bleibt vielleicht den Teilnehmern die Liebocher Jagd in guter Erinnerung. Ich aber, der ich die Auszeichnung genoß, von allem Anfang an mit dabei zu sein, der die schönsten Jahre seines Lebens hier verbringen durfte, dem die Liebocher Jagd somit Teil des Lebens wurde, auf den ich mich von Jahr zu Jahr freuen durfte, als Freund und Schütze, als Jagdgast und Mensch, ich sage mit diesen Zeilen: innigsten Waidmannsdank!

Dudás erzählt

Einer der größten Jäger des alten Ungarns, der heute noch jagdlich hochaktive Gyula von Nagy, den ich in einem meiner Bücher schon vorgestellt habe, wurde im vorigen Jahr 80. Wie das so oft bei berühmten Jägern vorkommt, hat er, der über siebzig Jahre jagte und die Waffe führte, aus seiner reichhaltigen Erfahrung kaum etwas niedergeschrieben. Mir, dem „Federfuchser" unter seinen Freunden, bleibt es vorbehalten, einige seiner Geschichten zu Papier zu bringen, um alte Erinnerungen aufleben zu lassen und Lehrreiches weitergeben zu können. Man muß sich dabei aber vor Augen halten, daß es sich zum Teil um längst vergangene Zeiten handelt, mit anderen Bräuchen als heute und einem weit größeren Wildbestand. Lassen wir ihn nach dieser kurzen Einleitung also selbst erzählen:

Zwei Kapitale knapp hintereinander

Es war vor über 50 Jahren, 1934, in Ungarn, im herrlichen Monat Mai. In jener Zeit hatten mein Vater und mein Onkel Paul die Jagd des Dorfes Hercegfalva gepachtet, das wegen seiner Schwabenbevölkerung auch Herzogsdorf genannt wurde. Dieses Revier pachteten unsere alten Herren auch aus dem Grunde, damit wir Jungen hier und nicht in unserer Eigenjagd waidwerken sollten. Dafür hatten wir in Hercegfalva freie Büchse und freie Flinte. Das Pachtrevier betrug rund 3000 Katastraljoch (etwa 1500 ha) und war von drei Seiten durch die Domäne des Zisterzienserklosters umgeben. Dieses große Eigentum des Klosters hatte eine Größe von 50.000 Kat.-Joch. Die Tafeln hatten ein Ausmaß von ca. 100 Joch, und es stand in bunter Reihenfolge ein großes Feld von Weizen, Hafer, Klee, Mais und Zuckerrüben nebeneinander. Sie waren ein herrlicher Einstand für das Wild, weil bei den Zisterziensern kaum gejagt wurde, und gleichzeitig ein Wildreservoir für unsere Pachtjagd. In der Mitte war eine ca. 3 km lange Wiese, Magnet für alle Rehe der Umgebung, die aus den großen Feldern auf diese ideale Äsungsfläche austraten. Wir beide, mein Vetter Fici und ich, jagten besonders gerne in diesem Revier, wo es sehr starke Böcke gab und auch der sonstige Wildstand sich sehen lassen konnte.

Ging man einen halben Tag mit der Flinte jagen, schoß jeder von uns an die zehn Fasanen, zehn bis fünfzehn Rebhühner, zwei bis vier Hasen, ein oder zwei Füchse, vier bis fünf Wildenten, drei bis vier Wildgänse, fünf Bekassinen, drei Ringeltauben. Es gab von allem mehr als genug. Der Rehbestand war, wie gesagt, sehr gut, und ab dem ersten Mai gingen Pali, Fici und ich eifrig den Böcken nach. Die stärksten Böcke standen fast immer in den großen Tafeln des Zisterzienserreviers Elöszállás, wo naturgemäß weit mehr Ruhe war als in den schmalen Bauernfeldern unseres Pachtrevieres, wo die Bauern mit ihren klapprigen Leiterwägen hin- und herfuhren. Allerdings kann das Rehwild sehr gut zwischen gefährlichen und ungefährlichen

Menschen, ja sogar zwischen Bauern- und Jagdwägen unterscheiden. Die Geschichte der beiden Böcke war folgende:

Wir kannten einen sehr starken Bock auf einem Kleeschlag, dessen benachbartes, etwa 100 Joch großes Roggenfeld anscheinend sein Tageseinstand war. Der Bock verbrachte im Mai jedoch fast den ganzen Tag mit einigen Gaisen auf dem Klee. Mit großer Sehnsucht betrachtete ich diesen Kapitalen oft von unserer Grenze aus, auf ca. 400 bis 500 Meter. Ich zerbrach mir den Kopf, wie ich ihn bekommen könnte.

An jedem zweiten Tag kam er auch zu uns herüber, um auf der saftigen, blumigen Wiese zu äsen. Dies geschah aber immer sehr spät, knapp vor oder knapp nach dem Schwinden des Büchsenlichtes. Es war also eine sehr schwere Aufgabe, diesen Bock zu kriegen. Hier muß ich kurze Zeit abschweifen, um etwas zu erklären. Der bevollmächtigte Administrator des Klosters, Pater Hagyó-Kovács Gyula, war ein erstklassiger Diplomlandwirt und führte das Riesengut mustergültig. So exportierte er 10.000 Stück Mastrinder und 5000 Stück fette Schweine etc. Mit meinem Vater waren wir oft bei ihm zum Mittagessen eingeladen. Es nahmen immer 20 bis 30 Patres daran teil, und immer war es ein angenehmes, lustiges Beisammensein. Der Chef erlaubte mir bei einem solchen Anlaß, überall im Revier der Zisterzienser auf Gänse und Enten zu jagen. Es war ein Traumangebot, von dem ich reichlich und mit Erfolg Gebrauch machte, denn im Herbst waren auf den Feldern große Wasserlacken, wo die Gänse übernachteten, außerdem ein traumhafter Entenstrich. Er erlaubte mir sogar, am Rande der Gewässer Gruben für den Ansitz zu graben, wie dies seit jeher in der Hortobágy üblich war. Ich werde ihm für seine Freundlichkeit mir gegenüber ewig dankbar sein. Er war in jeder Hinsicht ein wunderbarer Mann, allerdings in jagdlichen Belangen völlig unwissend. Mit seinem riesigen Buick fuhr er kreuz und quer im Revier herum, nur so konnte er es schaffen, das große Gebiet zu kontrollieren. Immer hatte er aber auch die Büchse dabei. Wenn er Rehe erblickte, sagte er zu seinem Chauffeur „fahre los, Jóska", und der Geländewagen fuhr direkt auf die Rehe zu, die dieses Manöver gut aushielten. Dann schoß er auf irgendeinen Bock, der nach zwei bis drei Schüssen auch lag. Der Chauffeur des Paters erzählte dies unserem Fahrer, ich konnte es aber nicht recht glauben.

Ich wurde aber eines Besseren belehrt, als ich wieder einmal sehnsüchtig den starken Bock mit dem Glas beobachtete, der friedlich in einem Espasette-Feld äste.

Plötzlich werfen alle Rehe auf und flüchten panikartig. Was sehe ich? Der große Buick kommt in rasender Fahrt heran, holt bald einige Rehe ein, bevor sie im schützenden Roggenmeer verschwinden können. Es knallte: drei, vier, fünf Mal. Dann erst blieb der Wagen stehen. Ich beobachtete das aus ca. 800 Meter Entfernung. Leute stiegen aus und schleppten etwas zum Wagen, das konnte nur ein Rehbock sein. Und eben dort, wo „mein" Kapitaler

Bei Gefahr wird das unendliche Latschenmeer Deckung bieten

seinen Einstand hatte. Eine schöne Aasjägerei und Schweinerei, dachte ich, und war ganz unglücklich.

Es war also so, wie unser Chauffeur es erzählt hatte. So jagte der Pater also. Als wir mit meinem Vater das nächste Mal bei ihm zum Essen waren, zeigte er uns einige Rehkronen und sagte lachend: „Ich jage die Rehe auf bequeme Art, aus dem Auto, nicht so wie ihr mit langen, anstrengenden Pirschen, oft am Boden kriechend. Denn ich habe zu einer solchen Jagd keine Zeit." Zum Glück war unter den gezeigten Rehkronen kein einziger starker Bock, was mich sehr beruhigte. Die alten Böcke sind nämlich zu schlau, um mit solchen unwaidmännischen Jagdmethoden erlegt werden zu können.

Ich bangte weiter um „meinen" Bock und konsultierte auch unseren jagdlich sehr versierten Kutscher Józsi, was da zu machen wäre. Józsi, mit dem praktischen Verstand des ungarischen Landmenschen, dachte lange nach und sagte dann: „Hinüber dürfen wir nicht, das kommt nicht in Frage, aber wir könnten eine Kugel hinüberschicken! Wenn er auch auf 400 Meter und noch weiter ist, Sie könnten ihn trotzdem treffen." Ich mußte ihn energisch zurechtweisen, denn eine solche Lösung war indiskutabel, auch wenn ich drüben auf Wasserwild die Waffe führen durfte. Zu meinem Glück entschied das Schicksal, wie meistens bei der Jagd.

Eines Tages — nach wenigstens 25 Versuchen, die nichts einbrachten — kam der Bock doch einmal zu uns herüber, um auf der langen Wiese zu äsen. Aber wie es schon bei alten Böcken ist, kam er nicht dort, wo ich ihn erwartete, sondern 300 Meter weiter weg. Ich mußte auf die große Entfernung schießen, was ich gar nicht gerne tat, außerdem sehr schnell, denn es war fast finster. Ich hatte es mir angewöhnt, in (türkischer) Sitzstellung mit aufgestützten Ellenbogen zu schießen, das ist vorteilhaft, denn man muß nicht erst nach einem Baum Ausschau halten, zudem gab es dort auch keine Bäume.

Ich halte sehr ruhig und schieße schnell. Der Kugelschlag ist dumpf, ich sehe sofort, der Schuß ist in der Mitte des Wildkörpers. Ich hatte die Angewohnheit, bei weiten Schüssen immer über die Mitte des breit stehenden Wildes zu halten, denn dann konnte ich den gefürchteten Vorderlaufschuß vermeiden, mit dem im ungarischen Flachland in den großen Tafeln ein Rehbock fast sicher verloren geht. Wie man bei uns sagt — rennt er einfach „aus der Welt" hinaus. Damals schoß ich mit einem Mannlicher-Schönauer 6.5 x 54, mit dem langen Geschoß. Im Gegensatz zu heutigen Experten behaupte ich, daß wir mit dieser kurzen, handlichen, einfach genial konstruierten Waffe sowohl weit schießen konnten als auch oft bei schlechten Schüssen tödlich. Ich wußte, der Bock hatte eine tödliche Kugel, und vermied es, noch einmal zu schießen. Erstens war er schon im Nachbarrevier, im hohen Kleefeld, und zweitens tat er sich auf etwa 50 Meter in demselben nieder. Da es auch finster wurde, wollte ich ihn nicht aufmüden und ging daher nach Hause. Auch wenn ich meiner Sache ziemlich sicher war, konnte ich kaum schlafen, was jeder Waidmann verstehen wird. Schon vor vier Uhr früh waren wir an Ort und Stelle.

Alpensteinbock im Sommer

Wir, das waren Kutscher Józsi, Revierjäger Pista, mein Stichelhaar-Rüde Hektor und ich. Hektor war nicht nur ein guter Vorstehhund, bei einer früheren Gelegenheit hatte er mir einen schlecht getroffenen Bock nicht nur gehetzt, sondern auch sauber abgewürgt. Ohne Hektor hätten wir jenen Bock nie bekommen. Zur Sicherheit hatte ich ihn daher auch jetzt mitgenommen. Als wir ankamen, gingen wir sofort zum Anschuß. Wir fanden wenig dunklen Schweiß, gingen über die Grenze, denn es bestand natürlich Wildfolge, und schon sah ich den verendeten Bock in einer Mulde liegen. Die Trophäe war, wie ich sie mir vorgestellt hatte: dick, mit sehr vielen großen Perlen, etwa 24 cm lang, wunderbare Dachrosen, ein wirklich alter, reifer Bock. Es ist im Leben oft so, daß man, sobald ein Wunsch in Erfüllung geht, zwar tiefe Dankbarkeit empfindet, aber einer Illusion verlustig wird. So erging es auch mir.

Die herrliche, herzerwärmende Waidmannsfreude eines passionierten, jungen Jägers kann jedoch mit nichts verglichen werden. Vielleicht ist das der Grund, warum Diana den Jungen mehr hold ist als den alten, erfahrenen und auch im Waidmannsheil gemäßigteren Jägern. Wir schleppten den Bock zum Kutschierwagen und brachen ihn auf unserem Gebiet auf. Der Schuß saß in richtiger Höhe – Mitte Leib – und hatte die Leber zerfetzt. Der Bock mußte gestern abend schon verendet gewesen sein. Da ja im Mai die Nächte noch recht kühl sind, war das Wildbret auch tadellos.

Immer wieder griff ich in die herrliche Krone, wir plauderten überglücklich, den Bock von allen Seiten bewundernd und alles nacherzählend. Mittlerweile ging die Sonne auf, und ein herrlicher Maimorgen nahm seinen Anfang. Die Lerchen jubilierten, die Kiebitze tanzten in der Luft, auf der Wiese fielen zwei Störche ein. Es war ein duftender, trillernder, herzerfrischender ungarischer Maimorgen, der mir, so lange ich lebe, in Erinnerung bleiben wird.

Wir luden unsere Beute auf den „Bock" des Kutschierwagens und wandten uns nach Hause zu. Ich sagte aber Józsi, daß wir im Schritt fahren sollten, um die Stimmung des herrlichen Morgens restlos genießen zu können. Wo seid ihr vergangene, friedliche, zufriedene Tage meiner Jugend? In einem freien, selbständigen Ungarn, das nichts davon ahnte, was alles noch an Not, Entbehrung und Schrecken auf die Menschen wartete.

Als wir nun so langsam den Feldweg entlang fuhren, sahen wir auf einmal auf ca. 800 Meter einen Bauernwagen auf das Feld einbiegen.

Der Bauer bleibt stehen und geht daran, grünen Roggen als Futter für seine Rinder zu schneiden. Als er anfängt, seine Sense zu schwingen, wird im Roggenfeld ein Bock hoch und flüchtet direkt in unsere Richtung. Ich weiß sofort, daß auch dieser Bock aus der Domäne Elöszállás stammt und wieder dem großen Kornfeld links zustrebt. Er macht sich daran, verspätet seinen Einstand aufzusuchen, und muß an uns vorbei. Inzwischen hat er sich auf ca. 400 Schritt genähert, und ich greife zum Glas. Es wird mir ganz heiß um die Ohren, denn auch dieser Bock ist kapital, wenn auch ein ganz anderer Typus als der gestern erlegte. Er hat sehr hohe Stangen und lange Enden, ein bißchen das, was man einen Blender nennt. Als er noch näher kommt, scheint es mir, daß auch die Stangen stark sind und er das notwendige Alter hat. Ich beschließe, ihn zu strecken. Józsi gebe ich die Anweisung, so schnell, wie er kann, mit dem Pferdewagen von hier wegzufahren, während ich hinter einem Fliederbusch, der am Wegrand steht, Deckung suche. Es ist übrigens die einzige Deckung weit und breit. Der Wagen saust mit Józsi, Pista und Hektor schnell davon, während der Bock bereits auf 100 Meter herangekommen ist.

Ich schaue wieder durch das Glas und bin vor Aufregung ganz fertig, denn je näher der Bock kommt, desto stärker wird er. Ein wirklicher Kapitalbock, wie man ihn sehr selten zu sehen bekommt. Nun, als ich laden will − ich hatte natürlich am Wagen entladen −, fällt es mir ein, daß ich die Patronenschachtel zurückgelassen habe. Also erwarte ich den Bock mit leerer Büchse! Da fällt mir glücklicherweise ein rettender Gedanke ein. Oft haben die Lodenjacken Löcher, die die Patronen in den Taschen verursacht haben, und manchmal rutschen auch Kugelpatronen unbeachtet in die Fütterung. Vielleicht finde ich eine. Ich taste herum, und wirklich fühle ich eine Patrone, ganz im Futter verwickelt, ich kann sie gut fühlen. Nur schnell heraus damit! Der Bock ist schon auf 50 Meter heran, er wird mich am Ende umrennen, ich kann die Patrone nicht hinauskriegen, denn das Loch im Futter ist so klein, daß ich es in der Eile nicht finde. Schrecklich aufregende Minuten, und ich bin nahe daran, die Nerven zu verlieren. Schließlich stecke ich meine Faust mit Gewalt in die Tasche und reiße ein großes Loch in den Sack, sodaß meine Hand endlich in das Futter kann. Doch auch jetzt brauche ich Sekunden, um die Patrone zu erfassen. Der Bock ist Gottlob in Schrittempo gefallen und kommt auf 20 Meter an mir vorbei, um in das nahe Roggenfeld einzuziehen. Ich schiebe die Kugel leise in den Lauf und den Verschluß behutsam zu. Im Fernrohr sehe ich nur rot, und im Knall, fast 10 Meter vor der Grenze, stürzt der Bock und rührt keinen Lauf mehr. Oh Gott, war das eine Spannung und ein Erlebnis.

Nun kommt der Wagen herangebraust, und Józsi ruft schon von weitem: „Mit was haben Sie geschossen, die Patronen sind ja im Wagen?" Nun habe ich Zeit, alles zu erklären und zu erzählen. Wir strecken die beiden Kapitalböcke nebeneinander. Der eine hat kurze dicke Stangen und ist herrlich geperlt, von ausnehmend dunkler Farbe, was bei unseren Feldböcken (besonders im Mai) selten ist. Der andere hat Stangenlängen von 28 und 29 cm, Dachrosen, lange blitzende Enden, ein Bilderbuchbock.

Diesen Tag mit allen seinen Einzelheiten habe ich bis heute (55 Jahre später) nicht vergessen. Beide Böcke haben bei der jährlichen Trophäenprämiierung im Nationalcasino durch den ungarischen Jagdschutzverein die (alte) Bronzemedaille bekommen.

Der beste Bock, der in Hercegfalva in jenen Jahren erlegt wurde, war der meines Vetters, György von Nagy, der im Erlegungsjahr zweitbester Bock Ungarns wurde. Meine herrlichen Trophäen wurden natürlich die Beute unserer Befreiung, wie so vieles andere an ideellen und materiellen Gütern.

Im gleichen unvergeßlichen Revier hatte ich auch noch ein negatives Erlebnis, das ich ehrlich erzähle, damit der eine oder andere jüngere Waidmann daraus vielleicht eine Lehre zieht.

Wieder einmal lauerte ich auf einen guten Bock, der aus der Domäne Elöszállás zu uns auf die große Wiese zu wechseln pflegte. Es war in der Hochbrunft, und er kam zusammen mit einer Gais schon ganz im Dunklen, einige Minuten vor dem völligen Schwinden des Büchsenlichtes. Die Rehe zogen aufreizend langsam, immer wieder äsend näher. Im nachbarlichen Gerstenfeld, das in diesem Jahr eher niedrig geraten war, konnte ich nur die Häupter sehen. Endlich kamen sie auf die Wiese, die Gais vorne, hintennach der Bock. Es war zum Ansprechen schon zu finster, ich wußte nur, daß der Bock der hintere war. Kaum aber waren die Rehe auf unserer Wiese draußen, fingen sie zu treiben an, vollführten einige Runden und verhofften dann auf 100 Schritt.

Nun erhob sich die Frage, welcher ist der Bock? Leider war ich als ganz junger Jäger so erpicht darauf, diesen Bock zu kriegen, auf den ich schon unzählige Fehlpirschen gemacht hatte, daß ich mich hinreißen ließ, auf das hintere, stärker scheinende Reh zu schießen. Im Fernrohr sah ich das Fadenkreuz noch recht gut, und als ich am Blatt war, ließ ich fliegen. Feuerstrahl, Kugelschlag, die Bühne war leer, also war das Stück im Feuer gestürzt. Das andere Reh flüchtete sofort in die Gerste zurück und schreckte dreimal laut: „beö. beö, beö." Nun erschrak ich aber. Die Stimme klang mir doch sehr tief, so schreckt im allgemeinen keine Gais!

Böses ahnend, ging ich zum gestreckten Stück, und nun sah ich die Bescherung. Da lag eine Gais mit tadellosem Blattschuß, verendet. Und wie ich sofort erkannte, keine Schmalgais, wie ich angenommen hatte. Zur Ergänzung des Unglückes war es obendrein eine Kitzgais.

Der unverzeihliche Fehler, den ich gemacht hatte, mußte Folgen haben, doch da gab es keine Ausrede. Ich hatte eine Todsünde begangen. Nicht so sehr wegen der Erlegung einer Gais an sich, dies kann auch bei großer Vorsicht einmal vorkommen, sondern weil ich, ohne genauestens angesprochen zu haben, losgedrückt habe. „Das ist des Jägers höchstes Gebot, was er nicht erkennt, schießt er nicht tot." Ein bißchen Selbstbeherrschung hätte das Unglück vermieden. Doch die Leidenschaft ist mit dem jungen Jäger durchgegangen. Es blieb aber eine gute Lehre für mich. Nie mehr in meinem ganzen Jägerleben ist mir so etwas oder was ähnliches passiert. Die böse Erinnerung saß mir zu tief in den Knochen.

Ein junger Mensch muß lernen, die Erfahrung formt ihn erst zum waidgerechten Jäger. Auch schlechte und selbstverschuldete Erfahrungen gehören leider dazu.

Wildgänse

Die Wildgänse setzten mich schon als ganz jungen Jäger in große Aufregung. Ich werde es nie vergessen, als ich meine erste Gans aus großer Höhe mit meiner Coxwell & Harrisson – Flinte, Kaliber 20, herunterholte. Von nun an ging es den Gänsen nach, natürlich mit Kal. 12. Am Velence-See, in der Hortobágy, in Soltvadkert, Akasztó, Geszt, aber auch zuhause, in Hantos und Hercegfalva, hatte ich unvergeßliche Jagden auf Gänse, und zwar in den Jahren von 1925 bis 1945. Leider ist mein Jagdbuch dem Kriege zum Opfer gefallen, aber aus dem Gedächtnis kann ich mich erinnern, daß meine Strecke an Wildgänsen 4000 bis 4500 Stück betrug.

Einmal passierte mir eine so unglaubliche Geschichte, daß ich kaum wage, sie niederzuschreiben. Da es aber tatsächlich so geschah, werde ich es doch erzählen. Ich saß in meiner Grube, und es kamen mir sechs Gänse, auf ungefähr 40 Schritt breit streichend und in einem Winkel von ca. 45 Grad. Mein erster Schuß faßte die erste Gans, aber schlecht, so daß sie schwerkrank weiterflog. Die anderen stiegen geschlossen steil in die Höhe, ich feuerte instinktiv mit dem zweiten Schuß in das dichte Knäuel, worauf von den fünf restlichen Gänsen vier herunterfielen. Die fünfte, scheinbar sehr verblüfft, wo die anderen wohl blieben, vollzog laut rufend einen kleinen Kreis. Währenddessen lud ich blitzschnell meine Flinte — wegen der großen Eile mit nur einer Patrone — und erreichte sie noch mit einem glücklichen Schuß. Die zuerst beschossene Gans landete von mir ungefähr 200 m entfernt, und bis ich sie holte, war auch sie schon verendet.

Ich hatte einen guten Freund, Kálmán Tisza, der in Geszt (Komitat Bihar) ein vorzügliches Revier mit reichlich Niederwild, aber auch kapitalen Rehböcken besaß. Seine Landwirtschaft in Geszt war 12.000 Kat. Joch groß, außerdem gehörten dazu 2000 Kat. Joch Fischteiche. Ich jagte bei ihm viel auf Gänse, Enten und Fasanen. Aber eine Gänsejagd wird mir besonders im Gedächtnis bleiben. Es war im Oktober des Jahres 1943. Wir waren auf Fasanen eingeladen, und nach der Jagd, als alle Gäste wegfuhren, blieb ich mit zwei Freunden, L. Sz. und A. B., auf Gänse, die wir den nächsten Tag bejagen wollten. Schon in aller Frühe gingen wir los, aber nur wir drei, der Hausherr blieb zu Hause. Ihm machte es mehr Freude, wenn seine Gäste sich gut amüsierten, und übrigens hatte er die Gänse ja jeden Tag und konnte so viele schießen, wie er wollte. A. B. hatte den Ehrenstand auf einem der Teiche, wo die Gänse besonders zahlreich waren, wir hatten ungefähr 1 km von dort entfernt unsere Stände. (Es gab etwa 18 Teiche von verschiedener Größe.)

Am Abend kommen die Gänse, um auf den Teichen zu übernachten, streichen nächsten Tag beim Morgengrauen auf die Saatfelder, um nach einigen Stunden wieder zum Wasser zurückzukehren, denn die Gans braucht relativ viel Wasser zum Trinken, wenn sie sich mit frischer Saat vollgeweidet hat. Dadurch entsteht ein Kommen und Gehen, das bis zum Abend dauert. Beim Morgengrauen erhebt sich eine Wolke von Gänsen, um auf die Saatfelder zu ziehen, wo sie zu Tausenden auf der Wintersaat einfallen. Dieser Zug währt aber nur ca. 15 Minuten, da muß man aus allen Rohren feuern, und es gelang diesmal auch jedem von uns, in der großen Eile 15—20 Stück herunterzuholen. Nun kam eine Pause von 1—1½ Stunden, und wie unsere Begleiter, die in der Teichwirtschaft angestellten Fischer erzählten, kommen die Gänse bald zum Wasser zurück, fliegen dann wieder auf die Saat, so daß der Strich den ganzen Tag anhält.

Und tatsächlich strichen sie nach einiger Zeit, ein Flug nach dem anderen, zum Wasser, dann wieder auf die Felder. Das Wetter war sehr trocken, und dies trug zum Durst der Gänse noch bei. Da der Zug genau auf einer Breite von etwa 50—60 m durchging und seitlich davon relativ wenige kamen, beschlossen wir, als gute Freunde, diesen schmalen Flugkorridor brüderlich zu teilen, indem wir uns ca. 60 m voneinander aufstellten, so konnten wir die heranbrausenden Gänsescharen gut mit Feuer bedecken. Natürlich machten wir Doubletten, wenn sie gut kamen, aber oft zogen sie auch höher, und dann kam mitunter nur eine herunter.

Der Hausherr hatte etwa 20 lebende Lockgänse dem Ehrengast zugeteilt, die, friedlich auf dem Wasser liegend, den wilden Brüdern freudig zuriefen, so daß sich die Gänse in Scharen auf diesen Stand stürzten, um dort einzufallen. Diese Lockgänse waren zahm, bekamen gutes Futter und wollten sich nicht von dem Stand des Schützen entfernen. Auf einmal kommt ein Fischer angelaufen mit einem von A. B. geschriebenen Zettel: „Um Gottes willen, einer von euch soll herkommen, der kann hier schießen, schießen, ich werd' mit den Gänsen nicht fertig". Auf seinen Stand kamen zu viele, aus einer Entfernung von ca. 1 km konnte man gut sehen, wie sie auf den Stand zustürzten. Wir aber sagten dem Fischer, er soll nur melden, daß wir hier auch genug hätten, und außerdem könnten auf einem Stand nicht so viele Schützen stehen. So ging es den ganzen Tag lustig weiter. Scharen von 100 und oft mehr Gänsen kamen zwischen uns beiden, daß es eine Freude war. Die Fischer rannten in einem fort, um die gefallenen Gänse zu holen. Als die Sonne unterging, kamen nicht nur Gänse, sondern noch eine Menge Stockenten dazu. Man wußte nicht, wohin man schauen sollte, denn mit dem Rücken zum Wasser erwarteten wir die Gänse, und zur gleichen Zeit sausten die Enten von hinten (vom Wasser aus), auf die Felder zu. Es waren Minuten, die ich nie vergessen werde. Zum Glück kam die Mehrzahl der Gänse aus der Richtung des Sonnenunterganges, so konnte man sie lange sehen. Natürlich schossen wir mit zunehmender Dunkelheit nur auf Gänse, denn die schnellen Enten waren schon unsichtbar geworden, man hörte sie nur vorbeisausen. Die auf uns hereinbrechenden Gänsemassen waren unbeschreiblich. Das vielstimmige Gegakker vermischte sich zu einem einzigen ohrenbetäubendem Lärm. Man muß bedenken, daß hier ganz sicher zigtausend Gänse riefen.

Scharen von 100–200 zogen längere Zeit von allen Seiten heran. So ein Schauspiel habe ich noch nie gesehen und werde es auch nie vergessen. Lange Zeit brauchten wir, um mit Hilfe der Jäger und Hunde die erlegten Gänse und Enten zu bergen und zu strecken. Wir hatten eine einzigartige Strecke. Wir gingen zum Schloß Geszt und berichteten dem Hausherrn von unserem wunderbaren Erlebnis.

Hektor – mein Lieblingshund

Er hieß Hektor und war der beste Hund, den ich jemals besessen hatte. Ich kaufte ihn von einem mir bekannten Jäger und, obgleich er mager und struppig war mit seinen fünf Monaten, erkannte ich sofort den echten Stichelhaar. Er war allerdings vernachlässigt und schlecht gefüttert und sah einem Dorfköter ähnlich. Bald stellte ich fest, daß er auch voller Würmer war, und eine Dressur hatte er niemals gekannt. Als ich ihn entwurmt und aufgefüttert hatte, mit einem halben Jahr, war Hektor der schönste Hund weit und breit. Wir verstanden uns so gut, als hätten wir miteinander sprechen können. Ein Blick genügte, um zu wissen, was jeder von uns wollte. Von Hundedressur verstand ich nicht sehr viel, doch die Franzosen sagen: „Le bon chien chasse pour rasse", was soviel bedeutet, daß ein echter Rassehund das Jagen im Blut hat. Hektor war außerdem noch außergewöhnlich intelligent. Jedem jungen Hund gefällt es, dem Hasen nachzuhetzen, und man muß ihm das abgewöhnen, was oft sehr schwer ist. Bei Hektor hatte ich in dieser Beziehung keine Probleme. Im ganzen hetzte er zwei- bis dreimal einem Hasen nach, ich beschimpfte ihn dann ordentlich und drohte ihm. Sehr schnell kam er darauf, daß es sich nicht lohnte, einem Hasen, auf den nicht geschossen wird und der überdies auch gesund ist, nachzuhetzen. Wohl aber demjenigen, auf den geschossen wird, und wenn sein Herr ihn noch durch Zuruf anfeuerte, dann rannte er wie ein geölter Blitz hinterher. Hatte der Hase Schrote, brachte er ihn, auch wenn er ihm ein oder zwei Kilometer nachlaufen mußte.

Ich begleitete einmal bei einer Hasenstreife eine Dame, die mit einer 20er Flinte schoß. Ich hatte Hektor mit, denn ich wußte, daß in diesem Falle Hilfe nötig sein würde. Ich selbst hatte keine Flinte mit, da ich die Hasenstreife leitete. So war es bei uns Sitte. Die genannte Dame schoß mehrere Hasen an, aber nicht einer entkam Hektor. Ich rief nur auf ungarisch, „fogd meg Hektor", was bedeutet, „faß' ihn Hektor", und schon war er dem Hasen auf den Fersen: Je nach Art der Verletzung brachte er ihn früher oder später. Bei so einer Gelegenheit, als er den Hasen übergab, „lächelte er" oft (wie es manche Hunde tun), als ob er sagen würde: „Hast du gesehen, wie gut ich das gemacht habe?" Er zog die Lefzen hoch und sprang freudig um mich herum, bis ich ihn durch Streicheln für seine Tat belohnte. An so einem Tag war er im Stande, 20 oder mehr angeschossene Hasen zu hetzen und auch zu fangen, ohne Spuren von Müdigkeit zu zeigen. Er hatte sich zu einem kapitalen Rüden entwickelt, der auch im Kampf mit den anderen Hunden immer Sieger blieb. Das konnte man feststellen, denn im Dorf gab es eine Menge Hunde, die durch ihr Aussehen klar anzeigten, daß ihr Vater Hektor war. Nachts sperrte ich ihn ein, und meistens schlief er unter Aufsicht mit den Dackelhunden im Pferdestall oder im Haus bei mir. Trotzdem verschwand er oft auf kurze Zeit, ohne daß man es merkte, um eine Nachbarhündin zu besuchen, wo er kurzen Prozeß machte, alle anderen Hunde wegjagte und schließlich bei der Hündin Sieger blieb. Schnell kam er nach so einem „Seitensprung" nach Hause, mit einer Unschuldsmiene, als ob er sagen wollte: „Ich war ja nur um die Ecke beim Nachbarn".

Natürlich ließ ich ihn jedes Jahr gegen Tollwut impfen. Übrigens war es damals in Ungarn gesetzlich angeordnet, daß alle Hunde gegen Tollwut geimpft sein mußten. Die Polizei kontrollierte außerdem alle Hundebesitzer, die beim Tierarzt mit Namen eingetragen waren. Einmal passierte es, daß mich ein Hund in die Hand biß, als ich ihn streicheln wollte. Da ich den Besitzer kannte, ging ich zum Tierarzt, um im Register nachzusehen, ob der Hund auch ordnungsgemäß geimpft war. Der Tierarzt zeigte mir die Eintragung mit der Bemerkung, „Sie können ruhig sein, der Hund wurde von mir geimpft". So ersparte man sich eine unangenehme Prozedur mit der Pasteurimpfung.

Hektor vollbrachte ganz große Kunststücke, ohne dazu angelernt worden zu sein. Bei einer Gelegenheit ging ich mit ihm auf unserem Landgut auf den Gaisenabschuß. Es war im Dezember, und ich pirschte mich an einen Sprung Rehe an, die in einem Kleefeld standen. In der Deckung eines Strohschobers, der am Rande eines flachen Feldes stand, schlich ich mich heran und schaute bei dessen Ecke heraus. Da standen die Rehe, ungefähr auf 180 Gänge friedlich äsend, natürlich steckte auch Hektor neben meinen Knien seinen Kopf heraus, um zu sehen, auf was es ging. Ich suchte mir eine geeignete Gais zum Abschuß aus und schoß sitzend, auf beide Ellbogen gestützt.

Die Gais blieb im Feuer und verschwand sozusagen vom Erdboden. Der Klee war trotz des Winters gerade so hoch, daß man sie aus dieser Entfernung nicht mehr sehen konnte. So vermochte Hektor, als er nach dem Schuß aus unserer Deckung hervorsprang, nur die anderen flüchtigen Rehe, etwa zehn Stück, sehen. Er hinterher. Ich rief ihn nicht zurück, denn ich sagte mir, nach 100 Metern wird er schon zurückkommen. Die Rehe flüchteten über einen sanften Hügel, etwa 200 bis 300 m von der Anschußstelle entfernt, und entschwanden meinen Blicken. Hektor war aber so schnell aufgerückt, daß er nur noch 100 m vom Hügel entfernt war, als die Rehe verschwanden. Auch er entzog sich meinen Blicken, ich hängte meine Büchse um und ging zu dem erlegten Stück. Kaum hatte ich aber einige Schritte in diese Richtung getan, schien es mir, als ob ich einen Klagelaut weit hinter dem Hügel hörte. Ich dachte zuerst, daß von der Kugel ein Stück abgeprallt sei und noch ein Stück verwundet hätte (dieser Zufall ist mir schon passiert) und daß Hektor dieses Stück gefangen hätte. Ich rannte so schnell ich konnte auf den Hügel, und tatsächlich stand Hektor ungefähr 200 Meter entfernt und würgte ein Stück. Ich ging schnell hin, und voller Freude über seine vollbrachte Tat begrüßte er mich. Was sollte ich machen, er hatte ja ein angeschossenes Stück zur Strecke gebracht. Ich lobte ihn sogar, und er war überglücklich.

Zuhause jedoch stellten wir fest, daß es tatsächlich unverletzt war, Hektor hatte also ein ganz gesundes Stück gefangen. Es war ein schwaches Stück, das gegenüber den anderen ein bißchen zurückgeblieben war. Das wurde von unseren Arbeitern bestätigt, die in der Nähe auf dem selben Feld mit Ochsen ackerten. Ich konnte ihn nicht einmal beschimpfen, denn er hatte sich nur an die natürliche Auslese gehalten, wie es in Siebenbürgen die Wölfe tun, die die schwachen Stücke reißen und nur die stärksten am Leben lassen. Darum, dies nebenbei gesagt, gibt es in dieser Gegend auch enorm starke Hirsche.

Ich nahm Hektor immer zum Abendansitz auf Gänse mit. Dabei zeigte er eine außerordentliche Intelligenz. In unserer Gegend gab es große Wiesen, und im Herbst und vor Winterein-

136

bruch entstanden durch lange Regenperioden große Wasserlachen. Dorthin kamen am Abend die Gänse zum Übernachten. Diese Tümpel waren unterschiedlich groß, im allgemeinen 10−15 Hektar. Wir schaufelten am Rande dieser Gewässer Gruben aus, um darin besser auf die Gänse warten zu können. Bei so einer Gelegenheit schoß ich eine Gans an, die geflügelt herunterging, aber auf der anderen Seite des Tümpels, etwa 300 m von uns und 30 m vom anderen Ufer entfernt. Die meisten Hunde stürzen sich in so einem Fall ins Wasser, schwimmen die 300 m und kommen müde bei der Gans an. Nicht so mein Hektor!

Er wußte, daß er es sich viel leichter machen konnte. Die Wasserlache hatte nämlich eine Eiform, war ungefähr 300 m breit und 500 m lang. Er rannte in schnellem Galopp los, aber rundherum, und anstatt 300 m zu schwimmen, rannte er 500 m auf einer flachen Wiese. In einigen Sekunden erreichte er die Stelle, wo die Gans in Ufernähe niedergegangen war, sprang auf sie los und erwischte sie sofort. Kaum fünf Minuten waren verstrichen, da kam er schon im gemächlichen Trab an und überreichte mir mit stolzer Miene die Gans.

Die Gänse kamen am Anfang oft nur kreisend, und wir beide kauerten in der Grube und warteten darauf, daß sie niedriger kämen. Als ich einmal mit ihm in der Grube saß, sein Fang nur einige Zentimeter neben meinem Gesicht, winselte er ganz leise und beobachtete, vor Aufregung zitternd, die kreisenden Gänse. Ab und zu warf er mir einen Blick zu, so als ob er sagen wollte: „Die Gänse sind doch da, warum schießt du noch nicht?" Er konnte ja nicht wissen, wie weit eine Flinte reicht, das wissen sogar viele Jäger nicht und ballern zu früh los. Bei Gänsen, die ja große Vögel sind, denkt man oft, sie wären auf Schußweite, wenn dies noch lange nicht der Fall ist. Und als dann endlich die Gänse schußgerecht kamen, hatte Hektor sein Vergnügen daran, die gefallenen zu holen. In diesem Falle handelte er ebenfalls sehr intelligent, denn die nicht gut getroffenen und noch flatternden brachte er zuerst. Jene, die steintot in der Nähe herunterfielen, ließ er vorläufig liegen, er wußte, die sind sicher, die kann ich mir sogar selber holen. So erlebten wir wunderschöne Jagden. Allabendlich konnte ich 10−12 Gänse und 4−5 Enten erlegen. Das war in den Monaten November und Dezember täglich möglich, wenn der Winter mild war, ja sogar auch noch im Januar. Sobald die Gewässer einfroren, zogen die Gänse am Abend zur Donau, die von uns etwa 15 km entfernt war und bei Dunaföldvár eine Breite bis zu 2 km hat. Dort übernachten sie auf Sandbänken in der Mitte des Stromes. Im Morgengrauen kamen sie dann auf unsere Wintersaaten, wo wir sie erwischten.

Bei Hektor beobachtete ich, wie ein Hund, was Instinkt oder Sehvermögen anbelangt, dem Jäger oft überlegen ist. Nicht selten passierte es bei großer Finsternis, daß man die heranziehenden Gänse nur schemenhaft sehen konnte und nicht wußte, ob etwas gefallen war. Nur wenn die Gans direkt neben einem auf dem Boden aufschlug, konnte man seiner Sache sicher sein. Hektor rannte wild in die Finsternis den weiterziehenden Gänsen nach. Als er dies das erste Mal tat, konnte ich es nicht begreifen. Es vergingen 10−15 Minuten, und auf einmal kam er stolz mit einer Gans zurück. Woher hatte er die im Stockfinsteren gebracht? Wie hatte er es wissen können, daß noch eine angeschossen war? Vielleicht hörte er das Aufschlagen der Schrote besser, oder soll ich es einfach Instinkt nennen. Manchmal verging eine halbe Stunde, und erst danach vernahm ich sein Pusten, dann wußte ich, daß er etwas im Fang hatte. Und tatsächlich kam er mit der Gans an.

Oft fuhr ich mit der Jagdkutsche auf den ungefähr 7–8 km entfernten Abendanstand. Hektor wollte nie im Wagen sitzen, er lief immer neben dem Wagen oder irgendwo in der Nähe im Feld. Durch Zufall kam es einmal durch Hektors Benehmen zu einer eigenartigen Jagd auf streunende Katzen. Als wir am Abend bequem in langsamem Trab nach Hause fuhren, mein treuer Kutscher Józsi Kuti und ich, lief Hektor irgendwo in der Finsternis nebenher. Auf einmal hörte ich ihn rechts von uns in der Mitte einer Wiese Standlaut geben. Ich wußte, daß auf der Wiese eine einzelne große Schwarzpappel stand, und ahnte, daß er eine Wildkatze auf dem Baum festgemacht hat.

Wir halten, ich gehe hin, kann aber die Katze nicht ausmachen. Hektor bellt wütend und springt am Stamm empor. Schließlich sehe ich undeutlich die Katze, schieße hin, treffe aber knapp neben die Katze, die vom Baum herunterspringt und in der Finsternis verschwindet. Hektor hinterher. Es vergeht nicht mehr als eine Minute, da kommt die Katze zurückgerannt, Hektor hart auf ihren Fersen. Da in einem Umkreis von 400 m kein Baum vorhanden ist, war sie gezwungen zum selben Baum zurückzukommen, um nicht von Hektor gefangen zu werden. Diesmal aber sehe ich sie deutlicher und schieße sie herunter.

Diese Jagdmethode mit Hektor wandte ich nachher im Mai oft an, wenn das ganze Revier eine Kinderstube für nützliches Wild ist. Da richten die streunenden Katzen den meisten Schaden an; doch wie viele unsere Heger mit Kastenfallen auch fingen oder im Felde abschossen, es kamen immer neue dazu. Die besonders schlauen jagten bei Nacht. An solchen schönen Maiabenden ging ich – vor allem bei Mondlicht – so um 22–23 Uhr auf die Felder hinaus. Hektor wußte schon genau, worum es sich handelte. Er verschwand im Finstern, und bald hörte ich seinen Standlaut. Ich hatte eine Taschenlampe mit, denn jetzt im Mai konnte man wegen des Laubes ohne Lampe keine Katze auf dem Baum ausmachen. Es ging leicht, in einer Hand hielt ich die Taschenlampe, und mit der anderen Hand schoß ich mit einer leichten 20er Flinte die Katze herunter. Einmal war es sogar ein Marder, den ich auf solche Weise erlegte. Hektor freute sich unendlich über diese Jagden und beutelte die Katzen mit großer Freude. An den Kastenfallen hatte er auch großen Spaß. Sobald wir an eine kamen, die zugeschlagen war, sprang er vor Freude und Aufregung um sie herum, bis ich ihm die Tür öffnete. Er schnappte blitzschnell die herausspringende Katze, sogar auch Iltisse, die er aber nach einem Biß spuckend, mit „saurem" Gesicht voller Ekel wegwarf. Natürlich genügte dieser einzige Biß, um dem Iltis den Garaus zu machen. Wie bekannt, spritzen Iltisse in Lebensgefahr aus ihren Stinkdrüsen eine fürchterlich riechende Flüssigkeit aus, vor der sich alle Hunde ekeln. Hektor ekelte sich auch, aber seine Passion war stärker, er biß trotzdem zu. Nachher betrachtete er den toten Feind mit Verachtung und rührte ihn nicht mehr an.

Einmal war sogar ein Jungfuchs in der Kastenfalle, aber er war schon ziemlich groß und hatte kaum Platz in ihr. Ich mußte die ganze Kiste aufheben, um ihn herausfallen zu lassen, denn er wollte nicht herausspringen, als er Hektor draußen warten sah. Er tat mir beinahe leid, da er noch sehr unerfahren war. Aber wo Fasanen gezüchtet werden, kann man wirklich keine Füchse entkommen lassen. Im Frühjahr richten sie bei den Fasanenküken besonders großen Schaden an.

Ich erinnere mich gern an die wunderschönen Herbstabende im Oktober, als ich mit Hektor zu einem bestimmten kleinen Tümpel auf den Enteneinfall ging. Dieser Tümpel lag nicht auf unserem Landgut, sondern in einem Pachtrevier, ca. 8 km von Zuhause entfernt. In der Erinnerung sehe ich die winterlichen Wiesen, die alten zersausten Weidenbäume – die wahrscheinlich noch immer dort stehen – und einen ganz kleinen Tümpel, nicht größer als ein Hektar, mit wenig Schilf und etwas Gras, ganz seichtem Wasser und nicht tiefer als 50–60 cm. Welcher Jäger kennt nicht diese wunderbare Spannung, wenn man auf Enten wartet und auf das erste schwirrende Geräusch der anstreichenden Enten lauscht? Zu diesem Tümpel kamen sie von sehr weit her.

Auf einmal hörte ich ein Rauschen und erblickte die Enten 100 m hoch über uns. Sie flogen eine Schleife oder, besser gesagt, eine Runde, fielen sofort in steilen Sturzflug, und es vergingen nicht mehr als zehn Sekunden bis zum Einfallen. Da war es leicht, eine Doublette zu schießen, und Hektor sauste schon los, um die gefallenen zu holen. Kaum brachte er eine, so machte er auch schon wieder kehrt und holte die nächste, ohne daß man ihn schicken mußte. Er wußte genau, daß noch eine zu suchen war. Sofort danach kam der nächste Schof, und oft hatten wir Eile, denn während Hektor noch im Wasser mit den Enten beschäftigt war, fielen schon andere. Aber Hektor wurde dadurch nicht im geringsten gestört. All das wiederholte sich in rascher Folge mehrere Male, denn der Abendstrich dauert nur kurze Zeit. In ca. 20 Minuten hatte ich 12–15 Enten, ich erinnere mich, einmal sogar 26 Stück in dieser kurzen Zeit erlegt zu haben. Hektor suchte ruhig im hohen Gras, bis er alle gefunden hatte. Es kam vor, daß ich mich verrechnete und dachte, daß wir bereits alle gefunden hätten, nicht so mein Hektor, der weiter suchte. Ich sage ja nicht, daß er sie gezählt hätte, aber ich denke, daß ihm die Wittrung sagte, daß noch eine zu holen ist. Diese abendlichen Jagden konnte man jede Woche nur einmal wiederholen, ohne die Enten zu vergrämen. In diesem Tümpel mußte irgendein Grassamen oder eine mir unbekannte Nahrung vorhanden sein, daß die Enten eben diese Stelle so liebten.

Diese wunderbaren Jagden dauerten meistens bis Ende Dezember, dann begannen die Gewässer schon zuzufrieren. Die Spätherbst- und Winterente hat einen eigenartigen Geruch, den alle Entenjäger kennen. Dieser mürbe Schilf-, Gras-, und Schlammgeruch, den ich nicht genau beschreiben kann, ist für mich das beste Parfum. Ich bin sicher, daß echte Entenjäger mir recht geben werden. Dasselbe gilt jedoch nicht für die Sommerente.

* * *

Eines Tages war bei uns der damalige Ministerpräsident zu einer großen Hasenjagd eingeladen. Mein Vater sagte mir: „Du mußt den Hektor mit dem Heger Pista auf dem Stand des hohen Gastes zur Verfügung halten". Es war nämlich bekannt, daß dieser, obwohl sehr passioniert, nur ein schwacher Schütze war. Hektor konnte bei den angeschossenen Hasen viel helfen. Den Heger Pista kannte Hektor gut, und so war ich sicher, daß er ihm folgen würde. Die Jagd ging also los, der Ministerpräsident stand natürlich am Eck, wo die meisten Hasen kamen. Es war ein gutes Hasenjahr, der erste Streifen war etwa 6 km lang. Ich leitete die Jagd, schoß also nicht mit, und als am Ende des Streifens die zehn Schützen zusammenkamen, ging ich gleich zum Ministerpräsidenten, um mich nach seinem Resultat zu erkundigen. Er empfing mich freudestrahlend und sagte: „Ich habe 125 Hasen erlegt, eine wunderbare Jagd! Ich gratuliere dir zu deinem Hund, er ist ausgezeichnet.“ Ich gratulierte ihm auch zu dem schönen Erfolg. Nun gingen wir zu den anderen Schützen, die schon beim Mittagstisch warteten. In einer Fasanenremise auf einer kleinen Lichtung, vom Wind geschützt, war der Tisch gedeckt. Dort wartete auf uns das prächtige Gulyás und allerlei ungarische Speisen mit gutem Wein. Während sich alle Herren setzten, rief ich den Heger Pista zur Seite, der mit Hektor an der Leine wartete. „Nun, wie war es Pista?“ „Ja“, sagte er, „Seine Exzellenz hat 125 Hasen geschossen, aber die Hälfte dann Hektor gefangen.“ „Wieso?“, fragte ich. „Ja, Seine Exzellenz schoß ihnen meistens die Läufe weg, immer zu niedrige Schüsse. Aber für Hektor war es ein Kinderspiel, einen dreiläufigen Hasen einzuholen.“ Daraufhin bat ich Seine Exzellenz: „Bitte schießen Sie nur einmal auf jeden Hasen, wenn er angeschossen ist, holt ihn der Hektor sicher, und mit dem anderen Schuß auf einen anderen, wenn er Schrote hat, ist er auch sicher.“ Und Hektor tat sein bestes und holte einen nach dem anderen. Man mußte ihn später an die Leine nehmen, denn in der „Hitze des Gefechtes“ wurde er immer wilder.

Schließlich ergab sich eine sehr komische Situation. Der Ansturm der Hasen wurde auf einmal so groß, daß vier Hasen auf Schußweite herankamen und auf das Eck losstürmten. Die ersten zwei erlegte der Herr mit einer Doublette, aber inzwischen waren die anderen schon auf 15 Meter heran. Er schießt auf den einen zweimal, währenddessen rennt ihm der zweite beinahe zwischen die Füße. Als er sich umdreht, um die Flinte zu wechseln, reißt sich Hektor los und greift mit einem mächtigen Satz den Hasen. Als der Herr die Flinte in der Hand hatte, um zu schießen, war kein Hase mehr da, Hektor hatte ihn schon im Fang. Das verdutzte Gesicht des Schützen war so urkomisch, daß alle Treiber fürchterlich lachen mußten, und der Ministerpräsident sagte: „Da brauche ich ja nicht einmal zu schießen, wenn ich so einen Gehilfen habe.“ Ich mußte auch sehr lachen, wie der Heger das in seiner drolligen Weise erzählte. Einen anderen Hasen bei derselben Jagd, der angeschossen abging, fing Hektor nach ungefähr 300 Meter und brachte ihn gemächlich im Trab. Es ereignete sich aber, daß die fünf Hunde eines in der Nähe seine Schweine hütenden Hirten auch dem Hasen nachhetzten. Als sie ankamen, trottete Hektor bereits mit ihm im Fang zurück. Sie wollten ihm den Hasen streitig machen, doch so bald einer von rechts zugriff, drehte Hektor seinen Kopf nach links und umgekehrt. Als es ihm am Ende zu dumm wurde, legte er den Hasen auf den Boden und griff die Hunde an. Zwei verprügelte er gehörig, die anderen ergriffen danach die Flucht. Dann nahm er wieder den Hasen auf und kam mit einem ernsten Gesicht zurück, das ausdrücken sollte: „Haben eigentlich diese dummen Köter gedacht, daß ich den Hasen so einfach hergeben werde!“

Dann kam nach dem Mittagessen der zweite Hasenstreifen. Der Ministerpräsident erlegte

80 Hasen, natürlich wieder mit der Hilfe Hektors. Als wir dann am Ende des Tages zusammenkamen, gratulierte er mir wieder zu dem ausgezeichneten Hund, Hektors Kopf liebkosend. Hektor ließ sich das natürlich gnädig gefallen, wedelte heftig mit der Rute und grinste förmlich über das ganze Gesicht, so als ob er sagen wollte, ja schön, aber ohne mich hättest du nie über 200 Hasen in einem Tag zur Strecke gebracht.

* * *

Bei einer anderen Gelegenheit pirschte ich mit Hektor einen guten Bock an. Es war in der Blattzeit, im August, als in Ungarn der Mais schon zwei Meter hoch stand. Der Bock hatte seinen Einstand in einem Maisfeld von etwa 50 ha Größe. Daneben lag eine Wiese, wo er seine Gais trieb. Bei dem flachen Gelände konnte ich nicht nahe genug herankommen und schoß, ich muß es gestehen, ein bißchen voreilig. Wie es in solchen Fällen schon ist, die Sache ging schief und der Bock ging mit schlenkerndem Vorderlauf ab. Die Entfernung betrug ca. 300 Meter (ohne Zielfernrohr), und auf 200 Meter vom Bock befand sich schon das Maisfeld, wohin er flüchtete. Man könnte fragen, warum ich ihn nicht vom Maisfeld aus angepirscht habe. Daran dachte ich auch, aber von dort stand der Wind schlecht. Der Fehler war nun einmal begangen, und der Bock flüchtete. Auf meinen Zuruf „fogd meg" (faß ihn) schoß Hektor ihm, so schnell er nur konnte, nach. Als der Bock im Mais verschwand, war Hektor bereits bis auf 60 Meter herangerückt. Ich lief ebenfalls, was ich konnte, und es vergingen kaum zwei Minuten, als ich schon den Klagelaut des Bockes hörte. Kurz darauf erscholl in tiefem Baß Standlaut. Mein Hektor, dem das niemand beigebracht hatte, gab Standlaut, und in wenigen Minuten konnte ich ihn finden. Er hatte den Bock gewürgt und freute sich ungemein, sprang vor lauter Freude an mir empor. Ohne Hektor hätte ich diesen Bock sicher verloren.
Hektor vollbrachte noch viele Leistungen, es würde aber zu weit führen, hier alle zu schildern. Leider nahm er ein trauriges Ende. Als der Krieg bei uns tobte und er die eindringenden russischen Truppen anbellte, wurde er von ihnen erschossen. Er war ein treuer Gefährte und ist in die besseren Jagdgründe übergewechselt, und ich bin sicher, daß er dort, mit der Rute wedelnd, auf mich wartet, um mit mir zu jagen.

Onkel Géza

Ich hatte einen alten Freund, Géza Andrássy sen.; ich werde ihn nur kurz Onkel Géza nennen, auf ungarisch „Géza bácsi".
Onkel Géza war ein einzigartiger Herr, mit einem noblen Herzen, wie man es selten findet. Der Begriff „Grandseigneur" könnte nicht zutreffender sein. Er war reich, besaß etliche Landgüter und mehrere Häuser in Budapest. Er hatte sehr gute Jagden, sowohl auf Niederwild als auch Hochwild.

Er liebte es besonders, allerhand Scherze zu treiben, auch auf der Jagd, und seine Angstellten sowie Gutsverwalter, Jagdaufseher und Heger halfen ihm kräftig, damit alles auch gut gelang. Da er selbst zu seinen Leuten in einer höchst generösen Form freigebig war, ebenso zu Fremden, die es nötig hatten, konnte er es nicht leiden, wenn jemand geizig war; am allerwenigsten wollte er das seinen Verwandten verzeihen.

Nun hatte er jedoch einen Neffen, der sehr geizig war, ein großes Gut an der Theiß, auf ungarisch Tisza, besaß und obendrein noch Nachbar von Onkel Géza war, der dort ebenfalls eines seiner Güter hatte. Auf diesem Gut waren wir eines Tages zur Fasanen- und Hasenjagd eingeladen. Da sagte mir Onkel Géza auf einmal: „Mein einziger Neffe ist auch eingeladen, und du mußt ihm alle Fasanen, die auf ihn zufliegen, vor der Nase wegschießen, damit er sich gehörig ärgert. Ich werde dich immer neben ihn stellen. Ich bin nämlich böse auf ihn, so ein Geizhals ist nicht würdig, den Namen unserer Familie zu tragen." Ich antwortete ihm jedoch: „Aber Onkel Géza, dein Vetter ist schließlich um 25 Jahre älter als ich, ich kann doch so etwas nicht machen, das wäre doch meinerseits eine Unverschämtheit. Das kannst du machen, aber nicht ich." Trotzdem wollte er den Neffen mit irgend etwas ärgern, wie ich bald feststellen konnte.

Die Jagd ging also los. Die Fasanen kamen wunderbar über hohe Bäume angesegelt, da konnte man schöne Schüsse anbringen. Das ist es, was der Fasanenschütze gern hat: Fasanen, die gut fliegen!

In diesem Revier an der Theiß waren ausschließlich wilde Fasanen, ich meine, es gab keine Aufzucht-Fasanen. Außerdem zeichnete sich dieses Revier dadurch aus, daß der Wald voller Schilfdickungen und kleiner Teiche war, die immer nach Überschwemmungen übrigblieben. Außer den Fasanen kamen auch Enten vor, mehrere Herbstschnepfen wurden jedes Mal erlegt, natürlich Füchse, Hasen, Karnickel, vereinzelt kam sogar Schwarzwild zur Strecke. Auch bei dieser Gelegenheit hatten wir bis Mittag auf der Strecke: über 600 Fasanenhähne, etwa 300 Hasen, 5 Füchse, 15 Enten, 7 Waldschnepfen und sogar ein Überläufer von ca. 60 kg Gewicht, den ich selber mit Flintenlaufgeschoßen erlegte. Wir waren acht Schützen und befanden uns wegen der wunderschönen Jagd und der reichhaltigen Art der Beute in freudiger Stimmung.

Auf einer Lichtung erwartete uns bei schönem sonnigen Herbstwetter schon das ungarische Gulyás, besser gesagt, eine Gulyás-Suppe. Als wir uns zum Sammelplatz begaben, bemerkte ich, daß Onkel Géza dem vor ihm gehenden Heger Johann etwas aus der Jagdtasche herausnahm, ohne daß der andere es merkte, und gleich darauf wieder etwas in die Jagdtasche zurückschmuggelte. Bald darauf sagte mir Onkel Géza: „Ich habe die Wurst vom Johann mit einem trockenen Hundewürstchen, das ich eben am Weg sah, ausgewechselt" und lachte schon im voraus über seinen Scherz. Wir kamen zum Gulyás, das in einem riesigen 50 Liter Topf brodelte, rund um das Feuer waren Sitze aus Maisstroh für die Jäger hergerichtet. Teller wurden ausgeteilt, und jeder bekam von der wunderbaren Gulyás-Suppe, die natürlich köstlich mundete.Nach den Jagdstrapazen schmeckte sie uns doppelt so gut.

Nebenbei sei bemerkt, daß man oft im Ausland, ich meine außerhalb Ungarns, in einem

Restaurant auf der Speisekarte lesen kann „Ungarisches Gulyás", und wenn man es dann bestellt, bekommt man ein Gericht, das nur aus kleinen Rindfleischstückchen besteht. Es schmeckt meistens gut, ist aber kein Gulyás, sondern ein Pörkölt. Das original ungarische Gulyás ist immer eine Suppe mit großen Rindfleischbrocken, viel Paprika, Kartoffeln und Zwiebeln. Und es muß rot sein von vielem Paprika. Der Name kommt ursprünglich von den Hirten (auf ungarisch „Gulyás"), die auf der Steppe, z. B. am Hortobágy, aus der großen Herde ein junges Stück Vieh schlachten und mit den notwendigen Zugaben als Gulyás-Suppe zubereiten. Nach dieser Abschweifung zurück zum Mittagessen im Wald.

Wir lassen uns die Suppe schmecken, einige nehmen schon die dritte Portion, als auf einmal Onkel Géza sagt: „Also Johann, hast du schon deine Wurst gegessen?", worauf der Johann antwortet: „Exzellenz, ich bin sehr traurig, ich wollte nämlich die Wurst aufwärmen und habe sie in den Gulyáskessel hineingeworfen, und als ich sie nach einiger Zeit wieder herausnehmen wollte, konnte ich sie nicht mehr finden. Ich kann mir gar nicht vorstellen, wie sie verschwunden ist." Na schön, dachte ich und ebenso Onkel Géza, dann haben wir also alle vom Hundedreck gegessen. Es gab ein großes Gelächter, als sich Onkel Géza als der Urheber dieses Scherzes entpuppte. Doch allen verging das Lachen, als sie erfuhren, was dem wunderbaren Gulyás beigemischt war.

Ich meinerseits glaube nicht, daß wir tatsächlich davon gegessen haben, sondern glaube eher, daß seine Leute gewußt haben, wie gern der alte Herr Witze macht, und der Johann ihm sehr geschickt dabei assistiert hat. Und wie es bei Wilhelm Busch steht: „Dieses war der erste Streich und der zweite folgt sogleich . . ." Onkel Géza wollte seinem Neffen unbedingt eins auswischen.

Als wir, im fröhlichen Jagdgespräch vertieft, bereits einen vorzüglichen Damwildbraten verspeisen (am vorigen Tag wurden fünf Damtiere für Jäger und Treiber erlegt), da sagt Onkel Géza zu den Gästen: „Wir haben nun gegessen, sehen wir jetzt nach, ob die Treiberschar auch zufrieden ist." Wir gehen also zu den etwa 50 Meter von unserem Feuer entfernt Sitzenden. Auch unter den 250 Treibern herrscht eine fröhliche Stimmung. Sie laben sich am Damwildbraten und trinken dazu Wein und Schnaps. Da kommt auf einmal am Damm der Theiß ein junger Mann vorüber und grüßt sehr freundlich zu Onkel Géza hin, der ihn sogleich fragt: „Wer bist du, woher kommst du?" Der Mann antwortet: „Ich gehe ins Dorf Taktakenéz, um etwas zu besorgen, ich bin angestellt beim Grafen Alexander Andrássy (dem Neffen)." Daraufhin Onkel Géza: „Ist es wahr, daß bei dem Grafen Alexander die Arbeiter laut Kontrakt verpflichtet sind, drei Tage im Jahr ohne Bezahlung als Treiber an den Jagden teilzunehmen?" – „Jawohl, Exzellenz, so ist es." Darauf Onkel Géza: „Nun, jetzt kannst du den Unterschied sehen, was für einen geizigen Herren du hast. Bei mir bekommen die Treiber nicht nur gute Bezahlung, sondern auch ein gutes Mittagessen mit Wein und Schnaps, damit sie zufrieden sind."

Neffe Alexander mußte sich alles vor den vielen anwesenden Gästen anhören, und Onkel Géza genoß es außerordentlich, ihn so in Verlegenheit gebracht zu haben. All das war natürlich vorbereitet. Er hatte gehört, daß es tatsächlich bei seinem Vetter so angeordnet war, und da schickte er einen von seinen eigenen Leuten, um das ganze Theater vorzuspielen und so den geizigen Neffen zu ärgern.

* * *

Ein anderes Mal waren wir mit Onkel Géza gemeinsam auf einem großen Ball im Park-Club in Budapest. Auf einmal, so um 4 Uhr morgens, als alles noch tanzte, sagte Onkel Géza zu meinem Vater: „Ich habe dieses Jahr nur eine Jagd abgehalten, auf meinen Gut neben Miskolc gibt es viel Wild, hast du nicht Lust, morgen mit Dudás und noch einigen Freunden an einer Jagd teilzunehmen?" Er schaut auf seine Uhr und sagt: „Jetzt ist es 4 Uhr, ich telefoniere gleich mit dem Administrator, daß er um 9 Uhr 200 bis 300 Treiber bereithalten soll, ich schicke die zwei Austro-Daimler voraus, die erwarten uns auf der Station, und wir fahren mit dem 7 Uhr-Expreß nach Miskolc. Dort kommen wir ungefähr um 8 Uhr 45 an." Gesagt, getan.

In nur zehn Minuten hatten wir die fünf Schützen im Tanzsaal zusammen, wir beide, mein Vater und noch drei Freunde. Schnell in unsere Wohnung, gebadet, umgezogen, Flinten fertig, um 6 Uhr 30 waren wir bereits auf der Bahnstation, und um 7 Uhr saßen wir im Speisewagen beim Frühstück, während der Zug uns unserem Reiseziel näherbrachte.

Eine fröhliche Jagdgeschichte jagte die andere, und Onkel Géza erzählte uns wunderbare Abenteuer aus allen Weltteilen, aus Indien, Afrika, aus Kanada. Wir lauschten seinen Worten mit großem Interesse. In seiner Erzählung kam er an einen Punkt, wo er einem schon ange-schweißten, wütenden Bär gegenüberstand, als er mit seiner brennenden Zigarre in der Hand mitten in der Erzählung einschlief. Wir warteten hübsch artig, in höchster Spannung auf den Fortgang der Erzählung, der sich dann auch wie folgt abspielte: „Da also schoß ich nochmals den Bären auf den Stich, der sich schon auf die Hinterbeine stellte und wütend brüllte, aber er strauchelte nur und brach noch nicht zusammen", in diesem Augenblick schnarchte Onkel Géza schon, mit der brennenden Zigarre in der Hand, und es vergingen etwa fünf Minuten, ehe er aufwachte und fortfuhr, „und dann schoß ich nochmals und traf ihn in die Gurgel, den Halswirbel zerschlagend, und er blieb im Feuer." Genau dort, wo er die Erzählung unterbro-chen hatte, setzte er sie — nach 5 Minuten Schlaf — auch fort!

Die Zeit im Zug verging schnell, und wir kamen programmgemäß 10 Minuten vor 9 Uhr in Miskolc an. Dort warteten schon die beiden Austro-Daimler Tourenwagen, die Onkel

Bild rechts:
Ein Lieblingsplatz für Turteltauben
Bild umseitig:
Ich bin lieb und vertraut. Ringsum gibt es Äsung und Deckung für mich

Géza vorgeschickt hatte, denn, wie er sagte, bei einer Temperatur von fünf bis sechs Grad unter Null ist es nicht angenehm, im kalten Pferdewagen zu fahren, besonders wenn man die ganze Nacht nicht geschlafen hat. Unterwegs, zum ungefähr 15 Minuten entfernten Gut, forderte Onkel Géza uns bereits auf: „Also meine Herren, jetzt schnell die Flinten auspacken und hinaus in den Wald. Die Treiber warten schon."

Wir hatten von Budapest nur Flinten mitgebracht, denn, wie in Ungarn damals üblich, wurden die Patronen vom Jagdherrn gespendet. Da stand auch schon der Munitionswagen, mit etwa 15.000 Patronen verschiedenen Kalibers. Onkel Géza fragte uns: „Wieviele Flinten habt ihr mitgebracht?" Mein Vater antwortete ihm, daß jeder von uns zwei Doppelflinten mit hätte. Darauf Onkel Géza: „Das ist nicht genug, ihr müßt jeder noch zwei Flinten von den meinigen nehmen." Und er führte uns zu seinem Waffenschrank, und jeder mußte noch zwei Flinten wählen. So hatten wir, mein Vater und ich, beide je vier Flinten. Dann sagte auf einmal Onkel Géza: „Ich gebe jeden von euch noch eine amerikanische automatische Büchse, Kal. 401, vorzüglich fürs Schwarzwild, und eine Mannlicher-Schönauer 6,5 mm fürs Damwild." Um Onkel Géza nicht zu kränken, mußten wir die wirklich nicht mehr notwendigen Waffen mitnehmen, denn er meinte es ja nur gut. Grundsätzlich liebe ich das Schießen mit den vielen Flinten und Büchsen und unbekannten Ladern nicht. Da waren wir alle derselben Meinung mit meinem Vater, daß wir von all diesen vielen Waffen nur wenig Gebrauch machen würden, denn zwei Flinten wären ja mehr als ausreichend gewesen.

Bis zu den Zähnen bewaffnet, zogen wir ins Feld. Ich ging mit einer Flinte in der Hand und hinter mir etliche Lader und Helfer (alle Heger) mit je einer Flinte, dann einer mit der amerikanischen Büchse, dann einer mit dem Mannlicher-Schönauer, einer, der mir den Pelz-mantel nachschleppte, dann einer, der unter dem Gewicht von etwa 400 Patronen uns mühselig folgte. Dann waren noch zwei Apporteur-Jungen von der Partie, die das gefallene Wild sofort aufzulesen, die Fasanen paarweise, die Hasen bei den Hinterläufen zusammenzubinden, und, wenn sich einiges angesammelt hat, am Wildwagen abzugeben hatten.

Jeder von uns hatte seinen eigenen Wildwagen, der in 100 Meter Entfernung dem Schützen folgte.

Es ging lustig zu, Wild war in Mengen vorhanden, so wie es in Ungarn in den gut gehegten Revieren überall der Fall war.

Bilder umseitig:

Oben:
Wildgänse kehren am Abend zum See zurück

Unten:
Es brodelt und dampft über dem Entenweiher . . .

Bild links:
Nach dem Suhlen in der Bergsonne. Vorsicht ist geboten, denn der Platzhirsch ist nicht allzuweit

Natürlich gebrauchte ich nicht alle Flinten, denn mit zwei Flinten kann man schon sehr schnell schießen, wenn der Lader gut ist. So benützte ich nur manchmal die dritte Flinte, um die anderen abkühlen zu lassen. Im Wald gab es einige gute Triebe auf Fasanen. Nur Hähne wurden geschossen, wie es damals meistens üblich war. Dann kam ein reichliches Mittagessen und nachher noch eine Hasenstreife. Im Wald sah ich mehrmals flüchtige Damtiere, aber ich dachte nicht an Schießen, denn es wäre wegen der vielen Treiber und Wildwägen höchst gefährlich gewesen herumzuknallen. Jedenfalls habe ich die beiden Büchsen nicht benützt. Besser so.

Auf der Feldstreife kamen sehr viele Hasen, es knallte lustig, manchmal kamen fünf bis sechs Hasen auf einmal in Schußweite. Auch einige Ketten Hühner kamen vor die Schützen, allerdings relativ wenige, da dort keine gute Hühnergegend war. Die Sonne verschwand schon am Horizont, als wir die Streife beendeten. Nun begaben wir uns zum Schloß, um den Tee einzunehmen. Da kommt nach einer Weile der Gutsverwalter zu Onkel Géza und sagt: „Exzellenz, es liegen auf der Strecke 863 Fasanenhähne, 788 Hasen, 63 Hühner, zu welchem Wildhändler sollen wir das Wild liefern?" – „Was?" schrie Onkel Géza, „Sie wollen doch nicht das Wild verkaufen? Haben Sie schon aufgeschrieben, wieviel der Pfarrer bekommt?" – „Ja, Exzellenz, ich denke zehn Stück Hasen", erwiderte der Gutsverwalter. „Nein", widersprach Onkel Géza, „das ist nicht genug, man muß ihm 50 geben, und dem Dorflehrer auch 50 Hasen und 50 Fasanen, der Feuerwehrmannschaft geben Sie 200 Hasen und 200 Fasanen, ebenso meinen Leuten, die auf dem Gut angestellt sind. Sie selber nehmen auch etwas, und was dann noch bleibt, verteilen Sie im Dorf unter den armen Leuten."

So war Onkel Géza. Er hatte viel, aber er dachte auch an andere, die weniger hatten.

Das Essen, das ich vorher „Tee" nannte, war gewaltig. Zuerst mal heiße Würstchen, dann Truthahnsuppe, Lachs, frische warme Bäckereien, dann Torten etc. Wir genossen all das Gute und plauderten natürlich nur von der Jagd, wie der Hase kam, wie der Fasan flog, wie die Doublette auf anstreichende Winterhühner am besten zu machen ist.

All das sind ja sehr wichtige Probleme und ein unerschöpfliches Gesprächsthema für die Jäger. Plötzlich bemerke ich, daß die Dienerschaft, die den Tisch eben erst abräumte, von neuem anfängt, den Tisch für das Abendessen zu decken. Nach diesem sogenannten Tee, bei dem wir schon viel zu viel gegessen hatten, sollen wir noch ein Abendmahl nehmen?

Onkel Géza aber sagte: „Wir werden nur gegen 9 Uhr 30 ein ganz leichtes Abendessen zu uns nehmen, das könnt ihr doch noch leicht schaffen. Und jetzt geht euch baden und den Smoking anziehen und erscheint zum Abendessen pünktlich." So lautete der Befehl des Hausherrn. In Ungarn mußte man mit den Flinten auch immer den Smoking dabei haben, um nach der Jagd zum Abendessen richtig angezogen zu sein. Nachdem wir ausgiebig gebadet hatten und umgezogen waren, versammelten wir uns wieder zum „leichten Abendessen".

Einer wunderbaren Hühnersuppe folgte ein fetter Entenbraten, dann Truthahnbraten, ein Spanferkel mit knuspriger Haut, dann Fasanenbraten, natürlich alles reichlich begossen mit Rot- und Weißwein verschiedener Sorten und auch Champagner, schließlich ein Dessert. Daß wir nach all dem überhaupt noch atmen konnten, erstaunt mich noch jetzt. Es war zwar wunderbar schmackhaft zubereitet, nur die Mengen etwas erschreckend. Am Ende haben wir es doch noch geschafft und von allem gegessen.

Natürlich wurden bis spät in die Nacht hinein Jagdgeschichten erzählt, bis uns vor Müdigkeit die Augen zufielen. Ja, das waren fröhliche Tage. Wie schön, daß einem niemand diese Erinnerungen wegnehmen kann! Bei der Jagd ist ja eigentlich die nachhaltigste Trophäe die Erinnerung.

* * *

Mein Vater erzählte mir eine sehr lustige Begebenheit, die er in Betlér bei Onkel Géza anläßlich einer Sautreibjagd erlebte. Ich erzähle sie im Namen meines Vaters weiter.

Einmal war ich bei Onkel Géza in Betlér, in Nordungarn, in seinem Hochwildrevier auf Schwarzwild eingeladen. Er besaß dort in herrlicher Lage ein Schloß. Wunderbare Wälder, meistens Fichtenwald, alles in allem ein sehr großer Besitz von etwa 20.000 ha Wald, ein wahres Jägerparadies. In dem Schloß hatte Onkel Géza auch seine Trophäensammlung von seinen Jagden in Afrika, Indien, Kanada und auch viele aus Ungarn untergebracht. Unter diesen befand sich auch ein Bär, der besonders kapital war und in Ungarn erlegt worden war. Diesen Hauptbären bewunderte ich besonders. Das ganze Tier war in natürlicher Stellung ausgestopft, so als ob es, den Kopf erhoben, sichernd im Walde stehen würde. Etwas fiel mir bei näherer Betrachtung auf: Es hatte in der Mitte mehrere Kugellöcher, ebenso am Blatt, etwa zehn an der Zahl. Dieses Rätsel interessierte mich, und auf meine Frage sagte mir Onkel Géza: „Weißt du, ich habe zweierlei Jagdgäste. Die einen, die ich gerne einlade, und die anderen, die sich selbst einladen, besser gesagt, die mir keine Ruhe lassen, bis ich sie einlade. Ich habe jetzt sehr wenige Bären hier, im ganzen schätzungsweise 10 bis 15 (einmal waren es viele), und diese wenigen will ich schonen, so ist schon seit einigen Jahren kein Bär mehr erlegt worden. Aber dann kommen Jäger, die mir sagen − Onkel Géza, du hast so viele Bären, gib mir doch einen frei, ich habe noch keinen geschossen −. Darauf antworte ich ihnen immer, daß ich keine Bären schießen lasse und selbst auch keine schieße. Aber du weißt, wie manche Leute sind, wenn sie mir am Ende keine Ruhe lassen und mich immerfort mit dem Bären belästigen, dann sage ich schließlich: Nun gut, wir gehen mit einigen Freunden in die Berge, du kannst mitkommen und es mit den Bären versuchen."

Wenn dann der Bärenschütze mit dem Heger los geht, nachdem dieser vorher die Instruktionen vom Hausherrn bekommen hat, führt er den Gast durch Dickicht und Gestrüpp, in Schluchten hinein und wieder heraus, Berge hinauf und hinab, den ganzen Tag über, bis der Gast todmüde ist. Gegen abend kommen sie dann nahe an den Schloßgarten heran, was natürlich der Gast nicht bemerkt. Auf einmal zuckt der führende Heger zusammen, „da, dort steht der Bär! Es ist ein Hauptbär, bitte schnell schießen, er sichert schon zu uns herüber." Die Entfernung beträgt kaum 100 Meter. Der Schütze reißt natürlich seine Büchse hoch, und der Schuß fällt. Der Bär rührt sich aber nicht. „Noch einmal", flüstert der Heger. Der Schütze, jetzt schon außer Rand und Band, feuert noch einmal. Nach dem zweiten Schuß erschallt aus

147

der Nähe, vom Turm eines kleinen Lustschlosses, wo schon alle Gäste zur besprochenen Uhrzeit mit Onkel Géza warten, großes Gelächter, um den glücklichen Bärenschützen zu begrüßen. So erklären sich die vielen Einschüsse in dem ausgestopften Bären.

Onkel Géza aber freute sich mächtig über den Scherz. Bei so einer Gelegenheit amüsierte er sich immer köstlich. Er ließ den ausgestopften Bären so aufstellen, daß die im Turm des Schlösschens versammelten Gäste gut sehen konnten, wie der Gast auf ihn feuerte. Die ganze Szene war etwa 100 Meter vom Lustschloß entfernt, und da rund um dieses herum Urwald war, war die Illusion des Gastes, wirklich einen lebenden Bären vor sich zu haben, vollkommen.

Natürlich reiste der glückliche Schütze, der sich selbst eingeladen hatte, am nächsten Tag schon recht früh ab, wegen seiner „wichtigen" Geschäfte, die er leider nicht verschieben konnte. Auf einen weiteren Bären hatte er verzichtet. Und Onkel Géza sagte dann befriedigt: „Jetzt läßt er mich wenigstens mit dem Bärenschießen in Ruhe."

* * *

Onkel Géza war ein wunderbarer Freund, doch er liebte Witze und Schabernack, ohne die er nicht leben konnte. Er besaß einmal einen zahmen jungen Bären, der wie ein Hund im Schloß frei umherlief. Es ergab sich, daß bei Onkel Géza ein Gast weilte, der von der Gegenwart des Bären nichts wußte. Nichts reizte Onkel Géza mehr, als diesem Gast mit dem Bären einen kleinen Scherz zu spielen. Noch lange nach dem Abendessen trank Onkel Géza mit seinem Gast köstlichen ungarischen „Barack", einen aus Aprikosen gebrannten Schnaps, dabei lange Jagdgeschichten erzählend, bis der Gast die nötige Bettschwere erreicht hatte. Dann begleitete er ihn in sein Zimmer und wünschte ihm eine angenehme Nachtruhe. Der Gast schlief gleich ein, nach einiger Zeit wachte er jedoch plötzlich durch ein verdächtiges Geräusch auf, das unter dem Bett hervorkam. Zu seinem Entsetzen bewegte sich unter dem Bett ein großes Tier, und bald kroch der Bär hervor, der obendrein unbedingt in das Bett hineinwollte. Onkel Géza hatte nämlich angeordnet, den Bären unter dem Bett des Gastes zum Schlafen zu bringen. Dieser zahme Bär war daran gewöhnt, im Pferdestall unter dem Bett eines Kutschers zu schlafen, und gelegentlich erlaubte ihm sein Freund, der Kutscher, im Bett zu seinen Füßen Platz zu nehmen. Natürlich wußte der entsetzte Gast davon nichts. So sprang der Gast mit einem Satz aus dem Bett, und, so schnell er konnte, kroch er auf den hohen Eichenholzschrank hinauf, bevor ihn das Ungetüm erreichte. Von da oben, in relativer Sicherheit, rief er verzweifelt um Hilfe. Der Bär stellte sich auf die Hinterbeine, um ihn zu erreichen, natürlich im Spiel, denn er hatte ja keine bösen Absichten. Die Hilfe kam auch bald in Gestalt von Onkel Géza und einem Diener, denn Onkel Géza wartete schon auf die Hilferufe, um sich auslachen zu können.

Der Gast wurde von dem unerwünschten Bettpartner befreit und unter großem Gelächter alles erklärt. Onkel Géza brachte sogar vorsorglich die Branntweinflache mit, um auf den Schreck einen zu trinken.

Dem guten Onkel Géza hat es das Schicksal erspart, all die Grausamkeiten des Krieges und der Nachkriegszeit zu erleben. Durch einen gnädigen Tod, bereits im hohen Alter, ist er schon vorher in die ewigen Jagdgründe eingegangen. Wir alle, die wir einst mit ihm waidwerken durften, gedenken seiner in tiefer Dankbarkeit.

Auf Enten und Tauben in Chile

In Chile gibt es im ganzen Lande Wildenten, aber hauptsächlich im Süden bei Osorno. Osorno ist eine sehr schöne kleine Provinzstadt mit ca. 100.000 Einwohnern, und in ihrer Umgebung hatte ich, dank meines guten Freundes Walther Wrigge, der es mir ermöglichte, dort zu waidwerken, unzählige schöne Entenjagden erleben können.

Die Gegend durchziehen zwei Flüsse, der Rio Bueno und der Rio Rahue. Diese beiden Flüsse fließen durch ein Flachland, das zum Meer führt und sich auf ca. 50 km Länge erstreckt. Lang dehnen sich auch die Wiesen neben den beiden Flüssen (ungefähr 10 bis 12 km breit) aus. Dort bilden sich im Winter, wenn die Regenfälle einsetzen, große Tümpel auf den Wiesen. Ein ideales Gelände also für Enten.

Im Winter, der auf der südlichen Halbkugel im Mai anfängt, kommen die Enten vom südlichen Feuerland, von der Kälte getrieben, nach dem Norden, so wie in Europa die Enten vom Norden nach dem Süden „emigrieren". Natürlich hängt die Jagd immer von den Wasserverhältnissen ab. Nicht zuviel und nicht zuwenig Wasser, das ist wichtig. Die Ente liebt nicht zu tiefe Wasser, ca. 50 bis 60 cm, jedenfalls nicht mehr als einen Meter. Das hängt alles natürlich mit der Nahrungssuche zusammen. Neu überschwemmte Wiesen sind das beste.

Nun, mein Freund Walther war ein Meister, Enten aufzufinden, nicht überall gibt es viele. Er kannte alle Landwirte und Grundbesitzer, denn er war Immobilien-Makler und verdiente sehr gut beim Verkauf von Häusern, Grundstücken und Farmen. Da er allgemein beliebt und bekannt war, bekam er meist schon telefonisch die Erlaubnis, Enten zu bejagen.

Ich hatte das große Glück, seine Bekanntschaft zu machen, und wir wurden gute Freunde. Unvergeßliche schöne Jagdtage verbrachten wir miteinander. Von 1953 bis Ende 1970 jagten wir sehr viel auf Enten.

Eines Tages bekam ich ein Telegramm nach Santiago – wo ich mich als Vertreter von Auto-Ersatzteilen betätigte –, in dem es wörtlich hieß: „Julio komm sofort, die Enten rufen, laß alles liegen und komm." Nun, man kann nicht sagen, daß ich lange dazu brauchte. Schon am selben Tag saß ich im Schnellzug Santiago–Osorno, Abfahrt 18 Uhr 30, in der dritten Klasse, als bescheidener Vertreter. Die dritte Klasse ist jedoch nicht – wie in Europa – geheizt, und im Winter ist es im Süden ganz schön kalt. Aber ich saß im Pelzmantel auf den Holzbänken, und mir machte die Kälte nichts aus: Ich ging ja auf Entenjagd, und auf was für eine!

Der Zug kam in der Früh um 9 Uhr in Osorno an. Walther erwartete mich bereits in großer Aufregung. Er empfing mich mit den Worten: „Bei Jorge Momberg gibt es Enten wie noch nie! Hast du genug Patronen mitgebracht? Wir können mit 200 bis 300 Enten sicher rechnen!

Wir müssen ein Pferd mitnehmen, um die Enten schleppen zu können. Was für eine Sensation! Wir müssen aber zuerst schnell zum Eigentümer gehen und ihn um eine schriftliche Erlaubnis bitten, sonst läßt man uns nicht in die Farm hinein." Nun gut, wir gingen zu Jorge Momberg, und er sprach zu uns: „Gerne gebe ich euch die Erlaubnis, aber da ich meine Enten liebe und ich weiß, daß ihr zu viele schießen würdet, bitte ich euch, nicht mehr als 25 Stück pro Kopf und Tag zu erlegen, denn ich will keine zu große Verwüstung unter ihnen anrichten!"

Das Gebiet, in dem besonders viele Enten sind, ist das sogenannte „30 quadras" (entspricht ungefähr 40 bis 45 Hektar). Das Wiesenstück ist mit Wasser überflutet, 50 bis 60 cm tief, mit Schilf und wildem Reis bewachsen, der etwa Mannshöhe hat. Es gibt aber auch einige größere, freie Wasserstellen ohne Vegetation.

Nun, wir bedankten uns, doch sobald wir unter uns waren, machten wir ein saures Gesicht. Aber ein „gentleman agreement" war für uns Ehrensache, und da konnte man nichts machen. Schließlich hatte der Eigentümer das Recht, Bedingungen zu stellen. Walther bemerkte dazu trocken: „Jetzt müssen wir wenigstens nicht im Morgengrauen hinaus, denn wir dürfen ja nicht mehr als 25 Stück erlegen."

Wir kamen um 10 Uhr an Ort und Stelle an, ließen den Wagen am Ufer des „Rio Bueno" stehen und setzten mit dem Boot über den 200 Meter breiten Fluß auf die Insel Momberg, wo wir nach ca. 2 km Fußmarsch an die Stelle der „30 quadras" kamen. Wir sahen schon von weitem viele Enten in der Luft kreisen. „Gehe hier in das Röhricht hinein, auf diesem ausgetretenen Pfad (ca. 300 Meter) wirst du auf eine offene Wasserfläche stoßen, stelle dich dort an. Nimm' nur 40 bis 50 Patronen mit, mehr braucht man nicht", befahl mir Walther. Ich watete hinein, das Wasser reichte nur an die Knie. Walther blieb am Damm hinter Weidenbüschen stehen. Als ich an die freie Wasserstelle kam, die ca. 200 x 80 Meter groß war, war sie schwarz vor lauter Enten. Das Röhricht, gemischt mit wildem Reis, hatte eine Höhe bis zu den Schultern, so daß man, wenn man sich ein bißchen bückte, in Deckung war. Als ich jedoch auf die freie Wasserfläche hinaustrat, gingen die großen Entenmassen hoch, darunter auch etliche 100 bis 140 Schwarzhals-Schwäne (nur auf der südlichen Halbkugel) – ein atemberaubender Anblick, der Himmel voll mit Tausenden von Enten! Nun suchte ich mir eine schöne Peposaca-Ente aus, Erpel natürlich, und im Schuß knackte sie zusammen und fiel auf den Wasserspiegel. Das Resultat dieses einzelnen Schusses war unbeschreiblich: Die Enten, die aus dem wilden Reis aufgestanden waren, zählten sicher mehrere Zehntausend. Als ich nochmals schoß, stiegen noch mehr auf – wenn das überhaupt noch möglich war. Wo man hinsah, waren Enten auf dem Himmel, in allen Richtungen, viele schußgerecht und darüber noch mehr. Ich sah minutenlang zu, schoß eine, dann genoß ich abermals eine Minute das unglaubliche Schauspiel, ehe ich wieder eine schoß. In ca. 25 Minuten hatte ich die 25 Enten mit 28 Patronen. Drei Schüsse waren fehl gegangen, nur weil ich nicht aufgepaßt hatte. Ich sammelte die Enten, die alle auf das freie Wasser gefallen waren. Über dem Rohr habe ich nicht geschossen, dort sind sie ohne Hund unauffindbar, und sogar ein Hund könnte im Röhricht nicht durchkommen.

Im Wasser mitschleifend, zog ich meine Enten zusammengebunden zu Walther an Land.

Walther hatte 15 Stück. Er war am Damm stehengeblieben, dort kamen sie nämlich höher, doch der Spaß dauerte länger. Da wir noch zehn übrig hatten, lud er mich ein, gemeinsam die fehlenden Stücke zu erlegen. Dann war für heute Schluß. Wir schnitten von einem Weidenbaum einen dicken Stock ab und banden alle Enten darauf und schleppten sie Richtung Auto. Sie waren aber recht schwer, denn ein Peposaca-Erpel wiegt um die 1 kg 40, ein Pfeifenten-Erpel 1 kg. Als wir schwitzend über die Wiese gingen, kamen wir an einer Kuhherde vorüber, in der ein Stier war, dem unsere Gegenwart gar nicht gefiel. Er fing an zu brummen – wie Stiere es tun – und war im Begriff, uns in einer drohenden Weise näherzukommen. Walther rief: „Komm, schnell, daß wir den Fluß erreichen." Leichter gesagt als getan: Wir mußten demnach mit unserem Gewicht schnellen Schrittes über die Wiese, bis zu einem 500 Meter weit entfernten Tor. Sobald wir das passierten, waren wir in Sicherheit. Wir liefen und liefen, und der Stier kam näher und näher, aber immer in einem 30 Meter Abstand. Walther keuchte: „Niederrennen lassen wir uns nicht, wir haben vier Schüsse, im Notfalle müssen wir ihn erschießen. Aber es wird ein teurer Stier sein, denn der Momberg hat ihn als Zuchtstier aus der Schweiz einfliegen lassen, ungefähr 40.000 Dollar hat er gekostet!"

Das waren ja schöne Aussichten! Zum Glück ist dem Zuchtstier dieses schmähliche Ende erspart geblieben und uns auch, wir erreichten das Drahtzauntor und kletterten wie flinke Eichhörnchen hinüber, dann setzten wir uns hin, um uns von diesem Gewaltmarsch auszuruhen, und tranken aus der Thermosflasche und frühstückten gemütlich, während der Stier auf der anderen Seite tobte und vor Zorn die Erde aufwühlte. Nun, nach diesem so glimpflich verlaufenen Zwischenfall bestiegen wir unser Auto und fuhren zu Momberg, um einige Enten als Dankeschön abzugeben.

Nachdem wir ihm die Jagderlebnisse berichtet hatten, sagte auf einmal Walther: „Du, Jorge, wir haben beinahe deinen Schweizer Zuchtstier erschossen!" – „Was?" rief Jorge. „Ja", sagte Walther, „er wollte uns niederrennen." Da mußten wir herzlich lachen, und Jorge erklärte, daß diese Rinder auf der Weide den Menschen als Fußgänger nicht kennen, nur als Reiter, darum werden sie böse.

Das nächste Mal gingen wir aber dem Stier rechtzeitig aus dem Wege und erlegten wieder in einer Stunde unsere 50 erlaubten Enten. Es war ein wunderbares Erlebnis, und ich behaupte, daß man dort mit Leichtigkeit 300 Enten an einem Tag hätte erlegen können. Die großen Enten-Massen in Ungarn am Hortobágy, die ich erleben konnte, und am Velence See, in meiner alten Heimat, kamen an diese Menge, die hier vorhanden war, nicht heran. Dies alles dauerte im Jahre 1961 eine Saison lang.

Leider kann der gute Walther unseren Jagderfolg nicht mehr bezeugen, denn er weilt nicht mehr unter den Lebenden. Er ist im Jahre 1978 gestorben. Aber in Osorno leben noch einige gemeinsame Freunde, die diese erfolgreiche Saison bestätigen könnten.

Ich erinnere mich, daß Ricardo Müller, der bei Momberg ebenfalls an dieser Stelle Enten jagte, erklärte: „Dort brauchst du nicht einmal eine Flinte, die Enten kann man mit dem Hut herunterschlagen, so gut kommen sie."

Dann gab es in Osorno noch einen sehr guten Enteneinfallsort, nämlich die Insel Follert.

Diese Insel, 850 Hektar groß, meist Weideboden, gehörte Oswaldo Follert (leider auch schon gestorben) und war ein richtig bewirtschaftetes Entenparadies.

Die Insel hatte eine längliche Form, ungefähr 4 km lang und 400 bis 500 Meter breit. Weideland voll mit kleineren und größeren Wasserlacken. Da zogen die Enten auf und ab, in der günstigen Zeit, wenn „richtiges Entenwasser" vorhanden war, wie Walther immer sagte. Don Oswaldo ließ nur zweimal im Monat jagen, und das nur im Mai, Juni, Juli, August, insgesamt acht Jagden, in immer zweiwöchigem Abstand. Bei einer Jagd waren meistens acht Schützen, oft aber nur drei bis vier, je nachdem. Man unterschied auf der Insel die Stände „oben" und „unten", das heißt, im Norden war „oben", im Süden war „unten". Oben und unten waren je vier Jäger angestellt. Die Mitte, ein Drittel der Insel, wurde nicht bejagt, sie nannte Don Oswaldo „das Hospital". Damit wollte er sagen, daß die Enten dort Ruhe finden konnten, dort fiel niemals ein Schuß. Eine sehr weise Einrichtung, denn Don Oswaldo erkannte richtig, daß die Enten, wenn sie keine Ruhe finden, schließlich in eine andere Gegend ziehen, wo man sie in Ruhe läßt. So hatte er immer sehr viele Enten, und dieses sogenannte Hospital war sein „Reservoir". Die oben und unten beschossenen Enten gingen im „Hospital" nieder, saßen dort ruhig, wissend, daß sie da niemand belästigt, und alle fünf Minuten stand ein Schof von 50 bis 100 Enten auf und strich auf eines der Enden der Insel zu, den dort lauernden Jägern Gelegenheit zum Schuß bietend. Das ging so den ganzen Tag lang. Die Enten zogen und zogen, von 8 Uhr früh bis 17 Uhr abends.

Bei dieser Gelegenheit, als ich wieder in Osorno war und bei Oswaldo 45 Enten erlegte, erlaubte es mir Don Oswaldo, gegen die Regel, ausnahmsweise, am nächsten Tag noch einmal zu jagen. Walther stand am Nordende mit zwei Freunden und ich am Südende, wo ich immer sehr gern jagte. Ich hatte dort einen Lieblingsstand.

Als wir in der Früh, noch im Finstern, mit der Fähre auf die Insel hinübersetzten, fragte Walther: „Wieviel Schüsse hast du mit, Julio?" (Er sagte immer Schüsse, nicht Patronen.) Nun ich hatte 150, das werde wohl genug sein, meinte Walther, „denn die mußt du noch gute drei Kilometer weit auf das untere Ende der Insel schleppen. Das reicht schon."

Wir wünschten einander „Waidmannsheil" und trennten uns. Als ich meinen Stand erreichte, wurde es langsam hell. Die Enten kamen wunderbar, bald lagen schon etliche 15 bis zwanzig

Stück um mich herum. Man mußte sie an dieser Stelle nicht sofort bergen, denn das Wasser war ganz seicht: 20 bis 30 cm tief, gerade genug Gras, daß sie nicht abtreiben konnten.

Plötzlich bemerkte ich, daß der Zug der Enten sich verschoben hatte, und der Schof, ungefähr 200 Meter von mir entfernt, vorüberzog, um auf ca. 300 Meter in einem Tümpel, nicht größer als ein Hektar, einzufallen. Schnell, „umbauen"! Das war das richtige Wort, denn ich mußte den Schirm ja hinschleppen, so schnell es ging. Walther und ich hatten schon öfters erlebt, daß sich der Zug auf einmal änderte. Dann heißt es: raschest umzubauen. Ich raffte schnell meine Sachen, Patronen, erlegten Enten zusammen und schleppte sie an Land, legte alles auf die Wiese, um dann den Stand auseinanderzunehmen und hinüberzuschleppen. Bei so einem Umzug wird man immer verleitet, unterwegs auf die anfliegenden Enten zu schießen, doch ich zwang mich, auf nichts anderes zu achten als auf den Stand und ihn so schnell wie möglich fertigzustellen. Ich schaute weder nach links noch nach rechts, nur schnell den neuen Stand einrichten. In wenigen Minuten war die Sache bewältigt, der neue Platz stand, die Zweige waren in die Erde gerammt. Lockenten legte ich keine aus, die Enten kamen ohnehin wie verrückt auf mich los. Ich schwitzte gewaltig, es blieb keine Zeit, mich zu erholen. Schon kamen die Enten, sie flogen mir in die Flinte, wie der Amerikaner sagt: „right down into your barrel". Die Enten fielen rundum auf die Wiese, ich stand am Rande des kleinen Tümpels.

Ich glaubte danach, es müßte ein besonderes Futter im Teich geben, daß alle Enten gerade hierher wollten. Meine Patronen gingen zur Neige, ich war besorgt. Die Schofe kamen ganz niedrig, es blies ein kalter Wind, kaum hatte ich einen Schof beschossen, sah ich schon auf 300 Meter den nächsten. Eine wunderbare Jagd, die mir in Erinnerung bleiben wird, solange ich lebe. Manchmal legte ich eine Pause von 10 bis 15 Minten ein, dann ging es weiter. Ich hatte keine Ahnung, wieviele Enten bereits lagen, aber es waren nicht wenige. Keine konnte verlorengehen, denn es war wie in der Hortobágy in Ungarn, eine Wiese und ganz seichtes Wasser, ohne Schilf. Mein Stand war gut, die von den Bäumen geschnittenen Äste hatten ganz frische Blätter vom vorigen Tag, man saß also in einem grünen Busch. Die wunderbaren Peposaca-Erpel kamen, die Pfeiferpel rief ich, sie reagierten gut auf mein Locken.

Meine Patronen gingen nun tatsächlich zu Ende, und bald hatte ich keine mehr. Es war noch nicht 12 Uhr. Nun war Schluß. Ich ging die Enten auflesen. Legte Strecke: 88 wunderschöne Enten; Und die Enten kamen weiter! Ich saß da, hätte nur noch meinen Hut benützen können, wie Ricardo Müller sagte.

Bild umseitig:
Spielende Murmeltierfamilie. Selten kann man sie so vertraut antreffen
Bild links:
Der Feisthirsch ist zwar heimlich, doch nicht selten bei Tag unterwegs

Mit dem Hausherrn war abgesprochen, daß um 16 Uhr zwei Reiter mit Säcken zu den Ständen geschickt werden, um die Enten abzuholen. Nun, da konnte ich noch lange warten! Und die Enten kamen! Ich erinnerte mich an meinen guten Vater, der, wenn wir mit meinem Cousin Fici nach Hause kamen und jammerten, daß uns die Patronen ausgegangen wären, sagte: „Das ist eine gute Jagd, wenn die Patronen ausgehen, hättest du sie zurückgebracht, dann wäre kein Wild dagewesen."

Während ich nachdachte, kamen mir die Enten wirklich so, daß ich sie mit dem Hut hätte herunterschlagen können. Gegen 15 Uhr ging der fabelhafte Zug zu Ende. Hätte ich noch 100 Patronen mehr gehabt, wäre meine Strecke um 60 Enten größer gewesen. Aber Schluß jetzt mit dem Nachtrauern von Enten, für die ich keine Patronen mehr gehabt hatte. Das Erlebnis war einzigartig genug, um dem Schicksal und Diana dankbar zu sein. Das war Rekord in Osorno, niemand hat je soviel auf einem Stand erlegt.

Diese Jagd war im Jahre 1957, am 18. August. Seit 1966 haben die Enten im August schon Schonzeit, die Entenjagd endet jetzt am 31. Juli.

Diese wunderbare Jagd auf der Insel Follert ist mehr oder weniger vorüber, denn Don Oswaldo hat die Insel im Jahre 1972 verkauft und ist kurz darauf gestorben. Die jetzigen Besitzer jagen mit 20 Jägern und die ganze Saison, ohne Ruhetag, so gibt es nur mehr selten so viele Enten.

Das beweist wieder einmal, daß man den Enten doch immer eine Stelle lassen sollte, wo sie sich in Sicherheit fühlen können. Dasselbe macht man in Kanada, wo es gesetzlich verboten ist, an bestimmten Seen die Enten im Wasser zu bejagen. Auf dem Stoppelfeld hingegen, wo sie zur Nahrung einfallen, dort können sie bejagt werden. So bleibt den Enten immer die Zuflucht auf dem See, und sie wissen, daß sie dort Ruhe haben; sie bleiben dann in der Gegend und ziehen nicht weg.

Der Zweiundzwanzigender von Vasvár

Der Geruchssinn ist der direkte Weg zur Erinnerung. Versagen die anderen Sinne und das Gedächtnis, eine Prise Geruch bringt unversehens eine längst vergessene Vergangenheit zurück. Csákberény, Hirschbrunft, 1938: Die letzte Hirschbrunft vor dem Internat, die ich zu Hause erleben durfte. Vor der Garage lag der Lebenshirsch meines Vaters, den er am Abend zuvor am Cser mit Förster Müller geschossen hatte. Die Farbe des Hirsches, ein silbriges Grau, der Einschuß am Blatt und der intensive Brunftgeruch blieben festverankert irgendwo in meiner Erinnerung und werden jedesmal von Hirschbrunftgeruch wieder hervorgezaubert, wo immer ich einen solchen verspüre, und das ist in meinem Leben nicht allzuoft gewesen. Es kam das strenge Pensionat, in das wir immer am 6. September − also vor der Hirschbrunft − einrücken mußten. Es kam die Zeit der Flucht, der Volksdemokratie, des Neubeginns. Man war froh, satt zu werden, die Hirsche schossen aber andere, glückliche Leute, in Freiheit, mit Besitz und die der Zufall der Weltgeschichte außer der Zone leben ließ, die russische Panzer erobert hatten. Unser Csákberény aber blieb dort drüben zurück; die alten Jäger starben nacheinander; fremde Herren jagten dort. Nur der Wald, die Berge und die Täler blieben die gleichen, und wenn ich hier im Westen zur Sonne hinaufblinzelte, wußte ich, daß auch zu Hause die gleiche Sonne schien, so wie sie es früher tat und in Zukunft tun würde.

Wenn der Herbst kam, gab es für mich keine Hirschbrunft mehr. Ich sah die kapitalen Hirschgeweihe, die meine Verwandten und Freunde erbeuteten, ich arbeitete bei Jagdausstellungen und Trophäenschauen, durfte Hirsche vermessen, sah später die Hirsche der Deutschen, die vor dem Museum parkten, wenn sie auf der Heimreise von Ungarn oder Jugoslawien Schloß Eggenberg einen Besuch abstatten wollten. Daß in mir eine unauslöschliche Jagdleidenschaft glühte, vererbt und anerzogen in Zeiten, als kein Mensch an die Teilung Europas dachte, wußten nur wenige, und wen kümmerte diese Leidenschaft? Das Leben ging weiter, die Holzpreise stiegen, der Wohlstand wuchs, was hinter dem Eisernen Vorhang geschehen ist, die unentgeltliche Enteignung, man nahm es gelassen hin, hier wurde ja niemand enteignet. Und die Zeit raste dahin, neue Generationen erschienen, der Schleier der Vergessenheit sank über das Leid anderer. Ich aber hoffte immer noch, wie schön es einmal wäre, einen starken Hirsch zu schießen.

In den achtziger Jahren kam dann endlich die Gelegenheit. Mein verehrter Freund, Hubertus Rothermann, fuhr schon einige Jahre nach Vasvár, in ein Revier Westungarns, unweit der österreichischen Grenze, wo auch gelegentlich ganz starke Hirsche vorkamen. Auch ich hatte in Vasvár schon zwei Hirsche erlegt.

Es war ein schwieriges Revier, sehr schwer, erfolgreich zu bejagen. Riesige Maisfelder grenzten an Akazienwälder, Dickungen, Föhrenkulturen und dichte urwaldartige Schonungen im Hügelgelände. Man brauchte Zeit, um Erfolg zu haben. Freund Hubertus war einmal ohne Hirsch heimgekommen, nachdem er 38 Pirschen erfolglos unternommen hatte. Seinen zweitbesten und drittbesten Lebenshirsch hatte er in diesem Revier erlegt. Viele alte Jäger wissen ja noch, daß bei der unvergeßlichen großen Berliner Weltjagdausstellung 1937 sein im selben Jahr im Kelemengebirge erlegter Urhirsch nach zwei anderen Karpatenhirschen der drittbeste war.

Hubertus Rothermann mußte 37 Jahre warten, um überhaupt einen Hirsch in Ungarn schießen zu können. 1981 war es für ihn so weit. Und wie gesagt, im Jahre 1985 trafen wir einander wieder in Vasvár, voller Vorfreude, Hoffnung und Zufriedenheit. Unser Quartier war wie immer in einem Neubauhaus, unweit der Kirche, bei der Familie Fabók. Sie war Leiterin der Vasvárer Bank, er Leiter des Kaufhauses.

Hubertus wohnt im Gastzimmer im zweiten Stock, ich in einem umgekrempelten Wohnzimmer im ersten (wie schon 1983 und 1984). Auspacken. Gemütlichmachen, alles griffbereit auf seinen Platz legen. Zum gemeinsamen Essen treffen wir uns im Parterre, wo ein Speisezimmer eingerichtet ist. Da steht ein Samowar, hier sind unsere Nescafé-Dosen, auf einem Tablett mit herrlichen Bäckereien: einmal Apfelkuchen, dann Nußtorte, dann wieder Zwetschkenkuchen. In Vasvár gibt es sehr viel Obst, meistens hinter den Häusern, wo sich die langgezogenen Gärten befinden, der eigene Grundbesitz, das Heiligtum.

Wie habe ich seinerzeit in Csákberény, als wir die ehemalige Gendarmerie als Wohnsitz zugeteilt bekommen haben, meinen Garten geliebt und gepflegt. Dabei war er gar nicht mein Eigentum, denn nach dem Gesetz der Befreiung hatten der ehemalige Grundbesitzer und seine Sippe kein Recht auf irgendwelche Immobilien, auf keinen Quadratmeter Boden, kein Haus und auch keine Möbel. Jahrhundertealter Besitz, Eigentum, liebgewonnenes Zuhause wurden einfach weggenommen, angeblich, um dem unterdrückten Volke zu helfen. Der Bauer aber wurde einige Jahre später durch grausamste Abgabepflichten ruiniert, zum Agrarproletarier gemacht. Vom kleinen, heute offiziell verbrieften Eigentum, das vererbbar und veräußerbar ist, profitiert das ganze Land, Reprivatisierung ist das Geheimnis des ungarischen Wunders. Wahrlich, die Zeiten haben sich geändert! Und niemanden freut dies mehr als mich!

Wir schreiben 1985, die Grenzen für Österreicher sind wieder offen, ungarische Emigranten dürfen ihre heißgeliebte Heimat, so oft sie wollen, besuchen. Es finden Konferenzen zwischen Emigrantenorganisationen und den offiziellen Heimatbehörden statt. Unter anderem über die Muttersprache. Otto von Habsburg gibt Interviews in ungarischen Zeitungen und sagt, daß die Rückgabe der heiligen Stefanskrone eine gute Sache war. In Budapester Hotels werden Geburtstagsempfänge von Emigranten gefeiert, zu denen auch Offizielle erscheinen, ein ausländischer Prinz schenkt sein Gestüt dem ungarischen Staat, Franz Windischgraetz hat seine gesamte Jagdsammlung, die nun in Keszthely zu sehen ist und deren Umfang und Qualität einmalig ist, dem ungarischen Staat vermacht. Ungarische Emigrantenkinder, die im Westen geboren sind, studieren jahrelang in Ungarn – wahrlich, für den Altemigranten aus den vierziger Jahren ist das alles ein kleines Wunder. Und dieselben ehemaligen Flüchtlinge, die man – nicht das Volk – einstens mit nassen Fetzen hinausgejagt hat, jagen wieder in Ungarn. Heute sind sie gerne gesehene Jagdgäste, deren Rat man einholt, deren Hilfe man dann und wann in Anspruch nimmt und die man aber auch großzügig einlädt, wenn es sich ergibt. In Ungarn hat man keine Sekunde das Gefühl, irgendwie als westlicher Mensch ausgenützt zu werden. Dazu sind die Ungarn viel zu großzügig, viel zu stolz, viel zu gastfreundlich. Und schon an der Grenze verbessert sich die Lage von Jahr zu Jahr. Was ich damit sagen wollte, ist kurz und bündig: So unmenschlich und grausam, so ungerecht und böse die Zeit der fünfziger Jahre auch war, so unwahrscheinlich positiv hat sich in den letzten Jahren die Lage geändert. Gebessert für das Volk und für die alten Landsleute, die gerne und oft in die Heimat reisen, auch solche, die 1956 aktiv im Freiheitskampf gekämpft haben, sind heute wiederholt als Touristen in Ungarn. Auch wenn die Wirtschaftslage nicht rosig ist, gibt es viele Freiheiten, die es früher nicht gab.

Ich kann es meinen ungarischen Freunden nicht abgewöhnen, mich „Herr Graf" zu nennen, eine Ansprache, wie sie im Westen kaum mehr vorkommt. Andere nennen mich freundlich Onkel Philipp — Fülöp bácsi. — In dieser Hinsicht ist in Ungarn alles beim alten geblieben. Jagdfeindlichkeit aus ideologischen Gründen gibt es keine. Die Präambel der ungarischen Jägerschaft beginnt mit den Worten: „Die Jagd ist ein nobler Sport, die dem arbeitenden Menschen zur Erholung dient." Umwelt- und Naturschutz sind zwar kritisch und engagiert, erkennen aber die selbstlose Arbeit der Jägerschaft an, arbeiten mit ihr zusammen, anstatt sie zu bekämpfen, und kommen dem gemeinsamen Ziel somit viel näher. Und Jagdbücher sind in Ungarn nach wie vor Bestseller, werden in den ersten Tagen restlos aufgekauft. Warum wohl? Weil in den Jagdbüchern die Vergangenheit ohne Polemik beschrieben wird, weil man nach all der Schmähung vergangener Zeiten hier Unpolitisch-Positives erfährt. Seit dem Wunder von 1988, dem Beginn der „Reform", gibt es in Ungarn wieder regimekritische Bücher in Menge und eine fast freie Presse. Hoffentlich hält es!

Kálmán Kittenberger, Zsigmond Széchenyi, Kálmán Csathó, István Fekete — alles eher als politische Menschen — sind in jeder Bibliothek enthalten. Und die Bibliothek in meinem Zimmer wird auch immer reichhaltiger, ich freue mich schon darauf, in ihr zu schmökern. Erst vor einigen Wochen hat mir mein Kollege in Budapest alle größeren Artikel fotokopiert und zugeschickt, die ich 1941—1948 in der ungarischen Jagdzeitschrift veröffentlicht habe. Davon fünf Leitartikel nach dem Zusammenbruch, als ich in Csákberény als Hilfsarbeiter lebte und die Artikel nach Dienstschluß auf der Maschine des Gemeindeamtes heruntertippte.

Als wir um 5 Uhr abgeholt werden, ist das Wetter schön, aber kühl. Die Hirsche sollen schon gut melden. Hubertus wird vom jungen Jäger Jancsi mit dem großen Geländewagen der Jagdgesellschaft abgeholt, mich holt, wie im Vorjahr, Takács Laci ab. Wir fahren mit meinem Wagen. Diesmal ist unser Ziel Petömihályfa, ein Revierteil, den ich noch nicht sehr gut kenne. Bei einer großen Strohtriste stellen wir den Wagen ab und gehen quer über das Feld direkt zu einem Hochstand, so ist der Waldrand durch unsere Fährte nicht verstänkert. Hinter uns erstreckt sich eine große, etwa zwei Kilometer breite Akaziendickung, rechts und links geht es steil bergab. Der Ausblick rechts ist besser, ich sehe weit über einen Erlengraben hinaus. Ringeltauben fallen vor und auf einem verwachsenen Stoppelfeld ein, drei Reiher stehen unten beim Bach. Ob es hier Forellen gibt? Nicht weit im Graben meldet ein Hirsch. Es ist das sehnsüchtige Schreien eines jüngeren Hirsches, eines Beihirsches. Weiter hinten antwortet ein anderer, dann verstummen sie wieder. Ein Fuchs maust etwa 50 Meter vor uns. Bald erscheint ein zweiter, der zum Graben hinunterschnürt. Kurz darauf − es muß jetzt ungefähr 7.30 Uhr sein − kommt von hinten ein dritter Fuchs. Dumm, daß ich meinen Fotoapparat im Auto gelassen haben. Aber so ist es immer. Die Leica ist schwer, man hat ohnedies viel zu schleppen, und dann ergeben sich Gelegenheiten wie dieser Fuchs auf 20 Schritt! Jetzt melden schon fünf Hirsche, ein kleines Konzert. Den Akazienwald begrenzt ein großes Kukuruzfeld vor mir, sicher 3−4 km entfernt. Da erspähe ich in einem etwas schütterem Teil ein riesiges Geweih, das, majestätisch wippend, sich nach vorne bewegt. Mit dem schnell hervorgeholtem Spektiv kann ich noch eine riesige schwarze Krone, dicke Stangen und viele Enden feststellen, dann verschwindet dieser Spuck; jedenfalls ein ganz selten kapitaler Hirsch. Als es ein wenig düster wird, erscheint auf etwa 100 Schritt rechts von uns das große Haupt eines Tieres am Waldrand. Zehn Minuten verhofft es fast unbeweglich. Dann setzt es sich in Bewegung und ihm nach sieben weitere Tiere. Gleich muß auch der Hirsch kommen. Und er kommt. Ein gerader Sechzehnender, mit Wolfssprosse, ein etwa 10jähriger Hirsch, ein herrliches Bild, dieses urige Brunfttrudel, relativ vertraut, aber „knisternd" vor Mißtrauen. Nun geht das Leittier im Stechschritt auf den einen Fuchs los. Der Hirsch mißversteht das, legt das Haupt zurück und stößt den Sprengruf aus, dann setzt er dem Tier fast hochflüchtig nach. Der Fuchs aber hat sich verabschiedet. Es ist ein guter Hirsch, weit über 9 kg hat sein Geweih. Ich denke aber nicht ans Schießen, nicht gleich am ersten Tag, das geht nicht.

Zuhause herrschte große Aufregung: Hubertus hat einen sehr starken Hirsch gesehen. Sein Revier war Gersekarát, jenes Revier, in dem ich 1983 meinen ersten Hirsch geschossen habe.

Am nächsten Morgen sitze ich auf einem anderen Hochstand, und weit vom gestrigen Platz, sehe aber nur zwei junge Hirsche. Die Hochwildrudel scheinen schon in Dunkelheit eingezogen zu sein. Hubertus hat seinen Hirsch nicht gesehen, dafür aber andere. Nach einem herrlichen Frühstück legen wir uns zur Ruhe, zum Mittagessen um 13 Uhr habe ich noch keinen großen Appetit. Am frühen Nachmittag geht es nach Szombathely zur Polizei, um uns anzumelden. Nette Fräuleins erledigen das schnell, aber die Polizeigesichter unter den russisch geschnittenen Uniformen sind weniger anziehend.

Nachmittags gehe ich mit Laci auf einen Hochstand mitten im Akazienwald. Vor mir ist ein kleiner, völlig verfilzter Schlag, hinter mir ein etwa 200 Meter breiter Streifen mittelalten Waldes (Akazien, Erlen, Eichen) und dann das große Kukuruzfeld, wo ich am ersten Tag den starken Hirsch ganz kurz gesehen habe. Schon vor 18 Uhr melden die Hirsche überall, am meisten rechts vor mir im sumpfigen Graben, aber auch gar nicht weit hinter mir, läßt sich eine gute Stimme dann und wann hören. Den einen Hirsch im Graben sehen wir alsbald und erkennen ihn als den mit der Wolfssprosse. Diesmal ist er − vorläufig noch − allein. Die Stimme hinter uns nähert sich, wir hören Stangenschlagen, der Hirsch ist also im Waldstreifen und nicht im Maisfeld. Eine kräftige, tiefe Stimme, doch für meinen Geschmack röhrt der Hirsch zu viel. Kein alter, würde ich sagen.

Es riecht nach Moder und reifem Mais. Über dem Wald kreisen vier Bussarde. Da plötzlich, hinten, im Kukuruz, ein einziger müder, tiefer Trenzer. Das muß ein alter, das muß ein starker Platzhirsch sein. Wie durch Geisterhand verschweigen alle Hirsche. Noch ein tiefer Brummer, wie aus einer Silo-Tonne, wie aus einem Weinfaß. Dann ist Stille, zwei, drei Minuten, zaghaft fängt der mit der orgelnden Stimme im Waldstreifen wieder an, und andere folgen seinem Beispiel. Zweimal ist er so nahe, daß ich glaube, ihn jeden Moment in Anblick zu bekommen. Splitternd krachen die Äste, aber den Hirsch sehe ich nicht. Als es dunkel wird, melden die Hirsche überall, lassen sich durch unseren Aufbruch kaum stören.

Zuhause angekommen, erwartet uns Hubertus schon. Er hat einen kapitalen 16-Ender geschossen, den zweitstärksten Hirsch, den er in Vasvár erlegt hat. Bald bringen sie ihn, und es ist eine Freude für alle mitzuerleben, wie der große Waidmann sich über sein Waidmannsheil freut.

Der Hirsch kam auf ganz kurze Zeit auf 250 Meter aus dem Wald und ging mit gutem Blattschuß zeichnend ab. Jancsi hat ihn dann gefunden. Die Stangen sind so dick, daß ich sie nirgends umfassen kann. Wir erzählen, fotografieren, vermessen.

Am nächsten Morgen, Donnerstag, dem 12. September 1986, sitzen wir mit Laci in Petömi-hályfa auf einem sehr hohen Hochstand, der so gebaut ist, daß man das gesamte Maisfeld übersehen kann. Er liegt noch einen Kilometer weiter vom gestrigen weg, Richtung Norden. Es ist noch stockdunkle Nacht, als wir – ohne das Konzert der unglaublich gut meldenden Hirsche zu unterbrechen – unbemerkt auf den Hochstand, er steht auf einem Spitz des Akazienwaldes, steigen. Nur hinten ist Wald, in drei Richtungen nichts als Mais. Und im ganzen Maiskomplex röhren sicher 15 Hirsche. Manche sind nahe, andere weiter entfernt. Es ist ein Brunftbetrieb, wie ich ihn seit 1938 in Csákberény nicht mehr gehört und erlebt habe. Keine Unterbrechung. Wenn einer aufhört, fängt der nächste an. Es gibt viele Arten von Stimmen. Es gibt „Schnarcher", „Beller", „Brummer", „Brüller", „Heuler". Wir unterscheiden sie alle gut.

Als es zu dämmern anfängt und wir mit den Gläsern den sehr schlechten Hintergrund der Maisfelder ableuchten, verstummen einige der nächtlichen Musikanten, so an die sechs aber melden weiter. Und plötzlich, wie gestern, wieder der abgrundtiefe, böse Trenzer, einmal, zweimal, dreimal. Dann ist es still. Die Rudel haben sich in Bewegung gesetzt, wir hören den Mais knistern. Es erklingt öfter als früher der Sprengruf. Laci sieht schon einen Hirsch. Es ist ein 12er, mit oben fast zusammengewachsenen Kronen. Er wäre sicher schußbar.

Dann und wann melde ich mich mit meiner Tritonmuschel, einige Male mache ich den Tierruf. Nun sehen wir allmählich einige Brunftrudel, wie sie durch den Kukuruz langsam dem schützenden Wald zustreben. Wir sprechen einen guten Vierzehnender an, einen starken Achter und einen jungen Zwölfer. Letzterer ist allein, ein typischer Beihirsch, ganz feurig. Er zieht ratlos vor uns hin und her, sehnsüchtig die am Kukuruzrand, auf ca. 350 Meter äsenden fünf Tiere umkreisend. Sobald er dem gegenüberliegenden Waldrand nahe kommt, erklingt von dort ein einziger, tiefer und böser Brummer, und schon entfernt sich der Beihirsch wieder. Beihirsch? Nun, so 8–9 kg hat er sicher, nur halte ich ihn nicht für älter als höchstens sechsjährig. Es wird langsam hell.

Da und dort sehen wir Kahlwild durchziehen, auch den einen oder anderen Achter- und

Sechserhirsch. Der Zwölfender meldet jetzt von ein und derselben Stelle aus dem Mais. Die Tiere am Waldrand äsen. Doch was ist das? Es erscheint plötzlich am Rande des Waldes ein unwahrscheinlich starkes Geweih, mit riesigen, krebsartigen Kronen und zahlreichen Enden. Ein einziger tiefer Röhrer erschallt, der Hirsch treibt die Tiere grob und entschlossen in den Akaziengürtel, überragt sie um die Hälfte, trägt sein Haupt waagrecht und wippt mit dem phantastischen Geweih. Längst habe ich den Trieder mit dem Spektiv getauscht. Ich sehe dunkle, geperlte und dicke Stangen mit Wucherungen. In der einen Krone zähle ich acht, in der anderen sechs Enden. Ans Schießen denke ich nicht, auf nahezu 400 Schritt kommt der Schuß auf einen Brunfthirsch überhaupt nicht in Frage! Laci und ich sehen einander an. Solch einen Hirsch habe ich in Vasvár noch nicht gesehen.

Als im Mais Ruhe eintritt, steigen wir langsam von der Kanzel. Unser Plan ist fertig. Unweit der Stelle, wo die Tiere waren, ist der Kukuruz völlig abgeäst. Die Kolchose kümmert sich nicht um den Wildschaden, denn der etwa 1,30 bis zwei Meter hohe Mais wird siliert. Dort befindet sich ein alter, völlig baufälliger Hochstand, auf diesen müssen wir nachmittags hinauf.

Zuhause beim Vormittagsschlaf geht mir das Riesengeweih nicht aus dem Kopf. Unbeschreibliche Erwartung, Vorfreude und Unruhe erfassen mich, wie sie nur der kennt, dem ein großes Erlebnis bevorsteht. Obgleich der Jäger erst für halb fünf Uhr nachmittags bestellt ist, bin ich schon um 15.45 Uhr bei ihm. Ich werde bewirtet und sehe mich in seinem Haus um. Hirsch hat er in 30 Jahren nur einen einzigen geschossen, und dieser war ein Schneider. Gleichheit, Brüderlichkeit? Er ist so alt wie ich und verdient 3800 Forint im Monat.

Leider steht der Wind schlecht, und wir beraten, ob wir den Plan aufgeben sollen. Laci meint, es wäre hoffnungslos, schlägt vor, daß wir wieder auf die große Akazie gehen. Ich entschließe mich aber für diesen Hochstand, denn dort, wo das Rudel eingewechselt ist, könnte der Wind halbwegs sein. Schon beim Hinaufklettern auf die filigrane Leiter schwankt der Hochstand, und ganz nahe, auf etwa 60 Meter, in den Akazien schreckt ein Tier. Wir sind oben. Es schreckt noch immer in Abständen, aber es rührt sich offensichtlich nicht vom Fleck. Dann und wann ein müder Trenzer. Die Sonne scheint, der Wind bläst von halbrechts, der niedrige Waldgürtel ist links, vielleicht geht er drüber. Wir sitzen schon fast zwei Stunden, als der Wind völlig aufhört.

Überall fangen die Hirsche zu melden an, links von uns aber ist Totenstille. Was ist der Grund? Hat sich das Wild beruhigt oder leise fortgestohlen? Bei jeder Bewegung schwankt der Hochstand. Laci sitzt auf der oberen Sprosse der Leiter und schaut nach Süden, ich auf dem schmalen Brett und blicke dorthin, wo, ja, wo der Urhirsch in der Früh hineingewechselt

ist. Mit meinen geistigen Augen sehe ich, erwarte ich das rote Leittier, ein ganz kapitales Exemplar seines Geschlechtes, aber bald resigniere ich, es wird heute doch nichts kommen.

Vasvár ist ein ganz schwieriges Revier. Manche Jäger fahren von hier nach Wochen ohne Bruch heim. Zu viel Kukuruz, zu kupiert, zu viele Dickungen. Ein Hügelgelände mit parkähnlichen Büschen und kleinen sowie auch größeren Wäldern, Mais, Mais und Akazien. Schwierig, aber faszinierend. Es ist 18.45 Uhr, als ich mich zu Laci umdrehe und ihn bitte, einige Röhrer zu machen. Ich traue mich das nicht selbst, denn zu nahe ist der Waldrand, zu „beweglich" die Kanzel. Ich warte mit schußbereiter Büchse und hoffe trotz allem. Schon hat Laci längst aufgehört, ich beobachte gerade einen Bussard, als ich zufällig dorthin sehe, wo der Wechsel in den Kukuruz mündet. Und dort sehe ich — in meinen Adern erstarrt das Blut — auf etwa 100 Schritt das schon bekannte Kapitalgeweih, wie es sich langsam und wippend aus den Akazien in den Mais schiebt. Der Hirsch will nicht zu uns, er hat ein anderes Ziel, bald wird ihn der höhere Mais verschlingen. Ich mache den Tierruf, er verhofft, durch die Maisstengel sehe ich es dunkelbraun leuchten. Ziele sehr ruhig und doch schnell, Laci hat nichts mitbekommen, Kugelschlag, wunderbares Zeichnen, der Hirsch verschwindet, als wäre er gestürzt, doch dann sehe ich ihn auf der niedrigen, freien Stelle mit tiefem Haupt den Boden „pflügen", Todesflucht, Krachen und Brechen, einige Maisstengel schwanken noch, dann ist nichts mehr zu sehen und zu hören. Totenstille, nur bei den alten Bäumen weit unten im Tal ruft äußerst deplaciert ein Graureiher. Wir sitzen zusammengesunken, sehen uns in die Augen. Laci schaut sorgenvoll, kein Wunder, er ist ja der verantwortliche Begleiter. Während wir miteinander flüstern, fangen zaghaft zuerst, dann immer dreister, die Hirsche im Wald zu melden an.

Eine Viertelstunde bleiben wir auf der Kanzel. Beim Absteigen brechen drei Sprossen, so daß ich fast mit all meinen Habseligkeiten heruntergefallen wäre. Laci läßt mir den Vortritt, obgleich ich es ihm ansehe, daß er vor Neugier fast platzt. Ich bin aber als erster beim Hirsch. Er liegt, mit dem Haupt uns zugewandt, im Mais, nicht weiter als zehn Meter vom Rand des Akazienwaldes entfernt. Der Schuß hat beide Blätter durchschlagen. Mein Gott, ist der stark! Ein Griff in die Stangen, ein Blick auf die Kronen, es ist nicht zu fassen, der Hirsch ist noch viel stärker, als ich gedacht hätte. Und abnorm ist er auch, ein gerader 22-Ender, schwarze, stark geperlte Stangen, die riesige Krebs-Zangen-Krone, unverkennbar der alte Platzhirsch, den wir schon zweimal angesprochen haben. Und dann, als die pulsierende Freude mir fast den Verstand raubt, als ich meinem Herrgott Danke sage, für dieses Waidmannsheil, denke ich daran, daß vor mir ein Hirsch liegt, wie ihn keiner meiner Ahnen noch irgendeiner aus meiner weitverzweigten Jägerfamilie in Europa je geschossen hat. Im Gebiet des heutigen Ungarn fielen vor dem Zweiten Weltkrieg nur zwei bessere Hirsche.

Dann kommen die Tage des Fotografierens, der Vermessung, des Abwägens. Der Hirsch hat nach drei Tagen trocknen 12.95 kg, und in Keszthely verpaßt ihm eine strenge Jury 229.85 Internationale Punkte. Nadlerpunkte aber messen wir 215, und was das bedeutet, brauche ich nicht zu betonen. Die Abnormität nimmt ihm viele Schönheitspunkte weg, die unwahrscheinlich langen Eisenden (51 cm) gelten gar nichts. — Es ist der stärkste Hirsch, der bis dahin in Vasvár geschossen wurde, Messungen und Vergleiche ergeben, daß dieser Hirsch in Berlin 1937 dritter geworden wäre. Und ich, der Flüchtling, der Emigrant, der Enteignete, der jahrelang nur platonisch Hirsche jagte, ich habe ihn erlegt. Dem Herrgott meinen Waidmannsdank!

Hochwildriegler in Brandhof

Ende Oktober 1985 erreichte mich eine liebe Einladung meines Neffen Fritz, an einem Hochwildriegler-Tag in Brandhof teilzunehmen. Übernachtung war im Schloß gesichert, man erwartete mich zum Abendessen.

Brandhof! Welch bezaubernden Klang hatte dieses Wort im Laufe meines Lebens. Zuerst einmal waren wir als Kinder jährlich zu den großen Sommerferien von Csákberény nach Brandhof gekommen, wo wir bis Mitte September verblieben. Dazu „nahmen" wir Kindermädchen, Chauffeur und Gouvernante mit, und die anderen Enkel meiner Großeltern, der damaligen Hausherren, taten es ebenso, und die Großeltern hatten viele Kinder mit Kindeskindern. Dann kam die Zeit der Brandhof-Abstinenz zwischen 1938 und 1945, da uns das damalige NS-Regime nicht ins Land ließ. Dann kamen wir im April 1945 in Brandhof an, der unverändert, unversperrt, nur durch zwei alte Damen gesichert, der herannahenden Front „harrte". Wir wollten − um ganz ehrlich zu sein − nicht in Brandhof bleiben. Wir wollten weiter westlich ziehen, wie das meine Leser ja gut wissen, aber ein unvorhergesehener Unfall meines Bruders Max in Weichselboden zwang meinen Vater, meine Mutter und mich in Brandhof zu verbleiben, damit der schwerverletzte fünfzehnjährige Max nicht allein blieb. Diese Zeit des Wartens verbrachten wir damit, die äußerst wertvollen Gegenstände des Museums und des ganzen Schlosses in zahlreiche Kisten zu verpacken und einzumauern. Diese allein auf Initiative meines Vaters erfolgte Tat rettete die gesamten Wertsachen Brandhofs vor den ca. 40.000 direkt am Schloß vorbeiziehenden Sowjetsoldaten, und unsere Anwesenheit in den zweieinhalb Monaten der Russenbesetzung bewahrte das Schloß Erzherzog Johanns mit seinem Mobiliar vor der Vernichtung, was der Zustand anderer, weniger einsam liegender und gesicherter Schlösser unter der russischen Besatzungszeit hinlänglich beweist.

Dann kamen die schweren Jahre in Ungarn, der Neuanfang im freien Österreich, und wieder durfte ich dann und wann nach Brandhof kommen, sei es zu den Gamsjagden oder auf den einen oder anderen Rehbock, auf den mich der Jagdherr, mein Onkel Franz, einlud. Heute beziehe ich das Zimmer meines inzwischen mit 92 Jahren verstorbenen Onkels, und auch sein Sohn Hans weilt schon seit sieben Jahren nicht mehr unter den Lebenden.

Lärchenholzgeruch, vermischt mit dem Geruch von gebeiztem Fichtenholz, ein wenig Geweihgeruch und Seifengeruch, völlig unverändert seit meiner Kindheit, und wie die noch lebenden Tanten erzählen, auch seit ihrer Kindheit, bringen mir die vergangenen Tage am Brandhof lebhaft in Erinnerung. Im Zimmer meines Onkels hängen seine Brandhofer Joppen und Janker, seine berühmten Steirerhüte mit den großen Gamsbärten, liegen noch Zigarren, Patronen, Brillenfutterale, Schuhhölzer, alte Medizinphiolen, Zeitungen und Zeitschriften (aus einer Zeit, als er noch halbwegs lesen konnte), Gebetsbücher, Gamsbärte in Papiertüten, als wäre er gestern erst von hier weggegangen. Oh wie kurz, wie unbeschreiblich kurz ist doch das menschliche Leben! Ich kannte Großpapa, als er knapp sechzig Jahre alt war, so alt wie ich es jetzt bin. Und im Jahre 1987 würde sein 120. Geburtstag und sein 40. Todestag gefeiert. Auch mein guter Vater ist schon 37 Jahre unter der Erde. Wie hat er doch den Brandhof geliebt, was hat er doch alles für seine Rettung getan und gewagt und später die „Brandhofer Jagdvereinigung" gegründet, damit die Jagd sich selber finanzieren kann. Was hatte er doch für präzise Pläne für die Zukunft, ich brauche die Schriften seiner letzten Lebensjahre nur durchzusehen! Und dann dieser unvorhergesehene plötzliche Tod. Und der liebe Vetter Hansi. Kaum über 40 Jahre alt, hinterließ er eine junge Witwe und fünf prachtvolle Kinder. Wo ist der gute Onkel Fritz Mayr-Melnhof sen., ein Stammgast Brandhofs, der kaum über sechzig 1956 in Spanien starb? Onkel Hansi, Onkel Karl, beide liegen am Seewiesener Familienfriedhof, wo die Alpendohlen schreien, wo der Nordwind heult und wo das Auge weit über die Dullwitz schweifen kann.

Brandhof war und ist das Familienzentrum einer riesigen Familie, die alle vom einzigen Sohn Erzherzog Johanns abstammen. Am Brandhof, Zentrum der alpenländischen Jagd, hat der Erbauer jene unfaßbar modernen Jagdgesetze und Hegerichtlinien ausgedacht, die heute noch aktuell sind. Hier entwarf er die „Jägeruniform", die grüngraue Joppe, die alle Nachfolge-staaten der Österreichisch-Ungarischen Monarchie heute noch als Jagdtracht ansehen, hier in Brandhof wurde alpenländische Jagdkultur gemacht, hier entstanden die hegerisch so segensreichen Pläne für Gamsreibjagden nach waidgerechter Art, heute wie unter Erzherzog Johann völlig gleich und unverändert.

Kaiser Franz Joseph, zweimal Jagdgast des Erzherzogs, hat die gemäßigte, kultivierte und waidgerechte Art zu jagen in seinem ganzen Reich durch sein gutes Beispiel faktisch zum Gesetz gemacht, und wir in Österreich waren eigentlich nicht besonders angewiesen auf alle norddeutschen Facetten des an sich ausgezeichneten deutschen Jagdgesetzes, wir hatten und haben unsere eigene, gewachsene Jagdkultur, und die Wiege der modernen Jagdgesetze stand nicht in geringem Maße hier in Brandhof.

Die Gästezimmer, diese Kleinode der steirischen Kultur, sind trotz Beibehaltung der alten Möbelstücke, inklusive der Waschtische mit den Lavoirs, modernst eingerichtet, mit warmem Wasser, Elektrizität und Zentralheizung, ein großes Verdienst meiner Schwägerin Gritti. In jedem Zimmer steht ein Blumenstrauß mit Männertreu, eine Flasche mit Mineralwasser und liegt die Disposition für die morgige Jagd.

Stichwort Wasser: Ich habe schon vor vielen Jahren angeregt, das vor dem Schloß in dickem Strahl fließende herrliche Gebirgswasser des Brandhofes als „Erzherzog-Johann-Quelle" zu fassen und zu vertreiben. Von Jahr zu Jahr gibt es weniger trinkbares Wasser auf unserer Welt. Die Stadtquellen, die Reservoire der Großräume, sind zwar in Österreich noch halbwegs gut, aber es gibt immer mehr Klagen über einige Bereiche, wo das Grundwasser schon verseucht ist. Das Hochquellenwasser, das zum Teil die Bundeshauptstadt Wien versorgt, stammt aus dem Hochschwabgebiet, genauer gesagt aus Weichselboden und Umgebung. Wäre es nicht logisch, angesicht der internationalen Wassermisere, dieses herrliche Gebirgswasser des Brandhofs unter die Leute zu bringen? Und zwar, was es in Österreich nicht gibt, aber auf jeden Fall bald wird geben müssen, als „Wasser ohne Kohlensäure" in Flaschen, so wie es auf der ganzen Welt und in jedem internationalen Hotel (teuer importiert) verlangt wird. „Ohne Gas", einfach: garantiert gutes Wasser aus unseren Gebirgsquellen! Da liegt in der Zukunft ein immer größerer Bedarf. Soll dieses herrliche Gebirgswasser in die schmutzigen Flüsse – ungenützt und ungetrunken – hineinrinnen? Meiner Meinung nach wäre es sehr schade.

Nacheinander kommen die Jagdgäste an. Um 20.30 Uhr treffen wir uns alle vis-à-vis vom Schloß in der Moar-Stuben, wo nach altem Brauch, seit den Tagen des Erzherzogs, Jäger, Treiber, Besitzer, Angestellte und Gäste gemeinsam speisen und feiern.

Ein herrliches Eintopfgericht, wie es hier immer üblich war, ungezwungene, angeregte Konversation, ein guter Tropfen Wein. Dann hat die Zieharmonika das Sagen, und ich darf mit meiner Nichte Maritha den Tanz eröffnen. Jung und alt, arm und reich, protzig und bescheiden, hier in der Moar-Stuben gab es schon immer, schon zur Zeit vor dem Kommunistischen Manifest, zwar nicht die utopische Gleichheit, so doch den gegenseitigen Respekt und das auf Ehrlichkeit beruhende Verständnis.

In Brandhof ist es die gegenseitige Achtung und das gegenseitige Kennen, die schon immer – zu allen (längst vergangenen) Zeiten – für eine echte Freundschaft, ohne Kumpelhaftigkeit, und für gute Stimmung sorgten. Freilich, die Stammgäste früherer Zeiten wechselten ja kaum. Da waren Großvater, seine drei jagenden Söhne und seine vier Schwiegersöhne, seine Brüder und nur höchstens zwei geladene Gäste, die bei den Rieglern teilnahmen. Eigentlich jahrzehntelang, bis der Nachwuchs auch eingeladen wurde. Da dieser aber zu zahlreich war und nur elf oder zwölf zu vergebende Stände vorhanden waren, wurde von Jahr zu Jahr abgewechselt.

Jetzt sind Großpapa, seine Brüder, all seine Söhne und Schwiegersöhne schon tot, aber die Verwandtschaft ist groß, auch wenn nicht alle dem edlen Waidwerk huldigen. Ich gehöre zu den Senioren, was sich beim Tanzen und längerem Aufbleiben auswirkt. Da ist mein Bruder Feri, Vetter Karl Harnoncourt, Neffe Franz-Karl Kottulinsky mit jagdbegeistertem Sohn, Neffe Hansi Keil und andere Freunde des heutigen Jagdherrn. Von den alten Treibern lebt kaum mehr einer, aber die jüngeren haben von ihnen gelernt, Begeisterung und Revierkenntnis sind vorhanden. Sie müssen morgen früh aufstehen, aber das stört ihre Lustigkeit überhaupt nicht: sie sind jung. Mitten in einem Polkatrubel verschwinde ich unbemerkt. Noch von meinem Zimmer aus höre ich das rhythmische Dröhnen und Klopfen. Ein spätherbstlicher Sternenhimmel wölbt sich über das Gebirge. In dieser Jahreszeit ändert sich das Wetter nicht plötzlich, aber hier im Hochschwabgebiet muß man trotzdem auf alles gefaßt sein. Herrlich schlafe ich im langen Bett meines verstorbenen Onkels, merke weder das Tageslicht noch höre ich Lärm, es ist der Wecker, der mich weckt. Es ist leicht wolkig, als ich aus dem Fenster schaue, über der Graualm weht ein leichter Wind. Zum Frühstück wird Brennsterz und Polenta serviert. Ich bin der erste und habe dann noch viel Zeit, meinen Rucksack zu füllen. Was man da alles braucht: Reserveleibchen, Reservehemd, Pullover, Fernglas, Kamera, zweites Zielfernrohr, Hirschfänger, aufblasbarer Polster, Patronen, Wettermantel, Fernrohrschutz, Laufschützer, Taschentuch. Da wir zwei Triebe vorgesehen haben, lege ich noch ein Leibchen und noch ein Hemd in den Rucksack. Der kleine Sack mit der Jause wird nicht vergessen. Punkt acht Uhr kommen unsere Wägen am Seebergsattel an. Es soll im Bruchtal getrieben werden, ich habe den Stand Nr. 2, werde als zweiter angestellt. Mit ausholendem Berglerschritt, schwer an Büchse und Rucksack tragend, gehen wir bergaufwärts.

Als erster wird ein Lokalschütze angestellt. Sein Stand ist unweit der Schneise, die man für den Sessellift ausgeschlagen hat. Sieht nach nichts aus, kann aber gut sein. Ich selber werde am Reitsteig, mitten in einem Buchenhochwald, angestellt. Mein rechter Nachbar ist mein Neffe Franz-Karl, er ist aber völlig überriegelt. Unter mir und ober mir, nicht sichtbar zwar, aber mir bekannt, sind dichte Einstände. Langsam verhallt der ohnehin diskrete Lärm der weiterziehenden Jagdkameraden. Ich richte mich, lade meine Büchse und setze mich auf das fauteuilartig mit Tannenreisig ausgeschlagene Sitzerl.

Der Trieb heißt Bruchtal. Unter mir, irgendwo in Richtung Seewiesen, bei der Serpentine der Seebergstraße ist der Ottichschlag. Dort unten haben sich zwei Russinnen, die waghalsig mit dem Fahrrad die steile Straße von Seewiesen hinunterradelten, im Mai 1945, erschlagen. Weiter drinnen, in „der Bruch", schoß ich 1945, trotz Todesstrafe auf Waffenbesitz, mit dem von Russen gestohlenen Militärkarabiner mein erstes und einziges Murmeltier.

Die Sonne scheint jetzt durch die rotbraunen Laubkaskaden der Buchen. Einige Ahornbäume sind gelb und rötlich, im Sonnenlicht glitzert der Morgentau auf diesen Meisterwerken der Natur, als wären sie aus purem Gold. Dazwischen gelbe Lärchen, einige alte Fichten und Tannen. Zwei Ringdrosseln attackieren einen Tannenhäher, der so tut, als wäre ihm das ganze überaus peinlich. Ich bin amüsiert in diese Auseinandersetzung vertieft, als ich plötzlich das Gefühl habe, daß sich Wild nähert. Habe ich etwas gehört oder nur gefühlt, ich kann es nicht sagen, plötzlich erscheint im grellen Sonnenlicht, etwa dreißig Schritt rechts oben, unweit des Steiges, ein Zwölferhirsch, vorsichtig verhoffend, dann schleichend nach oben ziehend. Ich bin so in seinen Anblick vertieft, daß ich vergesse, nach der griffbereit liegenden Leica zu langen. Schade, man ist zuerst Jäger und dann erst Fotograf. Meiner Meinung nach ein etwa sechsjähriger Hirsch. Aber wie vorsichtig er sich in Deckung zu stehlen versucht, wahrscheinlich hat er Wind vom Nachbarn bekommen. Bald darauf erscheint unweit derselben Stelle für einen Moment ein starker Fuchs, zielbewußt schnürend, schräg nach oben haltend. Ganz nach rechts oben gewandt, warte ich noch einen Augenblick. Doch als ich mich wieder hinunterwende, sehe ich gerade noch, wie ein Kälbertier ganz unten in Deckung schnell nach links wechselt. Bald darauf fällt am Stand Nr. 1 ein Schuß, und wie von Furien gejagt hetzt das Kalb (!) denselben Wechsel zurück. Und richtig, auch mein rechter Nachbar schießt jetzt. Für mich wäre ein sicherer Schuß unmöglich gewesen. Jetzt höre ich ganz weit das Rufen der Treiber. Die eine Partie scheint früher da zu sein, kein Wunder, die gehen ja bergab, die anderen müssen steigen. Da erblicke ich links unten, auf 90 Schritt, abermals ein Tier und ein Kalb. Sie kommen vertraut, und ich habe, als sie in Deckung sind, Zeit anzuschlagen und gut zu stehen. Das Kalb ist frei. Im Ziehen setze ich ihm die Kugel aufs Blatt. Das Tier wirft sich herum, ich habe schon repetiert, und im Feuer fällt es, rutscht einige Meter und bleibt verendet liegen. Das Kalb aber ist 20 Schritt weiter an eine Buche angerannt und liegt ebenfalls. Aufatmend lasse ich die Freude wie eine warme Welle in mein Herz. Das war Waidmannsheil, wie man es sich oft erhofft, aber selten erlebt. Der Hilfsjäger L. ist schon da, ich weise ihn ein. Auch meine Nachbarn haben je ein Stück erlegt, die anderen gingen leer aus. Das Tier hat den Schuß am Trägeransatz.

Während ich langsam hinuntergehe, denke ich darüber nach, wann ich hier das letzte Mal auf einem Hochwildriegler gewesen bin. Es sind sicher 20 Jahre her, und es war erfolglos. Vor zehn Jahren aber, in Kernhof, zur Weihnachtszeit, schoß ich beim Riegeln ein Tier. Der Abschußhirsch war schon im Visier, aber statt des sicheren Blattschußes und einer Doublette Tier−Hirsch erfolgte ein Versager. Es war ein ausgeliehenes Gewehr.

Bei den abgestellten Autos treffen wir uns wieder, und ich mache einige Aufnahmen. Nun wird verlost, denn im nächsten Trieb sollen drei Gams frei sein. Wie das Spielerglück schon ist, ziehen Feri und ich je einen Gams. Ich freue mich sehr, denn meinen letzten Gams schoß ich 1976 zu meinem 50. Geburtstag, also vor neun Jahren in Seewiesen. Wir fahren jetzt beim Brandhof vorbei, wo ein schnelles Mittagessen eingenommen wird. Dann geht es auf erstklassigen Forstwegen in die Bachbauernlucken zum zweiten Trieb.

Diesmal muß ich auf den höchsten Stand, auf den Roanbauernsattel, mindestens anderthalb Stunden Gehzeit auf allersteilsten Steigen. Aber dort oben sind nun einmal die Gamsstände. Schwer trage ich an meinem Rucksack. Ich schwitze nicht schlecht. Ein Schütze nach dem anderen bleibt stehen, Vetter Karl auf einem langen Schlag, der vom unteren Weg bis zur Höhe reicht. Oberförster Ulrich bleibt unten stehen, unweit des Parkplatzes. Je höher wir kommen, desto mehr Schnee liegt, an der höchsten Stelle 5 cm.

Endlich kommen wir zur großen Wiese am Sattel. Das Gelände wird offen. Feri ist der vorletzte. Von ihm aus muß ich noch eine halbe Stunde weitersteigen. Der Brandhofer Revierjäger führt mich zu meinem Stand, der mir nur teilweise zusagt. Der Ausschuß ist nämlich gering, weiter oben wäre es besser gewesen. Ich sitze unter einem uralten Bergahorn im Schnee, rechts eine Art Rinne, die bald an der Bergkante verschwindet, darunter sehe ich nicht mehr hin, aber das ist das Schußfeld der zweiten Schützenlinie bzw. deren obersten Schützen. Vor mir eine Wiese mit uralten Bäumen, viele bereits abgestorben. Ich sehe nicht weiter als 80 Meter, hinter mir eine Kuppe mit ganz schlechter Durchsicht, etwa dreißigjähriger, schütterer Schutzwald, da kann ich nur mit viel Glück über die wenigen freien Stellen hinwegsehen.

Ich bin völlig außer Atem und in Schweiß gebadet. Ein herrliches Gefühl, das Ziel erreicht zu haben und der oberste zu sein, erfaßt mich. Ich warte, bis ich ausgeschwitzt habe, und ziehe mich dann um. Auch die Joppe ist durchgeschwitzt, der Pullover wird mich vor einer Erkältung schützen. Es ist ganz schön kalt hier oben, aber, Gott sei Dank, windstill. Alles wird schön griffbereit hingelegt, vor allem das Glas, denn dies ist, nach den Fährten zu urteilen, ein „Gamsstand" und meinen freigegebenen Gams möchte ich gut anschauen. Zu mir herauf dringen wenig Laute. Ich dürfte auf 1600 Meter sein, leider ist die Aussicht schlecht; mitunter sind gerade solche Stände die besten.

Es bleibt mir etwas Zeit zu meditieren, wie ich es so liebe, obgleich ich gerade hier und im Schnee sehr aufpassen muß. Vor ziemlich genau 40 Jahren hat mein achtzigjähriger, kranker

Großvater im Krampelgraben seinen letzten Hirsch geschossen. Nie werde ich sein wissendes, ernstes, ein wenig wehmütiges Gesicht vergessen, als wir ihm den Bruch reichten. Zwei Monate davor waren erst die Russen abgezogen, ein kleines steirisches Wunder, eine Generalprobe des 10 Jahre später kommenden Staatsvertrages, aber noch unter Stalin. Sie verließen ein von der Roten Armee besetztes Gebiet, das erste Mal in der Geschichte von sich aus. Die Engländer gaben uns, ohne viel zu fragen, sofort Jagdscheine, bei den Russen war sogar der Besitz eines musealen Vorderladers bei Todesstrafe verboten.

Die von der Besatzungsmacht eingesetzten Bürgermeister, die uns nach Ungarn zurückschikken wollten und uns keine Lebensmittelkarten gaben, wurden nun abgesetzt und durch Demokraten ersetzt. Der Hunger hörte schlagartig auf, Vater hatte 30 kg abgenommen. Der Brandhof war gerettet, alles, was verlorenging, waren einige Möbel, sämtliche Lebensmittel und der halbe Viehbestand. Und das war unser Wunder, ein unfaßbares, einmaliges Mirakel. Denn der Brandhof lag unbewacht, nicht abgezäunt an einer Durchzugsstraße, 4 km von der nächsten Ortschaft entfernt, in einem Waldgebiet. Was soll ich mehr sagen? Wir hatten viel, sehr viel zu erleiden, täglich und ohne Unterlaß. Aber wir haben den Brandhof mit Hilfe der Mariazeller Muttergottes der Nachwelt erhalten. – Denn ohne Segen, nein, ohne Segen von oben wäre das nicht gegangen. Doch viel wird im Laufe der Jahre vergessen, weggesteckt oder verdrängt. Wer will auch diese schrecklichen Zeiten zum Leben erwecken? Über die Vergangenheit wächst das Gras der Vergessenheit, so war es und so ist es. Doch kann ein Kriegsveteran, der einen Fuß im Krieg verloren hat, jemals den Krieg vergessen? Wird er nicht täglich an ihn erinnert, auch wenn schon zwei Generationen nach ihm den Wohlstand und den Frieden für selbstverständlich halten? Kann einer, dessen Seele verletzt wurde, auch wenn er verzeiht, je vergessen? Ich glaube nur in seltenen Fällen. Unsere unschuldig verfolgten jüdischen Mitbürger sind ein Beispiel dafür.

Und die Seele schmerzt mir noch heute über den Verlust meiner Heimat. Es ist nicht der Besitz, der Reichtum, das Eigentum, die fehlen, es ist das Zuhause, das Geburtshaus, der Ursprung, wo man hingehört und wohin man immer heimkehren kann.

Hinter mir höre ich es „steindln". Ganz oben, fast völlig verdeckt, auf der Kuppe sind einige Gams zu sehen, aber nicht anzusprechen. Es dürften sechs, sieben Stück sein, halb vom Gelände, halb von den umgeworfenen Bäumen verdeckt. Dann knallt es unter mir dreimal, nach einiger Zeit bei Feri zweimal. Einmal scheint es mir, als ob unter mir ein schweres Wild vorbeiflüchten würde. Obgleich es nicht weiter weg sein kann als 40 Schritt, bleibt es unsichtbar und überriegelt. Die Gams sehe ich jetzt nicht. Hat man auf sie geschossen? Ganz weit unten fällt ein weiterer Schuß. Nach meiner Schätzung bei Vetter Karli, am großen Schlag. Kolkraben segeln über mich hinweg, Tannenhäher rufen. Irgend etwas ist los, das scheinen sie zu sagen, aber nichts ist zu sehen. Plötzlich eine Bewegung über mir. Ein einzelner Gams, eine Gais, nähert sich vorsichtig. Kaum verfärbt, rundlich in der Gestalt, sieht aus wie ein Bock: eine Geltgais. Ich bin in Anschlag gegangen. Beim ersten Haberl ist die Gais nicht zu sehen, ebenso beim zweiten. Dort ist ein Baumstamm, der die Gais fast völlig verdeckt. Wenn sie aber weiter geht, muß ich gleich schießen, denn später kommt sie in die

Rinne, die sie ganz verschwinden lassen wird. Es ist nicht weit, etwa 70 Schritt, schräg nach oben. Als die Gais zwei Schritt macht, schieße ich sie im Ziehen aufs Blatt. Scheinbar hoch, denn sie fällt im Feuer und rührt keinen Lauf mehr. Nun wird es lebendig, am selben Wechsel kommen zwei, drei Kitzgaisen, Jährlinge und junge Böcke in voller Flucht, stoppen bei der gefällten Gais und spritzen dann auseinander, einige flüchten über die Wiese, andere kehren am selben Wechsel zurück. Ein einzelner guter Bock aber kommt von rechts, anscheinend vom über mir stehenden Jäger roglig gemacht, und passiert mich so nahe, daß ich ihn — leider etwas spät — noch fotografieren kann. Dann kommen sie, der Jäger und ein Treiber. Großes Waidmannsheil!

Es ist eine 14jährige Geltgais, mit recht guten Krucken. Feri hat einen Gamsbock geschossen, Hansi Keil einen Hirsch und ein Tier, Karli einen Spießer. Auf der Strecke in Brandhof liegen 2 Gams und 7 Stück Hochwild, darunter zwei Hirsche. Es wird natürlich nicht verblasen, das kennt man in Brandhof nicht, aber lange besichtigt, fotografiert und alles wiedererzählt.

Über der Graualm greifen die Strahlen der untergehenden Sonne hoch über die Wipfeln und färben die kleinen Wolken violett. Und der alte Brandhof versinkt in der anbrechenden Dämmerung und träumt von längst vergangenen, herrlichen Zeiten.

Auf Schnepfen in der Bretagne

Eines Tages erreichte mich der Brief eines Schweizer Schnepfenforschers, der mich im wahrsten Sinne des Wortes elektrisierte. „Haben Sie Lust, zwei Tage in der Bretagne auf Schnepfen zu jagen?" lautete der Inhalt. Ich hatte! Noch herrschte bei uns herrliches, trockenes Herbstwetter, aber das frühe Eintreffen der Schnepfen ließ mit Sicherheit auf einen zeitigen Wintereinfall schließen. Nachdem der Fühjahrsdurchzug sich weit nach Osten verlagert hatte, konnten wir in der Steiermark wieder einmal einen Rekordherbst registrieren. Mir wurden mehr als fünf Jagden gemeldet, bei denen über zehn Schnepfen gefallen sind. Wohl gemerkt: Niederwild-Treibjagden und erlegte, nicht aufgegangene Schnepfen.

Am 12. November fing es zu regnen an, Kälte setzte ein, und am 15. November hatten wir −6° Celsius und 30 cm gefrorenen Schnee. Die letzte Schnepfe schoß ich am 10. November in Gasselsdorf. Dann war Schluß. Niederjagden wurden abgesagt, Autos blieben im Schnee stecken, die Bäume ächzten unter der Schneelast, und sogar das Herbstlaub wurde überrascht, es fiel erst, als der Schnee schon lag.

Der Ort, wohin ich wollte, hieß Duarnenèz und befand sich an der Westküste der Bretagne, unmittelbar am Atlantik. Ein kleiner Flugplatz liegt auf 20 km davon in Quimper. Kein Reisebüro hatte von diesem Flugplatz eine Ahnung. Nach langem hin und her konnte ich eine verbilligte Flugreise organisieren, die mich von Wien aus nach Paris, Flugplatz Charles De Gaulle, Transfer nach Orly und dann mit einer Air-Inter-Maschine nach Quimper führen sollte. Da ich gerne ohne Gepäck reise, hatte ich nur eine kleine Handtasche mit, keine Flinte, keine Patronen. Ein schneller Städtezug brachte mich nach Wien, vom Südbahnhof fuhr ich mit dem Bus nach Schwechat. Langes Warten im Passagierraum, nachdem man mich zweimal durchsucht hatte.

Neben mir sitzt ein Araber, unrasiert, mit wilden Augen. Zwischen den Füßen hält er einen Geigenkasten. Ob man ihn auch durchsucht hat? Warum gibt er die Geige nicht auf? Muß er sie mit ins Flugzeug nehmen? Die beruhigend-schmeichelnde Stimme der Ansagerin teilt uns mit, daß unser Flug aus meteorologischen Gründen verspätet starten wird. Die riesengroße Air-France Maschine steht aber in Sichtweite. Man tankt sie gerade auf.

Ich habe Hunger, habe nicht zu Mittag gegessen, da die Maschine um 13.35 starten sollte und ich mir das französische Menü nicht entgehen lassen wollte. Endlich um 14 Uhr 50 dürfen wir in die Maschine. Ich bekomme einen Fensterplatz, links vorne. Die beiden Sitze rechts von mir sind frei. Außer dem einen unrasierten Araber mit dem Geigenkasten sind noch drei ähnliche Typen eingestiegen. Ich richte mir meine kleine Olympus-Kamera, um nach dem Start die Ortschaften zu fotografieren. Der Himmel ist aber tief bewölkt, und als wir starten, sind wir gleich in der Nebeldecke eingetaucht. Dann sind wir über den Wolken.

Die französischen Stewardessen sind sehr charmant, tragen altertümliche Zöpfe, wahrscheinlich falsche. Das Menü ist kalt, aber delikat, der Bart des Arabers von Mayonnaise verschmiert. Ich sehe, wie er das Fläschchen Bordeaux in einem Zug leert. Also ein fanatischer Mohammedaner ist der nicht. Wahrscheinlich ist wirklich eine Geige im Geigenkasten.

Südlich von München nehme ich eine Zeitung in die Hand. Le matin. Viel Innenpolitik, ein kurzer Artikel über Gorbatschow und Reagan, keine einzige Zeile über Österreich. Was waren wir doch einst für eine Weltmacht, unter dem milde, aber gekonnt geführten Zepter der Habsburger. Was sind wir für ein weltpolitisches Nichts geworden, unter der logischen Folge zweier Niederlagen! Man fürchtet uns nicht mehr, aber man kennt uns auch nicht. Von Metternich zu Sinowatz, von Grillparzer zu Wolfgang Bauer, von der Gründerzeit zur Staatsverschuldung, vom Doppeladler zum einköpfigen, der Sichel und Hammer trägt. Freiheit, Gleichheit, Brüderlichkeit? Dort, wohin ich jetzt fahre, hat man sie einst verkündet, erkämpft und verteidigt. Aber gerade dort: goldglitzernde Garde, Napoleonverehrung, Grande Nation, Force de Frappe, Galauniformen, ein königlich erhabener Präsident. Bei uns: sechs Monate Grundwehrdienst, Parteienfinanzierung, Medienherrschaft, Personenkult. Wir haben weder die Leichtlebigkeit der Römer noch den Fleiß der Germanen, aber ich liebe unser Land, und ich möchte nirgendwo anders leben.

Charles de Gaulle, der neue, großartige Flugplatz von Paris, neben Le Bourget und Orly der dritte, ist sternförmig mit vielen Landebahnen umgeben. Es dauert eine halbe Stunde, bis wir beim Zoll sind. Es wird weder meine Tasche geöffnet noch der Geigenkasten des Arabers. Er steht vor mir, als man ihn kontrolliert. Seine Heimat ist Palästina, so steht es im Paß. Also doch!

Auch in Paris ist etwas Schnee gefallen, die Temperatur beträgt -1° Celsius. Ich frage einen der durchwegs schwarzen Polizisten, wo der Air-France-Bus nach Orly startet. Er zeigt es mir. Ich muß 20 Minuten warten, bis er endlich kommt. Ich bekomme einen guten Fenstersitz und kann mir die Umgebung ansehen. Es ist Freitag nachmittag, und eine unübersehbare Autoschlange wälzt sich im Schrittempo stadtauswärts. Für Autobusse und Taxis gibt es streckenweise separate Fahrbahnen. Schrecklich häßlich ist der Außengürtel von Paris. Ein modernes Hochhaus neben dem anderen. Die Menschen sympathisch, keine schönen Frauen, massenhaft Farbige mit Kindern, schwarze Huren am Bois de Boulogne, fabelhaft breite Autobahnen.

Krähen und Elstern segeln im Abendwind ihren Schlafbäumen zu. Hier ist es noch um 18 Uhr halbwegs licht. Über der riesengroßen Metropole schwimmt ein rötlich zuckender Dunst. Endlich sind wir in Orly. Da gibt es aber zwei: Orly-Ouest und Orly-Sud. Ich steige bei Orly-Ouest aus dem Bus und erkundige mich beim Air-Inter-Schalter, da ich nirgends einen Auskunftsschalter sehe. Niemand weiß etwas von Quimper. Endlich sagt mir eine vorbeigehende Stewardeß, daß ich in das Souterrain gehen soll, dort muß der Start sein, aber auf den Monitoren steht weder die Zeit noch der Ausgang. Ich setze mich irgendwo hin und unterhalte mich mit einem farbigen Kind, das ein Spielauto auf dem glatten Boden vor sich hinschiebt. Immer und immer. Endlich, eine Viertelstunde vor dem Start, leuchtet auf der Tafel Quimper auf. Die unversehrten blauen Bordkarten werden wieder eingesammelt, zu Fuß geht es zu einer kleinen Propellermaschine.

Wieder bekomme ich einen Fensterplatz. Unter den Fluggästen wieder einige braune und schwarze Menschen. Der Motorenlärm ist unerträglich, die alte Kiste ächzt und knistert. Essen und Trinken wird nicht gereicht. In einer Dreiviertelstunde setzen wir zum Landen an. Ich sehe unweit den atlantischen Ozean im Mondlicht leuchten. Es ist sternenklar, als wir aussteigen, schlägt uns der Geruch des Meeres entgegen. Ein hochgewachsener, etwa 35 Jahre alter Mann empfängt mich. Henry Glin, Vizepräsident der „Bécassiers du Finistère“. Wir verstehen uns sofort, ich spreche ja gut französisch, aber über die Sprache hinaus verbindet uns die unsichtbare Spange der Schnepfen-Begeisterung, die Liebe zum selben Vogel, auch wenn wir 1500 km voneinander entfernt leben.

Das Haus der Glins ist im charakteristischen bretonischen Stil gebaut, weiß, mit kleinem Garten, innen modern eingerichtet. Wir besuchen noch am Abend den Hundezwinger, wo Henrys drei Hunde untergebracht sind. Es sind dies spanielartige Schnepfenhunde, „Espagneul Breton“, rötlich-weiß gefärbt: der achtjährige Neron, der fünfjährige Rustan und die dreijährige Ulla. Ulla hat fünf herzige Welpen in der Größe von Katzen. Die Familie von Henry Glin, der beruflich Steuerberater ist, besteht aus seiner blonden Frau Marie und dem sechsjährigen Sohn Thierry, mit dem ich sofort Freundschaft schließe. Er soll noch vor dem Wort Papa das Wort „Bécasse“ ausgesprochen haben. Kein Wunder, denn überall sieht man ausgestopfte Schnepfen, Bücher über Schnepfen von Fragulione über Fadat und Clausager bis Marcström und Kalchreuter.

Glin schießt seit vielen Jahren über hundert Schnepfen im Jahr, obgleich sie hier auf Initiative der Bécassiers du Finistère innerhalb der Jagdsaison von Oktober bis Februar ausschließlich mit dem Vorstehhund bejagt werden dürfen, dazu kommt noch eine freiwillige Beschränkung von drei Stück pro Tag. Während des opulenten Abendessens (Austern, Roastbeaf, heuriger Beaujolais, Birnen) erläutert mir Henry einige Dinge. Man kennt hier die „Kommunale Jagd“, die „Private Jagd“, die „Freie Jagd“, die „Banale Jagd“. Der Grundeigentümer ist gleichzeitig Jagdbesitzer. Er muß seine Einwilligung zur Jagd geben. Der Ausländer darf zwei hintereinanderfolgende Tage in Begleitung eines einheimischen Jägers bzw. Mitgliedes einer Jagdgesellschaft jagen gehen. Morgen werden wir hier in Duarnenèz jagen, wo Henry Glin das Jagdrecht besitzt, übermorgen in Poullan-sur-Mer, wohin mich die Societé de Chasse „L'aigle“ einlädt.

Es werden eine behördliche Genehmigung mit vier bunten Marken sowie vier andere Permits ausgefüllt. Henry übergibt mir eine Flinte Marke Winchester-Bock mit zwei zylindrischen Läufen und Pistolengriff. Also genau eine, mit der ich zu jagen nicht gewohnt bin. Denn meine Flinten sind eng gechokt, side by side, langläufig, mit englischen Schäften. Aber man nimmt, was man bekommt, und hofft, daß es schon gehen wird. Wir besichtigen noch das Jagdzimmer, und dann sehen wir uns die Abendnachrichten im TV an. Ein dicker blonder Mann, nicht unähnlich unserem TV-Kommentator Peter Rabl, erläutert die Meldungen. Die erste Nachricht ist, daß ein französischer Jäger (einer von zwei Millionen) irrtümlich einen vierzehnjährigen Buben erschossen hat, der sich im Trieb versteckt hat. Das Begräbnis wird gezeigt, haßerfüllte Kommentare gegen die Jäger werden gegeben. Einige Dutzend Tierfreunde demonstrieren gegen die Jagd auf die Turturelle, die Wildtaube. Doch auch eine Gegendemonstration wird gezeigt; dort sind nicht einige Dutzend, sondern einige Tausend – einfache, unbemittelte Bauernjäger, die sich ihre Tradition nicht nehmen lassen wollen. Denn: Der reiche Jäger fährt zur Taubenjagd nach Marokko und Kolumbien, der Bauernjäger aber schießt die durchziehenden Schädlinge im eigenen Weingarten. – Die Entführung eines ägyptischen Flugzeuges in Athen wird berichtet, schon soll es einige Tote geben. Ich denke an meinen Palästinenser mit dem Geigenkasten . . .

Mein Gästezimmer ist erst im „Aufbau", französisches Bett und 1 Sessel auf Spannteppich. Ich schlafe wie ein Toter. Um 8 Uhr, es ist noch dunkel, weckt mich Henry. Das Frühstück wird in der Küche serviert. Ein Topf ohne Henkel, voll mit starkem Kaffee, eine Art trockene Palatschinke, gesalzene Butter, französisches Weißbrot. Die Hunde heulen im Zwinger, weil sie Licht in der Küche sehen. Das Wetter ist bewölkt, aber trocken, etwa 4° unter Null. Heute nehmen wir nicht den BMW, sondern einen Renault 4 CV. Die Hunde, Ulla und Rusti, springen auf den Hintersitz, und ab geht die Post. Das Gelände ist wunderschön. Hecken, Gärten, Remisen, Alleen, Felder, Weiden, schwarzes Vieh. Meierhöfe, alles ist wie bei uns Mitte September. Die Edelkastanien teilweise noch am Baum, im Garten unter Laub sieht man noch Erdbeeren, Mimosen, Rhododendren, Pinien, atlantische Tannen, immergrüne Büsche mit stechenden Blättern, wie man sie bei uns in Steingärten sieht, mit roter Frucht, die Bäume mit Efeu bewachsen, im Wald Nußbäume, da und dort auch Eichen, aber vor allem Kastanien, in jedem Alter, zwei Meter hohes Farnkraut, bereits gelb und fast undurchdringlich, die Wiesen üppig und grün, teilweise feucht und sauer, überall Bäche und Rinnsale. Jedes Feld ist mit einer Hecke oder einer (oft uralten) Mauer oder einem tiefen Graben oder beidem umgrenzt. Darüber muß man steigen, dann etwa 300 mal im Tag die elektrischen Stachelzäune über- oder untersteigen, und das normale Vorwärtsgehen findet dort statt, wo es am dicksten ist, wo die Hunde die Schnepfen suchen. Den Hunden werden Glocken umgehängt. Ihr Laut ist wohlklingend und verschieden, der der Hündin höher. Wenn der Laut aufhört, handelt es sich um eine kurze Rast, oder aber der Hund steht vor. In diesem Fall ruft Henry Glin „Arrèt!", und man versucht, in die Nähe des Hundes zu gelangen.

Zwischen zwei Waldungen ist Ulla vorgestanden, mitten auf einer Wiese, der man es nicht ansieht, daß sie feucht ist. Ich tippe sofort auf Bekassinen, und als eine etwa auf 30 Schritt aufpurrt, schieße ich sie mit dem ersten Schuß aus dem fremden Gewehr herunter. Auf den Schuß ist ein Flug Ringeltauben abgestrichen. Eine macht eine Wendung und versucht, zwischen zwei hohen Bäumen durchzustreichen. Ich halte vor, und sie kommt leblos herunter. Henry freut sich über die Leistung seiner Flinte, ich freue mich, die Hunde freuen sich.

Überall sieht man Stare und Kiebitze, auch Elstern sind wahrlich nicht wenig da. Aber weder eine Spur oder eine Fährte von Rehwild, Hase, Fasan oder Rebhuhn, dafür spürt man sehr viele Füchse und Kaninchen. Das Gelände wäre absolut ideal für Fasanen, die viele Deckung, das viele Wasser, das milde Klima. Aber das „Freie" Jagdsystem hat sie schon lange ausgerottet. Hier gibt es sie nicht mehr. Langsam komme ich ins Schwitzen. Das milde Klima hatte ich nicht vorausgesehen, noch weniger die Schwierigkeit des Geländes. Daß die

173

Schnepfen sich wohlfühlen, ist klar, poröse Erde, überall Feuchtigkeit, beste Deckung. Wir finden auch da und dort Schnepfenlosung. Der Franzose nennt sie Mirroir (Spiegel). Henry sagt, daß in der Früh die Jagd mit Hunden auf die Schnepfe nicht so leicht ist, weil nach einer längeren Zeit am Feld, wo die Schnepfe des Nachts wurmt, sie vorerst in der Dickung ruht und sich zu neuerlichem Wurmen erst vormittags aufmacht. Dann können die Hunde leichter Wittrung von ihr bekommen, weil sie herumläuft. Es ist halb elf Uhr, als Rusti das erste Mal eisern vorsteht. Ich erwarte, daß die Schnepfe aufpurren wird wie bei uns die Eulenköpfe, stark schwingenschlagend wie eine Fasanhenne, steil aufwärts. Nichts dergleichen geschieht. Als es so weit ist, streicht sie flach am Boden ab, lautlos und wie eine Bekassine, und bis ich die Waffe gehoben habe, hat sie Henry schon erlegt. Kein Wunder, er kennt die Methode seit vielen Jahren, außerdem ist seine Waffe handlicher, der Lauf nur 45 cm lang.

Doch dann geht es Schlag auf Schlag, zwei Schnepfen salvieren sich schon, als sie die (nicht unbekannten) Glocken hören. Eine steht plötzlich ohne Hund vor mir aus dem Farnkraut auf, ich fehle sie am ersten Schuß schändlich, war nicht auf sie gefaßt, sie steigt steil auf, um über den Wipfeln zu entschwinden, doch bevor es so weit ist, wirft sie mein zweiter Schuß maustot in die Brombeerhecke. Es sind kleine Schnepfen, kaum 300 Gramm schwer. Ich mache einige Aufnahmen. Aus Gründen des Platzes und des Gewichtes habe ich anstelle einer meiner Leicas die kleine Olympus mitgenommen. Angenehm zu knipsen, aber wahrlich kein Vergleich für den Profi, der jährlich mehrere tausend Leica-Aufnahmen macht und den Unterschied kennt. Inzwischen ist die Sonne herausgekommen, und wir schießen noch jeder eine Schnepfe. Ich bin in Schweiß gebadet, bin zweimal über Drähte gestürzt, in tiefem Morast versunken, als es Mittag wird, bin ich rechtschaffen müde. Aber Henry tröstet mich. Hier hat schon ein bekanntes Sportidol um 11 Uhr die Jagd aufgegeben, er lobt meine Kondition. Heimwärts fahren wir über die Küste, und ich fotografiere die Kormorane bei der Insel Tristan in einem der „Fjorde". Eine der Halbinseln hat die Form eines regelmäßigen Kreuzes. Der Himmel ist in der Ferne violettgrau, die Luft riecht nach Tang und Fisch, das soll der berüchtigte Atlantik sein, wo sich die Unwetter zusammenbrauen? Das Meer ist verhältnismäßig ruhig, irgendwo weit draußen wandern Regenwolken. Bei uns zu Hause liegt ein halber Meter Schnee! Der Winter ist für kurze Zeit vergessen. Ein paradiesischer Garten ist dieser gesegnete Ort, der Finistère in der Bretagne. Kein Wunder, daß sich die deutschen Unterseeboote in diesen Buchten und zerrissenen Küsten gut verstecken konnten. Man spricht hier von den Deutschen ohne Haß, natürlich, hier wohnen Gaullisten, und der große General hat ja mit Adenauer die wahre Versöhnung eingeleitet, die Jungen sprechen von den Deutschen als „unsere EG-Verbündeten". Äußerst kritisch spricht man aber über den französischen Präsidenten, so daß ich ihn ein wenig in Schutz nehmen muß.

Vor dem Essen kann ich mich umziehen, Henry leiht mir ein neues Hemd. Die Langusten schmecken gut, ebenso die Apfeltorte à la Bretagne, am besten aber der schwarze Kaffee. Nachmittags gehen wir zu Fuß in Henrys Leibrevier, hinter dem öffentlichen Spielplatz für Kinder, am Rande von Douarnenèz. Spaziergänger schauen uns an, nicht anders als bei uns, eine dicke Dame trägt ihren Dackel, weil sie Angst hat, man würde ihn erschießen. Gerade als ich mich mit Mühe über einen dreifachen Zaun mache, schreit Henry „attention", und wie ein Wisch sehe ich eine Schnepfe vorbeihuschen und in den Baumkronen verschwinden. Nicht die Hunde, die dicke Dame haben sie hochgemacht (levée, wie der Franzose sagt), später stellen die Hunde fest, daß sie sich (es ist ja in der Mittagszeit) mitten am Spazierweg befunden hatte. Wir suchen sie lange, aber vergeblich. Statt des bei uns üblichen „tire haut", das ja von Frankreich kommen soll, schreien die Schnepfenjäger hier „Parti" oder „elle est partie", wenn eine Schnepfe hochgeht. Die Malerfedern interessieren sie wenig, Schnepfendreck kennen sie nicht.

Bald steht der alte „Neron" vor, den wir mittags statt „Rusti" mitgenommen haben. Fast gleichzeitig sehen wir die Schnepfe, aber mir gelingt es, sie zu erwischen. Eine graue, etwas größere, zwei- bis dreijährige Schnepfe ist es, die unter einem immergrünen Baum gesessen und die der Hund wirklich meisterlich markiert hat. Auch sie ist flach aufgestanden, gekonnt in Deckung vor dem einen Jäger, auf zwei war sie offenbar nicht gefaßt. Wieder schieße ich eine Ringeltaube, und meine Bewunderung für dieses zylindrische Gewehr wächst. Das Gelände wird steil, wieder schwitze ich wie ein Gewichtsheber, das ewige Bücken und Springen geht aber noch ganz gut. Drei Schnepfen sind unterdessen aufgestanden, ohne daß wir sie kriegen. Eine hat Henry gefehlt, hier sagen die Jäger „louper" anstatt „rater", wie die Taubenschützen. Ein kleines „Merde" wird niemals unterdrückt.

Als Gast trage ich die Beute allein; auch eine Sitte, die mir unbekannt war, man begründet es damit, daß es mich sicher freuen würde, die „Wärme der Vögel" zu spüren. Ich gehe meistens wegen des gefährlichen Geländes mit offener Flinte. Das scheint hier unbekannt zu sein, man öffnet die Flinte erst dann, wenn man die Jagd beendet hat. Ulla hat eine Bekassine hochgemacht, sie vollführt einen Bogen und kommt mir hoch und schnurgerade, sie fällt herrlich ins Gras. Henry brummt anerkennend.

Es ist einfach unglaublich, wo sich die schlauen Schnepfen aufhalten und wie sie sich zu drücken verstehen. Oft liegen sie in den Gräben, neben den alten, vermodernden Mauern. Eine steht so geschickt auf, daß sie flach hinter der Mauer wegstreicht, so daß wir sie erst sehen, als sie, außer Schußweite, steil nach oben zieht. Die Szenerie ist atemberaubend: Blühende Büsche, grünes, üppiges Gras, in dem jeder Kuhfladen von den Schnepfen „zerlegt" wurde, uralte Bäume, Hecken, wohin man sieht, herrliche Alleen, fast bei jedem Bauernhof, und durch die Lücken sieht man graublau das unendliche Meer mit seinen malerischen Inseln, den Möwenschwärmen, den auf- und abstreichenden Enten und den Kormoranen. Die Landschaft erinnert an England oder an Teile von Bayern, das idealste Gebiet, das beste Biotop für jedes Niederwild, und dennoch gibt es keines hier. Von Rebhühnern erzählen die Jäger, als wären es exotische Wundertiere, dabei soll es auch Rothühner geben.

Es ist 17.30 Uhr, als wir die Jagd aufgeben und zu unserer Behausung zurückmarschieren. Ich bin müde und verschwitzt, dusche mich zuerst, dann nehme ich mir die Schnepfenlektüre vor. Bücher von Audebert aus dem Jahr 1888, Duvarnet 1874, Br. Morris 1891 und W. Yarell 1845 sind ebenso da wie neuere von H. Boyd, Bransolle, C. A. Edwards, P. Jespersen, J. Martinel, Nicolas Maurice, R. Spencer, J. Villerac und viele andere. Ich sehe herrliche Fotos von streichenden Schnepfen, bei uns unbekannt, lerne neue Altersschätzmethoden, die Abschußzahlen der verschiedenen Länder kennen, erfreue mich dieser unglaublichen Fülle von Informationen und habe keine Zeit mich auszuruhen. Heute soll es Schnepfen zum Abendessen geben. Aber es ist 19 Uhr, und Henry hat sie noch nicht einmal gerupft, da seine Frau es strikte ablehnt, dies zu tun. Ein junges Ehepaar, die besten Freunde von den Glins, sind zum Wochenende hier, im Salon unterhalten wir uns angeregt über Gott und die Welt. Es ist erfreulich zu erfahren, wie die (mittel-)jungen Franzosen denken. Keine Rede mehr von linken Ideen, im Gegenteil, hier scheint die Renaissance eines konservativen, traditionellen Denkens vor sich zu gehen. Wir in Österreich sind da natürlich wieder um Jahre zurück. Aber bei uns wurde der Minirock eingeführt, als er in Paris schon seit einem Jahr „out" war!

Es ist 22 Uhr 30, als endlich das Abendessen fertig ist. Krevetten in Kuchenform, herrlich zubereitete weiche Schnepfen, eine Brombeercrème. Dazu Burgunderwein und Champagner. Es ist Mitternacht, als ich mich verabschiede. Vorher sahen wir noch in den Nachrichten die Entführung und Befreiungsaktion der von Terroristen gekaperten ägyptischen Verkehrsmaschine. Es sollen 60 Tote sein, darunter neun Kinder. Die beiden Franzosen sind ebenso erschüttert und wütend wie ich. „Man sollte sie kastrieren und dann öffentlich aufhängen", das ist der Tenor, und die Frauen nicken eifrig.

Der nächste Tag ist womöglich noch schöner als der vorhergegangene. Drei Grad plus und leicht bewölkt, windstill, kann man sich etwas Besseres wünschen? Diesmal bin ich zu einer „Chasse comunale" eingeladen, bekomme ein Permit von der Societé de Chasse „L'Aigle" für das gesamte Gemeindegebiet von Poullan-sur-Mer. Wir durchfahren diese alte Siedlung mit einer wunderschönen, nicht verputzten, romanischen Kirche, wo ich die heilige Messe besuche. Alte Gebete von Antatelle, die ich noch gut kenne, kein Volksaltar, Predigt von der Kanzel.

Dann treffen wir zwei Jagdfreunde von Henry. Der eine mit Kappe heißt auch Henry, der andere Jean-Claude. Letzterer ist klein und stottert ein wenig. Beide haben typische Bock-Schnepfenflinten, die superleicht sind. Angeblich sind sogar die Läufe aus Leichtmetall. Der Öffnungsbügel ist seitlich angebracht, die Läufe hängen nur vorne und hinten zusammen. Keine hat einen Riemenbügel.

Diesmal stoßen Henry und ich am Rande des Feldes gleichzeitig auf drei Schnepfen. Die beiden Hunde markieren schon lange, plötzlich erstarren sie. Die eine schieße ich, die beiden anderen kommen Henry, der eine erlegt. Wir tauchen in einen wunderschönen Hochwald mit üppigem Farnkrautunterwuchs und spärlichen Fichtendickungen unter. Hier sind mehr Schnepfen als gestern, bis zur baldigen Mittagszeit haben wir zu viert acht Stück geschossen, wobei sicher 20 aufgegangen sind. In einer bachbettähnlichen Hecke schießt Henry kurz vor

Reife Muffelwidder sind selten allein

der Mittagspause eine Schnepfe an, wir sehen Federn fliegen. Trotz eifriger und waidgerecht langer Nachsuche finden die Hunde nichts. Wahrscheinlich ist sie in eine der riesigen Brombeerbüsche gefallen, in die auch diese fleißigen Hunde nicht eindringen können.

Das verspätete Mittagsmahl besteht aus Brathuhn und Schokoladetorte, dazu Bordeaux-Wein. Um 14 Uhr 30 geht es wieder los, die Freunde verabschieden sich, wollen noch rechtzeitig in die Stadt. – Wir aber fahren nun in ein völlig anderes Gelände, unmittelbar am Meeresrand, aber außerhalb der Dünen. Dort liegt ein größeres Sumpfgelände, neben einem Hochwald, der allerdings so durch die immergrünen Stechbüsche verfilzt ist, daß die zahlreichen Schnepfen meist unbemerkt hochwerden können. Aber in den breiten Hecken stehen sie doch so auf, daß sie einem von uns kommen. Ein „garde", ein hahnengewehrtragender Wildhüter, kontrolliert und palavert unendlich lange mit uns. Scheinbar gehört das dazu. Wir treffen hier auch andere Jäger: einen Korsen und einen Algerier, beide mit entsicherten Flinten. Sie haben drei Schnepfen erlegt und einige Bekassinen gefehlt.

Ich schieße zwei Bekassinen auf einer Wiese, die von einer sumpfigen Ader durchzogen wird, und wo man, wenn man nicht aufpaßt, ganz versinken kann. Es sind schöne Schüsse mit dem unbekannten Gewehr, und Ulla bringt beide mir, nicht ihrem Herren. Und dann wird eine Lehne durchgenommen, ich gehe unten, Henry mit den Hunden im Dickicht. Ein Schnepf kommt pfeilschnell und hoch zwischen den Ästen, und es gelingt mir ein spektakulärer Schuß, gleich darauf schieße ich eine hochgemachte Ringeltaube. Einmal übersehe ich hinter dem elektrischen Zaun einen doppelten Stacheldrahtzaun und fliege, das offene Gewehr wegwerfend, der Länge nach nach vorne. Beide Schienbeine habe ich gehörig lädiert, mit beiden Händen lande ich in den Dornen. Ein kleines Andenken an die Bretagne. Meine Schießjacke ist in Fetzen, die Hose voller Morast, aber am Hut reihen sich die Malerfedern!

Henry ist unermüdlich, schon ist es 17.30 Uhr, und er geht immer noch weiter. Nun sind die zahlreichen Elstern wieder da. In großen Flügen suchen sie laut schäckernd ihre Schlafbäume auf. Zweimal versuche ich einen Schuß abzugeben, aber für wirklich weite Schüsse ist dieses Gewehr nicht geeignet, besonders auf so kleine Ziele, wie es Elstern sind.

Endlich haben wir unseren Wagen erreicht. Henry sagt, daß wir gestern zwanzig und heute fünfzehn Kilometer hinter uns gebracht haben, und das in insgesamt 15 Stunden, im allerschwersten Gelände und nach Überwindung zahlreicher Zäune, Gräben, Hecken und anderer Hindernisse. Nun rebelliert auch noch mein Magen – möglicherweise eine Reaktion auf das doch üppige Mittagessen –, und so bitte ich am Abend nur um ein Risotto. Marie versorgt meine Wunden, und trotz Müdigkeit und Zerschlagenheit müssen wir noch für eine Stunde zu Jean-Claude, der uns mit der ganzen Familie freudig bewirtet. Ich muß sehr viel erzählen, und das Französisch fließt nur so von meinen Lippen. In den beiden Tagen haben mir die

Ungarhirsche am Weg zu einem Wildacker

Meeresluft und die Bewegung sicher gut getan, aber ich bin nicht ganz sicher, ob ich das viele Schwitzen ohne Schaden überstanden habe.

Am nächsten Tag heißt es in der Früh von der lieben Familie Glin Abschied zu nehmen. Über Nacht ist der Winter eingekehrt: Alles ist weiß von Reif − hier eine Seltenheit.

Über dem Meer schwimmt wie ein durchsichtiger Schleier ein melancholischer Dunst. Die Inselchen ragen daraus hervor, als schwebten sie im Himmel. Das weite Meer und das unendliche Firmament sind zusammengeschmolzen, bilden eine Einheit. Ich verabschiede mich von den Hunden, die genau spüren, daß ich wegreise. Ein letztes Frühstück ohne viel Hunger, ein Abschied von den Glins, als käme man in einer Woche wieder. Dann fahre ich mit Henry die kurvigen Straßen entlang zum Flugplatz in Quimper, wo das einzige Flugzeug, der alte Klapperkasten, schon auf dem Flugfeld steht, das eher einem Feld ähnelt. Keinerlei Durchsuchung, ein letzter Wink an Henry, der sofort zurückfährt, und ich steige in die Maschine, wo mich dieselbe Stewardeß empfängt, mit der ich unlängst in Paris die Maschine bestieg. Holpernd und stolpernd rollt die Maschine zur Piste, ohrenbetäubender Motorenkrach, ein Hupfer, wie ihn Kunstfahrer mit dem Auto vollführen, und wir schwenken ein in Richtung Paris, der „Hauptstadt Europas". Liebliche französische Landschaft zwischen Wolkenlöchern, rötlichbrauner Herbst, Wälder und Hecken, Flüsse und Teiche, Hügel und Felder, und je näher wir Paris kommen, desto öfter sieht man Schneereste im Schatten.

Der Flugplatz Orly, einer der größeren Europas, für Paris längst zu klein, ist umgeben von modernen Industriebauten, Monsterbauten und Hochhäusern, doch sind auch diese − nach meinem Geschmack viel zu viele − hier in Paris absolut nicht geschmacklos. Hopsend und rollend nähert sich unsere gelandete Maschine einem Seitentrakt des Flughafengebäudes Orly-Ouest. Es gibt ja das zweite Orly, nicht weit von hier, von dort werde ich am Abend nach Wien starten. Es ist 11 Uhr, und ich habe in Paris insgesamt neun Stunden zu verbringen. Ich schnappe mir ein Taxi, das mich in die Stadt bringen soll. Mit dem Taxifahrer entsteht ein angeregtes Gespräch. Während ich, voller Interesse rechts und links schauend, das Näherkommen meines altbekannten Paris beobachte, schimpft mein Chauffeur auf die Neger, die Algerier, Mitterand und Gadaffi. Von Österreich glaubt er, daß es 1918 zu existieren aufgehört hat. Er ist glühender Anhänger des Vereinten Europa, lobt Othon de Habsbourg, aber Mini-Österreich, nein, davon weiß er nichts. Wohin er auf Urlaub fährt? Nach Deutschland natürlich. Denn seine Eltern waren gut befreundet mit deutschen Soldaten (die sich seiner Meinung nach besser benommen hätten als die Amerikaner), und er besucht die längst „alt" gewordenen Kinder dieser Soldaten und pflegt die alte, im Krieg entstandene Freundschaft der Familie weiter. Ein Taxichauffeur, ein kleiner Mann? Ja, aber das ist die wahre europäische Gesinnung, nicht die ewige Haßorgie, die Stahlhelmfilme und auch das völlig deplacierte Schuldbewußtsein für vergangene Verbrechen, 40 Jahre nachher, immer wieder, immer wieder aufgestachelt und am Leben erhalten. „Je passe mes vacances en Allemagne", das ist Versöhnung, selbstverständliche Sympathie für eine ganz neue Generation eines Volkes, das − wahrhaftiger Gott − genug zerstückelt, genug geschmäht wurde und genug gebüßt hat. Ich habe mir anderes erwartet, ich bin ehrlich erstaunt. Seine Augen funkeln, wenn er über die Linken schimpft, sagt, daß die moskautreue Partei von 40 auf 8 Prozent geschrumpft ist, und behauptet, daß ohne die USA die 68 Jahre Bolschewismus lächerliche 25 Jahre gedauert hätten. Ich betrachte sein Profil, und es entgehen mir einige schöne Gebäude, so bin ich in sein Gesicht vertieft. Eine Mischung von Cocteau und Fernandel. Ein gescheites Gesicht, das Gesicht eines belesenen Mannes, das Gesicht eines Staatsbürgers, der sein Land liebt und Patriot ist. Wir, denke ich – die wir zwei Kriege verloren haben –, die lange von Leuten regiert wurden, die aus der Niederlage kamen, wir können nicht mehr annähernd so patriotisch denken wie dieser Franzose.

Uns hat man 1918 zerstückelt, die Uniform verboten, abgerüstet, unsere Niederlage gefeiert, die Habsburger wie Verbrecher behandelt, hier aber fahre ich über die Avenue Murat, Davoust Oudinot, Berthier, Ley, McDonald, um im Invalidendom dem großen Napoleon, heute noch Stolz der „Grande Nation", dem Selfmade-man und Kaiser, auf den Sarkophag zu schauen. Hier ist man auf seine Größe, auf seine Vergangenheit, stolz, bei uns beginnt die von vielen Politikern wirklich anerkannte Geschichte erst mit dem Zusammenbruch unseres Großreiches. Darauf sollen wir stolz sein, darüber soll sich ein Patriot von Herzen freuen? Ist man ein Reaktionär, kein Demokrat, wenn man es nicht tut? Ich glaube nicht.

Ich besuche das Centre Pompidou, den Louvre, den Invalidendom, Notre Dame, fotografiere die Ópera, den Arc de Triomphe, den Eiffel-Turm, ergötze mich an der Aussicht von der Étoile, spaziere die Champs Elysée hinunter und merke nicht, wie die Zeit vergangen ist. Eines habe ich jedoch nicht getan: lange und ausgiebig in einem guten Restaurant gespeist. Schnell-schnell wollte ich nicht. Ich war zwar schon oft in Paris, aber zum Essen will ich die karge Zeit nicht verplempern. Noch ein schneller Besuch im St. Hubert-Club und im „Maison de La Chasse et la Nature", dem eigentlichen Französischen Jagdmuseum, Fotos hier, Fotos dort, es ist finster geworden, überall leuchten die berühmten Pariser Neonreklamen, einst geschmackvoll-schummrig das Nachtleben verheißend, heute leider Coca-Cola und „Hamburger" anpreisend. Mein Taxi-Mann ist längst ein Freund geworden, ich kenne seine Familienverhältnisse, Liebschaften, Antipathien und Hobbys. Auch er ist Jäger, wenn auch sein größtes Wild die Lapin-s sind.

Es ist sieben Uhr abends, als ich mich vor der Eingangshalle von Orly von ihm verabschiede. Die kleine Tasche in der Hand, schlendere ich zum Schalter der „AUA", wo eine ältere sympathische Französin allein sitzt und mich auf 20.15 Uhr vertröstet. Ich kann mich also in die große Halle im ersten Stock setzen und ein bißchen Flugplatzatmosphäre genießen. Knatternd und knisternd springen die Zahlen und Buchstaben auf der großen Tafel herum. Von Wien ist nichts zu sehen.

Das bunte internationale Volk eines Weltflugplatzes wogt an mir vorbei. Inder mit Kindern, Russen in einer Art Uniform mit Musikinstrumenten, ungarische Diplomaten, arabische Scheichs, Juden mit Kapperl und mit schwarzen Hüten, Italienische Fußballer, Nonnen, elegante Chinesen mit bunten Krawatten, Japaner mit griffbereiten Kameras, ein bekannter österreichischer ORF-Mann in Hubertusmantel, französische Offiziere, Griechen mit brüllenden Kindern, englische Jäger, nein, es sind ja deutsche mit englischer Sportjägerkleidung, ein

Bischof mit Sekretär, ein Negerfürst mit Gefolge und viele Kinder, die Ball spielen, auf dem glatten Boden Rutschpartien veranstalten, und vorbeischlendernde farbige Polizisten. Zweimal versuche ich vergeblich zum AUA-Schalter vorzudringen, ergebnislos. Endlich, um 20.20 Uhr springt auf der großen Tafel OS-Vienne 20.50 Uhr heraus. Nun muß alles schnell gehen, hinter der AUA-Maschine erscheinen schon die Flüge des anderen Tages. Ich bekomme meine Stempel, finde mein „Gate", und schon bin ich in einem kleinen Völkchen, das auf eine Türe starrt. Man hat uns kaum untersucht, nur das Gepäck durchleuchtet. Der österreichische ORF-Mann ist nicht da, ich sehe ihn dann im Flugzeug in der ersten Klasse, zwei Franzosen, wahrscheinlich niedrige Diplomaten, vier Mannequins, drei Ehepaare, ein Araber, außerdem fünf dunkelhaarige, schnurrbärtige Südländer. Wir steigen ein, ich nehme die neue Kronen-Zeitung in Empfang, endlich wieder etwas über Österreich, mein Hunger wird durch ein gutes Abendessen gestillt, und als die Maschine in Schwechat ausrollt, empfängt mich östlicher Sturm, nordische Kälte und alpenländischer Schnee.

Wie immer bin ich erleichtert, daß alles gut abgelaufen ist.

Saujagden in Ungarn

Gesellschaftsjagden, auf deren Organisation man Einfluß hat, haben nur dann einen Sinn, wenn alle Teilnehmer daran Freude haben oder zumindest gleichgesinnt sind. Ein einziger Fremdkörper kann schon die Qualität der Jagd beeinträchtigen. Zwei Dinge haben mich jahrelang davor zurückgehalten, an Saujagden in Ungarn teilzunehmen. Das eine war, daß man riskierte, zu irgendeiner fremden Gruppe zugeteilt zu werden, deren Mitglieder man nicht nur nicht kannte, sondern die auch zur Spezies der „Prestige-Jäger" oder der „Unwissenden" gehören konnten. Das andere war der hohe Preis für Hauptschweine, den nicht nur ich nicht zahlen mochte, sondern auch weit begütertere Jäger als ich. Dort zu stehen und nur auf Frischlinge zu schießen, das aber konnte ich nicht übers Herz bringen, und so blieb ich eben zu Hause, das ganze Jahr hoffend, daß mich einer meiner zahlreichen Freunde auf seine Saujagd einladen würde. Die Jahre aber vergingen, und nur ein einziger treuer, großzügiger Freund lud mich jährlich ein, allerdings auf die beste Saujagd, die es gab.

Nun hatte mein alter Freund A. B., ehemals hoher UNO-Offizier und begeisterter Jäger, es übernommen, in seiner ehemaligen Heimat, dem Komitat Nógrád, eine Saujagd mit Pauschalpreisen zu organisieren. Wir sahen die erste Jännerwoche vor, und alle Vorbereitungen wurden getroffen, die dazu notwendig waren. Auf die Zusammenstellung der Jagdgesellschaft hatte ich Einfluß ausgeübt und mit einem netten Freund, Dr. S. aus Graz, verabredet, daß wir zusammen in einem Auto fahren würden.

Der November war kalt und schneereich, der Dezember aber unwahrscheinlich mild. Erst zu Weihnachten war etwas Schnee gefallen, und wir hofften, daß dies auch in den Bergen des Karancs der Fall sein würde. Ich war von Kärnten, Dr. S. war von St. Wolfgang gekommen. Punkt 8 Uhr früh kam er mich abholen. Um diese Zeit darf man nicht vor unserem Haus parken, es ging aber auf dem breiten Trottoir, und das Einpacken meiner Habseligkeiten war schnell geschehen. Hätten wir geahnt, daß fünf Wochen später auf demselben Gehsteig zwei Meter hohe Schneehäufen stehen würden und daß uns noch der härteste Winter nach vielen Jahrzehnten bevorstand, daß der Grazer Verkehr zusammenbrechen und das Autofahren tagelang unmöglich sein würde, wir wären doppelt froh über diesen Gehsteig gewesen.

An der ungarischen Grenze in Rábafüzes fertigten sie uns in nicht geahnter Schnelligkeit ab. In zügigem Tempo fuhren wir Budapest entgegen. An der Stuhlweißenburger Senke war kaum Schnee, aber bei den Ofener Bergen lag er zehn Zentimeter hoch, und so konnte es auch jenseits der Donau sein. Großsprecherisch habe ich meinem Freund versprochen, die Durchfahrt von Budapest genau anzusagen. Ich wollte die kürzeste und einfachste Route über die Kettenbrücke, die Andrássy-Straße, den Heldenplatz vorschlagen, aber die Tafeln sagten keine Kettenbrücke an. Plötzlich waren wir vor dem Hotel Gellért. Irgendwie gelang es uns, über die Elisabethbrücke zu kommen, von wo aus ich die zweitbeste Route wußte. Sie führte uns über die Kossuth- und Rákóczy-Straße zum herrlich unversehrten Ostbahnhof, dort bogen wir in die Thököly-Straße ab, weiter in die Csömöri-ut und kamen über die Straße der Befreiung zur Autobahn nach Gyöngyös—Miskolc, die ich ja schon von meinen Reisen nach Visznek kannte.

Hier war eine beruhigend zusammenhängende Schneedecke, und nach Hatvan, wo wir in Richtung Salgótarján (unser Ziel) abbogen, wurde sie noch höher. Es war etwa 18 Uhr, als wir in Salgótarján eintrafen. Nichts gegen ungarische Städte, die ja, wie wir wissen, sehr schön sein können. Nichts auch gegen die herrliche Lage von Salgótarján, die jener von Gyöngyös oder Pécs gleicht. Aber die Stadt selber ist wohl das Häßlichste, was ich in Ungarn je gesehen habe. Moderne Wohnblocks von frustrierender Eintönigkeit, eine Fabrik, ein Großbetrieb neben dem anderen, altmodisch hohe Fabriksschlote, rote Sterne auf den Fassaden, grau in grau, modern zwar, aber ohne Geschmack, in dumpfer Hoffnungslosigkeit mündend. Eine Stadt, um gemütskrank zu werden. Das Hotel Karancs, ein Zwei-Sterne-Betrieb, ist eine angenehme Überraschung. Die Zimmer mit Balkon sind praktisch und geschmackvoll eingerichtet, ein gekacheltes, schönes Badezimmer, viele Topfpflanzen. Aber: Um warmes Wasser zu bekommen, muß man den Wasserstrom 20 Minuten laufen lassen, das Abflußrohr schließt nicht. Unten, in der Nähe der Hotelhalle, wo sich die Toiletten befinden, ist keine einzige der Kabinen zuzusperren. Dasselbe haben wir unterwegs bei allen Toiletten festgestellt, bei Kaffeehäusern, Restaurants, sogar beim Aushängeschild zum Westen, dem modernen Zollgebäude.

Nach und nach kommen unsere Freunde angetrudelt. Im Speisesaal spielt ein geschniegelter Pseudozigeuner süßliche westliche Weisen. Von der ganzen Zigeunerkapelle sind nur zwei Personen „echt". — Es kommen der Jagdleiter und der Präsident der Jagdgesellschaft, die den Namen einer hiesigen Glasfabrik trägt. Ersterer ein Jäger, letzterer ein Funktionär, das merkt man sofort. Wir laden sie zu einem Gläschen Wein ein, aber sie bleiben nicht lange. Für morgen früh ist ein gemeinsames Frühstück im Jagdhaus geplant. A. B. bekommen wir heute nicht mehr zu sehen, er wohnt im Jagdhaus. Bei — endlich ungarischen — Zigeunerweisen beschließen wir den Abend voller Vorfreude, Spannung und Zufriedenheit. Leider müssen wir am nächsten Tag schon um 6 Uhr aufstehen.

Stockdunkle Nacht und Kälte empfängt uns. Der Chauffeur verspätet sich um eine halbe Stunde. Wir kommen pünktlich vor dem Hotel zusammen, während der Kellner unser Frühstück im Speisezimmer austrägt. Wir ärgern uns, daß wir unser „bezahltes" Frühstück nicht einnehmen können. Nur Karli R. frühstückt in aller Ruhe, wir anderen, W. B., Franz Karl K., Dieter W. und Dr. S., fahren in einem russischen Kleinbus zum Jagdhaus, wo noch nichts fertig ist.

Martialisch gekleidete Treiber, die Mitglieder der Jagdgesellschaft, meistens Fabriksarbeiter, empfangen uns freundlich. Nette Jägerfrauen servieren an einem langen, mit roten Papierservietten garnierten Tisch. Es gibt viel zu essen, ungarische Paprikawurst, Schinken, ham and eggs, Paprika, herrliches ungarisches Brot. Wir helfen ein bißchen mit mitgebrachtem Nescafe aus. Dann hält der Präsident der Jagdgesellschaft eine Rede. Es ist schon 8 Uhr 15, als wir nach Ziehen unserer Nummern, Übernahme der Standkarten und der Plaketten in zwei russische Geländewagen steigen. Ich habe einen wehen Rücken und leide bei der Auffahrt fürchterlich, denn, würde man sich nicht mit beiden Händen anhalten, man flöge im Bogen hinaus und schlüge sich den Kopf wund. Wolfgang B. hat die Standkarten geschrieben. Man springt zuerst ungerade Zahlen zwei Nummern hinauf, dann gerade. Für heute sind drei Triebe geplant. Ich habe meine 7 x 64 Fluchtbüchse mit Punktabsehen im Fernrohr (2.5 x) und Torpedo Ideal 11.5 Gramm-Geschoß-Munition und einen großen Rucksack sicher verstaut, und zwar zwischen meinen Füßen, die Büchse im Futteral um dem Hals. Dann, nach langer Zeit, sind wir endlich so weit. Man steigt aus. Die Schützen von 5 bis 10 bleiben da, die anderen fahren weiter.

Es wird eine große Dickung getrieben. A. B. ist der erste, der stehen bleibt. Es ist herrliches Sonnenwetter, Schnee und etwa zwei Grad unter Null. A. sagt: „Für so was steht es dafür zu leben." Dann kommt Karli R., dann ein Kärntner, dann Dr. S., schließlich ich, auf Stand Nr. 5. Ich stehe in einem Eichenhochwald, vor mir auf etwa 60 Meter ist die Dickung, die man treibt. Zwischen beiden ein Hohlweg. Über diesen Weg sind wir gegangen, bevor der Jagdleiter einen nach dem anderen zu seinem numerierten Stand geleitet. Ich finde, daß dies ein Fehler ist, frische Menschenspuren am Rande der Dickung, von wo die Sauen hinauskommen sollen. Ich sage es auch, doch Öcsi, der Vormann, lacht nur. Ich bin ein bißchen verstimmt. Es ist nicht notwendig, solche Fehler zu machen, wenn sie leicht vermeidbar sind. Ich packe aus. Zuerst wird geladen, dann die Büchse an einen mitteldicken Baum gelehnt. Der Sitzstock wird in den Boden gerammt. Ich entnehme meinen Muff, brenne die Heizstäbchen an und gebe je einen Handwärmer in die rechte Manteltasche und in den Muff. In der linken Tasche sind die Patronen, die aber nicht angewärmt werden dürfen. Ich habe zwei Angoraleibchen an und kann den Pelzmantel nach Beginn des Triebes ausziehen. Fotoapparat und Trieder werden griffbereit auf den Rucksack gelegt. Ich mache aber vorsorglich zwei Bilder von meinem Stand.

Erst um 10 Uhr beginnt der Trieb. Dafür mußten wir um 6 Uhr aufstehen! Ganz weit hört man das Keifen der Hunde, dann erscheint ein Fuchs vor Dr. S., meinem linken Nachbarn, doch ist er sofort wieder in der Dickung verschwunden. Aha, die Menschenspur! Da und dort fallen Schüsse, drei davon bei Karli R. Ich höre die Treiber rufen und schreien. Es sind viele Sauen im Trieb, doch wollen sie nicht gerne hinaus. Großes Hundegejaule, Brechen vor mir, ich warte angespannt, aber nichts kommt. Das habe ich vorausgesehen.

Ich kann jetzt schon einzelne Treiberstimmen verstehen. Irgend etwas ist mit einem starken Keiler los, der anscheinend die Hunde angreift. Beim übernächsten Nachbarn kommt jetzt ein Fuchs, und es fallen auch Schüsse. Ich sehe zwei Fasanhähne und sehr viele Krammetsvögel. Kindheitserinnerungen werden wach. Verschneite Wälder, aufgeplusterte, bunte Wacholderdrosseln, wie gerne habe ich euch nachgestellt, in jenen unbeschwerten Kindertagen vor 50 Jahren, im herrlichen Csákberény. Noch spüre ich den Pulverdampf der kleinen rosa 9 mm Schrotpatronen, die mit Vogeldunst geladen waren, noch vermeine ich die Rast des Hahnes zu hören, den achtkantigen Lauf entlang zu schauen, wenn ich auf jene Krammetsvögel zielte. Diese alte Waffe, noch aus der Lamberg-Zeit, hatte die Eigenschaft, daß bei jedem Schuß die Patrone riß und Pulver sich einen Explosionsweg über das undichte Schloß suchte. Das brannte manchmal an den Fingern oder an der Nase, aber uns störte es nicht, alles, alles war vergessen, wenn im Rauch des Schwarzpulvers einer dieser fetten Vögel tot herunter in den Schnee fiel.

In diesem Augenblick kommt unerwartet meinem Nachbarn hochflüchtig eine stärkere Sau. Frontal will er nicht schießen, und als sie hinter ihm ist, verschwindet sie bald in einer Mulde. Aber einen Schuß wird er doch los. Dann fallen noch links drei und rechts zwei Schüsse. Wieder fallen Schüsse im Trieb, und nach dem immer näherkommenden Geschrei der Treiber erwarte ich jeden Augenblick das Erscheinen weiterer Sauen. Doch alle kehren um, so wie ich es mir von Anfang an gedacht habe.

Auf unserer Linie, zwischen 5. und 10. Stand, kommt aus diesem erstklassigen Trieb nur eine einzige Sau heraus. Dann ist der erste Treiber da, und ich packe alle meine Habe zusammen. Dr. S., der mir entgegenkommt, sagt, daß er wahrscheinlich gefehlt habe. Karli und sein Nachbar haben ebenfalls auf eine Sau geschossen, die dann auch liegenblieb. Einer der beiden hat nachgegeben, und nun gibt es einen strahlenden Schützen! Auch Wolfi B. hat einen im Wildpret starken Keiler geschossen, er war der zweite Schütze rechts von mir. Drei weitere Stände nach rechts fiel ebenfalls ein Keiler durch FK. Alle sind zufrieden, bis auf zwei Hundebesitzer, deren Lieblinge von einem starken Keiler im Trieb gerissen wurden. Sie werden, obgleich es Sonntag ist, in das Tierspital gebracht, einer ist nicht mehr zu retten, der andere wird operiert. Franz-Karl ist ebenfalls besorgt, denn er hat seinen Jagdterrier dem Sohn des Jagdleiters anvertraut, und weder der eine noch der andere sind zu sehen, alle hoffen, daß sie vielleicht heimgegangen sind.

Ein umständliches Jagdfrühstück setzt ein, und dann wird zum nächsten Trieb angestellt. Die Treiber erzählten, daß mindestens 30 Sauen im Trieb waren, darunter auch ein kapitaler Keiler, der, ohne angeschossen worden zu sein, auch die Treiber anging. Schade, denn diese Jagd ist ja pauschaliert, der Keiler kostet nicht viel mehr als der Frischling. Voriges Jahr hat hier ein Kärntner um 600 DM einen fast Goldmedaillen-Keiler geschossen. Es war die erste Sau, die er im Leben gesehen hatte.

Ich habe jetzt Stand Nr. 7, und mein rechter Nachbar ist Franz Karl K. Wir werden relativ nahe voneinander aufgestellt, haben aber sehr wenig Ausschuß. Ich habe neben mir links auf ca. 70 Meter eine Hecke, die fast den ganzen Ausschuß auf eine Lichtung wegnimmt, vor mir eher dichte Bäume mit Unterwuchs, ein Graben und ein Riegel, hinter mir eine Lehne. Hinter der Lichtung stehen dann zwei Ungarn, rechts von FK. steht etwas hinten im Hohlweg Wolfgang B. und weiter oben Dieter W. Die anderen Schützen stehen auf der anderen Seite der Dickung. Der Stand gefällt mir gut, ich erwarte mir mit Sicherheit Wild. Störend ist die

nicht ideale Aufstellung unserer Schützenlinie. Im vorigen Trieb wurden fünf Füchse gefehlt, gefallen sind drei Keiler, keiner länger als 16 cm, aber so um die 100 kg schwer. Ja, das sind halt ostungarische Sauen. Das Gebirge dieser Gegend: Cserhát, Karancs, Mátra sind Ausläufer der Karpaten. Die CSSR-Grenze ist nicht weiter als 20 km von hier, in der Luftlinie noch näher. Man hat in Zemplén und Heves schon Wölfe gesehen. Voriges Jahr war eine Polemik in den ungarischen Zeitungen wegen der Erlegung zweier Wölfe entbrannt. Jenseits der Grenze eine hohe Prämie, diesseits der Grenze Proteste; andere Länder, andere Sitten.

Drüben, auf der anderen Seite des Triebes, fallen drei Schüsse. Noch ist der Trieb nicht angeblasen, aber ich richte mich erwartungsvoll. Und schon sind sie da. Sieben Frischlinge oder schwache Überläufer ohne Bache kommen in rasender Flucht direkt auf mich zu. Ich versuche einen zu fassen, zögere allzulange, weil ich nicht zwei auf einen Schuß schießen will, endlich fällt mein Schuß, eine Sau stürzt, ich ziele auf die auseinanderspritzenden, komme nicht zusammen, jetzt doch, Versager, ich repetiere die Patrone hinaus, und durch die Äste fasse ich noch einen Frischling, der über die Lichtung flüchtet, aber die Kugel hat. Mehr sehe ich nicht. Zu dumm, dieser Versager. Kaum nachgeladen, sehe ich, daß Franz Karl, der auf das frühere Rudel gar nicht zu Schuß kam, in Anschlag geht. Er streift an einem Baum in aller Ruhe an, und dann knallt es. Auf demselben Wechsel erscheinen nun drei Frischlinge, stutzen, als sie Schweißgeruch wittern, und versuchen an mir vorbeizuflüchten. Einen fasse ich, er stürzt im Feuer, jetzt schießt Franz Karl, einen Schuß noch könnte ich anbringen, bevor die Sauen verschwinden, aber da wird mein gestürzter Frischling vorne wieder hoch, und ich gebe ihm den Fangschuß, auf den er sich streckt.

Dann sind die Treiber da, und der Jagdleiter kommt an meinen Stand. Ich markiere die gestreckte Sau, dann führe ich den Jagdleiter zur Schweißfährte der ersten und sage, wo die zweite gestürzt ist. Gemeinsam finden wir diese auf 15 Schritt vom Anschuß verendet. Der Jagdleiter entdeckt nach einiger Zeit auch die erste Sau, so daß ich − ohne zu fehlen (mit einem Versager und einem Fangschuß) − drei Sauen geschossen habe. Franz Karl hat auch zwei Frischlinge, mit zwei Kugeln. Und drüben sind ebenfalls zwei Sauen, ein Keiler von Anti und eine Bache von einem Wiener Freund gefallen.

Es ist 14.30 Uhr, und die Jagdleitung will jetzt die Jagd beenden. Großer Protest unsererseits, endlich entschließt man sich, einen (Alibi-)Trieb unweit des ersten zu nehmen, der vollkommen leer ist, nur ein Fuchs wird gefehlt. Verstimmung bei den Jagdgästen nach euphorischer Stimmung zu Mittag. Dann müssen wir, weil mit den Vehikeln irgendwelche Mißverständnisse geschehen, noch ca. drei Kilometer bis zur ersten Ortschaft Kisbárkány zu Fuß gehen. Ich mit meinem wehen Rücken und dem schweren Rucksack hätte dies nie geschafft, wenn mir die Kameraden nicht selbstlos geholfen hätten. Im Jagdhaus wird ein großes Abendbankett

Oben:
Die Erde „dröhnt", wenn der alte Keiler über die Lichtung trollt
Unten:
Stark ist er, aber ist er auch schlau genug?

veranstaltet, mit sämtlichen Jägern und Treibern und vielen Reden. Auch ich muß eine Stegreifrede halten, die ein wenig zu lobend ausfällt. Kritisieren wäre besser gewesen.

Die Jagdgesellschaft (mit einem sehr großen Prozentsatz an Kugelgewehren in ihren Reihen) scheint ideologisch hoch eingeschätzt zu werden. Ich kenne Jagdgesellschaften, wo 50 Mitglieder nur drei Kugelgewehre haben. Obwohl diese Ungarn vielfach „nur" Arbeiter sind, erscheinen sie mir äußerst sympathisch, nett und bar jeden Neides oder Klassenkampfes, im Gegenteil. Eine selbstbewußte herzliche Freundlichkeit strömt uns entgegen, die Gespräche zeugen von ihrer Belesenheit und ihrem Wissensdurst, und wie immer denke ich wehmütig daran, wie gut es vielen wohlstandsverwöhnten, Luxuswägen fahrenden Menschen anstünde, wenn sie nur halb so gebildet wären wie diese Ungarn. Aber das hat, so glaube ich, wenig mit dem System zu tun, die Ungarn waren ja schon in meiner Jugend, im paradiesischen (unbesetzten) Ungarn äußerst belesen. Wartende Herrschaftskutscher lasen am Kutschbock die Klassiker! Das ist keine Einfindung von mir, sondern die Wahrheit.

Relativ früh lassen wir uns mit dem Kleinbus ins Hotel fahren, wo einige von uns nach einem heißen Bad bald ruhen gehen, andere aber der Zigeunermusik ihr Ohr leihen und noch länger aufbleiben. Wir sollen am nächsten Tag erst um halb sieben Uhr auf den Bus warten. Ich verschlafe komischerweise, und nur das wiederholte Pochen meines Zimmernachbarn Dr. S. weckt mich. Dann bin ich der erste in der Hotelhalle, und pünktlich stehen wir am Parkplatz des Hotels. Kein Bus kommt, wir frieren. Überall strömen die arbeitenden Menschen ihrem Arbeitsplatz zu, obgleich es noch finster ist. Es ist ein Menschenauflauf in den Straßen wie zu Stoßzeiten. Endlich, 15 Minuten zu spät, erscheint der Bus und bringt uns über die befahrenen Haupt- und leeren Nebenstraßen zur Stätte der Zusammenkunft, dem Jagdhaus. Wieder müssen wir ein opulentes Mahl über uns ergehen lassen, obgleich draußen ein ähnlich schöner Tag anbricht und wir ja schon theoretisch auf unseren Ständen stehen könnten. Die gestern erlegten neun Sauen liegen schön gestreckt vor dem Jagdhaus. Es gibt Stunk, weil die Ungarn fröhlich mitgeschossen und fünf Sauen erlegt haben, was bei Ausländerjagden unüblich ist.

Unsere Sauen sind von dickem Rauhreif überzogen und wirken fast weiß. Diesmal klappt es mit dem Aufstellen. Ich bekomme den Stand Nr. 1, der sich aber interessanterweise in der Mitte des Triebes bzw. der Schützenlinie befindet. Rechts neben mir, unsichtbar, Dieter W. und links Wolfgang B. in einer Senke. Während die Herrn am Rande eines Hochwaldes stehen, bin ich mitten auf einer Lichtung, die voller Wacholderstauden ist. Hinter einer solchen Staude befindet sich mein Stand. Eine bewaldete Sutte führt zu mir, da könnte etwas kommen. Überall sieht man Fährten. Der Trieb soll um halb neun Uhr beginnen. Karli ist links von Wolfgang postiert, Franz Karl und Dr. S. auf der rechten Seite, noch über Dieter hinaus. Ja, richtig, der Hund von FK. hat sich gestern beim Jagdhaus gefunden. Sein „Betreuer" hat ihn mitgenommen, als er den ersten Wildtransport in die Stadt fuhr.

Krammetsvögel in großer Menge umschwärmen mich, ein Hase hoppelt vorbei, zwei Rehe sehe ich und einen Habicht. Dann fällt rechts ein Schuß, und über das freie Feld, auf ca. 200 Meter flüchtet, halb verdeckt, ein Fuchs nach links und verschwindet in der Mulde. Ich hoffe, daß er durch das Graberl doch gegen mich kommen wird, aber es fällt ein Schuß links bei Karli und nichts rührt sich, bald sehe ich einen zweiten Fuchs, noch weiter als den ersten, in dieselbe Richtung flüchten. Das scheint ein ganz kapitaler Rüde zu sein. Ich ziele zwar, aber an ein Schießen ist nicht zu denken. Das konnten mein Vater und die alten Kugelschützen, ich kann es nicht auf solche Distanz.

Nun fallen zwei Schüsse rechts, und dann höre ich die Treiber schon kommen. Franz Karl und Dr. S. haben auf eine gröbere Sau geschossen. Dr. S. beteuert, sie getroffen zu haben, er wäre gut abgekommen. In diesem Trieb sind sechs Füchse vorgekommen, aber kein einziger liegt. Nun wird der weiter oben liegende Waldteil getrieben. Ich sehe darin keine Dickung, aber es soll ganz im Osten eine sein. Ich beziehe den Stand Nr. 2 am Rande eines Wildfeldes, noch im Hochwald. Rechts von mir steht Anti B. und links, schon auf der Flanke, Karli R. Ich erwarte mir kaum etwas. Man soll nicht Triebe nehmen, die so nahe aneinander liegen. Zumindest die Füchse sind sicher auf den ersten Schuß im vorigen Trieb schon herausgegangen. Es gibt ein großes Geschrei, Nebel ist eingefallen, man muß doppelt aufpassen. Ein Sprung Rehe passiert uns, das Geschrei ebbt nicht ab, sind da wirklich Sauen drinnen, oder ist es nur der Übereifer der Treiber? Endlich fällt rechts ein Schuß. Dann erscheinen die Treiber, und wir begeben uns zu unseren Fahrzeugen. Ein gutes Mittagsmahl wird relativ schnell eingenommen, dann verfrachtet sich alles in die Geländewägen, und ein anderer Revierteil wird aufgesucht. Die Stimmung der Schützen ist nicht besonders, hellt sich etwas auf, als Wolfgang einen Fuchs bringt und die Bache von Dr. S. gefunden wird. Ich bekomme einen Stand (Nr. 4) auf etwa 300 Meter von meinem rechten Nachbarn, dem Kärntner, und links steht Dr. S. auf 100 Meter sichtbar. Vorne und hinten ist ein Hochwald mit etwas Unterwuchs, rechts von mir macht der Weg eine Biegung, da ist eine kleine Dickung. Wenn nur nichts hinter der Biegung herauskommt, dann wäre es für mich unsichtbar und von meinem rechten Nachbarn zu weit entfernt oder auch unsichtbar. Rechts, auf 30 Meter vom Stand, ist auf einem Baum ein kleiner roter Stern angebracht. Der anstellende Jäger sagt, hier wäre ein sowjetischer Pilot 1944 abgeschossen worden.

Es herrscht paradiesische Ruhe, Winterruhe. Vor mir ist ein Berg. Auf der Höhe soll eine Föhrendickung sein, sonst sehe ich hier keinen Einstand, der auf Sauen schließen läßt. Aber der Trieb wird lange dauern, die Treiber haben einen langen Weg. Doch bald nach dem Beginn des Triebes erscheint ein Fuchs in voller Flucht, links in der Lehne, und zieht unbeschießbar gegen meinen rechten Nachbarn. Aber kein Schuß fällt. Dann kommen zwei gute Schaufler und überfallen den Weg zwischen Dr. S. und mir, und ich kann sie sogar fotografieren. Endlich kommt wieder ein Fuchs, etwas langsamer, auf demselben Wechsel, und ich richte mich zum Schuß. Gerade als es den Anschein hat, daß er vor der kleinen Dickung verhofft, will ich schießen. Doch zu meinem Leidwesen bleibt er hinter einer dicken Eiche stehen, nur die Lunte und ein ganz kleiner Teil seines Kopfes sind zu sehen. Er verschwindet in der Dickung. Ich hoffe noch, ihn am Weg zu sehen, richte mich für einen Schuß nach hinten, als ich schon den dritten Fuchs erblicke, der ebenfalls schnürend denselben Wechsel annimmt. Dieser dritte aber macht mir unverhofft einen Gefallen. Er biegt vor der Dickung abrupt nach rechts ab und kommt nun direkt auf mich zu. Ich ziele schon, als er gerade in der Richtung des roten Sternes frei verhofft. Der Schuß ist wirklich nicht schwierig, und er versinkt in der Fährte. Einige Schüsse fallen noch links, als ich beim Hinaufschauen ganz oben auf der Kuppe des Berges eine Bewegung zu sehen glaube. Angespannt schaue ich und richtig, dort bewegt sich etwas. Es ist eine einzelne starke Sau, die vorsichtig, immer wieder verhoffend, geradewegs auf mich zukommt. Aber sie ist noch so verdeckt, daß ich sie zwischen den Bäumen und dem weißen Schneehintergrund nur ahnen kann. Auf einmal, rechts von mir, lautes Hundegebell, Krachen in der Dickung, als ob schweres Wild durchbrechen würde. Der Keiler vor mir wird flüchtig und kommt zwischen den Bäumen im Galopp direkt auf mich zu. Auf 70 Schritt gebe ich ihm die Kugel, auf die er vorne zusammenbricht, gleich wieder hoch wird und auf meinen Stand lostürmt, als wolle er mich annehmen. Doch es ist nur die Todesflucht des Keilers. Auf ca. 20 Meter bricht er vor mir zusammen und rutscht mit Krach gegen einen Baum. Ich atme auf und freue mich über diesen Erfolg, der übrigens der einzige dieses Triebes bleiben wird.

Wie ich befürchtet habe, ist eine Rotte starker Sauen zwischen mir und meinem rechten Nachbarn ohne Schuß durchgebrochen. Auf den Hundelärm ist der einzelne Keiler, der mir im Troll gekommen wäre, in volle Flucht übergegangen, aber es ist ja alles gut ausgegangen. Es wurden noch vier Füchse gefehlt. Insgesamt sind in diesem Trieb sieben Füchse vorgekommen. Unsere Strecke wird am Abend bei riesigen Scheiterhäufen, durch die die danebenstehenden Obstbäume wohl für Jahre unfruchtbar werden, besichtigt, schlecht verblasen und mit Reden eingedeckt. Es sind elf Sauen und zwei Füchse, darunter fünf Keiler.

Das letzte Abendessen, ebenfalls sehr schmackhaft und gut, wird von Reden unterbrochen, die teils Kritik enthalten, teils Rechtfertigungen der Veranstalter. Schade, daß, abgesehen von den zwei ersten Trieben des gestrigen Tages, nicht alles nach Wunsch ablief. Aber so ist eben die Jagd, und es ist zwar traurig, aber durchaus verständlich, wenn drei von uns nichts geschossen haben. Die ungarischen Saujagden in freier Wildbahn und einer durchaus sympathischen Gesellschaft von Jagdkameraden, bei herrlichem Winterwetter, waren doch wunderbar, was will man mehr. Für mich aber, der ich die Sprache meiner ehemaligen Landsleute gut beherrsche, der ich die ungarische Seele und die ungarischen Bräuche nicht nur kenne, sondern auch sehr schätze, war die Jagdteilnahme ein Genuß und eine Erinnerung an schöne, unvergessene Zeiten.

Böcke aus Visznek

Zweimal mußte ich meinen heurigen Rehbocksèjour verschieben. Das erste Mal, weil ich in der Grazer Messe bei der Jubiläumsausstellung des Joanneums Dienst machen mußte, das zweite Mal, weil ich unbedingt an der für 4. Mai 1986 angesetzten Wahl des neuen Bundespräsidenten teilnehmen wollte. Meine Tätigkeit in der Messe beschränkte sich zumeist darauf, unwissenden „Laien" zu erklären, daß die Jäger keine sadistisch-feudalen Mörder und auch keine frustrierten Impotenzler seien, die ihren abnormalen Trieb im Töten unschuldiger, vom Aussterben bedrohter Tiere auslebten, die nicht jagten, um zu töten, die nicht an der Zerstörung unschuldiger Kreaturen Lustgefühle empfänden oder nach der allgemeinen Sprach-Terminologie „Spaß" daran hätten. Bitte versuchen Sie es, fünf Stunden ohne Unterbrechung – unter Lautsprechergeplärr und Kindergeschrei – Menschen klarzumachen, die mit vorgefaßten, festgefahrenen „Leihmeinungen" einhergehen, es ist schwieriger und ermüdender als Tontauben zu schießen, wenn es um die Weltmeisterschaft geht. Dann kam noch der Atomunfall in Tschernobyl, mit Warnungen, „in den Osten" zu fahren. Die Turnschuh-Demonstranten protestierten zu Zehntausenden, aber nicht, wie man logischerweise annehmen sollte, gegen die veraltete Atompolitik der Sowjetunion, sondern gegen Franz-Josef Strauß und Wackersdorf.

Am 4. Mai stand ich schon um halb sechs Uhr auf und holte mir die Zeitungen, bevor ich wählen ging. Nach einem monatelangen Trommelfeuer gegen den Kandidaten und weltbekannten Diplomaten Dr. Kurt Waldheim sprach man am Tag der Wahl von den neuesten Meinungsforschungen. Wozu wählen wir dann eigentlich, wenn die Volksmeinung von Gallup, Fessel und Genossen ohnehin eruiert werden kann? Nun gut.

Bei Heiligenkreuz tanke ich zum letzten Mal. Komisch. Jetzt kostet das Benzin 9,20 S, vor zwei Wochen 8, – S. Aber keine einzige Zeitung schreibt von dieser enormen, unberechtigten Preiserhöhung. Noch eine gewisse Sorge schleicht sich in letzter Sekunde ein: Österreichische Bauern blockieren im Norden des Burgenlandes die Grenzübergänge nach Ungarn. Nickelsdorf, Klingenbach sind unpassierbar. Hoffentlich in letzter Sekunde nicht auch Heiligenkreuz! Der Minister wurde mit Salathäupteln beworfen. Na ja, auch den Ministern geht es heutzutage nicht so gut wie in früheren Zeiten. Aber sie bleiben, sie bleiben, es ist trotzdem schön, Minister zu sein.

Die Grenzkontrolle ist sehr kurz. Meine heutigen Zeitungen liegen am Vordersitz. Dann fahre ich auf der Straße Nr. 8 in Richtung Budapest. Der kleine Citroën, der mich bei Rönök überholt, wird prompt beim ersten Parkplatz von der Radarkontrolle gestoppt. Wenn es schon Verkehrsvorschriften gibt, dann sollte man sie einhalten. Freund R., einen Porschefahrer, haben sie vor einem Jahr sogar fünf Stunden festgehalten, obgleich er soeben einen 13 kg Hirsch geschossen hatte. Aber er fuhr 130, und das ist weit über der Ausländern zugebilligten Toleranzgrenze. Mein kleiner Polo fährt und fährt. Hinein in den ungarischen Frühling, in den sommerlichen Mai.

Im März war ich in Balatonfenyves auf Schnepfen, nachdem ich in Siegendorf, in dem kleinen Revierteil, wo ich noch jagen darf, keinen einzigen gesehen hatte. Ich verbrachte Ostern ganz allein im Gästehaus Balatonfenyves. Untertags war ich, geleitet von meinem ungarischen Freund, Forstmeister Attila Szöke, unterwegs, um die Sehenswürdigkeiten der Gegend anzusehen. Ich besichtigte die testamentarisch dem ungarischen Staat hinterlassene Sammlung des Fürsten Franz Windischgraetz im herrlichen Schoß Keszthely. Was ist das doch für ein seltsames Land, dieses Ungarn? Die enteigneten und aus dem Land gejagten, in Zeitungen und Büchern geschmähten ehemaligen Herren und Besitzer lieben es noch immer, beschenken es. Da ist der Besitzer von Sárvár, Prinz von B., er hat vor drei Jahren Ungarn sein Gestüt übergeben. Wie ich zu Ostern hörte, erwartete man ihn in diesen Tagen mit großer Freude. Und Keszthely? Hier besichtigte ich die große Fesztetics-Bibliothek, die vom 15. Jahrhundert bis 1944 erworbene Bücher einer reichen Familie beherbergt. Fünf Reihen „Almanach de Gotha" sind hier zu sehen und auch Bücher, die man im Westen „am Index" hat.

Ich besuchte den Afrika-Jäger Dr. Andreas von Nagy, der sich nordwestlich des Balaton, östlich von Keszthely, eine Villa gekauft hat. Davor ein lebensgroßer Elefant und Bronze-Neger, drinnen unter anderem Zeichnungen von Bruder Feri und ein Gästebuch mit vielen prominenten Namen.

Der berühmte Nagyberek war in der Schnepfenzeit leider überschwemmt, so daß weniger Schnepfen da waren als im Vorjahr. Trotzdem schoß ich (zusammen mit Einladungen in Buzsák und Marcali) in einigen Tagen fünf Schnepfen. Obgleich das Gästehaus hier für anspruchsvolle westliche Gäste gebaut ist, mit Reithalle und Sauna, sah ich zu diesen Osterfeiertagen keine. Und das hat mich nicht gestört. Ich bin gerne allein, besonders in der Schnepfenzeit. Tagsüber ließ ich den eigentümlichen Zauber des Plattensees, dieses „blaumilchigen" Riesensees am Fuße vulkanischer Hügel und umgeben von Villen längst vergangener Bürgerherrlichkeit, auf mich wirken. Ich erinnerte mich an das Jahr 1944, als wir dort mit der Familie Pallavicino „Sommerurlaub" machten. Dann aber kam die Einberufung zum Arbeitsdienst nach Kaposvár, zum Bau des Taszárer Flugplatzes. Zu Tode betrübt, fuhr ich nach Hause und dann nach Pécs, wo ich verspätet ankam. Und dann das Wunder. Ich wurde freigestellt. Und trotz Fliegeralarms lief ich bis zum Bahnhof. Die Ferien gingen weiter. Was war das doch für eine schlampige, offen sabotierte „Diktatur", solange Horthy regierte! Und auch die Deutschen schienen hier — wahrhaftiger Gott — mehr Ferien zu machen als Krieg. — Und all dies einige Monate vor dem Kriegsende, noch vor dem Hitlerattentat: im Juni 1944.

Ich durchfahre Devecser, Herend, Veszprém und Stuhlweißenburg. Hier verfehle ich die Einfahrt Richtung Autobahn Budapest und fahre auf die Autobahn Richtung Siófok. Keine Möglichkeit, irgendwo die Richtung zu ändern. Ich muß weit nach Westen, die ganze Innenstadt von Fehérvár durchfahren, was auch Kolonnenfahren bedeutet, um wieder zur Autobahnauffahrt, diesmal der richtigen, zu gelangen. Eine ganze Stunde habe ich verloren. Dann bin ich in Budapest, der Perle der Donau, der Metropole Ungarns, deren herrliche Bauten in

Kastanien- und Fliederblüten fast versinken. Der Mai in Budapest ist wirklich atemberaubend. Noch stören ein bißchen die roten Fahnen vom ersten Mai. Wie ich höre, gibt es aber an Stelle der in Wien üblichen Aufmärsche hier nur noch Veranstaltungen in Stadien und am Heldenplatz. Ich fahre über die Elisabethbrücke, die auch heute noch, im kommunistischen Ungarn, den Namen der Kaiserin trägt, dann Kossuth- und Rákóczy-Straße, Keleti-Bahnhof, Tököly-utca, Csömöri-Út und bin auf der M3-Autobahn, die nach Miskolc führt. Ich halte vorschriftsmäßig Tempo 100, mancher Mercedes und BMW zischt an mir vorbei, direkt in die Radarfalle, wo den jugendlichen Fahrern aus dem Westen die motorbedingte Überheblichkeit ausgetrieben wird. Diese dummen Kerle glauben allen Ernstes, daß sie mehr sind als die „Eingeborenen", weil sie einen Mercedes fahren. Was schaden solche Typen mit der dumpfprimitiven Mentalität von „Materialtouristen" dem Ansehen der westlichen Welt!

Unmittelbar vor Gyöngyös biege ich nach links ab. Gyöngyöshalász, Arkár, Jászapátfalva und Visznek. Vor dem Haus des Jagdpräsidenten, meinem alten Freund Tóth Lajos, halte ich. Nur der Vater ist im Hof. Er will mir gerade Auskunft geben, als schon der Kolchosen-Geländewagen vorfährt. Lajos ist da, und wir gehen in sein Jagdzimmer, wo ich einen Kaffee bekomme und seine Familie mich begrüßt. Das kleine schwarze Notizbuch wird gezückt, und Lajos teilt mir mit, welche Böcke für mich vorgesehen sind. Mit diesem Revier habe ich ja großes Glück. Ich bin der einzige Jagdgast aus dem Westen, der hier jagen darf. Die Population ist daher − von Natur aus hervorragend − nicht „verjüngt", es gibt genügend alte, reife Böcke. Bald bin ich in meinem Quartier, bei meinem Quartiergeber Horváth József. Stolz zeigt er mir seine neuen Diplome, als hervorragender Werktätiger, unterschrieben von Kádár, verabreicht am 1. Mai. Bald kommt auch Lojzi, der jungvermählte Berufsjäger. Mit ihm fahre ich nach Gyöngyös zur Polizei, die lästige Anmeldung durchzuführen.

Dort erwartet uns zunächst eine Enttäuschung. Die Damen von der Ausländer-Anmeldung sind schon weg. Kurz entschlossen gehe ich in das „Sanktuarium" des Abteilungschefs, sage der Sekretärin, wer ich bin und was ich will, und die Anmeldung geht tatsächlich schnell und sogar freundlich vonstatten.

An diesem Abend besichtigen wir die beiden Böcke, die Lajos mir zugedacht hat. Mit den drei Spektiven, meinem Swarovski, dem von mir gespendeten japanischen und dem guten russischen, zeigen sie wahrhaftig kapitale Geweihe. Erst nach langem Suchen finden wir sie, der stärkere befindet sich im Tómellék, der höhere ungerade Sechser im sogenannten „Falusi" von Nagyfüged. Das Getreide ist wider aller Erwartung unglaublich hoch, Wintergerste zeigt Ansätze von Ähren. Seit Wochen ist es in Ungarn warm und trocken, während Westeuropa unter Kälte und Regen leidet. Dafür ist die Natur weit voraus. Die Schlehdornenbüsche sind abgeblüht, was ich hier noch nie erlebte, die Wiesen und Luzernenfelder etwa 40 cm hoch. In der hier früher einsetzenden Abenddämmerung fahren wir zu meinem Quartier zurück. Józsi, der Hausherr, empfängt mich damit, daß Waldheim die „Absolute" nur ganz knapp verfehlt hat. Wie ich dachte: Tschernobyl hat den Grünen Auftrieb gegeben, in fünf Wochen können wir wieder wählen gehen. Hier möchte ich bemerken, daß man hierzulande kaum etwas über die Atomkatastrophe sagt bzw. weiß.

Ich schlafe tief wie ein Kind und wache auf, bevor der Wecker zu surren wagt. Schnell einen Nescafé. Józsi spritzt bereits seine Blumen und das Gartengemüse. Der kleine herzige Hund, ein schwarzer Dackel namens „Gömbös", ist nicht mehr. Vor dem Haus wurde er überfahren. Nun hat Józsi einen jungen schwarzen Schäfer, der auch sehr lieb ist. Wenn er von „Gömbös" spricht, werden aber seine Augen trüb. Um sechs Uhr kommt der große UAZ-Wagen der Jagdgesellschaft. Es ist frisch, und ich setze mich neben Lojzi, der Jagdleiter bleibt auf dem Deck. Es sind weniger Hasen als im Vorjahr, dafür Kiebitze, Uferschnepfen, Strandläufer, wohin man schaut. Die ganzen Felder wesentlich trockener als im Vorjahr, trotzdem bleiben wir zweimal mit dem Geländewagen stecken. Überall Entenpaare, nicht wenige Störche, und die Lerchen steigen jubilierend in den Himmel, der nach Osten, Süden und Westen keine Grenzen hat, im Norden aber vom höchsten Berg Ungarns, der Mátra, gegen die Tschechei abgegrenzt wird. Die Schlote der großen Fabrik qualmen, der Rauch geht direkt nach Westen, das heißt Ostluft, Atomhauch aus Tschernobyl.

Lange, lange finden wir den Tómellék-Bock nicht. Wohin hat er sich versteckt? Er kann in einem Graben oder im Luzerne oder aber am Rande eines der großen Drainage−Gräben sein. Als wir ihn endlich erblicken, flüchtet er zügig vor den großen Traktoren, die gerade zu arbeiten beginnen, gegen die Grenze zu. Also müssen wir aufgeben und ihm Ruhe und Zeit lassen, damit er sich − vielleicht bis zum Nachmittag − wieder einstellt. Wir fahren in Richtung Nagyfüged, einem Dorf im Nordosten des Reviers, mit etwa 10 Prozent Zigeunerbevölkerung. Und diese Zigeuner sind so dunkelhäutig, wie ich sie noch nirgends gesehen habe. Lajos schimpft sehr auf die Zigeuner, er nennt sie die „Braunen", behauptet, daß sie sich trotz Maßnahmen der Regierung nie seßhaft machen, das Leben von Nomaden und Parasiten führen, wildern und stehlen, doch selten gefaßt werden. Am Rande des Reviers treffen wir den Leiter der Nachbargenossenschaft, der ebenfalls Jäger ist. Er erzählt, daß die Nachbarjäger den zwei Kapitalböcken, die ja unweit der Grenze leben, schon lange nachstellen. Er meint, ich hätte Pech, daß mit den Feldarbeiten erst jetzt richtig begonnen werde. Das Rehwild ist roglig geworden.

Um 9 Uhr fahren wir unverrichteter Dinge wieder nach Hause. Wie immer erwartet mich ein üppiges Frühstück, dann mache ich mich an die Bücher von Józsi, dessen Bibliothek ich ja schon kenne. Er − der Parteimann − hat Zeitschriften aus der Monarchie, der Zwischenkriegszeit, aus der Zeit des Zweiten Weltkrieges, wie z. B. „Signal" mit Farbfotos von Hitler. Ich bewundere den alten Kaiser und Horthy auf der Jagd, Matuschka vor Gericht, Dollfuß in Riccione bei Mussolini, Moritz Esterházy als jungen Ministerpräsident, Kaiser Karl mit aufgezwirbeltem Schnurrbart im Schweizer Exil und bei der Feldmesse bei Budaörs, Gömbös bei Göring, Schuschnigg in Budapest, für den Historiker oder einen Zeitschriftenredakteur eine Fundgrube. Und als Reporter der damaligen Zeitung „Az Est" fungierte Mihályffy Ernö, ein späterer Minister unter Rákosi. Die Welt ist komisch und interessant zugleich.

Gamsgais und ihr Kitz einige Wochen vor der Brunft

Die Bibliothek birgt aber auch noch andere Zuckerln. Im „Signal" ist dasselbe Bild über ein Massengrab von Katyn zu sehen, das in einem anderen Buch als etwas ganz anderes ausgegeben wird. Ohne Retouche! Oh du heilige historische Wahrheit.

Auf Wunsch bekomme ich zum Essen ungarische Topfennudeln mit Marillenkompott. Und wieder lese ich Interessantes. „Die geheimen Papiere von Bethlen und Horthy", die Hinrichtung fast aller Ministerpräsidenten im Jahre 1946 – die Tagebücher von Imrédy, die letzten Worte von Szálasi. Das Leben und das Sterben von Béla Kun, ein Bericht über Horthys Befehl, die Judentransporte einzustellen. Das Leben des heldenmütigen Imre Reviczky, der Tausende verschleppte Juden einfach durch Sabotage rettete. Und wieder und wieder sehe ich mir die alten Zeitschriften an. Am Dachboden sind ganze Stöße davon, die der Vater von Józsi gesammelt hat. Und dann ist es wieder so weit.

Um halb sechs Uhr steht der alte Geländewagen vor der Türe. Diesmal setze ich mich gleich neben Tóth Lajos auf das Verdeck. Er hat einen ganz raffinierten Plan ausgearbeitet, den Bock von Füged, jenen unsagbar hohen, mit der Gabel rechts, zu überlisten. Ich soll ihn mit Lojzi in einem Graben anpirschen. Es dauert eine ganze Weile, bis wir den niedergetanen Bock ausmachen. Er „lagert" mit seinen zwei Gaisen auf einem rauhen Acker, mitten im Flachland auf einer Art kleinen Erhöhung. Es ist windstill, und die Fata Morgana (délibáb) stört beim Ansprechen sehr, mein Swarovsky-Glas ist fast unbrauchbar, so hervorragend es sonst ist. Alles wackelt. Der Bock aber ist unverkennbar. Wir marschieren gebückt etwa einen Kilometer, bis wir nahe genug an den Rehen sind; rechts eine Art Erdböschung, vielleicht von einem Fuchsbau, auf dem ich gut auflegen könnte. Aber trotz passsender Entfernung von 200 Metern ist der Schuß undurchführbar, weil hinter dem Bock eine Gais niedergetan ist. Aber es kommt auch der Schuß auf den ruhenden Bock an sich nicht in Frage. Ich gehe allein weiter. Lojzi aber, mit lichtgrünem Hemd, kann nicht sitzenbleiben, kommt mir nach, und die Rehe werden hoch. Ich versuche zu zielen, während sie kurz verhoffen, nun ist eine der Gaisen vor dem Bock. Dann gehen sie flüchtig nach links ab, den Graben überfallend, und ich liege schon dort, ungedenk des hohen Grases auf der Grabenböschung und warte, bis sie wieder verhoffen. Das geschieht auch – auf etwa 280 Meter – der Bock steht breit, ich komme sehr gut ab, doch nach dem Schuß, der sichtbar fehlgeht, bleibt er eine Sekunde stehen, und dann ist die ganze Partie verschwunden. Wahrscheinlich, sogar sicher hat das hohe Gras unmittelbar vor dem Lauf den Schuß verschlagen.

Als wir bei Lajos zurück sind, hat er einen neuen Plan. Ich soll auf einem langen Strohhaufen, unweit des „Heimatfeldes" des Bockes, liegen, während der Wagen eine große Runde macht.

Oben:
Im Sautreiben. Überläufer überquert die Allee
Unten:
Das Leittier hat die Verantwortung. Vertrauensvoll folgen die anderen

Vielleicht kommen die Rehe in einem Bogen zurück. Nach einigen Versuchen krieche ich auf den muffig duftenden Strohhaufen, in dem übrigens ein befahrener Fuchsbau zu sein scheint, mache mir dort einen herrlichen Liegeplatz und harre der Dinge, die da kommen werden. Die Rehe sind sicher auf drei bis vier Kilometer weggeflüchtet. Ich beobachte aber im Fernrohr, daß die eine Gais schon äst, der Bock sich aber niedergetan hat. Im flimmernden Licht sehe ich den glänzenden Wagen langsam die Runde machen. Die Rehe verhoffen dorthin, dann wird der Bock hoch und langsam setzen sie sich in Bewegung. Die eingeschlagene Richtung ist so, daß sie etwa auf 300 Schritt an mir vorbei müßten. Und sie halten die Richtung, aber lassen sich Zeit. Ein riesengroßer Hubschrauber überfliegt uns. Die Kabine schimmert metallisch, ich traue mich kaum, ihn anzugucken. Die Rehe sind auf einen halben Kilometer herangekommen. Da aber bleiben sie stehen, denn auch der Geländewagen steht. Nun aber hat Lajos verstanden. Über das Kleefeld fährt er im Schrittempo direkt auf das Rudel zu. Und sie kommen im Troll, vorne weg die alte Gais. Ich liege in meinem Strohloch, vor mir der Mannlicher, wie auf dem Schießstand. Die Waffe ist ihrer Länge nach aufgelegt und auf weichem Untergrund dazu. Wie erwartet, bleiben sie auf etwa 300 Meter stehen. Der Bock steht breit. Ich halte zehn Zentimeter über den Rücken, „Mitte-Leib", damit kein Vorderlaufschuß entsteht, und lasse fliegen. Nach kurzer Zeit ein lauter dumpfer Kugelschlag. Mit gekrümmtem Rücken geht der Bock einige Schritte, dann tut er sich nieder. Bis der Wagen herankommt, wohlgemerkt über Umwege, sehe ich das hohe Geweih nicht mehr. Der Bock ist verendet, als wir zu ihm gelangen. Ein Kapitalbock und Abschußbock dazu. Die rechte (Gabel-)Stange ist 30.5, die linke 29.8 cm hoch. Einen so hohen Bock habe ich wahrscheinlich noch nie geschossen. Die Stangen sind dick und geperlt, eine große Freude erfaßt mich.

Lange noch sitzen wir mit den Freunden in der guten Stube, wo zwischen Heiligenbildern auch Lenin hängt. Dann sehen wir das Finalspiel zwischen Barcelona und der rumänischen Mannschaft. König Juan Carlos wird ehrlich bewundert, desgleichen der Tormann, der vier Elfer hält.

Mein Bock ist nach Meinung der Ungarn achtjährig, nur knapp verfehlt er die Goldmedaille, sein Gewicht beträgt 545 Gramm, weit weniger als erwartet. Zoli, der Nachbar, kommt. Es ist ein junger Mann, der früher in der Dorfschenke arbeitete, jetzt aber eine gute Stellung mit 10.000 Forint im Monat hat. Er will buchstäblich alles wissen, nachdem er die drei Grazer Tageszeitungen von gestern gesehen bzw. mehr oder minder gelesen hat. Doch interessiert ihn die Wirtschaft mehr als die Politik, die Preise mehr als die Weltanschauung, die Kultur mehr als Ideologie, die Technik aber interessiert ihn am meisten. Lojzi, der jungverheiratete Berufsjäger, baut sich ein Haus. Alle bauen sich Häuser, und wenn sie welche haben, renovieren sie sie. In dieser Gemeinde, die aus Pendlern und Kolchosearbeitern besteht, gibt es lauter schöne, komfortable, oft mehrstöckige Familienhäuser. Für jemanden, der das alte Ungarn gekannt hat, unvorstellbar, beeindruckend auch vor allem die Reinlichkeit, Ordnung und der Geschmack. Um eine halbe Million bauen sie sich schon moderne Häuser, das wären nach dem offiziellen Kurs heute (1986) ca. 130.000 S. Bei solchen Preisen (die durchaus nicht alle Waren und Dienstleistungen betreffen) kann man von 10.000,– Forint schon leben.

Oft muß ich, was unsere Preise für Straßenbahnen, Frisöre, Kino, Theater etc. betrifft, beschämt schweigen, ebenso bei der Frage, was ein Politiker bei uns verdient. Man muß in Ungarn und vor allem am Land einige Vorurteile revidieren, dennoch ist das wirklich Wesentliche niemals zu vergleichen.

Am nächsten Tag bin ich schon fertig, als der Wagen eintrudelt. Heute weht ein leichter Wind, gut für die Fernsicht. Wir nähern uns von der aufgegangenen Sonne her dem riesigen Tómellék, einem Komplex von Monstertafeln, durchzogen von einem Graben und einer Zick-Zack-Wüstenei mit gelbem Gras, Schilf und Sumpf, dem eigentlichen Einstand des „Großen" Bockes. Auch dieser pflegt mit zwei Gaisen zusammenzuleben. Aber wir erblicken ihn, so sehr wir auch alles absuchen, nirgends. Er scheint wie vom Erdboden verschwunden. Es ist schon halb acht Uhr, als wir in weiter Ferne, auf einem frisch bestellten Acker, wo Kukuruz gesät wurde, drei Rehe erblicken. Zwei Gaisen und ein Bock, aber welcher? Er hält das Haupt so tief wie ein dösender Hund, gegen den Hintergrund schwer anzusprechen, außerdem deckt ihn die eine Gais. Als in der Ferne ein Autobus, Wolken auspuffend, vorbeidonnert, hebt er das Haupt, und der Atem stockt mir. Er ist es, der kapitalste, der ganz starke und kein anderer. Alle drei sind wir nun etwas erregt. Lajos denkt nach, dann winkt er mir, und ich folge ihm, während Lojzi von ihm eingewiesen wird. Von einem „Feldherrnhügel"aus sondieren wir gemeinsam die Lage. Ein Graben zieht sich, auf etwa 280 Meter von den drei Rehen entfernt, in Nord-Süd-Richtung.

Durch diesen Graben müssen wir den Bock anpirschen, anders geht es nicht. Der Graben aber ist zur Hälfte mit Wasser gefüllt, außerdem sind Enten und Bläßhühner darin, an seinem Rande balzen Fasanhähne. Vorne geht Lajos, hinter ihm, gebückt und schwitzend, ich. Kein Mensch glaubt, wie lange so drei Kilometer sind, wenn jeder Schritt mit Anstrengung verbunden ist. Denn das Wasser darf nicht plantschen, unsere Köpfe dürfen nicht über den Rand ragen. Da der Wind eher schlecht ist, haben wir mit dem Jäger Lojzi ausgemacht, daß er uns ein Zeichen gibt, wenn wir in der Höhe des Bockes und damit auf nächster Schußdistanz sind. Und zwar ein akustisches Zeichen. Er soll hupen. Wie wir später erfahren, funktionierte die Hupe aber nicht, und durch Zufall sehe ich den jungen Mann mit beiden Armen winken und dann mit der rechten Hand über den Rücken deuten. Wir sind also zu weit gegangen und pirschen vorsichtig zurück. Nun winkt Lojzi: halt, genug. Wir sind also in Position. Nun heißt es, ein wenig ausrasten, damit der Puls nicht zu schnell geht. Lajos blickt ganz vorsichtig über den Grabenrand und winkt mir mit der rechten Hand. Ganz langsam schiebe ich den Rucksack hinauf, dann die Büchse, zentimeterweise. Ja, dort sind die Rehe, auf ca. 300 Schritt, noch immer niedergetan, verhoffen aber zu uns. Nun bin ich endlich in Schußposition. Lajos flüstert mir zu, daß der Wind jetzt ganz schlecht ist, die Rehe werden also bald hochwerden. Auf meinem verschwitzten Nacken spüre ich den Ostwind, aber die Rehe bleiben niedergetan, wahrscheinlich kriegen sie von da unten doch keinen Wind. Wir warten und warten. Inzwischen bin ich nicht ruhiger, sondern eher aufgeregter geworden, denn was mir das Fernrohr zeigt, ist so gewaltig, daß mich schön langsam das Bockfieber erfaßt. Ich kann mich aber davon befreien, nur die Glieder beginnen zu schmerzen bzw. einzuschlafen. Nun kommt der riesengroße Hubschrauber wie eine lichtgrüne Libelle über die flache Landschaft. Direkt über die Rehe. Der Motor rattert und pustet wie eine Dreschmaschine. Und in diesem Augenblick werden die drei Rehe hoch und flüchten nach rechts. Gleich werden sie verhoffen. Vorne die stärkere Gais, dann die Schmalgais und hinten der Bock, der im Wildpret nicht sehr stark zu sein scheint. Endlich halten sie. Der Bock steht breit, ich halte hinter dem Blatt über die Rückenlinie und lasse ganz ruhig fliegen. Harter Kugelschlag, Zeichen, die Rehe flüchten, der Bock mit ihnen, als wäre nichts geschehen. „Herzschuß" sagt Lajos und schlägt mir auf die Schulter. Ich bin mir nicht so ganz sicher, denn auf 300 Schritt kann ich das Fallen des Geschosses nicht so genau kontrollieren. Dann aber macht der Bock eine Wendung nach rechts, die Läufe versagen ihren Dienst, und als er schließlich zusammenbricht, ist er schon verendet, denn er schlegelt nicht mehr. Er liegt 40 Meter vom Anschuß.

Drüben startet der Geländewagen, Lajos und ich steigen aus dem Graben, recken und strecken unsere Glieder. Dann gehe ich mit langen Schritten dorthin, wo der Bock gefallen ist. Als ich vor ihm stehe, habe ich 311 Schritt gezählt.

Was da vor meinen Augen mit tiefem Blattschuß liegt, ist auf jeden Fall der beste Bock, den ich bisher in meinem Leben geschossen habe, abgesehen von Gewicht und Punkten. Er ist sehr hoch, dick, geperlt und hat sechs lange, ganz spitze Enden. Für Laien unverständlich, doch für den Jäger ganz natürlich, erfaßt mich nicht nur feierliches Erschauern und unbändige Freude, sondern auch Wehmut und Traurigkeit zugleich. Die zwei Seelen des Jägers kämpfen in mir, während man mir den Bruch, einen Strauß Luzerne, überreicht. Dann fotografiere ich, helfe Lojzi beim Aufbrechen, und schweigend fahren wir nach Hause, wo sich sehr bald beim Haus des anderen Jägers Ignác eine interessierte Gesellschaft versammelt.

Wollen Sie die Daten dieses Bockes wissen? Er ist für seine Stärke und sein Volumen (232) unglaublich leicht, nur 590 Gramm, er hat 144 Punkte, ist beidseitig 28 cm hoch, doch auf der Wand schlägt er alle Böcke, die jemals in Visznek geschossen wurden. Rein äußerlich kann er sich fast mit dem sagenhaften Bock meines Freundes Wolfgang Borckenstein messen, der vor etwa zwölf Jahren den stärksten Rehbock Österreichs in Deutsch-Kaltenbrunn erlegt hat. Dennoch liegen „Welten" zwischen ihnen.

Zwei Tage bleibe ich noch im gastlichen Visznek, meinem Revier, und schieße noch drei Füchse mit einem fernrohrlosen Kleinkaliber auf nicht unbeträchtliche Entfernung, ebenso einige Elstern. Dazwischen verbringe ich viel Zeit beim Auskochen, fotografiere und plaudere mit den lieben, gastlichen Menschen, absolviere Besuche und verteile den Kindern Bananen. Dann besuche ich das Gyöngyöser Mátra-Museum, diesmal zum dritten Mal, mache einen Ausflug auf die sagenhaft schöne Galyatetö auf der Mátra. Von dort sieht man über die ungarische Tiefebene im Norden bis zu den Hochkarpaten. Saftiges Lichtgrün, Blüten und Frühlingsduft überall.

Als dann die Stunde des Abschieds schlägt, bin ich wieder einmal für einige Zeit mit Menschlichkeit vollgetankt, die man altmodisch Nächstenliebe nennt, ohne Neid, ohne Heimtücke, ohne Mißgunst und Klassenhaß. Ob wir im vielgepriesenen, aber durch modische Linkspropaganda verseuchten Westen jemals zu einer solchen wahren, selbstlosen, freundlichen Menschengüte finden werden? Ich möchte es in Frage stellen. Wir, die wir Freiheit und Unabhängigkeit genießen, vergeuden diese Kleinodien durch Kleinlichkeit, Neid und Haßgefühle. In Ungarn, vor unseren Toren, wo Klassenkampf die Staatsdoktrin ist, lebt eine echte, wahre Solidarität unter den Geschöpfen Gottes, die jene überholten Lehren längst in das Reich der Utopien verwiesen hat. Ein Teil meiner Jugend ist wach geworden, hat sich aus welkenden Blättern der Jahre herausgeschält, und ich möchte ihn festhalten, lange, sehr lange noch.

Feisthirsche

Ein heißer Sommer döste seinem Ende entgegen. Mai, Juni und Juli waren wie immer voller Aktivität, Arbeit und Streß. Alle Tagungen, Eröffnungen, Symposien, Kongresse, Ausstellungen finden in diesen Monaten statt. Bis der langersehnte Urlaub anbricht, hat man sich das Entspannen gründlich abgewöhnt. Dazu kam in diesem Jahr Tschernobyl mit Jagdbeschränkung und Verunsicherung. Einladungen blieben aus, weil einer nach dem anderen aus der alten Garde, die wahren Freunde meiner Jugend, schon in den ewigen Jagdgründen waren. Wenn ein alter Jagdkamerad stirbt, und alljährlich gehen einige dahin, ist es auch mit den Einladungen vorbei. Außerdem ist nichts von Beständigkeit. Eine neue Generation wächst heran, ihrer Wichtigkeit und Jugend mehr als genug bewußt, ob passioniert oder nicht, die „Knöpfler" schießen die meisten Böcke, aber das ist der Lauf der Dinge.

Ein alter Jäger, dem die Jagd langsam das Wichtigste im Leben geworden ist, sieht sich ohne Übergang von heut auf morgen vergessen. Steiermark brachte mir einen lustigen Bock bei meinem Neffen in Stainz. Andere Brunftreviere „meldeten" sich dieses Jahr nicht, und so fuhr ich halt nach Niederösterreich zu meinem guten, langjährigen Freund Hans Hoyos, der mich wie immer zur Rehbrunft einlud. Hier erlebte ich unvergeßliche Tage, hatte enormes Waidmannsheil, fotografierte zahlreiche springende Böcke, und als ich — diesmal später als sonst — in Dobersberg ankam, war dort der Abschuß fast erfüllt. Dann, am 15. August, durfte ich die Reise antreten, die mir das heurige Jahr geschenkt hatte. Wiederum war es Freund Hans, der mich zu meinem 60. Geburtstag auf einen Feisthirsch eingeladen hatte: auf einen alten Hirschen der Klasse 1.

Mit großen Erwartungen fuhr ich von Dobersberg nach Lahnsattel, um dieser Einladung nachzukommen. Dort eingelangt, wollte man mir die Abwurfstangen des vorgesehenen Hirsches zeigen, was ich ablehnte. Ich will mir in unseren Bergen die Illusion bewahren, auf einen Hirsch zu waidwerken, den ich selbst angesprochen habe und von dem ich weder Namen noch Abwurfstangen kenne. Nach zwei erfolglosen Tagen im Lahnsattel, wo mich der Revierjäger Stefan Schweighofer in prachtvolle Revierteile führte und wo ich viele Gams, Rehe und anderes Wild in Anblick bekam, übersiedelte ich in das nahe Revier Gescheidl, wo mich Oberförster Hans Dorner erwartete.

Dorner war im Jahre 1984 in Kanada, und in seiner Wohnung konnte ich die Decke eines kapitalen Grizzlybären und andere Trophäen bewundern. Er und seine Frau waren gerade dabei, den hier erlegten kapitalen Feisthirsch von Anton Herberstein, der, zehn Jahre jünger, ebenfalls zu einem runden Jubiläum eingeladen worden war, auszukochen. Einen Hirsch, der aussieht wie aus den Karpaten, mit maraloidem Einschlag und Fächerkronen. Er wog aber nur 118 kg.

Bald fahre ich zur Jagdhütte Gscheidl, die diesen Namen eigentlich nicht verdient. Jedenfalls wirkt sich die moderne Zeit insofern aus, daß man bis zum Haus fahren kann. Ich denke an unsere Csákberényer Jagdhütte, die angeblich noch stehen soll. .

Die Jagdhütte am Gscheidl, etwa 1200 Meter über dem Meeresspiegel gelegen, ist herrlich! Sehr gute Betten, eine reichlich ausgestattete Küche und sogar ein Badezimmer mit Holzofen, wie wir es früher in Csákberény gehabt hatten. Elektrisches Licht gibt es für einige Stunden abends aus einem Aggregator beim Forsthaus. Besonders interessieren mich die Hüttenbücher, die im vorigen Jahrhundert unter dem weltbekannten Waidmann Erni Hoyos anfingen und bis heute sorgfältig geführt werden. Ich lese mit Wehmut die Eintragungen meines Freundes Hans aus dem Jahre 1945, als er nach einem mit uns verbrachten Monat bei der Verteidigung des Brandhofs über das Gscheidl nach Hause ging. Wer ahnte damals, daß Niederösterreich noch zehn Jahre unter der Russenbesetzung stehen würde, während in der grünen Mark das „Te Deum" schon Ende Juli gesungen werden durfte. Jahrelang war in Niederösterreich — scheinbar aus lauter Angst vor antirussischen Revolutionen — das Kugelgewehr verboten. Auch die Gams schoß man damals mit der „Brenneke".

Ich war zwei Tage nach dem großen Marienfest, am 17. August, hier herauf übersiedelt. Das Jagdhaus liegt unter einem Bergsattel, der entlang der Wasserscheide verläuft und gleichzeitig die Reviergrenze bildet. Am Jagdhaus vorbei führt ein jahrhundertealter Wallfahrtsweg nach Mariazell. In den folgenden Tagen hatte ich Gelegenheit, eine fromme, singende Gruppe nach der anderen hier vorbeiziehen zu sehen. Sie alle gingen zu Fuß zur Gottesmutter von Mariazell. Unbeeindruckt vom antireligiösen Zeitgeist, nichtachtend diverser Linksdoktrinen, Materialismen und Befreiungstheologien gehen diese guten Menschen, wie eh und je, in vergangenen, besseren Zeiten alljährlich zur großen Schutzpatronin. Besonders waren es die Burgenländer, die mir hier begegneten, aber zu meiner unfaßbaren Freude konnte ich auch drei Gruppen aus Ungarn hier begrüßen. Gläubige aus Sopron, Mór und Bodajk zogen, alte ungarische Marienlieder singend, durch den Wald nach Mariazell.

Einige Tage später, am Sonntag, konnte ich im Mariazeller Dom, am Grabe des großen Kardinals Mindszenty, ihre offenen Parolen lesen: „Unserem großen Bekenner, in Dankbarkeit" steht da geschrieben. Kein Bekenntnis ohne Mut, wenn man weiß, wie die offizielle Propaganda der Kommunisten Ungarns größten Sohn des zwanzigsten Jahrhunderts seit Jahrzehnten und über seinen Tod hinaus (bis 1988) beschimpft und verleumdet hat. Aber vielleicht auch ein Zeichen einer Besserung, jenseits der Grenzen, einer Einsicht, gereifter Vernunft?

Ich établiere mich im Jagdhaus und lese in herrlichem Sonnenschein die mitgebrachte Zeitung, bis mich der Oberförster abholt. Da stehen unfaßbare Dinge." China kritisiert Marx". „Die Parole, daß ‚Religion Opium fürs Volk sei', ist falsch", „Eigentum ist Ansporn für die Arbeitskraft".
In China hat man aus dem Maoismus, der größten Despotie der Neuzeit, zurückgefunden, und was beachtlich ist, aus eigenem Wollen und unbeeinflußt von Mächten, die hinter den Kulissen die Fäden ziehen. Doch wie die Massaker vom Juni 1989 zeigen sollten, täuschte man sich auch hierbei.

Dorner holt mich ab. Wir gehen zu einem kleinen Schlag, der nur von der anderen Seite des Tales eingesehen werden kann. Hier sitzen wir von drei Uhr nachmittags bis zum Dunkelwerden, aber der Hirsch, den Dorner noch gestern hier gesehen hat, kommt nicht. Im Revier Gscheidl, das unweit des wahren Urwaldes vom Lahnsattel liegt und eigentlich ein großer Kessel ist, gibt es kein Bankerl, keinen Hochstand und kein Sitzerl. Man muß sich seinen Platz selbst suchen, und das ergibt sich leicht, denn seit dem großen Windbruch vor etlichen Jahren gibt es hier viele Wurzeln, hinter denen oder auf denen man sich postieren kann. Auch bieten Wurzelstöcke und -teller eine weiche und sichere Auflage für Weitschüsse, die hier notwendig sein könnten. Der einzige Nachteil in diesem Revier ist der Wind. Wenn er kesselt, und in diesem wechselhaften Sommer kesselt er oft, wittert das Wild den Menschen früher, als wenn er auf einem Hochstand säße. So scheint es auch mit uns zu sein, denn Dorner glaubt, der alte Hirsch hätte doch eine Prise Wind bekommen. Und der alte Feisthirsch, unberechenbar und heimlich, wie er ist, nimmt das immer und ausnahmlos übel, er wechselt dann seinen Einstand.

Beim Feisthirsch ist der Jäger auch zur Inaktivität verurteilt. Im Gegensatz zur Brunft weiß er nie mit Sicherheit, wo der Hirsch sich aufhält, auch entfallen die Hilfsmittel wie Tierruf, Muschel und Angehen (bei gutem Melden) in der Feistzeit ganz. So planen wir für den nächsten Tag zweierlei: In der Früh werden wir von zwei Aussichtspunkten die Schläge beobachten. Wenn der Hirsch irgendwo zu sehen ist, kommen wir zusammen und setzen uns dann schon in den Mittagsstunden an.

Wie ich hier mit Interesse feststelle und von Dorner erfahre, wird der Feisthirsch ungefähr alle vier Stunden hoch, um etwas zu äsen und sein Bett zu wechseln. Eine der besten Zeiten, ihn im Bestand oder zwischen zwei Dickungen am Wechsel abzufangen, ist die Zeit zwischen 11 und 15 Uhr, guten Wind vorausgesetzt.

Ich sitze auf einem Baumstrunk und beobachte sieben Schläge und Dickungen. Besonders letztere mit ihren „Rinnen" und kleinen Blößen sind vormittags interessant. Das Wetter ändert sich ständig. Jetzt ist es heiß, daß man es kaum in Hemdsärmeln aushaltet, plötzlich hat sich – man weiß nicht, von wo und wie – der Himmel bewölkt, der Wind dreht sich, es donnert und es blitzt, und es wird empfindlich kalt. Wir müssen jedoch ausharren, denn der Feisthirsch pflegt gerne bei Tag auszutreten, und zwar unabhängig vom Wetter, so empfindlich das Wild auf Wetterschwankungen auch sonst reagieren mag. Um 12 Uhr kommt Dorner mich abholen. Ich habe inzwischen Wolkenbänke, Erdbeeren und Enzianblüten fotografiert und mich keine einzige Minute gelangweilt. Er hat einige Hirsche im Bestand beobachtet und hat das Gefühl, daß unser „Alter" auch darunter ist. Wir sollen uns nach einem schnellen Imbiß zwischen zwei Einständen im Hochwald, unweit einer Suhle, einfach am Hauptwechsel ansetzen. Da es wieder sonnig ist, dürfte der Wind da unten bis 5 Uhr nachmittag halten, aber sicher ist nichts. Und wir setzen uns in Dorners kleinen, sieben Jahre alten Renault und steigen dann, einen großen Umweg machend, ins Tal, wo ein herrlicher Buchen- und Fichtenhochwald uns empfängt. In bester Deckung mit halbgutem Wind setzen wir uns an und harren der Dinge, die sich ergeben werden. Verschwommen dringen die Laute von Marienliedern zu uns, ein kleines Gebet, das hier im Wald leichter fällt als nach einer fortschrittlichen Predigt, kann nicht schaden: Oh du herrliche, von Gott für den Menschen geschaffene Natur, du Stille und Erhabenheit, du Schönheit und Freudespenderin! Zusammenpassende Vielfalt, unerforschbare, aber für alle leicht erfühlbare Großartigkeit, unsere Natur, wie lange wirst du uns noch erfreuen?

Schon sieht man, auch mit dem Auge des Nichtfachmannes, die großen Schäden an den Bäumen. Hier oben, in der Bergeinsamkeit, weit mehr als im Tal. Ist es die Luftströmung, sind es die Flugzeuge, auf jeden Fall sind wir Menschen die Ursache. Menschen mit ihrem Fortschrittsgeist, mit ihren Giften, Gasen und Strahlungen. Im Jahre Tschernobyls kommt einem dies alles in den Sinn. Wie lächerlich kommen einem die banalen Wahlparolen vor, maßgeschneidert für eine Legislaturperiode von 4–5 Jahren. Wie klein ist doch – auch in unserer freien Demokratie – der angeschnittene Problemenkreis angesichts der lebensbedrohenden, globalen Gefahren, die wir uns, eingelullt im Wohlfahrts- und Wohlstandsgedanken, selbst gezimmert haben? Wohin wird das alles führen? Studierte Jugend ohne Job, Arbeitslosigkeit mit 180.000 Fremdarbeitern im Lande, Stempler, die weiter stempeln wollen, Arbeitslose mit Luxusauto, irgend etwas müßte geändert werden, doch man wurstelt weiter, denn es stehen Wahlen vor der Tür, überall und immer, und alles bleibt Spiegelfechterei, Wahlstrategie und (unerfülltes) Programm. Und die Diktaturen in unseren Nachbarstaaten?

Was für Möglichkeiten hätten sie! Sie zahlen – auch ihren Arbeitern – der staatstragenden Klasse – minimale Gehälter. Sie können ohne Rücksicht auf Wahlen und Wahlkämpfe, auf Parteien und Kammern, Betriebsräte und Streiks langfristig planen, reformieren, eingreifen. Bei ihnen gibt es „freiwilligen" Arbeitsdienst und weniger Urlaub, mehr Arbeitszeit, und was ist das Ergebnis? Sie sind verschuldet bis zum „geht nicht mehr", ohne Hilfe aus dem Westen lebensunfähig, ihr Lebensstandard sinkt mit ganz wenig Ausnahmen, Pensionen und Gehälter steigen weit weniger als die Inflationsrate, mit einem Wort, es geht ihnen dreckiger, viel schlechter als uns, die wir so viel jammern, vor allem hoffnungsloser in ihrer Unfreiheit. (Wir schreiben das Jahr 1986. Der Funke der Reform ist noch nicht erkennbar.)

Dorner hat den Arm erhoben. Das bedeutet, er hat etwas gehört. Drei Stunden sind hier vergangen, drei Stunden voller Stille und voller Gedanken. Jetzt höre auch ich es. Es knackst vor uns in der Dickung, und deutlich hören wir das Anstreifen von Geweihen. Und dann sind sie da. Auf 60 Schritt steht ein starker Hirsch und fängt sofort am Dickungsrand zu äsen an. Beim anderen Wechsel erscheint ein noch stärkerer und weiter links zwei schwächere. Dorner flüstert fast unhörbar: „Der Sechzehnender ist vom siebenten Kopf, der Vierzehnender vom sechsten. Vielleicht kommt der Alte noch". Unfaßbare Spannung angesichts der Nähe des Wildes. Es kommt nichts mehr nach, die Hirsche aber immer näher. Wir ducken uns hinter unserem Naturschirm. Die Hirsche ziehen leider nach links und müßten dann, etwa in unserer Höhe, in unseren Wind kommen. Wie herrlich könnte ich sie, diese prachtvollen dunkelroten Hirsche, auf nahe Distanz fotografieren. Doch wir wagen kaum zu atmen, zwischendurch schielen wir immer zum Wechsel hinüber. Und dann kommt es, wie es kommen muß. Einer der schwachen, ein Achter hebt das Haupt und wippt mit dem Windfang. Dann eine rumpelnde

Flucht nach der Seite hin. Alle Häupter sind erhoben, welch prachtvoller Anblick auf 30 Meter vor uns. Dann entschwinden die zwei schwachen in unsicherer, wippender Flucht dorthin, woher sie gekommen sind, nämlich in den Einstand. Die zwei starken ziehen langsam an uns vorbei in Richtung der anderen, weit hinter uns gelegenen Dickung. Sie haben wenig mitbekommen, aber die jungen werden durch ihre Flucht in die Dickung dort alles verschrekken.

Dorner sammelt unsere Utensilien zusammen, und wir steigen langsam die steile Lehne zum Auto hinauf. Es ist 16 Uhr, und es braut sich ein Gewitter zusammen. Eine Stunde halten wir es auf dem unteren Rand des „Tirolerschlages" aus, dann müssen wir fluchtartig zum Auto. Kaum naß geworden, fahren wir bei Donner, Blitz und Hagel hinauf zum Aussichtspunkt Dorners. Und haben Anblick. Dort drüben, wo Hansl im Jahre 1984 seinen Lebenshirsch schoß, treten mitten im Gewitter zwei starke Hirsche aus.

Es ist ein junger, kapitaler Vierzehnender und ein kaum schwächerer Zwölfer. Hirsche vom siebenten und achten Kopf, Zukunftshirsche, wie sie im Buche stehen, die geschont werden müssen. Sie äsen, als gäbe es keinen Blitz und Donner, keinen Regen, keinen Hagel. Auch das gibt es in der Feistzeit. Da der Regen nicht aufhört, fahren wir ein wenig herum und sehen viel Rehwild, auch gute Böcke, die noch bei den Gaisen stehen, junge Hirsche und kaum Kahlwild. Ein typisches Hirschrevier, schattseitig gelegen, aber kaum ein Brunftrevier. Am nächsten Tag vergeht der Morgen mit Beobachtung von den Aussichtspunkten aus, aber ohne Erfolg. Ich sehe zwar 12 Hirsche, Dorner weitere zehn, aber der gesuchte alte, dickstangige 12er ist nicht dabei.

Ähnlich vergeht der nächste Tag, mit dem Unterschied allerdings, daß es diesmal bei der Abendpirsch kein Gewitter gibt. An diesem Tag sehen wir insgesamt 27 Hirsche und 11 Rehböcke. Unten bei der Mürz, die ein Bächlein von zwei Meter Breite ist, über die man mit zwei Sprüngen hüpfen kann, steht ein sehr starker Rehbock, doch wir haben keinen frei. Am Nachmittag fahre ich nach Terz, um zu tanken, besuche das Jagdhaus im Lahnsattel, wo ich erfahre, daß Hans am Abend erwartet wird. Herrlich sind die Nächte in der Jagdhütte. Ganz allein, ohne einen Laut, im tiefen gesunden Schlaf. Anfangs konnte ich mich an diese ungewöhnliche Stille kaum gewöhnen. Man fühlt sich entrückt in eine andere Welt. Ich, der fast sein ganzes Leben in einer Parterre-Wohnung der Grazer Elisabethstraße verbringe, „vermisse" im Unterbewußtsein den Lärm, der leider auch schon die ländliche Umgegend erfaßt hat und kein Privileg der Städte mehr ist. Wenn dann aus dem stillen „Nichts" am frühen Morgen plötzlich das vielstimmige Singen einer Wallfahrtsgruppe an das Ohr dringt, glaubt man sich im Himmel, geweckt vom Engelsgesang, der einen aber auch bald wieder, wie in der Kindeszeit, in den Schlaf wiegt.

Heute gibt es kein Aufstehen in der Frühe, denn es schüttet. Wettersturz und Landregen, die gestern mitgebrachte Zeitung schreibt von tennisballgroßen Hagelschloßen und großem Schaden im Mürztal und in der Oststeiermark. Das war vorgestern. Vormittag telefoniere ich mit dem Jagdherrn, der mir nun großzügigerweise einen Rehbock freigibt. Mittags meldet mir Dorner, daß er unseren Hirsch kurz gesehen habe, er stehe in einer kleinen, aber bürstendicken Fichtenjugend auf etwa 200 Schritt vom vollbesetzten Holzarbeiterhaus und zwischen zwei Waldstraßen, die diese ziegelförmige Dickung eingrenzen. Er meint, daß er am Abend zu der Lichtung ziehen werde, wo Anti Herberstein seinen Hirsch geschossen hat. Wir sollten ihn am Wechsel abpassen.

Und schon sind wir um 13 Uhr in einem Fichtenwald, 100 Schritt oberhalb der Holzknecht-hütte, wo nach Dienstschluß Autos hin- und herfahren werden, und harren der Dinge, die kommen oder nicht kommen werden. Eine längere Zeit stehe ich hinter einem Wurzelstock, es sind sicher drei Stunden, die Büchse am Bergstock und starre auf den Wechsel, vor dem ein tiefer Graben ist. Es hat schon zu Mittag zu regnen aufgehört, Nebelschwaden schwimmen über die blaugrüne Landschaft, der Himmel ist blau, die Sicht reicht weit. Es ist empfindlich kühl geworden, Leibchen und Pullover sind notwendig. Dann, nach sechs Uhr, brummen die Autos der Holzknechte auf, man hört den Kies knirschen, Türen schlagen, laute Stimmen. „Das sind sie gewöhnt", sagte Dorner, „sie können auch gut zwischen der Wittrung der Holzarbeiter und der Jäger unterscheiden."

Und plötzlich hebt er warnend den Zeigefinger. Ganz nahe vor uns hat er es brechen gehört, was mir aber entgangen ist. Gespannt warte ich mit schußbereiter Büchse im Halbanschlag. Dann nach einer Viertelstunde hören wir es weiter weg, rechts oben, noch einmal deutlich knacken. Dann ist Stille, absolute Ruhe bis zur Dunkelheit. Dorner glaubt, daß der raffinierte alte Hirsch doch etwas von unserer Nähe gemerkt hat. Andere Hirsche haben sich nicht gezeigt, ein Zeichen dafür, daß der Alte allein sein muß.

Am Morgen probieren wir es auf einen der beiden guten Böcke, die wir so oft gesehen haben und die im Mürztal, weit weg vom Hirscheinstand, stehen. Ich versuche zu blatten. Es springen an einer Stelle zwei junge Böcke, eine Gais mit zwei Kitzen und eine Gais allein. Wir sehen keinen einzigen der alten oder guten Böcke. Und dann, nach dem Frühstück, geht es wieder zu den Aussichtspunkten. Da Dorner weder einen Revierjäger noch einen Adjunkten hat, kann er natürlich nicht alles überblicken. Da muß schon der Jagdgast mit seinem Spektiv aushelfen. Das Wetter ist schön, ich sehe aber nur zwei geringe Hirsche und vier Rehe. Über den oberen Weg wechselt ein junger Gamsbock bergwärts. Dann ist plötzlich Dorner bei mir. „Ich habe den Hirsch gesehen. Er ist in derselben Dickung, nur etwas weiter links, nördlich, ich glaube, er wird heute auf die Wiese ausziehen und nicht auf den Schlag, er hat sicher gestern etwas gemerkt." Beim Mittagessen sind der Jagdherr und Oberforstmeister Neubacher da. Es ist der zweiundzwanzigste August, für Feisthirsche fast schon zu spät. Hans sichert mir zu, daß ich den Hirsch auch im nächsten Jahr frei habe, sollte ich ihn heuer nicht kriegen. Aber Dorner ist zuversichtlich, glaubt den Hirsch „fest" zu haben, aber sicher ist bei Feisthir-schen überhaupt nichts. Diese Art zu jagen ist nicht nur sehr reizvoll, sondern viel schwerer, als man denkt.

Schon bald nach dem Essen begeben wir uns auf jenen Schlag, der dem Einstand gegenüber, aber auf der anderen Seite des Tales liegt. Hier müssen wir so hoch wie möglich aufsteigen, damit wir so gut es geht, in die minimal kleinen Lichtungen und „Steige" hineinsehen können. Die Augustsonne brennt auf den Schlag herunter, als wir uns unter einem Wurzelschutz einen guten Sitz zurechtmachen. Vor mir ein morscher Baumstamm, auf den ich meinen Wettermantel lege, um schnell eine gute Auflage zu finden.

Nun heißt es warten, wie wir es schon die letzten Tage an verschiedenen Stellen praktiziert haben. Warten und schweigen, warten und schauen, warten und nachdenken. Diese Geduld des Jägers gehört zu den absoluten Notwendigkeiten des Waidwerks, und zwar auch dann, wenn keine Aussicht auf Erfolg besteht. Vorfreude, Ausmalen des vielleicht Kommenden, vielfache Vorstellung, wie es sein könnte, nicht nur beobachten, sondern auch alles erfassen und sehen, das sind die Komponenten, die Ingredenzien der Jagd, wie ich sie nicht missen möchte. Jagd ohne Unsicherheit, Jagd ohne Ausdauer, Jagd ohne Phantasie, Jagd ohne Mißerfolg, Jagd ohne freies, wildes Wild, ist keine Jagd. Der Verstand und die Planung des Jägers messen sich mit der Schläue und dem Urinstinkt des Wildes, in unserem Fall mit den Instinkten eines alten erfahrenen Hirsches. Dieser Hirsch wurde vor drei Jahren an derselben Stelle, doch von viel weiter unten — weil damals die Dickung niedriger war —, angeschossen, angeblich nur gestreift. Seitdem wurde er nie mehr hier gesehen, er ist nach vier Jahren zurückgekommen. Seitdem ist eine der beiden Straßen, die diese Dickung umrahmen, neu gebaut worden, die Dickung gewachsen und noch dichter geworden. Der untere, nähere Weg ist gleichzeitig Wallfahrtsweg und Verbindungsweg zwischen der Holzknechthütte und dem Jagdhaus. Wieviele sicherere und abgelegenere Einstände könnte der Hirsch sich aussuchen, mit mehr Ruhe, mehr Übersicht und Deckung? Doch nein, er ist hierher zurückgekehrt.

In Hemdärmeln sitzen wir in der Sonne, Dorner etwas erhöht auf einem Baumstamm, die Füße baumeln lassend und das Glas in den Händen. Er zeigt mir genau die Stelle, wo er den Hirsch zuletzt ausgemacht hat. Allerdings von der anderen Seite und von sehr weit und hoch. Wenn der Hirsch nach links tendiert, was wegen der gestrigen Störung heute möglich wäre, kann man sich etwas Zeit lassen. Wenn er aber in Richtung des „Herberstein-Schlages" durch die dazwischen liegenden höheren Kulturen will, muß man sofort schießen, da er in diesem Fall nicht mehr zum Vorschein kommt. Die Entfernung beträgt, dem Oberförster nach, mindestens 280 Meter, also ca. 300 Schritt, was ich bei der klaren und dünnen Luft unterschätzt hätte. Vor mir liegt mein Stutzen auf dem Baumstamm. Die Dickung liegt wesentlich tiefer als unser Aussichtspunkt. Unter der Dickung ist eine Almwiese kleineren Ausmaßes. So sitzen wir in gespannter Bereitschaft und warten, warten, warten.

Kolkraben haben uns schon ausgemacht, vielleicht warnen sie den Hirsch, wer weiß, vielleicht warten sie auf den möglichen Aufbruch. Schon sitzen wir anderthalb Stunden, aber nichts zeigt sich in der Kultur. Ich blicke in das Tal der Mürz. Unweit von hier war das Revier des Kaisers Franz Josef, Mürzsteg der Urlaubssitz der heutigen, nicht jagenden Bundespräsidenten.

Was war dieser Kaiser doch für ein vorbildlicher und fürsorglicher Landesvater! Was war doch sein Österreich, die völkerverbindende Monarchie, für ein herrliches Vorbild eines Vereinten Europas! Und diese Monarchie wurde gestürzt, von außen und innen zerschlagen.

Ja, Mürzsteg ist nahe, und mit dem dortigen Jagdschloß auch die Weltgeschichte. Hier weilten die späteren Kriegsgegner und Feinde noch als Freunde des Kaisers in seinem Jagdrevier. Zar Nikolaus der Zweite (1903) und auch der englische König Eduard der Siebente. Monarchen waren eben meist Freunde und verbanden dadurch ihre Völker in Frieden, so lange sie etwas zu sagen hatten, und das ist länger her, als man glaubt.

„Jetzt ist er da . . “, reißt mich die Stimme des Oberförsters aus meinen Gedanken. Er sagt es ganz ruhig und leise, ohne die sicher vorhandene Aufregung zu zeigen, denn die Aufregung des Pirschführers steckt den Jagdgast an, sein Herz klopft dann wie wild, und ein sicherer Schuß wird problematisch. „Ich sehe sein Geweih, er äst mitten im Bestand.“ — Ich sehe nichts. Es ist halb vier Uhr nachmittag, und der Schlag liegt noch immer im Sonnenlicht. Da, jetzt sehe ich eine Bewegung. Der Hirsch schlägt jetzt. Seine Bewegungen sind langsam und bedächtig. Vom Wildkörper sehe ich nichts, ich bemerke nur, daß sein Haupt nach rechts gerichtet ist. Und dann ist urplötzlich wieder absolut nichts zu sehen, der Hirsch hat sich offensichtlich wieder niedergetan. Wenig, sehr wenig war von ihm zu sehen. Dorner behauptet, nur für eine Sekunde die rote Decke gesehen zu haben. Und wieder heißt es warten. Unser Schlag liegt noch immer in der Sonne. Die Wolkendecke ist zart wie Brüsseler Spitzen, durch die der tiefblaue Gebirgshimmel schaut. Enzian, wohin das Auge reicht, violetter, blauer und lichtblauer. Walderdbeeren, Himbeeren, Preiselbeeren wachsen auf diesem Schlag, überall so üppig, daß nur noch die Bären fehlen, um eine Karpatenlandschaft vorzutäuschen. Denn die gefallenen Baumriesen, die zahlreichen Wurzelteller, die vielen morschen Baumstöcke, das alles würde ja zu diesem Landschaftsbild passen. Und dazu noch die ungarischen Lieder. Wie aus himmlischer Ferne, weit aus dem Osten, unaufhaltsam über die Berge dringend, schwebt ein uraltes Marienlied über die Almen und Täler: „Boldogasszony anyánk, régi nagy pátrónánk, nagy inségben lévén, igy szólit meg hazánk: Magyarországról, romlott hazánkról ne feledkezzél meg szegény magyarokról.“ — Unsere selige Muttergottes und ewige Befürworterin, in großer Not ruft Dich die Nation: Vergiß unser Ungarn und die armen, verlassenen Ungarn nicht!

Oberförster Dorner ist nicht sehr froh, er glaubt, daß dadurch der Hirsch später ausziehen wird. Ich lausche aber entrückt diesen sich nähernden Lauten, und meine Jugend, meine Vergangenheit, längst vergessene Emotionen werden wach und gegenwärtig. Wie war es doch damals, als wir, nach Rettung des Brandhofs durch uns, mit Vater eine Dankeswallfahrt nach Mariazell unternahmen. Dank für die Gnade, das Familienzentrum vor der sicheren Zerstörung gerettet zu haben. Ist es heute noch ein Familienzentrum? Dann denke ich an 1948, als wir nach drei Jahren erfolgloser, aber lehrreicher Jahre in Csákberény unter Russenherrschaft glücklich und unversehrt bei der Familie ankamen und als erstes mit dem Autobus nach Mariazell pilgerten. Tschenstochau fällt mir ein und Lourdes und Fatima, und was die Mutter Gottes in Polen zustandegebracht hat. Seit nunmehr fünf Jahren stemmt sich ein 37-Millionen-Volk gegen die fremde Besetzung, die gottlose Ideologie. Ein viel zu wenig erkanntes Wunder unserer Tage, gegen das die Gewalt und auch das Totschweigen machtlos sind.

Die Pilger sind schon lange vorüber, der Wald ist wieder still, und über die Lehnen und Gipfel streicht fast lautlos, doch erfrischend der laue Abendwind. „Ich seh’ ihn wieder, er zieht nach rechts“, flüstert Dorner. Leider sehe ich nichts. Ruhig beschreibt er mir den Platz.

„Vor uns, beim Weg, sind drei Fichten. Ihre Wipfel reichen fast bis zur Kultur, in der der Hirsch steht. Er ist weiter rechts als früher, genau über dem Wipfel der niedrigsten Fichte. Er äst nach rechts." Ruhig und genau folge ich seiner Beschreibung. Und dann plötzlich sehe ich es auch rot durch die grünen Fichten leuchten. Nun endlich, nach all den vielen Stunden, greife ich zur Büchse. Dorner sagt irgend etwas, aber ich habe die Konturen des Hirsches schon im Glas, weiß genau, wo das Blatt ist, ziele ruhig und eingebettet in meine Auflage, halte eine Handbreit unter den Rücken und lasse sofort fliegen. Guter Kugelschlag! Dorner ist überrascht, daß ich schon geschossen habe, doch bleibt für Bemerkungen keine Zeit. Schwerkrank flüchtet der Hirsch auf die kleine Wiese hinunter und verschwindet dann im letzten Zipfel „seiner" Dickung, wo ich an einer Stelle ein starkes Wackeln sehe und dann nichts mehr. Nun macht mir der Oberförster doch leichte Vorwürfe, (nach so langer Wartezeit) so schnell geschossen zu haben. Kein Wunder, er kennt mich ja kaum und ebenso meine 30-06 nicht. Von einer solchen Entfernung kann ich bedenkenlos durch Äste schießen, die unmittelbar vor dem Hirsch sind. Der Kugelschlag war weder dumpf noch hart. Die Kugel muß richtig sitzen. Eine volle Stunde lang warten wir (beide Nichtraucher) auf eventuelles Krankwerden des Hirsches. Dann steigen wir zu unserem Renault hinunter und fahren zum Forsthaus. Dorner nimmt seine Büchse. Ich werde auf einem verkürzten Weg in einer Lahn angestellt, sollte der Hirsch hochwerden und flüchten. Ich stelle mich auf den großen, breiten Baumstamm und warte, mein Diavari auf 3 stellend. Doch bald ertönt ein Pfiff, dann schwenkt Dorner seinen Hut. Eilig steige ich zu ihm hinüber. Und nun erst sehe ich, wie bürstendicht diese Kultur verwachsen ist. Kaum, daß sich ein Mensch durchzwängen kann. Der Hirsch schweißt wenig, nur einige Tropfen dunklen Schweißes sind zu sehen, und dann stehe ich vor ihm, dem alten Hirsch, dem fast eine ganze Woche Jagd gewidmet war. Der Einschuß ist zehnschillinggroß, doch mitten am Blatt, der Ausschuß hinter dem Blatt und nur kalibergroß. Voller Freude, doch ein bißchen wehmütig, halte ich ihm die Totenwacht, bis Dorner seinen Bruder heranholt. Das Liefern des 165 kg schweren Hirsches ist anstrengend und schweißtreibend, besonders, als es vom Tal wieder hinauf zum Weg geht. In unserer Nähe sitzen die Kolkraben und schauen uns zu, während beim Bach der Hirsch aufgebrochen wird.

Es ist ein kurzer, ungerader Zwölfer mit sehr dicken Stangen, über 7 kg schwer, alles eher als ein Blender. Viele Hirsche mit langen Stangen und guten Kronen hätten gerne seine Stangenstärke. Vom Revierleiter wurde er der „Dicke" genannt. Seine alte Verletzung hat doch einen Dorn seines Kreuzes getroffen, die Knie der Vorderläufe sind verdickt, die Schalen unnatürlich lang und aufgebogen.

Wahrscheinlich war er auch darum der heimlichste Hirsch des Revieres, von dem niemand wußte, ob und wo er brunftete, denn alljährlich verschwand er Anfang September aus dem Revier und kehrte Anfang Oktober wieder zurück. Erst jetzt — nachdem ich ihn erlegt habe — besichtige ich seine Abwurfstangen, die im Vorjahr fast 6 kg gewogen haben. Der Hirsch wird zum Ausschweißen hochgezogen, das Fotografieren auf den nächsten Tag verschoben.

Am Abend pirschen wir noch auf Rehböcke, doch die Alten sind jetzt nicht zu sehen. Wieder in der Hütte, besprechen wir lange, sehr lange in der gemütlichen Försterstube unser

Erlebnis zwischen den zahllosen Trophäen. Am nächsten Morgen kann ich ausschlafen und lesen. Um halb elf Uhr fahr ich zum Forsthaus, wo der Hirsch malerisch zum Fotografieren gestreckt liegt. Vom Lahnsattel kommt Freund Hans herüber, der mir persönlich den Bruch überreicht. Kurz vor dem Essen versuchen wir unweit der Jagdhütte zu blatten. Es ist der 23. August, da könnte sich in diesen Höhen noch etwas rühren. Unten im Tal sind Nachzügler einer Wallfahrer-Gruppe zu sehen. Die Sonne scheint warm herunter. Zweimal blase ich in meinen Buttolo, und oben am Sattel erscheint, von fremdem Revier kommend, ein Bock, der in schnellen Fluchten direkt auf uns zustrebt. „Kein alter Bock", sagt Dorner, und ich lege die Büchse beiseite und nehme die Leica in die Hand. Der Bock passiert Hütte, Auto und Wallfahrer und nähert sich so schnell, wie es nur brunftige Hochgebirgsrehböcke können. Schon will ich knipsen, warte noch, daß er breit steht, da flüstert Dorner: „Er ist doch zu schießen!" und reicht mir das Gewehr. Nun steht der Bock in einem kleinen Fichtenhorst, etwas verdeckt, aber ich weiß, wie er steht und schieße. Der Bock flüchtet kerzengerade hinauf zu. „Kein guter Schuß", entfährt es Dorner, doch ich plädiere auf Herzschuß, denn schon einige Male sind mir Böcke bei solchen Schüssen hinaufgeflüchtet. Und als wir zum Anschuß gehen, Lungenstücke, massenhaft Schweiß, und auf 25 Schritt liegt er verendet. Das Herz ist aufgerissen, ein tiefer Blattschuß.

Die vorderen Enden sind ganz kurz, die hinteren lang, ein richtiger Abschußbock mit schwarzer Gesichtsmaske. Nun ist auch unser Rehbockpensum erfüllt, und wie zum Hohn steht der alte starke Bock von der Forsthauswiese in der Sonne und schaut unserem Wagen ruhig nach. Dann folgen 24 Stunden der Nachfreude beim Auskochen, Anfassen und „Gustieren".

Mit Freude im Herzen fahre ich heimwärts, von einem wunderschönen, märchenhaften Ort, den ich heiß lieben gelernt habe. In Mariazell mache ich Pause. Am Grabe Kardinal Mindszentys beten zahlreiche Ungarn, als scherte sie ihr ganzes Regime überhaupt nichts. Die Glocken des Domes läuten. Eine unübersehbare Menge betet den Angelus. Hier sind noch Menschen, die uns zur Hoffnung auf eine bessere Zukunft berechtigen.

Der Hirsch meines Lebens

Langsam nahm der Sommer Abschied vom Land. An sonnigen Frühnachmittagen kehrte er zwar auf leisen Sohlen zurück, und alles schien wie im Juli zu sein. Die Bienen summten, Käfer krabbelten, und zahllose Schwalben gaukelten zwischen den Häusern und über den Teichen herum. Doch es waren fremde, von weit hergekommene Schwalben mit anderen Gewohnheiten. Wenn der Tau sich auf die Gräser legte, waren auch die staubigen, längst vergessenen Spinnweben zu sehen. Fast sahen sie wie verlassene, löchrige Fischernetze aus, doch niemand würde sie jemals wieder reparieren.

Bevor die stumpfrote Sonne in fernen Nebelschwaden unterging, kam fast unbemerkt der Abendwind über die Felder. Die toten Blätter der Pappeln und Weiden segelten über die Wiesen und Felder. Herbstzeitlose, diskrete Zeugen der Vergänglichkeit, kündeten den nahenden Tod des Sommers an. Die alten Bäume knarrten leise, und das Schilf rauschte im Wind, und die kahl werdenden Äste gönnten den fallenden Blättern keinen Blick. Tief war der Fall der Blätter gewesen, die einst als stolze Laubkronen den Winden getrotz hatten. Zuerst lagen sie still und malerisch in den weichen Gräsern, dann wirbelte sie der Wind in luftige Höhen, von wo sie immer wieder zu Boden fielen, tote, gefühllose Spielzeuge des Wetters, willenlose Werkzeuge der Winde. Erst der Schnee, dessen frühes Kommen die Zugvögel ankündigten, würde ihnen Ruhe und Frieden bringen.

Ringeltauben kamen in großen Flügen und fielen ohne Pause auf die großen Bäume der Auen ein. Ihr flatternder Schwingenschlag schreckte die müd gewordenen Starenschwärme auf, die schon früher unter lautem Gezeter im Schilfmeer Ruhe gefunden hatten. Wenn diese Schwärme hochgingen, klang es wie das Brausen eines Tornados, und wenn der pannonische Abendwind sich näherte, mit all seiner Kraft und all seinem Hochmut, verneigten sich die Bäume demütig. Wie einst Leibeigene dem Lehnherrn ihr Zehent, so zahlten sie dem Wind ihren Tribut an Blättern. Früher oder später wurden sie kahl. Eine Ausnahme bildeten die jungen Eichen und Buchen. Sie trotzten den Gewalten des Windes, und ihre braunen Blätter würden den Winter überstehen.

Bilder rechts:
Oben:
Flüchtiges Reh im winterlichen Sautreiben
Unten:
Stechschritt des Mißtrauens

Bild umseitig:
Rebhühnerkette im Anflug

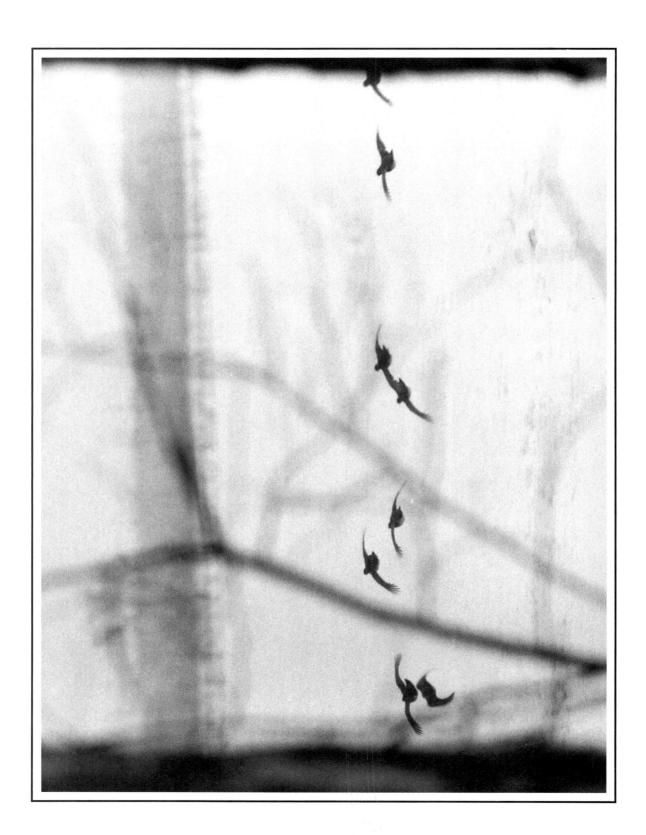

Wildgänse zogen hoch über den Wolken gegen den Plattensee. Ihr traurig-melancholischer Ruf war voller Hoffnung, ja tröstend, denn die Natur und all ihre Geschöpfe wissen, daß auf den Sommer der Herbst, auf den Herbst der Winterschlaf und auf den eisigen Winter ein neuer Frühling mit neuem Leben folgen wird. Alles soll seinen vorgezeichneten, von Gott gewollten Weg gehen, der seit Millionen von Jahren feststeht. Nur der respektlose und ehrgeizige Mensch ist fähig, in das Getriebe der Gesetze einzugreifen und die Natur dauernd zu schädigen. Doch die Natur ist stärker als der Mensch, und eines Tages wird sie zurückschlagen, wenn dem dekadenten „Fortschritt" kein Einhalt geboten wird.

Ich sitze ein wenig fröstelnd auf meinem Hochstand. Der Wind fegt Nebelfetzen an mir vorbei, die langsam in der Ferne verschwinden. Zwei-, dreimal noch heult er auf, um in der Dunkelheit stillzuhalten. Meine Augen sehen durch die Dunkelheit das Unsichtbare. Sie sehen Vergangenes, nie Wiederkehrendes, vielleicht auch Kommendes. Da ertönt weit über Auen und Felder der Brunftschrei eines Hirsches. Schlagartig konzentriere ich mich auf die Gegenwart. Ich bin zur Hirschbrunft in Ungarn. Hier in der Zala, dem Paradies allerstärkster Hirsche, warte und horche ich, und meine Gedanken sind voller Hoffnung und freudiger Erwartung.

Etwa seit der Zeit der legendären Marion Schuster, die zur Weltjagdausstellung 1971 in Budapest den Weltrekordhirsch stellte, gilt das Komitat Zala als die Heimat der stärksten in freier Wildbahn lebenden Hirsche Ungarns. Schon einige Male war ich durch das Tal der Zala gefahren und von dem parkähnlichen Charakter der Landschaft begeistert. Nun war es so weit, ich konnte hinfahren, und zwar zur Hirschbrunft 1988! Einen Tag zuvor hatten wir noch in Neudau die traditionelle Entenjagd abgehalten, nun näherte ich mich der Grenze am späten Vormittag des 11. Septembers. Der Österreicher winkte mich nur durch, die Ungarn befassen sich sechs Minuten mit mir. Der junge Grenzsoldat, der die Pässe übernimmt, berichtet ganz aufgeregt, daß die Brunft schon seit mindestens zwei Wochen im vollen Gang ist, in der Kaserne Körmend wären die Hirsche gut zu hören. Nach dem ungewöhnlich milden und schneearmen Winter gab es „frühe" Kälber, wahrscheinlich sind die Tiere früher als sonst in die Brunft getreten.

Ich mache einen Abstecher zu meinen alten Freunden in Vasvár. Magdi war krank, und ich kann ihr ein gutes Präparat mitbringen. Im Revier, das Hubi Rothermann so liebte, sind bereits die Hartigs eingetroffen, und man wartet auf Nora Bareuther, die erfolgreiche und aktive Jägerin „Tante Nora", eine Cousine von Hubi.

Durch das Vasvárer Revier fahre ich nach Zalaegerszeg, nehme die Straße nach Keszthely,

Bild umseitig:
Der Zweiundzwanzigender von Vasvár, 16. September 1985
Bild links:
Der Hirsch meines Lebens, Zalaigrice, 19. September 1988

209

durchquere Nagykapornak, und bald darauf bin ich vor dem Jagdhaus Ligetfalva, das – im Besitz der Jagdgesellschaft Zalavölgyi Bezeréd – vor einigen Jahren ausgebaut wurde. Der neben dem Jagdhaus wohnende Oberjäger Imre Szabó, ein etwa fünfzig- bis sechzigjähriger, fast weißhaariger Mann mit gutem Profil, gefällt mir vom Fleck weg. Er ist früher im Bakony und später in Lábod gewesen, hat seit seinem 12. Lebensjahr mit der Jagd zu tun. Derzeit wohnt im Jagdhaus ein deutscher Gast aus Köln, der zuerst ein wenig erstaunt ist über mein Kommen, später aber vertragen wir uns gut. Er hat die Welt als Jäger bereist, und kein jagdliches Paradies unserer Erde ist ihm fremd. Bald entdecken wir gemeinsame Bekannte, denn die Welt ist, wie man so sagt, viel „kleiner", als man denkt. Derzeit wird Herr H. von Imre geführt, mir stellt der Oberjäger einen der Berufsjäger vor, der den Vornamen Józsi trägt. Ein schlanker Junge mit „Gardemaß", war früher Soldat, ist seit fünf Jahren in diesem Revier tätig. Am Nachmittag kommen die Chefs von Imre, der Präsident und der Jägermeister, zu einer Besprechung in das viel zu groß geratene Speisezimmer. Hier erfahre ich, daß noch drei deutsche Jagdgäste im Revier jagen – sie wohnen im Hotel im nahe gelegenen Héviz –, und zwei Stammgäste werden noch am Donnerstag erwartet.

Die versammelte Jägerschaft berichtet, daß in diesem Jahr die Brunft bereits am 20. August in vollem Gang war und zur Zeit noch auf ihrem Höhepunkt zu sein scheint. Zentrum des Revieres ist der „Berek", ein großes Schilf mit kleinen Remisen, hier sollen heute früh 20 Hirsche geschrien haben. Dieser Revierteil ist für Herrn H. reserviert. Das Wetter ist zwar relativ schön, doch fühle ich deutlich eine herannahende Wetteränderung. Wir sitzen mit Józsi im Revier Padár, sehen aber erst vor Einbruch der Dunkelheit zwei junge Hirsche.

Abendessen zu zweit am Riesentisch. Der Lieferant ungarischer Gaumenfreuden ist ein selbständiger Wirt aus Kapornak, der dort ein gutgehendes Restaurant betreibt. Am Abend Fernsehen, zuerst ungarisch, dann österreichisch. Das ungarische Fernsehen steht erfreulicherweise im Zeichen der Glasnost und ist mehr als objektiv, dazu auch sehr informativ, was den Ostblock anbelangt. Lange werden die Streiks in Polen und die Demonstrationen in Eriwan gezeigt. Bei uns hingegen wird über das Hrdlicka-Denkmal, das Jahr '38 und die Vergangenheitsbewältigung berichtet. Das ungarische TV bringt einen Anti-Stalin-Film, regimekritisches Kabarett am Rande des Tolerierbaren, Debatten aus dem Parlament, während in unserem Fernsehen alles Linke unangreifbar scheint. Doch Berger ist Sieger des heutigen Grand-Prix-Rennens, und müde Zufriedenheit wiegt mich in einen traumlosen Schlaf im ausgezeichneten Bett meines stillen Gastzimmers.

Als ich um 4 Uhr aufwache und mir meinen Kaffee herrichte, vibrieren die Fenster vom nahen Brunftschrei des sogenannten „Haushirsches", der – wie die Jäger berichten – bei brennender Hoflaterne unlängst die jungen Fichten der Terrasse zuschanden geschlagen hat. Mit Józsis Lada fahren wir in das Revier Orbányosfa. Während wir zum vorgesehenen Hochstand, etwa zwei Kilometer entfernt, gehen, melden an die zehn Hirsche im Schilf und im Mais. Unbemerkt kommen wir auf den Hochstand, der wie alle Hochstände des Reviers ausgezeichnet gebaut ist. Im Osten wird es langsam grau, und als die Morgendämmerung einsetzt, verschweigen die Hirsche. Es gelingt uns noch, einen mittleren Vierzehnender im

Mais und zwei Sechzehnender-Kronen im Schilf zu erblicken. Beim Zurückgehen mäuselt ein junger Fuchs ganz nahe am Rand des Kanals und merkt uns nicht, als wir die Brücke überqueren! Herr H. hat sieben Hirsche gesehen, aber nichts − nicht einmal ein etwa Zehn-Kilo-Hirsch fand seinen Gefallen.

Am späteren Nachmittag meldet Jäger Laci, daß sein Schwager in der Früh am Rande von Kapornak, in einem kleinen Wald, einen kapitalen Sechzehnender gesehen habe, der sich dort mit drei Stück Kahlwild eingelagert hat. Imre entschließt sich, mich noch am selben Abend auf diesen Hirsch zu schicken, von dem man annimmt, daß er mit einem identisch sei, dessen Abwürfe zehn Kilogramm wiegen. Gute Aussichten. Schon um halb sechs Uhr abends sitzen wir auf einem Hochstand inmitten des Schlages, der mit anderthalb Meter hohem Gras und Epilobium sowie jungen Erlen bewachsen ist. Laci sagt mir, daß der Hirsch vorne rechts bei den zwei hohen Bäumen eingewechselt sei. Zwischen den Bäumen leuchten die beiden Türme der Jesuitenkirche. Vorsorglich mache ich bei gutem Licht Aufnahmen vom Gelände, außer sowjetischen Jagdbombern „rührt" sich vorerst aber nichts.

Wehmütig fallen mir unsere Draken-Debatten ein. Sechs dieser Alt-Geräte fliegen jetzt über Österreich, hier in Ungarn fliegen Hunderte der überlauten Jets, ähnlich wie in der Schweiz, wie in Finnland, in Deutschland oder in der CSSR. Na ja, es ist ja schön, wenn man sich ungestraft aufregen darf. In den Oststaaten ist noch alles Militärische „tabu".

Als kurz nach 18 Uhr endlich der ohrenbetäubende Lärm einmal etwas nachläßt, meldet sich der Hirsch erstmalig mit einem tiefen „Oouuuuh . . ." Sofort antworte ich mit der Stimme eines jüngeren Hirsches und bekomme baldige, etwas indignierte Antwort, mir scheint schon etwas näher. Doch der Schein trügt. Der Hirsch dürfte ganz unten stehen, dort, wo es am feuchtesten und schattigsten ist, die Tiere haben sich nicht in Bewegung gesetzt. Wie der Schwager Lacis berichtete, führt sein Wechsel von ganz links unten über eine kleine Lichtung. Hier, vor dem Hochstand, am Waldrand waren nur sein Geweih und die Häupter der Tiere zu sehen. Es ist schon viertel vor 19 Uhr, als die Stimme des Hirsches andeutet, daß die Tiere hochgeworden sind. Nun antworte ich ihm wieder, bekomme aber nur ein verächtliches Brummen zu hören. Allerdings schon weiter links, wenn auch überriegelt. Das Rudel hat sich anscheinend doch langsam in Bewegung gesetzt. Zwei Migs donnern mit einem solch ohrenbetäubenden Lärm über uns, daß der ganze Hochstand zu vibrieren scheint. Die Glocken der Kirche läuten zum Angelus. 19 Uhr. Da erblicke ich auf etwa 100 Meter vor mir, unter den Randbäumen, das Haupt des Leittieres. Die Lauscher bewegen sich wie ein Radargerät. Scheinäsend, im Zeitlupentempo schiebt es sich vor. Es wird langsam dunkel im Schatten. Nun ist es auf der kleinen Lichtung, äugt zurück. Es erscheint ein weiteres Tier und ein Kalb. Schon habe ich mich gerichtet, denn, sollte der Hirsch erscheinen, muß es sehr schnell gehen.

Doch er läßt sich Zeit, verstummt sogar. Das Kahlwild äst vertraut, mehr oder minder durch die hohe Deckung sichtbar. Nun aber kommt das dritte Tier, ein Schmaltier mit schnellen, tänzelnden Schritten und unmittelbar dahinter der Hirsch. Ich frage Laci nur: „Ist es der Hirsch", worauf ich zur Antwort bekomme: „Ja, bitte schießen." Doch der Hirsch ist bereits in Bewegung. Ich sehe durch das Fernrohr ein langes dunkles Geweih und eine Krone mit maralartig nach hinten ragenden Enden. Da verhofft er für einen Moment. Laci sagt (überflüssigerweise) noch einmal „schießen!", und hell peitscht der Schuß über die Gräser hinunter auf die Lichtung. Ich bin ganz ruhig am Blatt abgekommen. Noch im Schuß schien es mir, daß die Stangen von der Seite nicht sehr dick sind. Doch es ist zu spät. Klassisch zeichnet der Hirsch, und am Rande der Lichtung versucht er noch, mit einer Wendung den nach rechts zurückflüchtenden Tieren zu folgen. Mitten in dieser Bewegung bricht er, nicht weiter als 30 Schritt vom Anschuß, vor unseren Augen verendet zusammen. Laci freut sich, schwört, daß der Hirsch der Richtige sei, doch ich habe meine Zweifel. Der Anschuß wird auf präzise 162 Schritt gefunden. Lungenschweiß. Und aus dem hohen Gras ragt auch schon die Sechzehnerkrone heraus.

Lange, etwas dünne, sehr dunkle Stangen, gute Augenenden, ein im Wildbret sehr starker, mindestens dreizehnjähriger Hirsch. Ich habe zwar den falschen Hirsch geschossen, doch die Erlegung eines Brunfthirsches ist solch ein überwältigendes Erlebnis, daß ich die Gratulation Lacis, der enttäuschter ist als ich, lächelnd entgegennehme. Am Heimweg entschließe ich mich, es bei diesem Hirsch bewenden zu lassen, doch die Jagdleitung verspricht mir, für den Fall, daß ich den ersehnten Guten noch erlegen sollte, großzügig zu sein. Und so ist die Freude über den braven Hirsch, einen Sechzehnender mit 121 cm Stangenlänge sowie einem Gewicht von 9.2 kg, absolut ungetrübt. Es war ja erst der zweite Tag meines Aufenthaltes. Eines ist aber gewiß. Einen zweiten, ähnlich starken Geweihten darf ich nicht mehr strecken. Ich werde den Finger nur krumm machen, wenn sich ein Kapitaler zeigt. Wenn sich keiner zeigt, so bleibt dieser gute Hirsch der einzige, den ich heuer strecke.

Herr H. hat wieder nichts geschossen. Ich unterhalte mich mit ihm bis 11 Uhr. Er kann viel Interessantes von seinen Jagdreisen in vier Kontinenten berichten. Und ein guter Erzähler ist einem guten Buch vorzuziehen. Als wir schlafen gehen, stellen wir fest, daß die erwartete Wetterverschlechterung mit starkem Regen eingetreten ist.

Und dieser Wettersturz hat es in sich. Die ersten Tage fällt Regen, dann liegt einen Tag lang dichter Nebel, so daß die Morgenpirsch fast unmöglich ist, und schließlich setzt ein orkanartiger Sturm ein, so daß weder etwas zu sehen noch zu hören ist. Am Morgen nach meinem Hirsch gehe ich wieder mit Józsi, diesmal in das Revier Miskakut (Michelbrunnen), wo ein sagenhaft starker Hirsch seinen Einstand haben soll. Nur, außer einer kleinen verwachsenen Lichtung ist der ganze Waldkomplex dichtester, verfilzter Akazienjungwald. Wir hören einen Hirsch darin melden, sehen sogar einmal seine Läufe, stoßen dann aber bei der anschließenden vorsichtigen Pirsch auf eine riesige Rotte Sauen, die mit starkem Blasen und Brechen abgeht. Auch dieser Hirsch ist nicht mehr zum Schreien zu bewegen. Am Abend bin ich wieder mit Józsi im Revier Tilaj am Waldesrand, doch außer Regen und einer jungen Stimme tut sich nichts. Interessant ist, daß im starken Regen acht Rehe friedlich am Feld äsen. Und man sagt, das Rehwild sei gegen Kälte, Regen und Wind empfindlicher als das Rotwild. Hier in Zala stimmt das nicht!

Am nächsten Morgen bin ich am Misefa-er Schilf, wo wir bei sehr zaghaftem Melden nur einen mittleren Achterhirsch sehen. Der Abend verläuft mit dem Unterschied, daß wir drei mittlere Hirsche in Anblick bekommen, aber keinen Ton hören. Und dies zur besten klassischesten Brunftzeit. Herr H. ist nicht glücklicher, obgleich er im allerbesten Reviertteil, dem Zalaigrice-er Nagyberek, waidwerkt. Die Zentralheizung, eine Holzfeuerungsanlage, wird eingeschaltet, denn es ist empfindlich kalt geworden, und wir müssen unsere nassen Gewänder trocknen lassen. Vormittags besucht mich Nagy Béla, der oberste Jagdchef des Komitates. Er ist ein alter Freund aus der Zeit der Jagdausstellung in Budapest. Mittags kommt aus Balatonfenyves mein Schnepfen-Waidgenosse Attila Szöke. Nach dem Mittagessen, das gewohnt reichlich und üppig ist, versuche ich, meinen Wettermantel auf den Leitungsrohren der Heizung aufzuhängen. Mit einem Fuß stehe ich auf einem Schammerl, mit dem anderen auf einem fahrbaren Radiator. Beide geben nach, und ich falle zwischen Bett und Tisch und schlage mir meine Beine auf, prelle mir eine Rippe und den rechten Ellenbogen. Der Sturz war fürchterlich, doch ich bin froh, daß nichts gebrochen ist, auch wenn die Schmerzen längere Zeit bleiben werden.

In der Früh des 15. Septembers gehe ich bei noch immer starkem Regen mit Józsi zum Cserivágás. Ganz unten an den Feldern, im Dunkeln, brummt eine sehr gute Stimme, doch als es zu dämmern beginnt, zieht der Hirsch in eine Föhrendickung und verschweigt. Wir setzen uns trotz Regens an einem klassisch schönen, großen Schlag, der sich als eine lange Lehne hinzieht, an, sehen auch einen ganz guten Zwölfer, doch ist er kaum so stark wie der von mir am Montag erlegte. Mein Finger bleibt gerade. Am Vormittag desselben Tages reist Herr H. eher enttäuscht und vergrämt, ohne Hirsch, ab, und nachmittags kann ich schon mit Oberjäger Szabó Imre in den Nagyberek gehen.

Es ist unfaßbar, aber es regnet, bei leichtem, sich ständig änderndem Wind, noch immer. Ich ziehe mich zwar warm an, habe aber doch eine ganz kräftige Verkühlung wegbekommen, und ständiger Hustenreiz ist auch nicht angenehm. Hier melden nun endlich mehrere Hirsche. Der Platzhirsch, dem wir uns ganz widmen, verläßt erst ganz spät seinen Einstand, ist aber eine Enttäuschung. Demgegenüber ist aber ein Hirsch mit sich überschlagender Jugendstimme der Gestalt nach alt, nach den Geweihen aber ein Schneider. Ich höre zweimal Hirsche kämpfen, sehe drei Füchse, kaum Kahlwild. Nach kurzer Pause fängt es wieder zu regnen an.

In der Früh gehen wir zu dritt auf die Pirsch. Zwei deutsche Herren, Theo und Ortwin, letzterer mit Sohn, haben sich „einquartiert". Angenehme, freundliche Menschen, Stammgäste. Ich bin mit Imre wieder im Berek. Wir sitzen leider am falschen Hochstand an. Auf weite Entfernung beobachten wir einen Hirsch mit unglaublich endenreicher Krone. Es könnte ein 20er oder 22er sein. Sonst aber scheint er kein sehr langes Geweih zu tragen, oder wird das durch die unfaßbar imposante Krone quasi „erschlagen"? Ich huste ständig, was lästig ist. Bei der Umfahrung des „Berek" (des Schilfes) sehen wir drei Hirsche. Während wir den einen begutachten, deutet Imre auf einen kleinen Busch, ganz am Rand des Schilfes. Dort ist die Krone des von uns gesehenen 22ers zu beobachten, nicht einmal das ganze Geweih bekommen wir in Anblick, so hoch ist Schilf und Gras. Und der Hirsch lagert sich in diesem kleinen runden Busch ein. Wir warten bis 9 Uhr, dann geben wir es auf. Abends sitzen wir leider wieder am falschen Hochstand an. Bei der geschlossenen Kanzel, auf ca. 600 Meter, tritt ein Hirsch auf die Wiese aus und äst dort, als wäre er in der Feistzeit. Sehr lange starke Stangen, kolossale Augen- und Mittelenden, eine ganz kleine Krone darüber: auf jeden Fall ein Kapitaler. „Unser" Hirsch zieht nicht dorthin, wohin ihn Imre erwartet, sondern zurück, von wo er in der Früh gekommen ist. Ich hätte ihn auch dorthin zurückerwartet, aber mich Imres Vorschlägen gefügt. Wir sitzen vier Stunden. Der Regen hat aufgehört, dafür weht ein mittelstarker Wind, der aber am Abend aufhört.

Am nächsten Morgen sitzen wir auf dem Hochstand, unter dem der Kapitale geäst hat. Wieder kein Melden der Hirsche, nur ganz vereinzelt in der Ferne. Dafür liegt der ganze Berek unter einer dichten Nebeldecke. Gegen 7 Uhr passiert uns ein guter 12er, der auch alt ist, er bewegt sich hinter einem Tier auf ca. 60 Schritt. Einer der gesuchten Kapitalen ist er aber nicht. Niemand sieht den 22er und auch den mit den langen Enden noch einmal. Wären wir gestern abend hier gesessen, hätten wir trotz fehlenden Brunftbetriebes den besseren der beiden Hirsche nur aussuchen müssen. Aber keiner der Jäger hat einen davon in diesem Revier jemals wiedergesehen. Und das ist es, was mich an der Hirschbrunft in Ungarn so reizt. Es gibt absolut keine bestätigten Hirsche. Jedesmal sieht man andere. Es ist sehr kalt geworden, der Wind wird zum Sturm, das Radio sagt drei Tage starken Wind an.

Am Abend sind wir wieder im Nagyberek, versuchen es auf der anderen Seite, aber kein Ton ist zu hören, wir sehen nur einen Spießer. Die deutschen Herren hatten ganz passablen Brunftbetrieb im hügeligen Gelände. Dort ist der orkanartige Sturm nicht so zu spüren. Erstmals höre ich Imre vom Ende der Brunft reden. Hier im Zentrum, im allerbesten Gelände, vernimmt man keinen Ton. Ist es der starke Wind oder tatsächlich das Ende der Brunft? In der Früh dürfte die Temperatur um den Gefrierpunkt herum sein, die Kälte ist im starken Wind kaum zu ertragen.

Wieder im Berek. Ein Achter und ein Spießer kommen, noch im Finsteren sehen wir einen Hirsch lautlos einwechseln. Das Geweih ist nicht anzusprechen. Am Abend wird der Sturm zum Orkan, hört aber überraschenderweise in der Nacht auf. Wir haben zwei Tiere und zwei junge Hirsche gesehen. Ein Hirsch meldet gut, aber sehr weit von uns. Beide Herren haben je einen Hirsch geschossen. Der von Theo hat 9,5 kg, der von Ortwin 8,6 kg. Leider oder Gott sei Dank ist der eine der alte „Haushirsch", dem das Wetter von allen am wenigsten ausgemacht hat. Am 19. September, meinem letzten Tag, ist es in der Früh windstill, bewölkt, erst später wird es heiter. Wir sitzen wieder am höchsten Hochstand.

Es melden zwar einige Hirsche, aber weit weg im Wald. Der Berek scheint uns leer zu sein. Unweit der stark befahrenen Straße ziehen vier Stück Kahlwild aus und fangen zu äsen an. Von dort her hören wir drei starke Stimmen, als es bereits ganz hell ist. Außer einen mittleren 12er, der dieses Gebiet aber in großem Bogen umgeht, sehen wir nichts. Imre schlägt vor, daß wir uns in den Jeep setzen, alles umfahren und ganz einfach dorthin gehen, wo noch etwas los ist. Diese Entscheidung ist richtig. Südlich des Erlenwaldes, aus dem die Tiere ausgezogen sind, pirschen wir vorsichtig mit gutem Wind eine Allee entlang. Zwischen dem jungen Erlenwald ganz am Rande der Straße und einem höheren Aubestand ist eine Art Lichtung. Zwei Streifen weißliches Riedgras, Epilobium, Erlen und Weiden bedecken diese

Lichtung. An der niedrigsten Stelle ist die Deckung einen Meter hoch. Wir bleiben stehen, und ich versuche, den Ruf eines sehnsüchtigen, jüngeren Hirsches nahzuahmen. Nach dreimaligem Versuch bekomme ich Antwort, rechts, im Osten der Lichtung aus dem höheren Bestand, von etwa 200 Meter Entfernung. Es ist eine hohe Stimme und nur einmal herrisch: „Aaüüüü." Imre sagt, daß die Tiere ihren ständigen Einstand im Erlenwald haben, in jenem, der so erschreckend nahe an der stark befahrenen Straße liegt. Also dürften sie, wenn alles normal verläuft, das Rudel zu Gesicht bekommen. Wir überqueren einen eher tiefen Graben, und ich stelle mich, den Rücken an eine Birke gelehnt, die Büchse im Halbanschlag, an den Bergstock gepreßt an, wie im Gebirge, während Imre den Tierruf macht und sein Glas in der Hand hält. Nach längerem Warten überqueren plötzlich flüchtend drei Tiere die Lichtung und hinter ihnen, ebenso flüchtig, auf etwa 250 Schritt der Hirsch. Ein Blick genügt, sogar mit freiem Aug kann man den Kapitalen ansprechen. Dicke Stangen, herrliche Kronen und sehr lang. Dann sind sie im linken Erlenwald verschwunden. Was hatten sie bloß? Bald hören wir das Hupen eines Busses, und Imre meint niedergeschlagen: „Nun haben sie doch die Straße überfallen und werden höchstens in der Nacht zurückkommen. Die Straße ist die Jagdgrenze."

Doch bald darauf hören wir den Hirsch mit dem Geweih schlagen und leise und verhalten knören. Er ist also im Erlenwald geblieben, Imres Gesicht strahlt. Wir warten, bis alles still ist, und ziehen uns zurück. Ich flüstere Imre zu, daß vom Boden aus auf diesen Wechsel ein Schuß unverantwortlich ist. Einesteils, weil man doch ein wenig wackelt, andererseits, weil zu viel Buschwerk und Gras in der Schußbahn läge, käme der Hirsch am Abend am selben Wechsel zurück. Wir entschließen uns, einen älteren, transportablen Hochstand auf der Allee in guter Deckung unter Tags aufzustellen. Der Traktor, der ihn bringt, stört nicht, denn gerade hier sind sie Motorengeräusch gewöhnt. Während wir sprechen, donnern drei Mähdrescher über die Straße, und wir müssen ganz laut reden, sonst wäre nichts zu verstehen. An meinem letzten Tag, der fünfzehnten Pirsch, also ein Hoffnungsschimmer! Bei Tag kann ich kaum schlafen, und vor Aufregung und Vorfreude fehlt mir der Appetit. Das „Menü" ist mir in Erinnerung geblieben: Gänseleber mit Paprikasalat, Paprikahuhn mit Haluschka, Nußpalatschinken. Dazu herrliche Pfirsiche der grünen Art und Weintrauben der Sorte „Csaba gyöngye".

Schon um 17 Uhr sitzen wir auf dem neuaufgestellten, jedoch kaum sichtbaren Stand, vor dem sich, von der Allee bis zur gegenüberliegenden Weide, etwa 400 Meter lang eine Lichtung erstreckt. Die Aussicht ist gut, einen besseren Platz hätte man kaum finden können. Um 17 Uhr 56 plötzlich das ersehnte „Aaaaüüüüüh". Es ist weiter, als wir dachten, fast am Rand der Weide. Weiteres Warten. Der Wind ist gut, kommt direkt und ohne zu kesseln von Norden. Ich überdenke alles im voraus. Dann frage ich Imre, ob das hintere Riedgras auf 300 Meter sei, er antwortet: „Näher, etwa auf 220 Meter". Ich bin skeptisch, aber der Einheimische muß es ja wissen. Die russischen Migs beginnen ihr abendliches Ständchen. Da erblicke ich im hinteren lichten Streifen eine Bewegung. Imre ist sie entgangen. Ich nehme das Glas. Natürlich: ein Tier. Doch nur das Haupt ist zu sehen. Es äugt zurück. Wenn es dort weiter nach rechts zieht, habe ich nur noch drei Meter, auf die der Hirsch halbwegs zum Schießen sichtbar wäre. Jedenfalls lege ich meine entsicherte Büchse auf den Wettermantel, der auf der vorderen Brüstung liegt, stütze den rechten Ellenbogen auf. Und da erscheint mit wippendem Geweih der Hirsch. Oh Gott, was für ein Hirsch! Der Wildkörper ist dunkelbraun, die Stirne schwarz, er ist ramsnasig. Nun hat er das Haupt am Boden, folgt dem Tier und verschwindet rechts. Mein Herz krampft sich vor Enttäuschung zusammen. Aber wo sind die anderen Tiere? Vor ihm ist offensichtlich ein brunftiges Schmaltier. Vielleicht treibt er es wieder zurück. Und dann, kurz vor 18 Uhr 30, erscheint das Tier fünfzig Meter näher, gerade dort, wo der Ausschuß am besten, das Gras am niedrigsten ist. Und es nähert sich langsam halbspitz: ein Riesengeweih wie das eines Hubertushirsches: mehr als doppelt so groß wie das Tier. Das Haupt ist immer am Boden, der Hirsch steht spitz. Und klein erscheint er mir trotz seiner Größe im sechsfachen Diavari. Ich ziele schon drei Minuten. Imre ist völlig ruhig, flüstert, er werde sich schon breitstellen. Und dann biegt das Tier mit wippendem Wedel und keckem Sprung nach rechts und verschwindet im Erlendickicht. Nun wendet auch der Hirsch, das Haupt noch immer unten, und hält einen Meter vor der schützenden Deckung. Imre röhrt ihn an, zuerst reagiert er nicht, doch dann hebt er das Haupt und äugt in unsere Richtung. Der Zielstachel saugt sich am Blatt fest. Ich zwinge mich zur absoluten Ruhe, und peitschend verläßt die Kugel die Büchse. Harter Kugelschlag. Bilderbuchzeichen, wilde Flucht. Aufatmend repetiere ich, und dann lehne ich nach fast vier Minuten Zielen die Büchse in die Ecke des Hochstandes. Ich bin tadellos abgekommen. War es nicht ein bißchen zu weit?

Imre raucht schweigend, aber mit leuchtenden Augen seine Zigarette. Wir sind uns unserer Sache sicher. Dann gehen wir leise zum Anschuß. Ich zähle die Schritte. Bei 200 Metern sind wir noch weit. Ich nehme meine Büchse herunter, stelle das Variabel auf 2 x. Am Anschuß, wo der Ausriß deutlich zu sehen ist, kein Schweiß. Doch was ist denn das dort? Ich sehe auf 40 Schritt eine Krone aus dem Epilobium ragen. So hoch ragt kein Geweih eines liegenden Hirsches. Die Folgerung: Der Hirsch lebt noch, sitzt im Wundbett. Da der Wind ausgezeichnet ist und wir kaum Lärm gemacht haben, schleiche ich mich näher. Nun verschwindet die Krone. Ist er verendet? Als ich ca. 5 Meter entfernt bin, versucht der Todkranke das Haupt noch zu heben, doch ein Fangschuß auf den Träger läßt ihn im Feuer verenden. Der Schuß liegt tiefblatt, sehr tief, doch hat die Brenneke TUG–Patrone ganze Arbeit geleistet. Ich hätte 15 cm höher halten müssen, denn der Anschuß war auf ausgetretenen 267 Schritt, und da fällt das Geschoß schon. Schweigend, den alten Jagdhut in der Hand trete ich zu meinem Hirsch. Da braucht man nichts messen und nichts sagen. Er ist bei weitem mein bester. Nirgends vermag ich mit meinen langen Fingern die Stangen zu umfassen. Ungerader Achtzehnender, ein Hirsch, wie ich, der Jagdmuseologe, ihn kaum jemals im Leben gesehen habe. Das Geweih wog 13 kg, ergab 237.6 Punkte, 220 Nadler-Punkte mit Abzug von drei Punkten, für spätere Ausstellungen. Doch was sagen in diesem Augenblick Punkte und Kilogramm? Das ist mein Hirsch, der Hochkapitale, den mir nach 16 Pirschen im letzten Moment der Zufall und das Jagdglück beschert haben. Manchmal ist Diana auch dem alten, grauhaarigen Jäger hold, doch läßt sie ihn dafür Jahre, Monate und Wochen kämpfen, und als er schlußendlich glaubt, alles sei umsonst gewesen, schickt sie ihre Gehilfen vor, die Zufall und Glück heißen – ohne die kaum ein Jäger Erfolg haben kann. Denn solche Hirsche kommen nicht in jedem Revier vor. Auch gibt es triftige Gründe dafür, warum sie so alt werden konnten. Wer hätte jemals davon geträumt, daß ein solch hochkapitaler Urhirsch seinen Tageseinstand 100 Meter von einer stark befahrenen Straße hat?

Daß die Nachbarn etwas wußten, scheint mir erwiesen. Die Straße war ja die Grenze. Und jeden Morgen sahen wir den Wagen eines österreichischen Jägers an ihr parken. Doch drüben war undurchdringlicher Akazienwald. Laut Imre zog das Hochwild nur bei Nacht hinüber, die vielen Wechsel habe ich selbst gesehen.

Ich kann mich nicht an der edlen, natürlichen Form dieses Geweihes sattsehen und sattgreifen. Vom ersten Moment des Auskochens an bin ich „dabei". Es fallen mir nicht wenige Futter-Geweihe und weltbekannte Trophäen ein, die unmißverständlich die Zeichen verabreichten Kraftfutters an sich tragen. Dabei will ich weder Länder noch Namen nennen. Manche Rekordhirsche sind darunter.

Das unbeschreiblich schwere und anstrengende Waidwerken, das Fehlen jedes garantierten Erfolges, viel Mißerfolg und nicht wenige Enttäuschungen kennzeichnen die Jagd auf den naturbelassenen Ungarhirsch. Und gerade diese Art zu jagen, ist so reizvoll, macht für mich den Erfolg so unendlich wertvoll.

Wie die Tage gekommen sind, so vergehen sie auch. Ich sitze wochen- und monatelang täglich vor meinem Hirsch und liebkose ihn mit den Augen. Die Fotos des Erlegungsortes machen alles wieder lebendig. Noch haftet herrlicher Brunftgeruch an dem Geweih, sogar den rötlichen Flaum gefegter Erlen habe ich zu entfernen verboten.

Die Hirschbrunft ist ohne Zweifel der Höhepunkt des jagdlichen Jahres. Die Erlegung dieses Urhirsches der Höhepunkt in meinem jagdlichen Leben: Mein Herz ist und bleibt übervoll vor Freude und Dankbarkeit.

Umwelt und Fortschritt

Auch der Jäger und Naturfreund muß sich mit diesen Fragen ernstlich befassen. Die Vergangenheit wird in der heutigen Welt oft verteufelt. Man kritisiert, daß es Kriege gab, daß der soziale und technische Fortschritt noch nicht vorhanden war, und übersieht geflissentlich das Wesentliche und Gute in ihr. Ohne Vergangenheit gäbe es uns nicht. Ohne Vergangenheit gäbe es keine Erfahrung und kein Wissen. Ohne Vergangenheit gäbe es auch keinen Fortschritt. Kulturen, die dem Jugendkult frönen und die Alten nicht ehren, sind noch immer zusammengebrochen. Entweder verschwanden sie von der Erdoberfläche mitsamt ihren Religionen und Kulten, oder sie mündeten unwiederbringlich in der Tyrannis.

In unserer westlichen Welt diktieren der Zeitgeist und die Mode, das Geld, der Profit und die Macht. Das Neue ist gefragt, ohne es zu prüfen, das Altbewährte wird abgelehnt, nur weil es alt ist. Manche Massenmedien — leider nicht immer in Händen verantwortungsbewußter Menschen — kauen uns vor, was wir zu denken haben, was gut und böse ist. Die heute Vierzigjährigen sind schon Kinder dieses Zeitalters. Meiner Meinung nach verkümmert langsam das selbständige Denken, man wartet nur auf Impulse aus den Medien, urteilt nicht selbst, frißt das Vorgekaute in sich hinein. Und die Geschichtsfälscher haben es leicht, denn die Jugend glaubt dem Fernsehen schier alles, und ein alter Zeitzeuge nach dem anderen stirbt. So können Weltanschauungen künstlich erzeugt werden, die Schwarz-Weißmalerei feiert Orgien, auch bei uns in der Freiheit, auch bei uns in der Demokratie. Die marxistischen Diktaturen werden durch die alle Grenzen überspringende, moderne Technik aufgelockert, die freie Demokratie aber durch manche Medien — vorerst unbemerkt — zu einer Art Diktatur der Meinungsmacher. Beide treffen einander in der Mitte, und beide haben die gleiche Weltanschauung, die materialistische. Im Osten allerdings ist Materialismus nur mehr ein leeres Wort.

Dabei könnte es der heutige Mensch so schön haben. Der Fortschritt ist unbedingt notwendig. Er ist der Motor, der alles vorantreibt. Doch wo landet ein rasanter Motor(Wagen) ohne Bremsen? Im Graben, im Tod, in der Zerstörung. Daher ist eine Bremse notwendig, um das Voranpreschen zu überleben. Die Bremse ist ebenso notwendig wie der Motor, die Erfahrung, die Mahnung, das Wissen um die Gefahr sind die Bedingung, den unbekümmerten Fortschritt in richtige Bahnen zu lenken.

Vor 15 Jahren hat man das Wort „Umwelt" überhaupt nicht gekannt. Jahre vorher, am Höhepunkt des Fortschrittes, haben fanatische Forscher Dinge erfunden, ungebremst Dinge geschaffen, die heute unseren ganzen Erdball bedrohen. Darunter absolut unnotwendige Dinge, ohne die man herrlich auskommen kann. Wer hat die Erfinder der Atombombe eingebremst, wer die Fabrikanten der vielen Gifte, mit denen die Erde zerstört, Pflanzen und Tiere ermordet werden? Wer hat protestiert, als man Millionen Soldaten mit DDT für ein Leben lang krank machte, wer, als man die Spraydosen erfand, die die Ozonschichte zerstören?

Warum haben die so begabten Erfinder nicht schon vor Jahrzehnten das elektrische Auto, das mit Gas fliegende Flugzeug erfunden, wer hat sie daran gehindert, etwa die Ölmilliardäre oder die Automultis? Heute entstehen, fünf Minuten vor zwölf, überall Bewegungen, die den schrankenlosen Fortschritt einbremsen wollen. Sie sagen fast dasselbe, was die viel gelästerten Konservativen immer schon gesagt haben: Haltet ein, bewahrt das Altbewährte, bremst die besessenen Modernisten! Die Grünbewegung ist aus der Not entstanden, war und ist absolut notwendig, wird kaum aufzuhalten sein. Doch schon erkennen dies Linksintellektuelle und nisten sich in ihr ein, machen sie unglaubwürdig. Denn auch diese linken Träumer übersehen eines: In den Ländern, die ihnen als Vorbilder vorschweben (so lange sie dort nicht als Staatsbürger gelebt haben), werden diese Fortschrittsbremser mit Gummiknüppeln bekämpft, werden ihre Gesinnungsgenossen am Reden und Wirken gehindert. Unsere linken Grünen wollen den Fortschritt über eine totale Umformung der Gesellschaft, der westlichen, freiheitlichen Lebensform einbremsen. Sie wollen vor allem die Konservativen (die das Gleiche wie sie schon vor 50 Jahren ungehört gepredigt haben) vernichten. Auch sie huldigen einem (ungebremsten) vermeintlichen Fortschritt, der Revolution. Auch sie übersehen oder negieren, daß Umwälzungen und Revolutionen Bonzen, Zwang und Bürokratie bedeuten, die ärgeren Folgen wollen wir jetzt überhaupt nicht erwähnen.

Und nun zum Wichtigsten: Unser Wald ist tatsächlich in Lebensgefahr, seine Zerstörung schreitet nach plötzlichem Ausbrechen seiner Erkrankung so geschwind voran, daß schon in einigen Jahrzehnten unter ungünstigen Umständen ein Drittel aller unserer herrlichen Wälder unwiederbringlich zerstört sein kann. Die Monokultur, wie etwa das Erzeugen von riesigen, niemals gebrauchten Maismengen (die dann vielleicht ins Ausland verscherbelt werden), läßt unser Rebhuhn aussterben. Nur ein Beispiel: In der Steiermark gab es 1961 eine Abschußzahl von 9543 Rebhühnern, im Jahre 1981 war diese auf 55 Rebhühner gesunken. Und ähnlich, wenn auch nicht ganz so kraß (weil sein Verbreitungsgebiet ja auch in Gebirge und Wäldern liegt), erging es unserem Feldhasen, der durch die grauslichen Gifte langsam ausstirbt. Der Kreislauf der Natur wird unterbrochen, und wesentliche Teile von ihr werden zerstört. Und dies alles wäre nicht so notwendig, wie behauptet wird. Die Menschen werden in den Städten langsam vergiftet. Abgase, Smog zerstören die Lungen der Passanten fast ebenso wie vor Jahren der Metallstaub die Lungen der Spezialarbeiter.

Flugzeuge stoßen über den Wolken ihre schädlichen Abgase aus und sind eventuell noch schädlicher als die Kohle. Bedenken wir nur, als noch jeder Zug in der Welt mittels Kohle geheizten Lokomotiven gezogen, fast jede Dreschmaschine mittels Kohle gespeister Maschinen in Gang gebracht wurde, damals gab es keine nennenswerten Waldschäden, wie es sie heute gerade dort gibt, wo die Flugzeugrouten verlaufen. Und im Krieg gab es auch nicht wenige Motorfahrzeuge, speziell dort weit mehr als heute, wo der Autoverkehr bescheiden, die Waldschäden aber groß sind. Damit will ich nur sagen, daß man vielleicht dem Autofahrer mehr Schuld zumißt, als er in Wirklichkeit besitzt.

Nach der Katastrophe von Tschernobyl denken weder die Ost- noch die Weststaaten daran, ihre Atomwerke zuzusperren. Braucht man hier in Westeuropa wirklich um so viel Strom mehr als vor vierzig Jahren? Könnte man nicht z. B. an der nächtlichen Festbeleuchtung der Städte mehr einsparen? Wir, besonders unsere junge Generation, sind verwöhnt, kennen keinen Verzicht, auch wenn da und dort davon geredet wird. Unsere jungen und mittelalten Menschen sind „fortschrittsblind" geworden, wie sie denken, das spiegelt am besten die grauenhafte Werbung wider: eine der „Kleindiktaturen" der freien Gesellschaft, der man nicht ausweichen kann, über die es keine Volksbefragung gibt.

Die Jugend demonstriert gegen die Atomaufbereitungsanlage Wackersdorf, die dann überhaupt nicht gebaut wurde, schweigt aber über die bereits jahrelang arbeitenden, grenznahen Atomwerke des (leichtsinnig ungesichert gebauten) Tschernobyl-Typs. Eines muß den Mächtigen der Erde klar sein. Einen Krieg kann man sich heute nicht mehr „leisten", auch einen konventionellen nicht mehr. Denn dann würden die Atomkraftwerke zerstört, und auch ohne Atomsprengköpfe und Bomben würde die (Zivil)bevölkerung langsam, aber sicher ausgerottet werden.

Die aus Haß und Vernichtungswillen erfundene und gebaute Atombombe war ein Produkt der Wissenschaft und Forschung. Das Bauen von solchen Massenvernichtungswaffen ist aber ein Verbrechen, das rechtzeitig geahndet hätte werden müssen. Wenn der Jäger heute sein Revier betritt, grinsen ihn die teuflischen Fratzen zerstörerischer Gifte zu jeder Jahreszeit an. Im Herbst und Winter sind die Felder weißlich besprizt, im Frühjahr kommen Insektizide und Pestizide dazu. Die Gewässer riechen nach Apotheke bzw. Formaldehyd. Schon im Frühsommer färben sich manche Blätter herbstlich bunt, von Monat zu Monat beobachtet man mehr kranke, oft auch tote Bäume. Die abnormen Entartungen beim Wild nehmen in erschreckendem Maße zu. Im Oktober schon erfolgt zuweilen ein Wintereinbruch, wie man ihn früher nicht erleben konnte. Auch das Wetter ist verrückt geworden: es reagiert anders als früher, schneller, hastiger, rhapsodischer. Jede Wetterfront kann katastrophale Überschwemmungen, Hagel oder riesige Schneemengen mit sich bringen. Die besten Wetterpropheten, die Zugvögel, irren sich immer häufiger, Kiebitze werden von Unwettern überrascht, die Schwalben versäumen die rechtzeitige Abreise.

Das Schalenwild wird immer mehr durch die fortschrittlichen Waldbegeher gestreßt, Skiläufer und Seilbahnen nehmen ihm die ruhigen, sonnseitigen Plätze. Wir Konservativen haben uns immer gegen die unbeschränkte freie Waldbegehung aufgelehnt, umsonst. Jetzt schreien viele Zeter und Mordio, obgleich oft die gleichen linken Kräfte seinerzeit den Waldbesitzern eines auswischen wollten. Wir sehen, „Fortschritt" und Umweltschutz gehen nicht immer Hand in Hand.

Auf unseren Feldern werden frisch-fröhlich, als gäbe es keine Umweltprobleme, sogenannte Kommassierungen durchgeführt, der letzte Baum, der letzte Busch vernichtet. Regen sich darüber die Umwelt- und Naturschützer wirklich entschieden genug auf, ich glaube kaum, sonst hätte man dieses völlig sinnlose und für Wild, Frucht und Erde schädliche Tun längst gestoppt. Will man noch mehr Mais, noch mehr Kornfrüchte, um sie dann zu Dumpingpreisen im Ausland zu verkaufen, das ebenfalls zu viel produziert? Oder nur einfach mehr Profit?

Unsere Flüsse werden nicht gereinigt, sondern reguliert. Anstelle der von Auen umgebenen, in zahlreichen Windungen langsam dahinfließenden natürlichen Bäche und Flüsse entstehen gerade, unnatürliche, aulose, mit Millionenaufwand randbemauerte „Schnellfließer", und die Fische, Frösche, Wasserkerbtiere sterben aus. Die Störche stellen sich notgedrungen um und konsumieren statt Frösche und Schlangen Junghasen und Jungfasanen. Hamster und Feldmäuse gehen zugrunde, weil ihre Nahrung, das Getreide, Gifte enthält, die vielleicht der Mensch noch einige Zeit, die Kleintiere jedoch nicht aushalten. Die Folge ist, daß durchwegs nützliche Greifvögel, wie Bussarde und Turmfalken zum Beispiel, sich auf Fasanen und Rebhühner, auf Singvögel und Hausgeflügel verlegen müssen, wollen sie nicht verhungern.

Der Fortschritt und der Freizeitluxus machen aus naturbelassenen Teichen sterile Gewässer mit Bootshäfen, Zweitwohnungen, Surf- und Segelkonkurrenzen und dem grauslichen Wettfischen auf halbzahme Karpfen, die, sofern sie zur hier nicht beheimateten Amur-Rasse gehören, sämtliche Grüngewächse, Schilfe, Wassergräser, Algen und Seerosen schon längst ausgerottet haben. Der seit Jahren gewohnte grenzenlose Luxus der Nachkriegsgenerationen ist scheinbar notwendiger als die Rettung der Natur fünf Minuten, was rede ich, eine Minute vor zwölf. Was wir Alten, dem zügellos rasenden Fortschritt immer schon mißtrauisch gegenüberstehenden Konservativen, immer mahnend gesagt haben, entdecken jetzt modisch-fortschrittliche Grünbewegungen. Aber auch hier scheint manchen die Erringung sicherer Mandate wichtiger zu sein als eine sofortige, mit Schmerzen und Verzicht verbundene Rettung der Natur, Entsagung von Genüssen, Einsparung am Eigenen, Verzicht auf liebgewordenen, unnotwendigen Luxus. Worte freilich gibt es genug, doch wo bleiben die Taten? Regierungen erzeugen (der Macht einiger Berufspolitiker ausgeliefert, die sich auf ununterbrochenem Wählerfang befinden) Milliardenschulden. Sie erziehen die ursprünglich idealistische und gutartige Jugend zu leichtem Leben, Konsum und Genuß, statt in ihrem Interesse zu Verzicht, Opfer und Leidensfähigkeit. Alles wird leicht gemacht, nichts ist verboten, und die Kultur spiegelt dieses auf allen Gebieten wider. Man braucht nur hören, sehen und fühlen. Die zweitausend Jahre alten und bewährten Prinzipien des Christentums sind vergessen. Alles Alte kommt auf den Müll, weil es alt ist. Dabei sollte vieles Neue, den Menschen und die Natur Zerstörende auf die immer größeren Müllhalden kommen. Wie so oft könnten wir auch hier von den Japanern einiges lernen. Sie haben ihre Städte und Industriezonen trotz „Platzmangels" und unvorstellbaren Ballungszentren auf kleinstem Raum schon vor Jahren saniert, in Tokio ist die Luft bereits besser als bei uns in Kleinstädten. Es geht alles, wenn man opferbereit ist. Die Japaner waren es im Interesse ihres Landes, ihrer Heimat, immer. Jeder japanische Arbeiter verzichtet seit Jahren täglich auf den Lohn von einer Stunde Arbeit. Sie sind fortschrittlicher und moderner als wir, das braucht man wohl nicht zu beweisen, aber gleichzeitig opferbereit, patriotisch, heimattreu; alles Tugenden, die man uns seit Jahren auszutreiben versucht. Auch das ist so offenkundig, daß es keiner weiteren Erläuterung bedarf.

Der von unorientierten Pseudohumanisten verteufelte Waidmann war immer opferbereit. Seine Taten im Ausnahmewinter 1985/86 im Interesse des Wildes, und zum Teil auch des Waldes, sollten unvergessen bleiben. Die gleichen Leute wehklagen, wenn der Jäger ein Tier tötet, finden es aber absolut in Ordnung, wenn im Mutterleib ein werdender Mensch ermordet wird. Hier sollte — einmal abgesehen von Christentum und Ethik — der echte Humanismus anfangen, hier bei uns zu Hause, nicht bei den Revolutionären Südafrikas, Nicaraguas und anderswo. Täuschen wir uns ja nicht. Wenn wir mit der Sanierung nicht bei uns selbst, bei den Lehrern, Medien und Führungspersönlichkeiten im allgemeinen beginnen, werden alle schönen Phrasen von Rettung der Natur, der Umwelt, der Luft, des Wassers und der Erde nichts weiter als (fortschrittlich-moderne) Sprechblasen bleiben.

Die Geschichte des Lamberg-Hirsches

Am 25. September 1838 erlegte der Jagdherr von Csákberény, Rudolf Graf Lamberg, unweit der Horogvölgy, auf dem Cseresnyésbörczer Kopf, einen ungeraden Zweiundzwanzigender, seinen Lebenshirsch. Rudolf Lamberg hatte knapp fünf Jahre zuvor das Csákberényer Schloß fertiggebaut und es mit Hilfe seiner kunstsinnigen Frau Therese geb. Gräfin Hoyos-Sprinzenstein eingerichtet. Als ihm der alte Revierjäger den Bruch überreichte, ahnte er nicht, daß niemals ein stärkerer Hirsch in seinem Csákberényer Revier mehr zur Strecke kommen würde. Überhaupt ahnte man damals wenig von der Zukunft. Dem europäischen Adel saß noch der blutige Schock der Französischen Revolution in den Knochen. Im Zuge dieses von Bürgerlichen und adeligen Renegaten organisierten Hexensabbats wurden vier Jahre hindurch Tausende und Abertausende Adelige des „Ancien Regime" vor einer nicht-genug-haben-wollenden blutgierigen Menge öffentlich hingerichtet. Der österreichisch-ungarische Adel mußte sich erst von den Folgen dieser Revolution: den darauffolgenden Franzosenkriegen erholen. Die Zeit des Biedermeier ging langsam ihrem Ende entgegen. Der Landadel lebte sparsam und patriarchalisch, vertraute Gott in einer tiefen Religiosität, wie man sie heute nicht mehr kennt. Das Tagebuch von Therese (Thessy) Lamberg-Hoyos könnte ein Kapitel der Bibel sein oder als Predigt verlesen werden. Und die Menschen waren zufrieden, lebten bescheiden, aber gut, für alles hatte der Gutsherr zu sorgen, von der herrschaftlich bezahlten Hebamme, dem Arzt, der Schule, bis hin zum Altersheim, der Rente, dem Begräbnis. Als Patronatsherr erhielt er alle in seinem Bereich tätigen Pfarrer, renovierte um viel Geld die Kirchen, mit einem Wort, er hatte sein Vermögen nicht zum Ausgeben oder Verprassen, sondern zum allergrößten Teil für die Menschen, die ihm anvertraut waren. Und dieses System, das von Kaiser und Kardinal gleichermaßen streng kontrolliert wurde, funktionierte unglaublich gut, wenn auch die modernen Bequemlichkeiten des technischen Fortschrittes klarerweise noch nicht verfügbar waren. Aber auch für den Gutsherrn Rudolf Lamberg nicht! Da er an Sonntagen niemals seinen Kutscher arbeiten ließ, fuhr er einmal mit einem Schlitten bei Schneesturm völlig verirrt „im Kreise herum" und verlor durch Erfrierung alle seine Finger, bis auf die beiden Daumen. Auf den Gemälden hatte er dann immer die Hände in den Taschen, nur der Daumen ragte heraus. Sein Bruder, Graf Franz Lamberg, lebte in Preßburg und in Zámoly in einer bescheidenen Kurie. Ihm reservierte das Schicksal ein besonders schreckliches Ende. Zehn Jahre später, im Jahre 1848, brauste abermals eine Revolution über Europa. Ungarn koppelte diese soziale Revolution mit einem Freiheitskampf gegen das Haus Habsburg, denn seine Revolutionäre wollten zuerst Unabhängigkeit, dann Reformen. Der Kaiser schickte seinen General Franz Lamberg als Parlamentär zum Chef der Aufständischen, Ludwig Kossuth. Er wurde vor allem deswegen für diese heikle Mission ausgesucht, weil er begeisterter ungarischer Patriot und trotzdem kaisertreu war, zudem ein enger Freund von Ludwig Batthyány, dessen Bild in seinem Schreibzimmer hing (und das, nach 1945 gerettet, jetzt in meinem Salon hängt).

Batthyány war Ministerpräsident Ungarns und wurde als Freiheitskämpfer später hingerichtet. Auf der Schiffsbrücke in Budapest wurde der Wagen des Parlamentärs Lamberg von einigen im Hinterhalt lauernden Studenten aufgehalten, der General erdolcht, sein Kopf auf eine Stange gespießt, sein Körper durch ganz Budapest geschleift, später bei einem Amtsgebäude zum Fenster hinausgehängt. – Die bösen Geister der mörderischen Französischen Revolution waren also wieder unterwegs.

Der Sohn des Ermordeten, Franz (Feri) Lamberg, ein ausgezeichneter, wenn auch zu bescheidener und nicht bekannter Maler, hatte die Erlegung des Kapitalhirsches seines Onkels Rudolf in einem Gemälde festgehalten, das unter der Trophäe im Csákberényer Schloß im sogenannten Billardzimmer aufgehängt wurde. Später wurden alle zehn Spitzenhirsche der Zeit zwischen 1835 und 1848 mit ähnlichen Gemälden Feri Lambergs „geschmückt". Der Text der Erlegungsumstände stand darunter. Ich habe in meinen Büchern etliche dieser Hirschbilder (auch späteren Datums) aufgrund geretteter Kopien veröffentlicht und somit dem fabelhaften Maler Feri Lamberg noch eine verspätete Publizität verschafft.

Nach 1848 gab es im gesamten Vértesgebirge keine annähernd starken Hirsche mehr. Die schweren Urhirsche wurden nämlich bis auf den allerletzten von zügellosen Wildererbanden und auch von Soldaten bei den Freiheitskämpfen ausgerottet. Dann mußte man einmal eine neue Hirschpopulation „établieren", darunter waren leider auch Alpenhirsche, die die Qualität auf viele Jahrzehnte herunterdrückten. Wie ich in einem Kapitel schon schrieb, hat mein Großvater in über 45 Jahren in Csákberény keinen einzigen Hirsch mit der alten Silbermedaille (190 Nadlerpunkte) geschossen. Immer wieder haben wir unseren Gästen in Csákberény die herrlich starken Trophäen und die darunter hängenden Gemälde vorgeführt. Auch vermessen wurde der Rekordhirsch mehrere Male. Da er mit kleiner Hirnschale noch nach hundert

Bilder rechts:

Oben:
Am Hauptwechsel tut sich was . . .

Unten:
Ohne Deckung, in der Sonne, da ist Vorsicht geboten . . .

Bilder umseitig:

Oben:
„Über den Wolken . . ." Revierjäger und sein treuer Begleiter

Unten:
Blick auf die Ruine Griffen, Silvestertag, 1988

Jahren fast zehn Kilogramm hatte, errechneten wir 213 Nadlerpunkte und 228 Internationale Punkte. Dann kam der Krieg und am 11. Dezember 1944 unsere Flucht aus Csákberény. Trotz langer deutscher Besatzung fehlte an diesem Tag noch kein einziger Nagel im Schloß. Als wir es aber anläßlich eines Gegenstoßes der Ungarn (die dort stationiert waren) im Feber 1945 wiedersahen, war es im wahrsten Sinne des Wortes eine Ruine und ein Trümmerhaufen. Außer einigen Hirschgeweihen in der obersten Reihe am Gang sahen wir keines mehr, obgleich an die Tausend im Schloß untergebracht gewesen waren. Doch drei der unschätzbaren Lambergemälde konnten wir aus den Trümmern bergen.

Einige Wochen der Besetzung durch die fremden Soldaten hatten unser gemütliches Heim zu etwas Schrecklichem gemacht, etwas Unfaßbarem. Ich habe es mit eigenen Augen gesehen, wie Kultur sinnlos zerstört wurde, und zwar für immer. Zwei Gemälde waren beschädigt, jenes des Rekordhirsches aber völlig unversehrt. Wir nahmen es unter Beschuß vom nahen Wachtberg her mit, denn dort saßen ja die Russen. Und sie kamen wieder, zuletzt am 17. März 1945. Ungarn wurde besetzt, die Reste des Schlosses schließlich von den ebenfalls ausgeplünderten und ihrer Heime beraubten Bewohnern Csákberénys bis auf die kahlen Mauern „ausgeweidet". Als wir dann im Dezember 1945 heimkehrten, fanden wir im Schloß absolut nichts mehr vor, keinen Splitter Holzes, geschweige denn ein Geweih oder ein Möbelstück. Fußböden, Fensterstöcke, Türstöcke, der Sand unter den Böden, ja sogar der Mörtel auf den Wänden waren entfernt worden, vielleicht erhoffte man sich eingemauerte Schätze. Bei den braven Bauern und Angestellten fand sich aber das eine oder andere gerettete Gut wieder, das uns sofort zurückgestellt wurde, obwohl wir nur ein einziges Zimmer beim Pfarrer hatten, wo wir die ersten zurückgegebenen Dinge auftürmten. Es waren auch einige gute Hirsche dabei, jedoch nicht der starke Hirsch von Rudolf Lamberg. – Das Gemälde befand sich bereits bei meinen Eltern in Stainz, da wir es schon 1945 nach Österreich gebracht hatten.

Inzwischen hatte sich aber, ohne daß wir davon etwas ahnten, folgendes ereignet. Ein ungarischer Hauptmann namens Krasznai hatte gesehen, daß Soldaten mit den Hirschgeweihen Feuer anmachten und ließ das Geweih herunternehmen und bergen. Das war im Jänner 1945. Er nahm den Hirsch zu sich, und als er nach Westen ausweichen mußte, bis hin nach Österreich. Als er dann zurückkehrte, war das Geweih in seiner Wohnung. Nach seinem Tode bewahrte es seine Witwe, die Mutter eines Priesters, auf. Erst im Jahre 1984, nach dem Tode seiner Mutter, benachrichtigte uns dieser Pfarrer, daß das beste Geweih des Csákberéneyer Schlosses bei ihm sei und er es dem rechtmäßigen Eigentümer zurückgeben wolle. Ich eilte zu ihm und bewunderte mit Tränen in den Augen das Geweih, das wie ein Geschenk oder wie durch ein

Bild umseitig:
Vertrautes Hochwildrudel im Neuschnee. Die Fütterung ist nicht weit
Bild links:
Dieser kapitale Ungarkeiler kam dem Fotografen – am Rückwechsel . . .

Wunder nach 40 Jahren wieder aufgetaucht war. Aber mitnehmen konnte ich es natürlich nicht. Nun begann ich zu überlegen. Fest stand, daß ich das Hirschgeweih nur auf legale und offizielle Art aus Ungarn herausbringen wollte. Nun konsultierte ich alle meine Freunde und Kollegen, was zu machen wäre.

Fest stand bald, daß die Trophäe nur dann aus Ungarn herauskonnte, wenn die Trophäenbewertungskommission in Budapest (die von der Existenz dieses in Privatbesitz befindlichen Geweihes nichts wußte) dafür ihr „Placet" gab. Das heißt, daß sie nach genauer Vermessung und Begutachtung befand, es handelte sich hier um keinen „nationalen Wert" oder Eigentum einer öffentlichen Sammlung. Vor der ersten Frage hatte ich ein wenig Angst, denn immerhin handelte es sich um eine Kapitaltrophäe aus dem Vértesgebirge, aus der Biedermeierzeit, der man das Alter, den Erlegungsort und das Erlegungsdatum einwandfrei nachweisen konnte, dank der auch in meinem dritten Buch erschienenen Publikation seiner Abbildung.

Natürlich gab es im alten Ungarn eine ganze Menge Trophäen, auch älteren Datums, doch fast ausschließlich in Schlössern. Diese hinwiederum wurden zu 95% ausgeplündert und ihr Inventar zerstört. Das in Frage kommende Geweih hatte daher natürlich einen echten historischen Wert. Nun erkundigte ich mich — zuerst rein theoretisch — über den Hergang der zu unternehmenden Prozedur. Eigentum in Ungarn konnte ein Emigrant keines haben, daher auch nicht nachweisen. Es mußte daher der neue „Eigentümer" eine Schenkungsurkunde ausstellen. Dann sollte die schon erwähnte Begutachtung durch die Trophäen-Zentrale erfolgen. Sobald diese die Ausfuhr genehmigte, mußte der Übernehmer, Ausführer oder Beschenkte persönlich nach Budapest kommen, dort eine Summe in westlicher Währung einzahlen, die er aber in Landeswährung refundiert bekommen würde.

Ich wartete lange zu und fragte immer mehr Prominente, die ich kannte. Fast alle konnten mir ungefähr dasselbe sagen. Als ich nun zur Hirschbrunft in Vasvár weilte, erbot sich mein Freund, der dortige Jagdchef (pensionierter Rechtsanwalt), Dr. Rásó, die Sache abzuwickeln. Es verging wieder ein Jahr, und das war mìr auch recht. Hat man 40 Jahre lang warten können und galt das Objekt als absolut verloren, darf man jetzt keine Ungeduld zeigen, denn es handelt sich ja hierbei wirklich um ein Geschenk, wenn auch um eins des Schicksals, der Vorsehung.

Im Herbst 1986 fuhr nun mein Freund mit seiner Gattin zum Pfarrer und holte das Geweih ab. Zunächst deponierte er es bei seinem Schwager in Budapest und fuhr nach Vasvár zurück. Bei seinem nächsten Aufenthalt in Budapest brachte er nunmehr die schwere Trophäe in die (zu dieser Zeit eher unbeschäftigte) Trophäenbewertungszentrale. Nun gab es kein Zurück mehr. Der Hirsch wurde in Augenschein genommen. Je länger die sachkundigen Experten maßen, gustierten und fotografierten, desto besser gefiel ihnen der Hirsch. Zuletzt erklärte der Leiter dieser wirklich hochqualifizierten Stelle, daß der Hirsch Ungarn auf keinen Fall verlassen dürfe, da es sich um ein historisches Dokument aus einer Zeit vor 148 Jahren handle, Beweis dafür, daß im Vértes vor 1848 so starke Hirsche lebten, mit einem Wort das klassische Museumsstück.

Genau das geschah, was ich im stillen befürchtet habe, und ich kann es dem Leiter dieser

Zentrale nicht übelnehmen, daß er als Patriot um diesen Hirsch „kämpfte". Doch meine Vorarbeiten trugen gerade in jenem Augenblick, als mein Freund die Sache als verloren aufgeben wollte, ihre Früchte. Ein Telefonanruf von hoher offizieller jagdlicher Stelle änderte die Sache. Der Hirsch bekam seinen Bleistempel (Siegel) und eine Bestätigung der Ungarischen Landestrophäen-Bewertungskommission, daß er ausgeführt werden könne, außerdem auch eine Bestätigung über seinen Wert. Nun konnte mein Freund Hirsch und Bestätigung mit nach Vasvár bringen.

An dem Tag, als er mich anrief, um mir zu sagen, daß ich persönlich nach Budapest fahren müßte, weil nur die Devisenkasse der Nationalbank in Budapest meine Einzahlung entgegennehmen könne, mußte ich dem Freund den Tod unseres gemeinsames Freundes Hubertus von Rothermann mitteilen, der am 6. November 1986 gestorben ist. Wir machten eine Zusammenkunft für den 18. November aus und beschlossen, an diesem Tag gemeinsam nach Budapest zu fahren. Hubertus Rothermann wurde zu Grabe getragen, und ich konnte ihm nicht mehr vom Ausgang der Hirsch-Geschichte erzählen, an der er von allem Anfang an Anteil genommen hatte.

Dichter Nebel lag über dem Grazer Becken, als ich Dienstag, den 18., um 5.45 Uhr, bei pechdunkler Nacht von meinem Heim abfuhr. Der Nebel hielt an, und es wurde 8 Uhr, als ich in Vasvár ankam. Hier tranken wir einen Kaffee und fuhren dann gleich weiter. Der Nebel wurde immer dichter, vor allem zwischen Stuhlweißenburg und dem Velence-See, aber auch schon bei Veszprém. Erst bei Martonvásár wurde es heller, und in Budapest, wo wir um ¾ 12 Uhr ankamen, schien eine milde Herbstsonne. Prachtvoll beleuchtet lag die Burg vor uns und herrlich (noch nicht zu Ende) renoviert das an der Donau liegende Parlament.

Ich mußte an Onkel Rudolf denken, als ich über die Kettenbrücke fuhr, wo sein Bruder vor 138 Jahren so schrecklich ermordet wurde. Es ging um ein Stück, das Onkel Rudolf wohl oft bewundert und dem er den Ehrenplatz im Schloß gegeben hatte: seinem besten Hirsch. Beim „Széll Kálmán-Tér", unweit der „Ostrom-utca", ließ ich mein Auto stehen und nahm ein Taxi. Ostrom heißt Belagerung, und diese Straße, so erzählte mein Freund, wurde deswegen so benannt, weil hier die deutsche Besatzung das letzte Mal versuchte, aus der umzingelten Burg auszubrechen, irgendwann im Feber des Jahres 1945.

In der Münnich-Ferenc-utca 6 betreten wir die Bank. Wir fragen den Portier nach der uns genannten Referentin, doch er winkt ab, sie sei im Krankenstand. Wir erklären einer netten und sehr höflichen Dame unser Anliegen, sie versteht alles, sagt auch, was wir zu zahlen haben werden, bittet uns aber zu warten, bis unsere Nummer mit einem Musikton auf einer Leuchttafel erscheinen würde. Es sind durchwegs Damen hier angestellt, und alle sitzen an elektrischen Schreibmaschinen. Während der anderthalb Stunden, die ich zu warten habe (seit 5 Uhr früh habe ich nichts mehr gegessen), kann ich das Publikum gut beobachten. Es sind viele Araber, Schwarze, Ausländer. Wenn sie alle wüßten, weswegen ich hier warte, was würden sie denken? „Wegen einem alten Knochen nimmt dieser Herr soviele Strapazen und auch Gefahren auf sich und zahlt noch dafür, obgleich es ohnehin ihm gehört?" Endlich — ich bin fast eingenickt: meine Nummer. Nun geschieht alles sehr schnell. Ich zahle, bekomme den Betrag in Forint zurück, man händigt mir den Reisepaß und die blaue Ausfuhrgenehmigung aus, wünscht gute Reise, und wir können gehen. Ich besuche das reich ausgestattete Jagdgeschäft neben dem Denkmal des Palatins Erzherzog Josef am József-Nádor-tér. Beim Suchen nach einem Taxi gehe ich am „Gerbeaud" vorbei. Hier am Vörösmarty-tér habe ich mit meiner Mutter jedesmal, wenn wir in Pest auf Vater warten mußten, gesessen. Überall würdige, gut aussehende alte Herren, weit mehr an die alte Monarchie erinnernd als bei uns in Österreich. In den Kaffeehäusern sitzen sie, am Gehsteig schlendern sie, in Pelzmütze und geschnürtem ungarischem Pelz. Sie haben das gute alte, gesellschaftliche Budapest noch erlebt.

Solche Gesichter sieht man nur mehr in Budapest, vereinzelt in Wien, dann und wann in Graz und am Land. Es sind Gesichter, die das wahre Wesen Ungarns widerspiegeln: gut, wissend, abgeklärt. Was nicht zu ändern ist, kann man nicht ändern, doch den Lebensgeist, den Optimismus aufgeben, darf man auch nicht. Die Jugend ist freundlich zu den Alten, ansonsten so gekleidet wie überall: blue jeans, Turnschuhe, betont leger. Sie haben ohnehin das stramme Militär jahrelang zu absolvieren. Hier ist „Legerität" irgendwie Protest, bei uns Mode und Uniform. Mußte man in Budapest auf der Straße im Jahre 1950 eine Krawatte fast verstecken, so tritt bei uns heute der Jungabgeordnete bewußt ohne Krawatte auf, denn man muß ja mit der Zeit gehen. Hier aber, wo die Kommunisten regieren, sieht man jede Variation von Schmetterlingskrawatte bis zum Jackett-Tüchl, als befände man sich im Jahre 1910 in der Wiener Kärntnerstraße. Ein Vergleich mit dem heutigen Wien ist überhaupt kaum zulässig. Budapest ist schöner gelegen und trotz zweimaliger Zerstörung auch in der Lage, seine Gebäude dem Auge gefälliger zu präsentieren. Überall ein kleines Pärkchen, ein Denkmal. Von den schrecklichen Wohnsilos der Stalinära wollen wir allerdings nicht reden. Wie viel schöner hat es doch ein Landmensch, der um sein Haus herum einen Garten, Nebengebäude, Werkstatt und Stall sein eigen nennen darf. Wenn der „Silobewohner" früher als seine ebenfalls arbeitende Gattin nach Hause kommt, kann er absolut nichts mit seiner Freizeit anfangen und geht ins nahe Wirtshaus. Die Ehen in solchen unmenschlichen, fortschrittlichen „Wohnpueblos", Höhlen der Neuzeit, gehen zu 60% eher zugrunde als am Land. Übrigens, die Straßenbahn und die „Metro" in Budapest gehen und funktionieren schnell und pünktlich.

Bei der Heimfahrt am selben Tag ist der Nebel ein wenig gestiegen, das Fahren angenehmer. Überall russische Autos am Straßenrand und, wie immer, rauchende Rußwolken verbreitende Lastwägen. Auf der Landesstraße Nr. 8, wo schon hinter Veszprém alle paar Kilometer eine Tafel mit „Nach Graz, soundsoviel Kilometer" steht, schleppe ich mich mit den erlaubten 80 km/h dahin. Der ungarische Zöllner sagt nur: „In Ordnung", und in fünf Minuten darf ich weiterfahren. Den österreichischen Inspektor allerdings muß ich davon überzeugen, daß ich diesen Hirsch nicht um teures Geld erlegt oder als Trophäe gekauft habe. Dann bin ich auch hier durch. Noch am selben Tag hängt die stärkste Trophäe des nicht mehr existierenden Csákberényer Schlosses, der Lebenshirsch Onkel Rudolf Lambergs, als stummer Zeitzeuge dort, wo er bis 1945 gehangen ist. Über dem Gemälde seiner Erlegung.

Nur ein Stück Knochen, nur ein Gegenstand, etwas Wertloses? Ich glaube nicht.

Der Brenneke-Keiler

In einem schneelosem Winter ist die ungarische Ebene kein Anziehungspunkt für Touristen. Da fragen mich Freunde allen Ernstes, was ich an dieser Landschaft finde. Keine Berge, laublose Akazien- und Ulmenbäume, unwegsame Seitenstraßen und trostlose Dörfer. Sie vermissen das, was sie gewohnt sind. Und vergessen, daß auch das Gewohnte eintönig und langweilig sein kann. Zum Beispiel bei einer Fahrt von Graz nach Salzburg. Rechts und links immer nur dasselbe: Wiesen, Zäune, Wälder, Schläge in eintöniger Abwechslung und gleichbleibender Reihenfolge. Auch Schönheit kann langweilig sein, und alles ist relativ. In Ungarn ist es die unvergleichliche Atmosphäre einer nur scheinbar schlafenden Landschaft, die den Kenner begeistert: Remisen und Schilfmeere, dampfende Strohtristen und riesige Krähenschwärme, Nebelschwaden, das unendliche Meer der Puszta, Erdgeruch und Wildgänsenruf, Menschenleere und Hundegebell, rauhreifbedeckte Dornbüsche und der heulende Wind des Nordens.

Mit Bruder Max sind wir unterwegs nach Békés, wohin er mich zum 60. Geburtstag auf zwei Fasanentage eingeladen hat. Mit Generaldirektorswagen und Chauffeur. Ich brauche nur zu sitzen und zu schauen. Békés ist der Namen des Komitates, in dem die stärksten Böcke und die zahlreichsten Fasanen vorkommen. In diesem Komitat liegt Körösladány, die Heimat meines Onkels Hansi, ein Mustergut, das er von Großmama geerbt hat. Mein Vetter, der ebenfalls den Namen Hansi führt, ist hier zu Hause. Er hat seine Heimat nie verlassen und ist Vorstandsmitglied der Jagdgesellschaft seines Heimatdorfes. Alljährlich kommt er zur Rehbrunft nach Österreich. Unser Quartier ist in Sarkadremete, in einem der zahlreichen Jagdhäuser dieser Gegend, inmitten eines Waldes. Hier, unweit der rumänischen Grenze, in der großen ungarischen Tiefebene, war und ist das Paradies der ungarischen Niederwildjagd.

Wir sind um 10 Uhr in Graz abgefahren, wo 20 cm alter Schnee lag, fuhren über den Plattensee und Dunaföldvár, Budapest im Süden umfahrend. Zwischen der Donau und der Theiß lag überhaupt kein Schnee, hier, am Ziel, etwa 5 cm. Schon unterwegs hat das Autoradio von starken Schneefällen östlich von Wien berichtet, Schneefällen in der berüchtigten Sturmzone. Keine sehr guten Erwartungen für den Autobus mit der Jagdgesellschaft, die eigentlich schon hätte hier sein sollen. Denn es ist bereits 17 Uhr 30 und finster, als wir in Sarkadremete ankommen. Maxi, der seinen Stand mir zuliebe aufgegeben hat, fährt sofort weiter, und zwar nach Mezöhegyes, wo er mit anderen Jagdgefährten jagen wird. Ich mache es mir im noch leeren Jagdhaus gemütlich, besetze das mir am stillsten scheinende Einbettzimmer.

Ich bin für die zwei ersten Tage eingeladen. Am dritten soll Bruder Max wieder zu unserer Gruppe stoßen, wobei ich nur als Fotograf teilnehmen will. Welch verführerische Aufgabe! Einmal eine dieser Superjagden völlig locker durchzufotografieren. Nicht als Schütze, nebenbei, sondern als routinierter Fotograf, der genau weiß, auf was es ankommt. Auch habe ich dann die Möglichkeit, entspannt den berühmten Meisterschützen zuzusehen, von deren Können ein Mitwirkender nur mit halbem Auge etwas mitbekommt. Ich habe auch ein halbes Dutzend Farbfilme und entsprechende Teleobjektive mitgenommen. Letztere würde ich aber nur sehr sporadisch einsetzen, der Überblick leidet nämlich und bei zwei Leicaflex Kameras kann man ja Entsprechendes immer vergrößern.

Plötzlich ruft mich eine bekannte Stimme. Vetter Hansi ist mit seinem Kollegen aus der Körösladányer Jagdgesellschaft eingetrudelt. Entgegen des ursprünglichen Planes, der mir schriftlich bekannt gegeben wurde, soll am dritten Tag doch nicht Geszt, sondern Körösladány bejagt werden. Körösladány, unsere zweite Heimat, organisiert von Vetter Hansi, der auch mitschießen wird. Nun bin ich doch etwas traurig, gerade an diesem Tag nicht mitjagen zu können. Auch die Organisatoren der zwei ersten Jagdtage kommen an, um mit unserer Gruppenleitung das Programm zu besprechen. Aber der Autobus mit der Gruppe ist schon überfällig, und ich bin der Alleinunterhalter dieser wackeren Leute. Wie überall, dem Jagdgesetz entsprechend: der Präsident und Jägermeister der Jagdgenossenschaft. Selbst passionierte Schützen und − zum Teil auch von früher her − gelernte Organisatoren. Aber die meisten sind sowohl Praktiker als auch Theoretiker. Ich kenne fast alle. Obgleich ja diese Eliten der Jagdgesellschaften alle verdiente Säulen des Establishment sind, werden Russen- und Kommunistenwitze erzählt, daß ich aus dem Staunen nicht herauskomme. Alle drei Jagdleiter versprechen − bei normalem Wetter − Strecken von über tausend Stück pro Tag.

Wir sprechen über Gott und die Welt. Haben dazu fast zwei Stunden Zeit. Zwei Stunden des Wartens auf den in der Früh in Wien gestarteten Autobus. Zur Sprache kommt auch der im Herbst zur Strecke gekommene neue Weltrekordhirsch aus Karapancsa. Hier erfahre ich eine völlig andere und auch plausible Erklärung seiner Erbeutung. Doch darüber will ich hier nicht berichten. Ein von mir meinem Vetter Hansi mitgebrachtes Buch, mein sechstes, mit Lehrbuchcharakter, wird von allen Teilnehmern mit großer Wißbegierde begutachtet. Jeder gibt seine Meinung dazu ab, und wir sind bereits bestens befreundet, als Motorengebrumm die Ankunft des Autobusses ankündigt. Gerädert und müde entsteigen nacheinander die Gesellen dem Bus. Es sind auch drei Vettern ersten Grades von mir darunter. Sie berichten von starken Schneeverwehungen bei Nickelsdorf und längerem Warten hinter steckengebliebenen Fahrzeugen. Alles ist erleichtert, daß es hier besser ist. Insgeheim hofft man, daß dieses angekündigte Westwetter den Osten Ungarns nicht erreichen wird. Aber sowohl die Bandscheiben als auch das Barometer und der Wetterbericht sprechen eine andere Sprache. Es ist der 9. Jänner 1987, der Beginn eines denkwürdigen Winters, nach einem langanhaltenden, wunderschönen Herbst.

Üppiges Essen, zu spät serviert, ehrt zwar die Veranstalter, ist jedoch der Todfeind sensibler Schützen, die ohnehin schlecht schlafen, wenn eine Jagd bevorsteht. Dann die kleinen Betten, die überhitzten Räume, für viele − (nicht für mich) − der Schlaf zu zweit in einem Zimmer. Das sind kleine Organisationsfehler, die sich summieren und schließlich auswirken. In meinem Zimmer höre ich jeden Ton aus dem Eßzimmer, wo unentwegte Kameraden noch lange aufbleiben, dabei befindet sich dieses ein Stockwerk tiefer. Schon um 7 Uhr ist Frühstück. Gutes ungarisches Weißbrot, Schinken und Würste und Spiegeleier mit Speck. Der Tee ist gut, der Kaffee zu wenig. Im Autobus muß man um einen Platz kämpfen, denn eine lange Reise schuf „unabrückbare" Stammplätze. Ein bequemer Autobus übrigens, mit Tischchen und einem ungeheurem Gepäcksraum sowie einem dicken und ausgezeichneten Fahrer. Das Wetter ist still, trüb und irgendwie abwartend. Eigentlich ideal, würde es nur anhalten.

In der Ortschaft Bélmegyer gesellen sich die russischen Geländewägen GAZ zu uns, und weiter geht es. Inzwischen hat jeder seine Standkarte bekommen. Es gibt neun Stände (ebensoviele Schützen), die Stände „rotieren". Ich erhalte Nr. 4. Diese Nummer habe ich im ersten Trieb. Dann 6, 8 und so weiter. Ein Sprung auf die ungeraden Standnummern ermöglicht es, im Laufe eines Jagdtages neben fast allen Schützen zum Stehen zu kommen. Große, zusammenhängende Waldkomplexe und schmale Feldremisen lösen einander ab. Im ersten Trieb stehe ich fast am Eck. Mein Lader, ein alter Bekannter, der seinen Sohn als Hilfe mitgenommen hat, erzählt mir, daß in diesem Trieb schon Sauen gewesen sind. Ich sende daher den Jungen zu einem meiner Vetter, der mir zwei Brenneke gibt. Die Flintenlaufgeschosse hatte ich zwar vorbereitet, aber leider zu Hause gelassen. Ich stecke die zwei Plastik-Patronen in die linke Gesäßtasche, denke angestrengt daran, daß sie dort und nicht woanders sind. Denn vor Jahren hatte ich bei Dr. Muhry im Kaiserwald bei Graz ein Erlebnis, das sich nicht wiederholen soll. Es kam mir auf 30 Schritt ein grober Keiler im Fasanentrieb, und ich hatte keine Brenneke dabei. Ich mußte dem groben Bassen wehmütig nachsehen. Mein Nachbar, ein älterer Professor, schoß jedoch ungeniert mit Schrot zweimal auf ihn: ein nicht nur unverständliches, sondern auch unwaidmännisches Verhalten.

Im ersten Trieb schossen wir nur auf Hähne. Ich hatte meine zwei Springer in der Hoffnung auf turmhohe Vögel mit, doch hätten auch die englischen Flinten gereicht. Und es wäre wesentlich leichter gewesen, besonders was die schnellen Schnappschüsse anbelangt. Bei solchen Jagden, wo der Schütze mit voller Konzentration „Schwerarbeit" leistet und man (wie ich an diesem Tag), je nach Qualität des Standes (ganz ungünstige Stände ausgeklammert), zwischen 25 und 60 Fasanen pro Trieb schießt, bleiben einem nur wenige spektakuläre Schüsse, unverzeihliche Fehlschüsse und Ungeschicklichkeiten in Erinnerung. Normalerweise ist das Schießen auf einer „Tausender-Jagd" professionelle, solide Schießarbeit, wo normalerweise ohnehin alles klappt. Mein Lader zählt, sein Sohn zählt, ich zähle die Hülsen. Die meisten meiner Kameraden schießen überleichte Patronen, ich bleibe bei meiner gewohnten „Super-Speed" und habe trotzdem weder Kopfweh noch aufgeschossene Finger. Ein Sohn meines Vetters U. filmt nacheinander die Schützen, und die Kassette wird am Abend vorgeführt. Doch zurück zu dieser herrlichen Fasanenjagd. Etwa 70 bis 80 Treiber machen ihr Handwerk hervorragend. Die Stände sind recht weit voneinander entfernt, die sicherste Garantie, daß gut geschossen wird. Ich komme erst nach dem Essen „ins Volle". Im ersten Trieb nach dem Essen — es hat inzwischen leicht zu schneien begonnen — wird plötzlich „Disznó, disznó!" (Sauen!) gebrüllt. Sofort habe ich meine Flinte umgeladen. Bei mir am Stand stehen der Komitatsvertreter der MAVAD sowie der Präsident der Jagdgesellschaft und der filmende Jüngling. Mein rechter Nachbar ist Vetter U., gut sichtbar, mein linker, etwas weiter hinten, Ch. B. Der Stand ist für Fasanen nicht günstig, denn die Dickungen sind woanders.

Doch als wieder „Disznó" geschrien wird, kommt mir der lockere Eichenwald zugute. Ich habe Ausschuß! Etwas überriegelt trollt die starke Sau zu meinem Vetter U. Ich sehe, wie er und sein Lader mit komischen Verrenkungen Kugelpatronen suchen, aber offenbar vergeblich. Die starke Sau verhofft auf 25 Schritt vor ihm und windet. Dann aber kommt meine Stunde. Sie wendet um 180 Grad, und auf 40 Schritt passiert sie meinen Stand, gut sichtbar und nicht allzu schnell. Ein starker Keiler. Schnell hebe ich die Flinte und komme zweimal gut ab. Kaum ein Zeichen, nur ein Zucken, dann verschwindet er linker Hand hinter einer Böschung. Ruhig schieße ich die noch kommenden Fasanen, dessen nur wenig bewußt, daß ich gefilmt werde. Dann gehen wir zum Anschuß. Die ersten 30 Schritt kein Schweiß, dann rechts und links, wie von Kannen geschüttet. Unmittelbar vor dem Stand meines zweiten Nachbarn B. liegt er dann, mein Keiler. Er hat einen Ein- und Ausschuß am Blatt, die zweite Kugel wird erst beim Zerwirken gefunden, sie ist kaum deformiert und steckt in den Rippen. Meine freundschaftlichen Gespräche mit den Jagdfunktionären bewirken obendrein, daß dieser Keiler mit seinen 105 kg (aufgebrochen) keinen Groschen kostet. Ein so mächtiger Kasten würde etwa in Bayern mit Sicherheit Waffen von wenigstens 19 bis 20 cm haben. Dieser aber hat Waffen von nur 15,6 cm Länge. Es ist ein dunkler Typ, fast schwarz, im verschneiten Winterwald ein herrlicher Anblick.

Der nächste Trieb ist für mich der Haupttrieb. Rechts und links zwei Freunde, die als wahre Routiniers bezeichnet werden können. Und es kommen ununterbrochen Fasanen, längere Zeit hindurch, auf uns alle drei. Es ist der beste Trieb des Tages, denn auch die rechte Seite hat hohe Strecken. Etwa nach dem vierzigsten Fasan kann ich meine Hände nicht mehr richtig heben, und wenn ich die Flinte doch hochbringe, dann nicht dorthin, wohin sie soll. Ich fehle nach einer grandiosen Serie vier hintereinander. Doch diesen Zustand kenne ich nur zu gut. Konditionsmangel, keine Kraftreserven, ein wenig auch das Alter. In einer solchen Situation sagte Leibjäger Emil immer zu Großvater: „Auf den Kopf, Exzellenz!" Ich aber übergebe die Flinte meinem Lader, setze zwei Minuten aus, schüttle meine Arme, mache Lockerungsübungen, während der Himmel über mir voller unbeschossener Vögel bleibt. Dann geht es weiter, bis der Trieb zu Ende ist. In den zwei Jagdtagen mein bester Trieb, mit 73 Fasanen auf einem Stand. Mein linker Nachbar fragt mich aber trotzdem, warum ich eine Zeitlang nicht geschossen habe. Er ist trainiert und zehn Jahre jünger, auch hatte er keinen so andauernden Anflug wie ich. Nun erst kann ich Vaters Megyerer Standrekord von 118 Hahnen in kürzester Zeit richtig würdigen. Er schoß zwar 20er Flinten von Springer, aber er war kein ehemaliger Schießprofi, wie ich, zumindest im Vergleich gesehen, nach 30 Jahren Wurftauben-

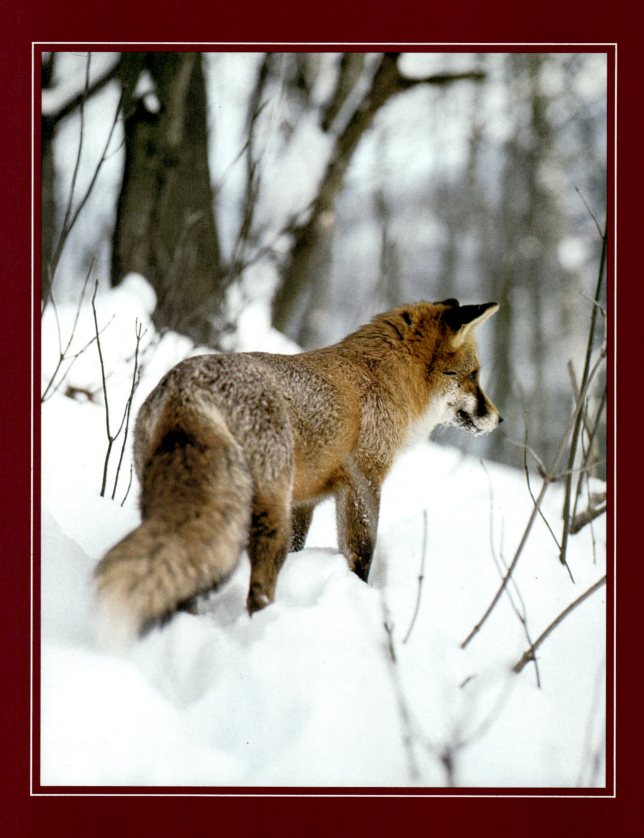

schießen es ja war. Aber es ist schon ein kleiner Unterschied dabei. Bei den Wurftauben macht man 30 bis 35 Schuß, dann ist Pause, insgesamt etwa 150 Schuß nach Voranschlag und Abruf während eines Tages. Ich aber habe hier genau 114 Schuß gemacht, mit verschiedenen Anschlägen, Winkeln und Entfernungen, von Geschwindigkeiten und dem unangenehmen Schneesturm gar nicht zu reden. 114 Schuß in etwa 25 Minuten. Für einen Tótmegyerer Schützen der alten Zeit etwas völlig Normales. Hier aber war das Schießen besonders schwierig und auch kräfteraubend, da man die Fasanen relativ spät zu sehen bekam und allesamt abdrifteten. Ihr Aufflattern konnte man nicht hören, da sie weit hinten aufstanden, das Schwingenpurren hat man deswegen kaum hören können, weil die ganze Schützenlinie Sperrfeuer schoß. Wieder gelobe ich mir, das nächste Mal die englischen Flinten mitzunehmen.

Und im Inneren bestätigen sich meine Grundeinstellung und Überzeugung, daß wir nicht nur nicht besser schießen als die „Alten", sondern daß diese uns in fast jeder Hinsicht überlegen waren. Selbstredend ist es leichter, jahrzehntelang mit gewohntem Lader und Leibjäger zu schießen. Natürlich ist es etwas anderes, 5000 Fasanen im Jahr zu erlegen anstelle von 500, oder zwanzig erstklassige Jagden zu besuchen anstelle von dreien im Jahr.

Als wir uns bei starkem, böigem Schneefall endlich beim Jagdhaus einfinden, spüre ich eine Art wohliger Müdigkeit. Ich habe 288 Fasanen und einen Keiler geschossen. Die Tagesstrecke beträgt 1352 Stück. Das Nachtmahl mundet uns köstlich, und wir fallen förmlich in die Betten. Das ungarische Radio spricht von Schneestürmen im Westen und sagt für ganz Ungarn 30 bis 40 cm Schneefall voraus. Alle halben Stunden sehen wir beim Fenster hinaus, und es schneit und schneit. Im Jagdhaus ist es diesmal ruhiger.

Als ich in der Früh beim Fenster hinausschaue, schneit es zwar, aber der Schneezuwachs ist geringer als erwartet. Angeblich hat es zwischen 10 Uhr abends und 6 Uhr früh nicht geschneit. Diesmal müssen wir bereits um 5 Uhr 45 aus den Federn. Die Fahrt nach Kevermes, ganz an der rumänischen Grenze, soll bei normalen Umständen eine Stunde dauern. Ich mag solche Gewaltmaßnahmen nicht. Lieber auf einen Trieb verzichten, dafür für den anderen ausgeruht sein und besser schießen! Aber die Jagdleitung hat uns für 8 Uhr bestellt. Wir kommen fünf Minuten nach 8 Uhr beim Jagdhaus Lökösháza an, aber kein Mensch ist noch da. Das benützen einige dazu, zu gewohnter Stunde das Clo aufzusuchen. Das Haus ist eine typische, kleine ungarische Kurie, jetzt als Bürogebäude im Gebrauch.

Bild umseitig:
„Kandierte Früchte", Leckerbissen für die Wacholderdrossel

Bild links:
Reinecke auf Beutezug im sonnigen Winterwald

Endlich kommen die Jäger. Sie sind mit den Geländewägen steckengeblieben. Ein nasser, feiner Schnee rieselt herunter. Die meisten von uns haben ihre Regenkleidung angelegt. Es ist wärmer geworden, alles wird sofort patschnaß. Bald sind wir beim ersten Trieb angelangt, wo mir, der ich das erste Mal hier bin, sofort klar wird, daß es sich um ein typisches Feldrevier handelt und die Deckungen durchwegs lockere Weiden- und Pappelremisen, vor allem aber große Schilfareale sind. Der schon 25 cm hohe Schnee nimmt dem Schilf seinen Deckungscharakter. Ich bekomme einen jungen, dunkelhäutigen Lader, mit herunterhängendem Mongolenbart und häßlichem, kleinen Jagdhütchen. Als Aufklauber wird uns Ferike, der Sohn des Jagdchefs, zugeteilt, ein nettes, frühreifes, dickes Bübchen mit mutierender Stimme. Ungut ist, daß die Flinten sofort naß werden und durch sie auch die Futterale. Die Fasanen stehen ungern auf; wenn sie ein-, zweimal aufgestanden sind, unterlassen sie es später hartnäckig. Daher sind die Triebe nicht so ergiebig wie sonst, daher streichen die Fasanen nicht so hoch wie in anderen Jahren. Es gibt schöne Maisstroh-Deckungen vor den Ständen, die aber nichts nützen, eher schaden, denn einesteils ist die Aufklauberlinie 20 Meter hinter uns weithin sichtbar, andererseits fällt vom Schirm immer wieder ein Patzen nasser Schnee auf und in die Läufe, man muß aufpasssen.

Fast in jedem Trieb ist es trotz des unfreundlichen Wetters ein Fuchs. Ich könnte insgesamt drei Füchse schießen, traue mich aber wegen der Aufklauber-Wehr nicht, was aber andere weniger stört. Diese Aufklauber sind notwendig, denn jeder fallende Fasan verschwindet im verschneiten Schilf, und Hunde, ja Hunde haben die hier nur einen einzigen. Mein bester Trieb vor dem Essen ergibt 45 Stück. Ich schieße ganz passabel, aber unter allen Schützen ist heute Ulli Goess der Allerbeste, was mich nicht wundert, denn er rangiert meiner Meinung nach unter den elegantesten, routiniertesten und besten Schützen unseres Kontinents. Unser gemeinsamer Großvater würde sich über seine vier Enkel heute sicher freuen. Es wurden 130 Treiber aufgeboten, die sich so aufteilen, daß immer die Hälfte treibt, während die andere Hälfte schon beim nächsten Trieb Aufstellung nimmt. Wir verlieren daher trotz des unangenehmen Wetters wenig Zeit. In zwei Trieben habe ich überhaupt nichts geschossen. Eine reine Windfrage.

Mittags fängt der Schnee an, sich in Regen zu verwandeln und hört dann plötzlich ganz auf. Dafür peinigt uns ab 3 Uhr nachmittags ein unbeschreiblich kalter Nordwind, der von den fernen Karpaten her weht und unsere nassen Kleider vereist. Ein Temperaturfall in kürzester Zeit von 12 Graden! Mittags habe ich die schwere Barbour-Jacke gegen meine gewohnte Schießjacke ausgetauscht. Leider können wir während der Essenspause die nassen Kleider kaum trocknen lassen, weil der Ofen, ein Kachelmonstrum, ausgefallen ist.

Das Essen ist ein Festbankett, wir haben aber wenig Appetit, irgendwer wird sich über die „Reste" freuen. Meine Stände am Nachmittag sind weniger ergiebig. Die Fasanen, anscheinend zuerst naß, dann „vereist", wollen nur bedingt aufstehen. Trotzdem jagen wir, bis die — hier im Osten frühe — Dämmerung einsetzt. Die Strecke ergibt 912 Fasanen und drei Füchse, weniger als erwartet.

Nun fängt es wieder zu schneien an, und die kleinen, eisigen Flocken stechen ins Gesicht.

Wir sind heilfroh, im Jagdhaus Sarkadremete anzulangen. Nun ist Bruder Max ebenfalls eingetroffen. Sie haben am ersten Tag 835, am zweiten Tag aber nur 340 Stück erbeutet. Wir lassen uns die Filmkassette vorführen. Leider hat unser guter Kameramann gerade eine Hemmung gehabt, als ich den Keiler schoß. Dann erscheint Vetter Hansi aus Körösladány und verkündet, daß die morgige Jagd wegen zu hohem Schnee abgesagt wurde. Es wäre unverantwortlich, die Fasanen aus dem Fütterungsbereich in alle Winde zu verjagen, denn es würden dabei viele umkommen. Max und ich beschließen daher, schon am morgigen Tag nach Budapest zu fahren, dort zu übernachten und dann weiterzusehen. Aus dem Westen erreichen uns nämlich Hiobsnachrichten über katastrophale Schneeverwehungen in Transdanubien. Maxi macht sich Sorgen, denn seine Jagdgruppe ist unmittelbar nach der Jagd Richtung Österreich gestartet. Nach dem Essen bringen die Jäger von Bélmegyer meine Keilerwaffen und eine geborgene Brenneke-Kugel.

Der Start ist für 9 Uhr angesetzt, der Autobus soll schon um 8 Uhr starten. Wie weit werden wir wohl kommen? Nirgends ein Schneepflug zu sehen, von Schaufelkommandos ganz abgesehen, aber hier im Osten soll es ja nicht so arg sein, es liegen etwa 40 cm Schnee. Nach Aufenthalt in Békéscsaba, im Büro der MAVAD, fahren wir einmal bis Kecskemét, essen dort in einer csárda neben der Straße und fahren dann weiter. Bei Schneesturm und 26 Minusgraden erreichen wir schließlich Budapest etwa um 17 Uhr und quartieren uns im Hotel „Atrium-Hyatt" an der Donau, am Roosevelt-Platz 2, ein. Ein hypermodernes, aber eigenartiges Hotel. Zimmer nur nach auswärts gerichtet, der Innenhof überdacht, voller Pflanzen wie ein gigantisches Glashaus, und in diesem Innenhof, in den die Zimmertüren der etwa zehn Stockwerke auf jeweils einen Innengang münden, spielt sich so ziemlich alles ab. Man kann zur Rezeption, in den offenen Lift, zu den Restaurants, einfach überall hin sehen, hört dafür aber auch die ganze Nacht die Musik. Mein Zimmer ist luxuriös und praktisch zugleich. Aussicht direkt auf die königliche Burg, die gegenüber, ober der Donau, am Burgberg liegt. Herrlich restauriert, malerisch, kraftstrotzend und geschichtsträchtig. Die Donau ist zwar nicht ganz zugefroren, trägt aber riesige, dicke, schmutzig-braune Eisplatten. Zu unserer Überraschung sind die Insassen des Autobusses ebenfalls hier gelandet, nachdem sie die Weiterreise vorerst verschoben hatten. Maxis Jagdgefährten sind, wie wir später durch Telefon erfahren, bis Mosonmagyaróvár gekommen, mußten dort infolge der Verwehungen und der Hunderten steckengebliebenen PKW umdrehen und haben im Hotel „Rába" in Györ Unterkunft genommen. In dieser Gruppe waren zahlreiche Damen.

Spät am Abend hören wir noch den österreichischen Wetterbericht aus dem Hotelzimmer-Radio. In Wien 80 cm Schnee, Bruck/Leitha, Parndorf, Zurndorf unpassierbar, ein schreckliches Chaos auf den Straßen, der Schneesturm tobt weiter. Die ungarischen Nachrichten sind nicht viel besser. Mór, Csákvár von der Umwelt abgeschnitten, sämtliche Nebenstraßen unpassierbar, die Sowjetarmee leistet Hilfe. Ich habe zwischen Kecskemét und Budapest nur einen einzigen Schneepflug gesehen und keinen einzigen Menschen, der geschaufelt hätte, ebenso im großen Budapest. Man würde denken, daß die Oststaaten einesteils Arbeitsdienste haben, andererseits auf solche Winter, hier keine Seltenheit, vorbereitet sind, oder zumindest die sowjetischen Schneefräs-Maschinen angeschafft haben. Aber nichts von alledem.

Nach einem gemeinsamen Abendessen verbringt jeder die Nacht, wie es ihm gefällt. Ich lesend und dann gut schlafend im Bett, andere gehen ins „Moulin Rouge", wieder andere suchen ein gutes Zigeunerlokal auf. Budapests Straßen sind menschenleer. Nur da und dort ein Passant, meistens mit Hund, das neue Symbol des Wohlstandes. Aber Schneeschaufeln, Arbeitsdienst, freiwillige Brigaden, Heereseinsatz, Magistratsbedienstete? Nein das nicht. Für mich ein größeres Zeichen des absterbenden Kommunismus als vieles andere. Bei uns aber in Graz? Voriges Jahr fiel zwischen dem 10. und 13. Februar ein Meter Schnee. Hochschüler wollten sich zum Schneeschaufeln melden. Man sagte ihnen aber, dies ginge nicht, das wäre Sache der Arbeiter. Und was geschah? Der Verkehr brach zusammen, 48 Stunden lang fuhr keine Straßenbahn, kein Taxi war zu kriegen, ich mußte sechs Kilometer zu Fuß zur Arbeit gehen.

Als der Morgen graut, zeigt mein Balkon-Thermometer wie gestern 27 Minusgrade. Dafür ist der Wind schwächer geworden, und es schneit zumindest hier nicht mehr. Der Autoverkehr in Budapest erinnert ein wenig an Kambodscha. Nicht ein einziges ungarisches Zivilauto ist zu sehen, aber auch kein Schneepflug und kein Schaufler. Um 9 Uhr starten wir mit unserem in der Hotelgarage aufgewärmten Wagen in Richtung Heimat. Nach der Abzweigung Richtung Plattensee, Stuhlweißenburg fällt uns auf, daß nur die eine, die rechte Seite der Autobahn, notdürftig geräumt ist. In der Höhe von Érd aber passiert es. Maxis Fahrer versucht, eine Schneeverwehung — wie bisher mit Erfolg — im Schwung zu durchfahren. Eine Zeit lang geht es, dann wird der Wagen langsamer, knirscht, zittert und stöhnt auf. Wir sitzen fest und rühren uns nicht mehr. Wir waren leichtsinnig. Die leeren Straßenzüge hätten uns warnen sollen. Die Nachrichten sprachen nur von der Strecke „nach Wien", die man über Nacht geräumt hätte, nicht aber von der Strecke „nach Österreich". Und wir wollten ja Richtung Graz, Richtung Sankt Gotthard fahren. Schieben nützt nichts, die Ketten kommen zu spät, der Wagen sitzt völlig auf. Ich versuche vorne, Max nach hinten Hilfe zu suchen. Nach zwei Kilometern kehrt jeder von uns reumütig zum inzwischen ausgekühlten Wagen zurück. Zwei Stunden probieren wir, mit Schaufeln und Schieben eine Änderung der Situation herbeizuführen, aber es ist zwecklos. Die nächste Ortschaft — völlig eingeschneit übrigens — befindet sich sieben Kilometer entfernt. Doch Hilfe naht: ein riesiger Truck (Kamion mit Anhänger) nähert sich von Osten her. Mit Leichtigkeit durchpflügt er die Schneewächte, denn er ist hoch (unser Audi aber niedrig) gebaut. Dann steigen zwei junge Männer aus.

Ich spreche sie zuerst ungarisch, dann deutsch an, sie antworten nicht, lächeln und sprechen dann miteinander. Kehlige Laute, wohlbekannt aus dem Jahre '45 — die beiden Chauffeure sind Russen! Ein Seil wird hervorgeholt, unser Wagen erzittert, und nach längerem Ziehen nach hinten sind wir „frei". Nachdem wir hier durchgekommen sind, müßten wir auch weiterhin durchkommen. „Spassibo", das russische Wort für „Dankeschön", fällt mir ein. Es ist das erste Mal, daß ich es ehrlich gebrauche. Während wir die Ketten entfernen, braust der Kamion nach Westen weiter. Doch wir sehen noch, daß er auf etwa drei Kilometer selber steckenbleibt.

Sind es Schneewächten oder steckengebliebene PKW, ich weiß es nicht. Wir fahren in Richtung Budapest zurück, aber auf der linken Seite der Autobahn – als „Geisterfahrer" sozusagen. Nun kommen uns einige Wägen entgegen. Ein russischer GAZ−Geländewagen, mit Militär besetzt, zwei ungarische Trabants, ein deutscher Opel. Wir winken, sie winken, jeder aber meint etwas anderes.

Endlich sind wir bei der Abzweigung nach Wien, aber diese ist von der linken Autobahnseite nur durch riskante Umwege zu erreichen. Endlich gelingt es, und wir fahren nun Richtung Hegyeshalom, der nördlichsten Grenzübergangsstelle, weiter. Eigentlich wollten wir die südlichste, Rábafüzes, erreichen.

Tatabánya, Györ erreichen wir völlig problemlos. Und dann machen wir einen weiteren Fehler, der uns lange Stunden des Wartens bescheren wird. Wir kaprizieren uns auf die größte und ausgebauteste Grenzstelle, eben Hegyeshalom-Nickelsdorf. Denn wir wissen, daß hier 12 Abfertigungsstreifen und eine moderne Abfertigungshalle auf uns warten. Doch wußten wir nicht, daß eben dieser Teil Europas den schwersten Schneesturm des Jahrhunderts erlebt hat. Wir hätten nach Sopron-Klingenbach fahren sollen, wie es unser Autobus tat, der zügig und mit Leichtigkeit durchkam. Wir aber fürchteten Klingenbach wegen des berüchtigten Verkehrs und wählten Nickelsdorf.

Ab der Ortschaft Mosonmagyaróvár gibt es zur Grenze hin nur eine einzige Kolonne. Und das, obgleich wir bisher kaum Verkehr gehabt haben. Hier aber liegen rechts und links eingeschneite PKW in zum Teil drei Meter hohen und langen Schneewächten. In manchen sind, noch während wir die Stelle im Schrittempo passieren, frierende Menschen. Und ich kann den Ungarn den Vorwurf nicht ersparen, seit Aufhören des Sturmes wenig, sehr wenig getan zu haben. Erstens wurde nur eine „Fahrbahnseite" geräumt. In Hegyeshalom sind Hunderte Reisende eingelangt, deren Autos zwischen der Grenze und Györ steckenblieben, darunter war auch der österreichische Botschafter. Zweitens bekamen diese im gut geheizten, von Österreichern gebauten ungarischen Abfertigungsareal Lebensmittel und Tee nur dann, wenn sie bezahlen konnten! Aber gerade die Ungarn haben es untersagt, Forints zur Grenze bzw. über die Grenze zu bringen, kaum jemand hatte welche dabei.

Von den 12 Abfertigungsstreifen ist nur ein einziger ausgeschaufelt, trotz des zahllos herumflanierenden Militärs. Und die Abfertigung geht auch nicht eine Sekunde schneller als bei normalem Wetter. Und unterwegs? Zwischen Budapest und Hegyeshalom habe ich nur drei kleine Schneepflüge und wieder keinen einzigen einheimischen Schaufler gesehen. Dafür drei, vier Panzer, die neben der Straße parallel einherfuhren. Das Radio sagt, daß neue Schneefälle zu erwarten sind. Kaum sind wir in Nickelsdorf, sehen wir allein in dieser Ortschaft sieben Schneepflüge arbeiten. Bis Eisenstadt sind es neununddreißig.

Spätabends erreichen wir Graz. Das Thermometer zeigt -17°, relativ „lau". Wenn man im Jänner mit dem Auto nach Ostungarn unterwegs ist, muß man auf alles gefaßt sein. Schneestürme sind keine Seltenheit. Auch wir wußten, was uns erwarten konnte. Und doch hatten wir viel mehr Glück, als jene, deren Jagden nach dem 12. Jänner geplant waren. Sie alle mußten abgesagt werden. Wir aber haben zwei herrliche, unvergeßliche Jagdtage erleben und genießen können und sind gesund heimgekehrt. Gott sei dafür aus tiefstem Herzen gedankt.

Gedanken in Fünfkirchen

Seit einigen Tagen bin ich zur Jagd in Südwestungarn, unweit von jener Stadt, in der ich jahrelang „interniert" war. Es handelt sich um die prachtvolle, alte Hauptstadt des Komitates Baranya, Fünfkirchen, heute Pécs genannt. Zwischen September 1939 und Juni 1946 war ich mit kriegsbedingten Unterbrechungen im Pius-Internat (einem heiligen und noblen Vorläufer der Internierungslager), wo ich — bereits mittellos geworden — die Matura ablegte. Kurz entschlossen unternehme ich einen Abstecher in die Vergangenheit. Das letzte Mal fuhr ich vor genau 40 Jahren von hier aus mit dem Zug nach Norden, mein Maturazeugnis in der Tasche, und der Fahrschein kostete einige Billionen Pengö.

Da liegt sie nun, die schöne alte Stadt, die vom Zweiten Weltkrieg völlig unberührt blieb, wo kein einziger Schuß fiel, am Rande des Mecsekgebirges. Dunkle Rauchwolken steigen von den zahlreichen Fabriksschloten in den Himmel, doch der Wald präsentiert sich in herrlichen Farben. Für eine solch bunte Verfärbung ist es aber eigentlich ein wenig zu früh. Und über den Siklósi-út gelange ich, früher als erwartet, zum „Pius", dem Kolleg, wo ich als Internist in den letzten Jahren unserer Freiheit, unfrei und unter mir fremder Menschen, leben mußte. Unser herrliches Zuhause, das Csákberényer Schloß, stand inmitten gepflegter Blumenbeete, erst kürzlich hatte ich ein eigenes Zimmer bekommen, wo ich meine wenigen Schätze aufbewahrte. Dort war meine Heimat, hier war die erzwungene Fremde. Das große Unglück in meinem Leben war, daß ich gerade die allerletzten schönen Jahre in der unzerstörten und herrlichen Heimat wegen dieses — mir völlig überflüssig scheinenden — strengen und weltfremden Internates versäumen mußte. Vor mir steht unverändert die im neo-romanischen Stil erbaute Kirche mit ihren zwei Türmen. Von außen unverändert, so als wäre nichts geschehen, als wären die vertriebenen Jesuiten immer noch hier. Auch wenn es in der Kirche kaum Veränderungen gibt — der von mir ungeliebte Volksaltar darf natürlich nicht fehlen —, kommen mir jetzt doch fast die Tränen. Denn einen sehr wesentlichen Teil meiner Jugend habe ich hier verlebt. Tagtäglich waren wir hier zur Morgenmesse. Noch bei dunkler Nacht wankten wir schlaftrunken in Zweierreihen in diese wunderschöne Kirche, wo uns die Andacht damit vertrieben wurde, daß man uns zwang, sehr laut und sehr deutlich mitzusingen. Manchesmal mußte ich auch ministrieren, was ich, um ehrlich zu sein, nicht gerne tat, weil man in Paradeuniform gekleidet sein mußte und zum nachherigen Umziehen die genügende Zeit fehlte. Wie gerne würde ich heute hier ministrieren, doch ich könnte es nicht mehr, weil man alles verändert hat. Wozu kann ich lateinisch, wenn man jetzt die Messe auch im Dialekt lesen darf. Mir gefallen solche Neuerungen überhaupt nicht, ich leide darunter, Änderungen sind mir ein Greuel. Was früher gut war, die selbe Sprache in der ganzen Welt für die heilige Messe, müßte doch noch immer einen Sinn haben?

Wahrscheinlich bin ich zu traditionsgebunden, zu ichbezogen? Ich klammere mich halt an die Erinnerung, an die schöne und verklärte Vergangenheit, denn sie gibt mir Halt. Hier im

Pius war ich nicht glücklich, wenn auch ein Vorzugsschüler. Auf einem meiner Monatszeugnisse aus dem Internat in Pécs hat der Präfekt folgendes geschrieben: „Er fügt sich nicht in das gemeinsame Leben, zur Zeit der Recreation beschäftigt er sich allein." Dies sollte ein Vorwurf und ein Hinweis für meine Eltern sein, mich endlich zu ändern, ein Massenmensch zu werden. Ich war damals 13 Jahre alt. Mein seliger Vater lachte oft und nannte mich: „Saecula-saeculorum". Ich war vom Start weg konservativ und haßte jede unnotwendige Erneuerung. Beschäftigen, allerdings, konnte ich mich schon dann allein, als man glaubte, den Halbwüchsigen zur Persönlichkeit nach Schema X zu formen, wobei snobistisch-neidige Kameraden und zu unfertigen, extremen Modernismen zuneigende Erzieher bei mir auf Granit stießen. Ich weiß, wovon ich spreche. Niemand ist so direkt und offen wie der gleichaltrige Halbwüchsige. In „Elite-Schulen" waren das oft Kinder von Arrivierten, von Gentrys und Großbürgerlichen, die dort Klassenbewußtsein ausstrahlten, wo es völlig unnotwendig war, bei unbeschwerten Landkindern. Jene „Gernegrafen", wie ich sie immer im stillen genannt habe, führten einige unsichtbare Kronenzacken im Tornister mit, so wie sie es tagtäglich von ihren Eltern gehört hatten. Sie waren alles eher als unbeschwert, in gesellschaftlicher Hinsicht aber voller Wünsche und Ambitionen, die ich bis dahin und auch später nie gekannt habe.

In diesem Internat lernte ich frühzeitig ein groteskes „Klassedenken" kennen, das bis heute noch in mir sitzt. Denn es gibt heute wie damals Menschen, die an nichts anderes denken können als an Titel, Unterscheidung, Elite und an das „mehr sein als andere". Immer wieder muß ich mit Enttäuschung daraufkommen, daß angeblich so gute, liebe Freunde in meiner Person nicht mich, sondern den Kontakt, den Aufstieg suchten. Ich nannte sie schon als Kind die „Blaublutzuzler", sie sind bis heute nicht ausgestorben.

Dies war zwar schon im Pensionat so, doch hatte ich es damals geistig noch nicht ganz erfaßt. Instinktiv suchte ich meine Freunde unter „gleichgesinnten" Buben. Das waren Kinder von Landmenschen, passionierte Jäger, Leidensgenossen, die dieses Internat als Heimsuchung, als Unglück, aber nicht als gesellschaftliche Leitersprosse betrachteten. Ich hatte auch weit mehr Freunde unter den Externisten, das waren einfache Gymnasiasten, die in der Nähe des Pensionates wohnten, als unter jenen Kindern, die in dieses strenge, elitäre Piusinternat geschickt wurden, um dem gesellschaftlichen „Ziele" Genüge zu tun, um Freundschaften zu „Höheren" zu knüpfen, eben sogenannte „Kronen-Zackenzähler". Äußerlichkeiten sollten ihre Wichtigkeit in gesellschaftlicher Hinsicht unterstreichen. Hubertusmäntel, Lederhosen, handgestrickte Strümpfe, Jagdhüte. Sie sagten „Grüß dich" statt „Servus", befleißigten sich eines nasalen Tonfalles, verachteten ihre jüdische oder bäuerliche Großmutter ohne Hemmungen. Nun, das waren meine Kameraden in dieser Eliteschule, aber nicht meine Freunde.

„Eingebettet". Rundherum ist Dickung, Stille und Sicherheit

Die Erzieher waren ein Generalpräfekt und für je zwei Klassen – Gruppen – je ein Magister, ein Unterpräfekt. Letztere waren etwa 24 Jahre alt und noch keine geweihten Priester; die meisten waren voller Idealismus und neuer Ideen, wie eben junge Männer sind. Von den rund zwanzig Magistern, die ich kennenlernte (jährlich vier in fünf Jahren), wurden 14 Priester, von den übrigen sechs wurden zwei Kommunisten, einer war sehr rechtsradikal eingestellt, drei traten aus dem Orden aus, zwei davon heirateten. Einen meiner Magister, einen begeisterten Arbeiterpriester, hat man nach der „Befreiung" an einen Jeep gebunden und zu Tode geschleift. Er war schon als mein Erzieher für uns ein Heiliger.

Ganz anders waren die Lehrer in der Schule. Ich kann von ihnen nur mit allerhöchster Bewunderung und Dankbarkeit berichten. Sie waren hochqualifiziert, gerecht und in der Erziehungsarbeit weit erfolgreicher als die Magister im Pensionat. Und ich, den Vater „Saecula-saeculorum" nannte, der jede noch so kleine Änderung schon als Jugendlicher haßte, auch wenn ich dagegen ankämpfte, ich mußte als unfertiger Mensch die größte Umwälzung aller Zeiten an eigener Haut erleben. 1946, als ich zur Ablegung meiner Matura für drei Monate wieder im Piusinternat aufgenommen wurde, was keinen Groschen kostete, quasi ein Geschenk der (noch nicht liquidierten) Jesuiten für einen ganz arm gewordenen Vorzugsschüler aus früheren Zeiten, das ich nie vergessen werde, hatten die Jesuiten sich abermals reformiert und bereits ein demokratisches Schülerparlament établiert. Sie ahnten nicht, daß das neue Regime absolut nichts mit Demokratie und noch weniger mit ihnen, der „Speerspitze" des Katholizismus, zu tun haben wollte.

Die Klöster wurden in einer „Nacht-und-Nebel-Aktion" blitzartig aufgelöst, ihr Vermögen eingezogen, viele, besonders ihre besten Köpfe, eingesperrt, andere in Lager gesteckt, zu Hilfsarbeitern degradiert. Solide Arbeit der Stalin-Rákosi-Diktatur. Auch uns und jenen armen „Blaublutzutzlern" ging es nun unbarmherzig an den Kragen. Eine neue Klasse und neue Elite formierten sich und bemächtigten sich dessen, was ihre Förderer und Herren im Lande übriggelassen hatten. Das Kastenwesen und Klassenbewußtsein feierten „fröhliche Urständ", wie es keiner der so süffisant über die alte Zeit schreibenden fortschrittlichen Schriftsteller für möglich gehalten hätte. Da für sie die ganzen Jahre hindurch das System des Stalinismus kein Thema war, ahnten nur wenige, daß dort die „roten Zaren" schon seit einem Vierteljahrhundert wie Potentaten aus dem Alten Testament herrschten, fünf bis acht „Klassen" établiert wurden und die so viel propagierte klassenlose – kommunistische – Gesellschaft nichts anderes war als eine der vielen Betrügereien, die zu entlarven die westliche Schriftstellerschaft kaum etwas unternahm. Dafür schrieben aber etliche westliche Schriftsteller, daß der große Bekenner des Jahrhunderts, Kardinal Mindszenty, eigentlich ein Reaktionär, ein Fortschrittsfeind, sei. Dieser mehr als weitblickende Hirte kämpfte allein oder mit

Auf der Sonnseite läßt sich auch im Hochwinter gut leben

ganz wenigen auf verlorenem Posten, da viele, die ihn unterstützten, ihm nicht bis ins Gefängnis folgten, sich bereits arrangierten.

Das „Arrangieren" geschah im Sinne der neuen Klasse, des neuen Regimes, das sie ja letztlich aushielt, finanzierte. Wie volksfremd, elitär abgeschieden von der lästigen Masse, für sich und ihr Wohlergehen die Potentaten des Stalinismus lebten, angesichts des Blutmeeres, das sie geschaffen hatten, ja fast mußten, das war hier im Westen kaum bekannt. Wenn es irgendein Repräsentant des tausendfach verfluchten und zerpflückten Adelssystems je gewagt hätte, so zu leben wie diese Bonzen, besonders seit dem Ende des 18. Jahrhunderts, man hätte sie im besten Fall an den Pranger gestellt, auf jeden Fall aber unmöglich gemacht; dafür sorgten Kaiser, Standesvertretung und Kirche schon. Denn es war Dekadenz, Verschlafenheit, Unaktivität der Herrschenden, die es zur Französischen Revolution kommen ließen, vielleicht moralische Verkommenheit, aber doch kein Blutverbrechen, keine Massenmorde an Unschuldigen, wie bei dem gut vorbereiteten Oktoberputsch 1917 mit allen seinen blutigen Folgen, durch die die perverse und verlogene „Neue Klasse" entstand.

In früheren, nicht ganz unrichtig gesagt, „besseren Zeiten", hatte alles seine althergebrachte Ordnung. Ob das nun gut war oder nicht, man bekannte sich dazu und sprach aus, wie es wirklich war: hier der Herr, dort der Knecht. Hier der König, dort sein Untertan. Aber nun war alles verlogen geworden. Man sprach von Gleichheit, und Funktionäre wurden die neuen Herren. Man sprach von Brüderlichkeit, und Millionen wurden grausam zu Tode gebracht. Man sprach von Freiheit, und in Wirklichkeit schufen die Revolutionäre die größte Menschenfalle der Geschichte, ganze Völker wurden zu Kerkerdasein verurteilt. Was war, was wirklich war, das wurde geleugnet. Es entstand das Zeitalter der Propaganda, Reklame und Menschenverdummung. Die Technik tat das Ihrige. Hypnotiseure, Gurus und Demagogen konnten mit Geschick aus der größten Knechtschaft die makelloseste Freiheit vorzaubern. Was das Volk wirklich dachte, wie es wirklich lebte, das war unwichtig. Die Lüge schwebte wie ein gigantisches Tarnnetz über der Unterdrückung, und gerade dies war die allergrausamste Tortur von allen. Früher, in der ach so schrecklichen Feudalzeit, als der Bauer den Zehent zahlte und es keine allgemeine Wehrpflicht gab, war der eine reich und der andere ohne viel Hoffnung auf Besserung arm. Doch es gab keinen Grund, dies abzuleugnen, man sprach offen darüber. Der arme Mensch sang seine traurigen Lieder, er war aber weder dazu gezwungen zu lügen, noch dazu, die Lüge zu glauben. Heute muß er bei niedrigem Lohn und Überwachung, drei Jahren Wehrpflicht und Fleischmangel in manch kommunistischem Musterstaat noch sein Schicksal preisen und rhythmisch seinem Unterdrücker applaudieren, der zwischen Jagdausflügen und Schloßurlauben auch manchmal die schon fast vergessene Internationale zu singen wagt. Die anderen kommunistischen Staaten nennen das dann manchmal auch Verfehlung, Personenkult, Abweichung, Revisionismus oder anders, aber wenn das Volk aufsteht und sich vor die Bajonette wirft, dann kommen die Panzer, und alles bleibt beim alten. Die neue unverrückbare Ordnung der Stalinisten, Presse, Gewerkschaft und Partei dienten dem Unterdrücker und waren gegen das Volk. Früher, im alten zaristischen Rußland zum Beispiel, da konnten die Zeitungen ungehindert hetzen, die Gefängnisse waren so human, daß die Revolutionäre dauernd abhauten, die Weltmeinung und der „Zeitgeist" waren gegen das alte Regime, und das Volk hatte vor und nach der Revolution gleich wenig zu sagen.

Klassenstolz ist unchristlich und borniert, Klassenkampf nichts weiter als Machtkampf, um herrschen zu können. Wer sich aber auch nur zu seiner Theorie bekennt, hat kein Recht, das Wort Frieden nur in den Mund zu nehmen, denn er will ja nichts als den dauernden Unfrieden im eigenen Land. In unseren Demokratien sind die Unterschiede zwischen den ehemaligen Klassen sehr milde, unsere Gesetze, das allgemeine Wahlrecht, die Gleichheit vor dem Gesetz verhindern auf Dauer einen Mißbrauch der Macht. Doch in Diktaturen, insbesondere in der Dritten Welt, dem Nährboden des ansonsten längst absterbenden Marxismus und Kommunismus, und in den einzementierten und von Panzern geschützten kommunistischen Regimen, da gibt es die Klassen wieder, nicht gewachsen und vererbt, sondern mit der Waffe geschaffen und bis auf das Messer verteidigt von den Oligarchien, die oft Privilegien besitzen, wie sie die alten Klassen seit 200 Jahren nicht mehr hatten, und das alles, obgleich im Gesetz das absolute Gegenteil steht.

Ich habe mich in eine Bank gesetzt, wo einst die Klassen des Internates bei der täglichen Messe und beim feierlichen Sonntagsgottesdienst saßen, rechts vorne. Eine alte Frau kniet unweit von mir, in tiefer Andacht gebeugt. Dann kommt ein großer, schlanker alter Herr herein und kniet sich nieder. Sein Gesicht ist verklärt, er nimmt die Umgebung offensichtlich nicht wahr. Ein junger Kaplan geht vorne vorbei und setzt sich in den Beichtstuhl, wo Pater Hauer vor fast 50 Jahren gesessen ist. Alles ist wie früher, sogar der Geruch der Kirche hat sich nicht geändert. Im Geiste höre ich die Bachmesse, die der große Musiker und Organist Horváth Mihály dirigierte und der noch berühmtere Orgelvirtuose Vadas auf der Orgel spielte.

Und der Chor der jungen Stimmen des Pius-Gymnasiums (ich war nicht dabei) geistert aus den Nischen und Mauern, von den vielen Nebenaltären und aus dem Boden hervor, denn alles, was einmal war, ist in die Annalen der Ewigkeit eingegangen. Eine Stunde bin ich hier gesessen. Als ich aufstehe, noch völlig in Gedanken versunken, will ich (wie vor 45 Jahren) die rechte vordere Türe nehmen – „nach Hause" zu, ins Internat. Aber das Internat ist nicht mehr. Eine Behörde hat sich da établiert. Die beiden Büsten von Pius dem X. und Bischof Jenö Zichy sehe ich auch nicht, sie standen im Foyer des Gymnasiums, das vor dem Ersten Weltkrieg, um etwa 1910, gegründet wurde und das jetzt kein Gymnasium mehr ist. Die großen Sammelbilder der Maturanten sind von den Wänden genommen worden, auch unseres, aus dem Jahre 1946, ist unbekannten Ortes. Wie gut, daß ich zu Hause eine Kopie habe.

Dann fragt mich ein junger Mann höflich, weil ich so in mich versunken hier herumstehe: „Suchen Sie etwas Bestimmtes?" – „Jawohl", antworte ich ihm: „Ich suche die Vergangenheit!"

Ein Wort zum Nachdenken

Gott schuf den Mensch zu seinem Ebenbilde
Als kleines Teilchen seiner Schöpfung nur,
Der sich schützend vor diese stellen sollte,
Denn auch er ist ein Teilchen der Natur.

Jahrtausende vergingen ungetrübt,
Für die Natur gab es keine Gefahren,
Bis dann urplötzlich alles anders wurde,
Als Gift, Atom und falscher Fortschritt kamen.

Ein unverdauter Nivellierungsgeist,
Wohlstand und Mode, Eitelkeit und Neid
Ließen den Menschen die Natur vergessen,
Die Folge war vieler Geschöpfe Leid.

Still stirbt der Wald, denn er kann ja nicht klagen.
Vor unsren Augen bricht der Tod sich Bahn,
Halt ein, oh Mensch, in deinem Fortschrittstaumel,
In deinem todbringenden Größenwahn.

Heut ist's der Wald, und morgen ist's das Wasser,
Dann wird die Erde und die Luft zerstört.
Befreie dich, oh Mensch, vom bösen Geiste,
Der deine Welt mit falscher List betört.

Es geht um dich und deiner Kinder Leben,
Heile Natur allein bringt Menschen Glück.
Bedenke, daß du viel zu weit gegangen
Und kehre reumütig zu Gott zurück.

Bildquellenverzeichnis

Die in Klammern angegebenen Zahlen kennzeichnen die Anzahl der Abbildungen, die jeder Fotograf zu diesem Buch beigesteuert hat.

Helmut Ctverak (15); Therese Eltz (3); Cleo Hammer-Purgstall (1); Herbert Kalcher (1); Hans Keil jun. (1); Wilderich F. Ketteler (4); Gustav Koller (10); Wolfgang Lechner (8); Gyula Makkai (11); Franz Matula (3); Marianne Meran (3); Philipp Meran (26); Paysan Bildarchiv (2); Rastl Fotoverlag (1); Reinhard Tierfoto (6); René La Roche (1); Attila Szöke (1); Carl B. Thiermeyer (5).

Diesen starken Hirsch "Rückselzer" von ung. 10 Enden, hat H. R. G. von Lamberg, auf seiner Herschaft Csákberény, Kápolnaer Revier, im Waldtheile genannt Haus Wiese selbst geschossen. Am 17^t Sept. 1833.